DER SÜDWESTEN DER USA

FABIAN WALDEN

4. Auflage, 12/2017

ISBN: 1503252825
ISBN-13: 978-1503252820

Autor & Herausgeber
Fabian Walden
C/ del Barranc, 15
07181 Calvia

Verlag
CreateSpace Independent Publishing Platform

Haftungsbeschränkung
Der Inhalt dieses Reiseführers wurde mit größtmöglicher Sorgfalt und nach bestem Gewissen erstellt. Dennoch übernimmt der Autor keine Gewähr für die Aktualität, Vollständigkeit und Richtigkeit der bereitgestellten Informationen.

Insbesondere gilt dies für Öffnungszeiten, Eintrittspreise, Straßenbedingungen und für mögliche Fahrzeugbeschränkungen und / oder Straßensperrungen, beispielsweise als Reaktion auf Wetter- und Straßenschäden.

Aktuelle Informationen dazu sollten während einer Reise online eingeholt werden, zum Beispiel auf den offiziellen Webseiten der Sehenswürdigkeiten und National Parks sowie auf den Infoportalen der zuständigen Straßenverkehrsbehörden der US-Bundesstaaten.

INHALTSVERZEICHNIS

VORWORT

Stellen Sie sich vor, Sie wachen eines Morgens in einer modernen, aber doch sehr charmanten Großstadt auf! Sie setzen sich in Ihr Auto und erreichen zwei Stunden später eine der schönsten Küstenstraßen der Welt, genießen dort die rauen, gischtumsprühten Klippen, die weißen Sandstrände, die bunte Flora und Fauna.

Stellen Sie sich vor, Sie wachen am nächsten Morgen an dieser Küste auf, setzen sich in Ihr Auto und stehen ein paar Stunden später in einem bis zu 3500 Meter hohen Gebirge! Sie bewundern die schroffen Felsen, staunen über Bäume, die breiter sind als manch ein Haus, wandern über blühende Wiesen durch dichte Wälder zu rauschenden Wasserfällen.

Stellen Sie sich vor, Sie wachen am nächsten Morgen in eben jenen Bergen auf, setzen sich erneut in Ihr Auto und stehen ein paar Stunden später in einer der trockensten und heißesten Wüsten der Welt! Am Morgen darauf ist es eine an einen Vergnügungspark erinnernde Glücksspielmetropole. Am übernächsten Morgen ein über zig Millionen Jahre hinweg geformter, zwei Kilometer tiefer Canyon.

Und nun stellen Sie sich vor, Sie müssten sich all das überhaupt nicht vorstellen, sondern könnten es tatsächlich genau so erleben.

Im Südwesten der USA.

Es gibt viele gute Gründe für eine USA-Reise. Vielleicht wollen Sie sich einen lange gehegten Traum erfüllen, endlich mit eigenen Augen sehen, was Sie bisher nur im Fernsehen und auf der Leinwand bestaunen konnten. Vielleicht haben Freunde von dem Land geschwärmt, von seinen schier unendlichen Weiten und von diesem Gefühl der Freiheit, das man empfindet, wenn man stundenlang keiner Menschenseele begegnet.

Vielleicht haben Ihre Kinder Ihnen in den Ohren gelegen, doch bitte, bitte einmal in die USA zu reisen, weil es da *sooo* cool sein muss. Vielleicht haben Sie auch nur das Gefühl, in Europa bereits alles zu kennen, Ihren Horizont ein wenig erweitern zu wollen. Und vielleicht waren Sie sogar schon einmal in den USA und können jetzt gar nicht mehr genug von dem Land bekommen.

Was auch immer es ist: Dieser Reiseführer will Ihnen dabei helfen, sich möglichst gut und umfassend auf Ihren Urlaub vorzubereiten, ohne Ihnen die Flexibilität und Freiheit des eigenen Erkundens zu nehmen.

Ich kenne diese Empfindungen und viele verschiedene Perspektiven, aus denen man das Land und einen Urlaub in ihm betrachten kann: Meine erste Rundreise im Südwesten machte ich vor rund zwanzig Jahren noch als Jugendlicher mit meiner Familie in einem Wohnmobil. Es folgten weitere Wohnmobiltouren – unter anderem im Nordosten und bis nach Kanada –, später war ich beruflich wie privat viel in den USA unterwegs und erkundete in zahlreichen Urlauben bevorzugt den großartigen Südwesten sowie die Westküste.

Mit anderen Worten: Ich bin ein USA-Fan, wie Sie selbst es womöglich bereits sind oder es spätestens nach Ihrem ersten Urlaub mit hoher Wahrscheinlichkeit sein werden.

Es gibt viele Dinge, die mich an den USA begeistern, und die enorme Abwechslung, die ich in Worte zu stecken versucht habe, ist nur ein Teil davon. Amerikaner bezeichnen ihr Land gerne und mit großer Überzeugung als das schönste der Welt und auch wenn das natürlich nicht auf jede Ecke zutrifft und diese Überzeugung zu häufig mit einer Ignoranz gegenüber dem Rest des Planeten einhergeht, so fällt es doch nahezu jedem Urlauber schwer, dieser Einschätzung letzten Endes nicht zu einem gewissen Grade zustimmen zu wollen.

Die USA mögen mindestens so viele Macken aufweisen wie ein jedes Land in Europa. Sie mögen nur auf eine vergleichsweise kurze Geschichte zurückblicken können und über sehr wenige sehenswerte Innenstädte verfügen. Aber mit ihrer Natur und dieser Masse an Sehenswertem auf einem vergleichsweise kleinen Gebiet können es nur wenige Länder aufnehmen. Und genau das, diesen Abwechslungsreichtum und wie Sie das meiste aus ihm herausholen, will ich Ihnen in diesem Reiseführer von Kalifornien über Nevada und Arizona bis Utah zeigen.

Der Ansatz dieses Reiseführers ist darüber hinaus sehr praxisorientiert. Natürlich finden Sie in ihm auch Hintergrundinformationen über all die Sehenswürdigkeiten und ihre Geschichte, vor allem aber möchte ich echtes und ganz aktuelles Wissen aus erster Hand vermitteln, das Ihnen bei der Planung und unterwegs tatsächlich hilft.

Also: Welche Trails lohnen sich in den State und National Parks? Welche Einteilung ist in den großen Städten sinnvoll und wie viel Zeit muss man wo einplanen? Welche Übernachtungsmöglichkeiten bieten sich an? Wie hoch ist das Besucheraufkommen zu welcher Jahreszeit, wo kann man flexibel sein und wann muss man sich im Voraus festlegen?

Auch die Reiseplanung soll dabei nicht zu kurz kommen. Sie nimmt sogar fast ein Viertel dieses Werks ein, denn trotz Flexibilität und Freiheit ist eine durchdachte, sinnvolle Vorbereitung des Urlaubs vor allem bei einer ersten Reise in die USA unverzichtbar.

In zahlreichen Kapiteln werden deshalb auch hoffentlich sämtliche Fragen rund um Reisekosten, Reisezeit, Verkehrsmittel, Routen, Flüge, Mietwagen, Wohnmobile, Motels, Hotels und Campingplätze, die Einreisebestimmungen, Zahlungsmittel, Kartenmaterial, Versicherungen, Koffer, Taschen, Elektronik, Medikamente sowie Unterlagen beantwortet. Und, klar, auch der leidigen Frage nach dem Trinkgeld ist ein Kapitel gewidmet.

In Ihren Händen halten Sie die bereits vierte Auflage dieses Reiseführers, komplett aktualisiert für 2018/2019, mit vielen Verbesserungen im Detail – ich hoffe, sie gefällt Ihnen so gut wie schon so vielen anderen Reisenden die Ausgaben der Vorjahre. Sind Sie mit etwas unzufrieden, nehme ich Anregungen, Verbesserungsvorschläge und Kritik gerne per E-Mail entgegen.

Was Sie von diesem Reiseführer lesen und in welcher Reihenfolge, ob Sie also mit Städten, Parks oder Vorbereitungen beginnen, bleibt Ihnen überlassen. Betrachten Sie das Buch als ein Buffet in Las Vegas, an dem Sie sich nach Belieben selbst bedienen können, und picken Sie sich das heraus, worauf Sie gerade Lust haben!

Viel Spaß bei Reise und Planung wünscht Ihnen
Fabian Walden

HINWEISE ZU DIESEM REISEFÜHRER

Versionen

„Der Südwesten der USA" ist in zwei verschiedenen Fassungen erhältlich: Zum einen als gedrucktes Buch, zum anderen als eBook für Kindle sowie für Apple- und Android-Geräte. Inhaltlich unterscheiden sich die beiden Ausgaben nicht voneinander, doch um die Kosten für Sie gering zu halten, verzichten wir in der Papierform auf teuren Farbdruck, da der Schwerpunkt dieses Reiseführers auf den Informationen liegen soll.

Gratis-PDF & Beratung

Bekanntlich sagen Bilder aber hin und wieder mehr als tausend Worte, weshalb ich Ihnen Farbfotos nicht vorenthalten will. Wenn Sie also ein auf PCs, Macs und den meisten Tablets lesbares, buntes **PDF-Dokument** dieses Werks herunterladen möchten, schreiben Sie einfach eine kurze Mail mit dem Betreff „PDF 2018" an: **f-walden@gmx.net**! Auch etwaige Fragen zur Reiseplanung beantworte ich dort gerne.

Links & Begleitmaterial

Auf **usareisetipps.com/westen/** finden Sie Links zu allen Webseiten für die Reiseplanung, National Parks und Sehenswürdigkeiten, da auf die Angabe von Links im Text bis auf wenige Ausnahmen aus Gründen der Übersicht und Aktualität verzichtet wird. Ebenfalls auf dieser Seite erhalten Sie weitere Details zu den **Routenvorschlägen** sowie **praktische Merkblätter** für die wichtigsten National Parks und eine Übersicht der empfehlenswertesten **Hotels**.

Aktualität

Für die Ihnen vorliegende 4. Auflage dieses Werks wurden alle Infos im **Herbst 2017** überprüft. Da die Eintrittspreise aber häufig zu Beginn der neuen Saison erhöht werden, ist in der Praxis stets mit Abweichungen in Höhe von 1-3$ zu rechnen. Darüber hinaus ist es sinnvoll, sich während des Urlaubs online über aktuelle Öffnungszeiten und etwaige Schließungen oder Sperrungen zu informieren. Letztere sind vor allem in National Parks aufgrund des Wetters **jederzeit** möglich.

Hotelempfehlungen

In diesem Reiseführer finden Sie zahlreiche Hotelempfehlungen aus erster Hand, die meisten in der unteren bis gehobenen Mittelklasse. Das bedeutet in den USA: Saubere, einigermaßen modern eingerichtete Zimmer, kostenloses WLAN und eine sichere Lage. Nicht erwarten darf man hingegen die ein oder andere in Europa gängige Service-Leistung, dicke Wände, ein reichhaltiges Frühstück oder gar ein Restaurant im Hotel. Vor allem bei den großen Ketten steht das Business im Vordergrund, nicht die Gastgeberschaft.

Wichtig: Bei den genannten Preise handelt es sich um **Richtwerte**, denn tatsächlich unterliegen die Preise natürlich starken Schwankungen über die Reisesaison hinweg, mitunter aber auch von Tag zu Tag. Insbesondere gilt das für die Wochenenden, in denen man aufgrund des größeren Andrangs fast immer und überall mehr zahlt. In manchen Städten können auch Events (von Messen bis hin zu Biker-Treffs) für enorme Preisausschläge sorgen. Wenn möglich, sollte man Ziele wie Las Vegas daher zwischen Sonntag und Freitag besuchen.

Schlagzeilen

2017 war nicht das beste Jahr für USA-Reisende: Am Highway 1 stürzte eine Brücke ein, im Arches National Park zogen sich die (geplanten) Bauarbeiten hin und in Teilen von Yosemite wurden Schneerekorde gemessen, in Folge derer einige Ecken bis in den Juli hinein gesperrt blieben. Im Oktober und November sorgten die Massenschießereien in Las Vegas und Texas für noch unerfreulichere Nachrichten.

Von all dem sollte man sich jedoch **nicht verunsichern lassen**. Die USA bleiben ein sehr sicheres Land, die Kriminalitätsrate in weiten Teilen des Südwestens ist niedrig und die einzige „realistische" Gefahr für die meisten Touristen das Unterschätzen der **Hitze in der Wüste**.

Auch die von Präsident Trump propagierten harten Einreisekontrollen existierten im Jahre 2017 zumindest für Europäer höchstens auf dem Papier (oder eben auf Twitter), nicht jedoch in der Realität.

Mit anderen Worten: Lassen Sie sich Ihre Vorfreude von solchen Schlagzeilen nicht nehmen – die USA sind und bleiben ein **wunderbares, freundliches Reiseland**!

Alabama Hills östlich der Sierra Nevada: Nur auf Individualreisen erreichbar.

REISEPLANUNG: ERSTE ÜBERLEGUNGEN

Individualreise: Warum?

Es gibt viele Länder und Regionen auf der Welt, in denen nichts gegen eine Pauschalreise mit einer Reisegruppe oder zumindest mit von einem Veranstalter gebuchten Hotels und Fahrzeugen spricht. Im Westen der USA hingegen stellt eine Individualreise, also **mit eigener Route** und eigenen Buchungen, für fast alle Reisenden die bessere Wahl dar.

Der Hauptgrund dafür ist, dass die USA und vor allem der Südwesten so viel Unterschiedliches und so viele Variationsmöglichkeiten bieten, dass es ein Fehler wäre, sich auf eine vorgefertigte Route, die fast immer nur die größten Touristenzentren ansteuert und noch dazu weitgehend festgelegte Tagesabläufe und Zeitrahmen mit sich bringt, zu verlassen. Die USA vermitteln vielleicht stärker als jedes andere Land **ein Gefühl von Weite und Freiheit**, das sich jedoch nur dann gänzlich genießen lässt, wenn man diese Weite und Freiheit auch auf eigene Faust und zu einem gewissen Grade flexibel ausnutzen kann.

Darüber hinaus gibt es keinen Grund, Angst vor der individuellen Planung zu haben: Dank des Internets ist es einfacher denn je, die Route durchzuspielen, gute Hotels zu finden und in Sekunden zu reservieren oder sich über die aktuellen Zustände in National Parks zu informieren. Wo man früher Karten wälzen und Kilometer zusammenrechnen musste, gibt man heute einfach seine Ziele in eine Suchmaske ein und erhält umgehend die schnellste Route – inklusive Informationen über etwaige Straßensperrungen oder gar Staus. Wo man sich früher für die Hotelsuche allein auf Reiseführer und ihre Aktualität verlassen musste, kann man heute in kürzester Zeit hunderte Rezensionen, Fotos der Zimmer und sogar „begehbare" Bilder der Umgebung online finden.

Und wo man früher entweder den umständlichen Weg über ein Reisebüro wählen oder aber für jede Reservierung selbst in den USA teuer anrufen musste, reicht heute der Besuch einer Website aus – die einem umgehend eine Bestätigung zukommen lässt.

Mit anderen Worten: **Man kann bei einer Individualreise kaum etwas wirklich falsch machen**, wenn man sich ausreichend informiert und keine Angst vor der Nutzung des Internets hat.

Realistische Ziele setzen

Der erste Schritt der Reiseplanung ist zugleich der schwerste, denn es stellen sich zwei Fragen, auf die man als Ersturlauber mangels Erfahrungswerten kaum eigene Antworten finden kann: Wohin genau soll die Reise gehen, welche der unzähligen Ziele sollen also angesteuert werden, und was ist überhaupt realistisch machbar? Wie viel Zeit muss man wo einplanen, um weder durch das Land zu hetzen noch sich unterwegs an manchen Tagen zu langweilen?

Zwei Fragen, in deren Beantwortung unzählige Faktoren einfließen: Wie schnell sind Sie zu Fuß unterwegs? Verreisen Sie alleine oder mit Kindern? Wie weit können Sie am Tag laufen? Wollen Sie in all den National Parks lange Wanderungen unternehmen oder allein die Ausblicke genießen? Wie weit möchten Sie im Schnitt pro Tag fahren?

Sind Sie gewillt, im Urlaub morgens schon um 6 Uhr aufzustehen und abends um 22 Uhr im Bett zu liegen? Werden Sie mit dem Mietwagen oder dem Wohnmobil durch die USA reisen? Zu welcher Jahreszeit sind Sie unterwegs? Wollen Sie sich Hotels in unmittelbarer Nähe der Sehenswürdigkeiten und National Parks leisten oder möchten Sie längere An- und Abfahrten in Kauf nehmen?

Das sind nur einige der Überlegungen, die man in Hinblick auf die Reiseplanung und Zielsetzung anstellen kann. Im Detail werden wir in den folgenden Kapiteln sowie in den Beschreibungen der Städte und Parks auf die dort zu verbringende Zeit eingehen. Aber um überhaupt erst mal eine grobe Idee von einer möglichen Reise zu entwickeln, gibt es eine praktische Methode: Greifen Sie zu Zettel und Stift sowie zu einer Landkarte und notieren Sie alles, was Sie in Ihrem Urlaub unbedingt sehen wollen! Gehen Sie dabei ruhig ins Detail – schreiben Sie also nicht nur „San Francisco", sondern „Golden Gate Bridge, Chinatown..."!

Sobald Sie alles aufgeschrieben haben, das Ihnen spontan in den Sinn kommt, können Sie sich bereits einen kleinen Überblick verschaffen und die einzelnen Ziele bei Bedarf priorisieren. Greifen Sie als nächstes alle unverzichtbaren Ziele heraus und kreuzen Sie sie auf Ihrer Karte an oder tragen Sie sie in eine Online-App wie Google Maps ein! Sofern Sie nicht die halben USA als „unverzichtbar" erklärt haben, sehen Sie jetzt die groben, möglichen Eckpfeiler Ihrer Rundreise vor sich.

Was von Ihren übrigen Stichpunkten in etwa auf dem Weg liegt, lässt sich natürlich problemlos in Ihre Reise einbauen. Was sich einen Tick zu weit ab vom Schuss befindet, schieben Sie vielleicht erst einmal beiseite.

Es mag übertrieben klingen, so strukturiert an eine Reise heranzugehen, aber die Erfahrung zeigt, dass sich USA-Urlauber über nichts so unsicher sind und **mit nichts so große Probleme haben wie mit der für sie richtigen beziehungsweise besten Route.**

Die Auswahl an Zielen ist so riesig und das Gefühl für die Entfernungen mitunter so vage, dass häufig viel zu lange und komplizierte Routen das Resultat sind. Wenn Sie sich jedoch von Anfang an klar auf die für Sie persönlich wichtigsten Ziele konzentrieren, ist ein großer Schritt bereits getan.

Darüber hinaus ist es nicht verkehrt, gleich zu Beginn der Planung ein paar potentielle Ziele zu streichen, da eine USA-Reise – sofern sie nicht ein halbes Jahr oder länger dauert – auch immer Verzicht bedeutet: Man kann in einem Urlaub einfach nicht alles sehen und selbst mit einer (vermeintlich) perfekten Planung kommt einem immer irgendwo etwas dazwischen; mal das Wetter, mal die falsch eingeschätzte Zeit. Sehen Sie das von Beginn an als Teil des Abenteuers USA-Reise an!

Die beste Reisezeit

Genauso wie schon in die Zielsetzung fließen auch in die beste Reisezeit zahlreiche Faktoren ein, die sich allerdings klarer festmachen lassen. Denn im Wesentlichen wird die Qualität der Reisezeit von drei Aspekten beeinflusst: **dem Wetter, dem Besucheraufkommen sowie den Preisen.** Letztere stehen naturgemäß in direktem Zusammenhang zueinander.

Beginnen wir mit dem Wetter, das sich von Region zu Region ganz unterschiedlich gestaltet. An der Küste Südkaliforniens – in Los Angeles und San Diego unter anderem – herrscht fast das ganze Jahr über ein äußerst angenehmes Klima. Selbst im Winter kann man oft im T-Shirt herumlaufen. Im Sommer wird es heiß, dank Küstenlage meistens aber nicht zu heiß, und Regen ist das gesamte Jahr über recht selten.

Weiter im Norden, am Highway 1 und in San Francisco, lässt sich das Wetter über weite Teile des Jahres als mild einstufen: Wirklich kalt wird es wiederum selbst im Winter nur selten, allerdings gibt es hier sogar im Hochsommer viele Tage, an denen das Thermometer die 20° C nicht erreicht. Im Frühling und Herbst ist zudem mit anhaltenden Schauern zu rechnen, wenn auch seltener in den letzten Jahren. Stichwort: Dürre.

Abseits der Küste besteht ein großer Teil des Südwestens aus **Wüste:** Das östliche Kalifornien, Nevada, Arizona und Utah unterscheiden sich oberflächlich kaum voneinander, was weitgehend erträgliche Frühlings- und Herbsttage, aber einen meist extrem heißen Sommer bedeutet. Eine Ausnahme stellen die Höhenlagen dar, in denen man selbst im Mai oft noch auf Schnee trifft und in denen es tagsüber zwar heiß, nachts jedoch äußerst kalt werden kann.

Was das Besucheraufkommen angeht, ähnelt der Westen der USA Mitteleuropa: **Juli und August stellen die absolute Hauptsaison dar,** in der die höchsten Preise verlangt werden und ausgebuchte Unterkünfte keine Seltenheit darstellen. Doch auch im Mai, im Juni und im September trifft man gerade im Südwesten auf sehr viele Touristen (in erster Linie übrigens auf Deutsche, Österreicher sowie Schweizer), weshalb die Preise ebenfalls in vielen Hotels klar über dem Durchschnitt liegen. Je weiter man sich von den ausgetretensten Pfaden entfernt, desto einsamer und günstiger wird es üblicherweise: Der tolle Süden Arizonas zum Beispiel ist deutlich ruhiger als der Norden.

Schnee in Bryce Canyon: Bis in den Mai hinein keine Seltenheit.

Als insgesamt bester Reisemonat ist der Juni einzustufen, in dem sich Wetter, Besucheraufkommen und Preise meistens gut ertragen lassen. Ebenso ist der Mai üblicherweise durchaus empfehlenswert, allerdings können bis Mitte / Ende Juni einige Straßen in hoch gelegenen National Parks noch von Schnee bedeckt und somit unpassierbar sein.

Häufig empfohlen wird auch der September, in dem sich das Wetter ebenfalls gut bei ausgedehnten Wanderungen ertragen lässt, der jedoch einige Nachteile mit sich bringt: Gerade in National Parks wie Yosemite merkt man der Natur die Strapazen der Hitze und des Touristenansturms der Vormonate zu deutlich an – Wiesen sind plattgetrampelt, Wasserfälle versiegt. Hinzu kommen schwere **Waldbrände**.

Falls Sie aufgrund der Schulferien keine andere Wahl haben, als die Hauptsaison zu nutzen, ist daher auch der Juli gegenüber dem August zu bevorzugen: Temperaturen und Besucheraufkommen sind identisch, doch um den Zustand der Natur ist es im Juli einen Tick besser bestellt.

Mietwagen oder Wohnmobil?

Auch die Frage nach dem richtigen Verkehrsmittel ist eine, die man sich als Europäer bei Reisen für gewöhnlich selten stellt: Entweder fährt man direkt mit dem Auto bis an den Ferienort oder man fliegt zu seinem Ziel, wird dann zum Hotel kutschiert oder übernimmt einen Mietwagen. Ein Wohnmobil zu mieten, stellt in so gut wie keinem Fall eine Option dar, und doch sollte diese Möglichkeit bei einer USA-Reise immer in Betracht gezogen werden – selbst wenn man überhaupt keine Erfahrung mit dem Campen hat und vielleicht sogar von sich behauptet, nicht „der Typ dafür" zu sein.

Deshalb gilt es, zunächst mit ein paar Vorurteilen aufzuräumen: **Das Camping wird in den USA anders wahrgenommen und praktiziert als hierzulande.** Die meisten Amerikaner fassen einen Camping-Urlaub als großes, spannendes Abenteuer in der Natur auf – als Chance, dem Alltag in der Stadt zu entkommen. Das gilt sowohl fürs Zelten als auch für den Urlaub mit dem Wohnmobil (Wohnwagen sieht man nur sehr selten). Entsprechend gut ist die Ausstattung vieler Campingplätze, die nicht nur wunderschöne Stellplätze, sondern oft auch Duschen, eine Wäscherei, Esstische und Feuerstellen bieten. Auf privaten Campgrounds findet man zudem meistens Stromanschlüsse, manchmal sogar WLAN.

Der riesige Vorteil des Campings liegt auf der Hand: Während man mit dem Mietwagen in National Parks fast immer Probleme mit der Unterkunft hat (sofern man dort nicht zelten will), man entweder extrem früh buchen und tief in die Tasche greifen oder ein Hotel weit außerhalb wählen muss, kann man mit einem Wohnmobil häufig mitten im Park in einmaliger Umgebung übernachten.

Das ist nicht nur ein riesiger Zeit- und Komfortgewinn, weil sich die oft lange An- und Abfahrt wesentlich einfacher gestaltet, sondern auch **das klar schönere Erlebnis.** Wenn man abends auf seiner Picknickbank nur wenige Meter von seinem Bett entfernt zwischen Bergen und Wäldern am Grill sitzt, dann ist das schon ein ganz anderes Gefühl, als den Tag in einem Hotelzimmer vor dem Fernseher ausklingen zu lassen.

Ein weiterer großer Vorteil eines Wohnmobils ist **der Platz.** Für zwei Personen mag ein Mietwagen noch ausreichend sein, doch wenn man mit Kindern verreist, wird es auf den langen Fahrten schnell eng und unangenehm. **Auch die Kosten sind dann in Betracht zu ziehen:** Die Miete eines Wohnmobils ist zwar deutlich teurer als die eines PKWs, doch bei einer vier- oder fünfköpfigen Familie, die in Hotels meist zwei Zimmer benötigt, relativiert sich der hohe Preis schnell. Ebenso kann man beim Einkaufen im Supermarkt (ein wenig) Geld zumindest gegenüber dem Essen im Diner sparen.

Und dann ist da ja noch der Komfort: Pro Person ist für eine USA-Reise im Normalfall ein Koffer oder eine große Tasche notwendig, die nicht nur alle in den Kofferraum des Mietwagens passen sollten, sondern auch bei jedem Hotelwechsel ein- und ausgeladen werden müssen. In einem Wohnmobil hingegen packt man nur einmal alles aus und sieht dann seine Gepäckstücke bis zum Ende der Reise nicht mehr.

Bei aller Begeisterung für das Camping wollen wir allerdings nicht **die Schwächen eines Wohnmobils** verschweigen, die vor allem in den großen Städten zum Tragen kommen. Auch wenn die US-Straßen in der Regel breiter und die Parkplätze größer sind als in Europa, ist ein klobiges Wohnmobil vor allem in San Francisco und Los Angeles schon von Nachteil. Zumal Campingplätze in der Nähe großer Städte überwiegend eher mäßiger Qualität sind und sich die Fahrt vom Campingplatz in die Stadt mit dem öffentlichen Nahverkehr doch ziehen kann.

Der andere, vielleicht noch größere Nachteil des Wohnmobils ist die geringere Flexibilität: Ist man einmal zum Campingplatz gefahren, hat sich seinen Platz gesucht und alle Kabel und Schläuche angeschlossen, bedarf es schon Überwindung, um spontan nochmal etwas zu unternehmen. Im Mietwagen ist man in einer Minute aus dem Motel raus, mit dem Wohnmobil fühlt man sich im Vergleich dazu doch deutlich träger.

Zudem ist die Selbstverpflegung im Urlaub nicht jedermanns Sache. Zwar kann man mit dem Wohnmobil natürlich genauso Fast-Food-Lokale und Diner aufsuchen, doch auch hier wird das Parken zum Problem. Zumal man sich damit gerade morgens und abends der Vorteile des Wohnmobils beraubt, da sich derartige Imbisse natürlich nicht in der freien Natur befinden, in der man bevorzugt campt.

Keine Sorgen sollte man sich hingegen in Hinblick auf die Größe des Wohnmobils und einer etwaigen mangelnden Erfahrung mit einem solchen „Ungetüm" machen. Selbst bei einer Länge von 25 Fuß (7,6 m), die für zwei Erwachsene und zwei Jugendliche ausreicht, kann sich jeder Autofahrer mit PKW-Führerschein die Handhabung eines Wohnmobils innerhalb kurzer Zeit aneignen. Die ersten Meter fährt man vorsichtiger, aber sofern man nicht gerade mitten in der Rush Hour startet, gestaltet sich auch diese Eingewöhnungsphase meist angenehm.

Schlussendlich muss man natürlich für sich selbst entscheiden, was einem mehr liegt: Das Abenteuer in der freien Natur oder der Komfort von Mietwagen und Hotels. Vor allem Familien mit Kindern kann man jedoch nur raten, sich zumindest eingehender mit dem Camping auseinanderzusetzen, während kinderlose Paare in vielen Fällen mit dem Auto flexibler und billiger unterwegs sind.

Reisen mit Kindern

Grundsätzlich ist eine USA-Reise für Familien großartig, denn das aus Film, Fernsehen und nicht zuletzt auch vom Sport bekannte Land übt auf viele Kinder und Jugendliche einen ganz besonderen Reiz aus. Ab einem Alter von etwa zehn, zwölf Jahren können Kinder eine USA-Reise ohne nennenswerte Einschränkungen mitmachen. Manchmal sogar besser als Erwachsene, weil sie unbedarfter an das Land herangehen und auch nicht dem Stress des Fahrens und der Planung ausgesetzt sind.

Voraussetzung dafür ist aber unbedingt eine gewisse Fitness und Kondition, die sowohl in den großen Städten als auch in National Parks zwingend erforderlich ist, in denen lange Besichtigungen und Wanderungen fast immer auf dem Programm stehen.

Etwas schwieriger kann sich eine Reise mit Kindern von vier bis maximal zehn Jahren gestalten, mit denen in Hinblick auf Umfang und Schwierigkeitsgrad der Wege doch gewisse Abstriche in Kauf genommen werden müssen. Außerdem sollte man überall deutlich mehr Zeit einkalkulieren; vor allem Wanderwege in National Parks sind aufgrund des Wetters und oft starker Steigungen nicht zu unterschätzen.

Ähnliches gilt für Reisen mit Kleinkindern, denn ein Buggy ist auf den Wegen vieler State und National Parks kaum zu schieben, aber auch im Gedränge der Großstädte äußerst unpraktisch. Das Reisen mit Kindern, die auf dem Rücken getragen werden können, ist daher häufig einfacher als das Reisen mit Kindern, die in einem Buggy sitzen müssen oder das Laufen gerade erst gelernt haben. Möglich ist alles, aber genügend Zeit und, nicht zuletzt in Hinblick auf die Zeitumstellung, auch gute Nerven sollte man mitbringen.

Unterwegs ist zudem unbedingt darauf zu achten, dass Kinder und vor allem Kleinkinder ausreichend trinken, wenn sie im Sommer lange der Sonne und der Hitze der Wüste ausgesetzt sind. Am einfachsten lässt sich das bei selbständig mitlaufenden Kindern durchsetzen und kontrollieren, indem man jedes Kind eine eigene kleine Wasserflasche tragen lässt. Ein Liter pro Stunde und Person (!) wird vom National Park Service auf Wanderungen häufig empfohlen und tatsächlich sind zumindest 0,5-0,75 Liter in den Sommermonaten durchaus realistisch.

Darüber hinaus ist es erfahrungsgemäß sinnvoll, Kindern bei langen Fahrten, **wie sie im Westen der USA üblich sind**, eine Beschäftigung an die Hand zu geben, da sie – anders als Erwachsene – die Landschaft oft weniger zu schätzen wissen und sich unterwegs schnell langweilen.

Kindersitze bzw. **Sitzerhöhungen** sind bis zu einer gewissen Größe (je nach Bundesstaat) Pflicht, sie können vor Ort gemietet werden. Europäische Kindersitze sind versicherungstechnisch nicht zugelassen.

Reisekosten kalkulieren

Keine Planung wäre komplett ohne eine grobe Kalkulation der Kosten. Natürlich kann man bei einer USA-Reise nicht jeden Cent zwei Mal umdrehen, aber ein grobes Budget ist zur Anfangsorientierung auf keinen Fall verkehrt, also versuchen wir uns an einer ungefähren Aufstellung.

Der Flug: Während Flüge bis vor ein paar Jahren noch vergleichsweise günstig zu haben und Angebote keine Seltenheit waren, hat sich die Situation nicht nur aufgrund stark schwankender Kerosinpreise und neuer Abgaben verändert. Angebote sind seltener geworden und die Preise im Schnitt deutlich gestiegen; für einen Flug an die Westküste und zurück sollte man derzeit pro Person etwa **700-800 Euro** einkalkulieren. Non-Stop-Flüge kosten oft um die 1000 Euro, mit Stopp gibt es ab 500 Euro.

Das Verkehrsmittel: Absolut gesehen ist das Verkehrsmittel in den USA leider nicht wesentlich günstiger als der Flug an sich. Für einen Mietwagen der Mittelklasse werden inklusive aller Versicherungen derzeit etwa 200 bis 250 Euro pro Woche fällig – bei einem drei- bis vierwöchigen Urlaub kann es also bis in den vierstelligen Bereich gehen.

Noch höher fallen die Kosten für ein Wohnmobil aus: Für ein 25-Fuß-Modell für bis zu fünf Personen inklusive kompletter Ausstattung (das bedeutet: zu fahrende Meilen sowie Küchen-, Bad- und Schlafutensilien) zahlt man bei einer dreiwöchigen Rundreise um die 2500 bis 3000 Euro, also **etwa 800 bis 1000 Euro pro Woche.** Bei einer kürzeren Mietdauer liegen die Kosten pro Woche sogar noch etwas höher, bei einer längeren Mietdauer einen Tick niedriger.

Die Unterkunft: Hier können sich die Kosten für ein Wohnmobil wieder relativieren, denn ein Stellplatz auf Campingplätzen mit einer guten Ausstattung kostet in der Regel nur **15 bis 40 Euro**, ohne Ausstattung findet sich mitunter sogar zum **Nulltarif** etwas.

Brauchbare Motels gibt es hingegen im Schnitt erst **ab etwa 100 Euro pro Nacht und Doppelzimmer**, in der Hauptsaison werden häufig auch um die 125 Euro verlangt – und in beliebten Städten wie San Francisco oder in National Parks wie Yosemite ist quasi das gesamte Jahr über in brauchbarer Lage kaum etwas unter **200 bis 250 Euro** die Nacht zu finden. Gerade Familien, die auf zwei Zimmer angewiesen sind, stoßen hier schnell an ihre Schmerzgrenze.

Die Verpflegung: Ob man im Supermarkt einkauft oder zu Fast Food und Diners greift, spielt preislich meistens keine große Rolle. Im Schnitt kommt man mit **15 bis 20 Euro pro Tag und Person** durchaus zurecht, aber natürlich geht es sowohl etwas billiger als auch deutlich teurer.

Das Benzin: Die Benzinpreise in den USA schwanken stärker als in Europa, stellen für PKW aber selbst bei Höchstpreisen noch immer einen vergleichsweise kleinen Posten dar. Eine komplette Tankfüllung für einen typischen Mietwagen gab es zuletzt in der Regel für 25 bis 35 Euro, bei einer typischen, dreiwöchigen Rundreise bedeutet das **300 bis 400 Euro.** Wohnmobile verbrauchen etwa **das Dreifache.**

Der Eintritt: Ähnlich stark aufs Portemonnaie können die Eintrittspreise schlagen: Wer mit fünf Personen nur einen Tag ins Disneyland und in die Universal Studios will, wird – festhalten! – 1250$ los, zuletzt gut 1100

Euro. Auf der anderen Seite gibt es jedoch auch kostenlose Museen und Sehenswürdigkeiten, weshalb wir diesen Posten aus der Rechnung ausklammern wollen; er ist zu sehr von eigenen Ansprüchen abhängig. Zur groben Orientierung kann man ohne Vergnügungsparks mit 50 Euro pro Tag und Person in den drei bis vier Großstädten kalkulieren.

Gesamtkosten: Wenn wir von den zwei am häufigsten vorkommenden Varianten ausgehen (zwei Personen im Mietwagen sowie vier Personen mit Wohnmobil), landet man preislich bei ca. **6000 bzw. 10000 Euro für eine dreiwöchige Reise.** Ein Puffer von weiteren **1000 Euro** sollte zudem eingeplant werden, um etwaigen unvorhergesehenen Ausgaben und den Schwankungen des Dollarkurses gewappnet zu sein.

KONKRETE REISEPLANUNG

Optimale Reisedauer

Was ist die optimale Dauer für eine USA-Reise? So lange, wie nur eben möglich, werden manche sagen, doch dem lässt sich nicht gänzlich zustimmen. Die Wahrheit ist, dass man im Südwesten so viel sieht und erlebt, dass man ab einem gewissen Punkt kaum noch aufnahmefähig ist und ein wenig abschaltet, weil Verstand, Augen und Ohren all die neuen Einflüsse schlichtweg nicht mehr verarbeiten können.

Wann dieser Punkt gekommen ist, mag von Person zu Person verschieden sein, grundsätzlich nähert man sich dieser Grenze aber häufig nach gut drei Wochen an. Weil in vielen Fällen ohnehin nicht mehr Zeit zur Verfügung steht, sind die meisten klassischen Routen auch auf einen Zeitraum in diesem Bereich angelegt, **weshalb drei bis vier Wochen in der Regel die optimale Reisedauer darstellen.** Deutlich weniger als drei Wochen sind nur bedingt zu empfehlen, weil die Reisekosten, pro Tag betrachtet, bei einer kürzeren Reisedauer immer höher ausfallen.

Darüber hinaus ist die optimale Reisezeit vom eigenen Tempo sowie der Route abhängig. Wer „nur" eine Runde zwischen LA, San Francisco und Las Vegas drehen will, kann diese in zwei Wochen gut bewältigen. Wer hingegen darüber hinaus auch Arizona und Utah ansteuern möchte, mag selbst vier Wochen als einen Tick zu kurz empfinden.

United: Neben Delta, American und Southwest die größte US-Airline.

Die Flugsuche

Allein über die Suche nach dem „besten Flug" ließen sich vermutlich ganze Bücher schreiben, ohne zur letzten Erkenntnis zu gelangen. Denn was die Preisgestaltung ihrer Flüge angeht, lassen sich die Fluggesellschaften leider kaum in die Karten blicken. Als Grundregel gilt aber: **Je früher man bucht, desto größer ist die Wahrscheinlichkeit auf einen Durchschnittspreis.** Sprich: Kauft man seine Tickets schon sechs bis neun Monate im Voraus, dann zahlt man mehrheitlich ziemlich genau das Mittel für einen Flug an die Westküste, derzeit 700 bis 800 Euro.

Je stärker man sich dem geplanten Abflugtermin nähert, desto größer werden in der Regel die Preisschwankungen: In vielen Fällen entwickelt sich der Preis dann doch recht deutlich nach oben, allerdings kann es auch vorkommen, dass man Glück hat und vielleicht bis zu 150 Euro pro Person weniger zahlt. Leider lässt sich das jedoch nicht voraussagen. **Im Normalfall spricht daher nichts dagegen, Flüge bereits ein halbes Jahr im Voraus zu buchen** – und die Preisportale anschließend nie wieder aufzurufen, um sich nicht eventuell ärgern zu müssen.

Einzige Ausnahme dieser Regel: Wenn man absolut flexibel ist, was Flugdaten und Flugzeiten angeht, kann man es auch darauf ankommen lassen und erst ein paar Wochen im Voraus buchen – auf einen bestimmten Tag festgelegt darf man dann jedoch nicht sein.

Die Fluggesellschaft spielt an sich keine große Rolle, denn Komfort, Sitze und In-Flight-Entertainment (IFE) bewegen sich zumindest in der Economy Class auf etwa einem Niveau. Wer empfindlich aufs Fliegen und die natürlichen Turbulenzen eines Fluges reagiert, könnte lediglich in Erwägung ziehen, ein besonders großes Flugzeug zu buchen: Im A380 oder in einer Boeing 747-800 fliegt es sich doch einen Tick angenehmer als im A330 oder in einer Boeing 767.

Die wichtigere Frage lautet: **Sind Sie bereit, einen Zwischenstopp in Kauf zu nehmen?** Lufthansa und United Airlines bieten Non-Stop-Flüge von Frankfurt und München in den Südwesten an (Swiss/Edelweiss und Austrian von Zürich bzw. Wien), allerdings besteht auch die Möglichkeit, einen Flug mit Zwischenlandung, einem Stop-Over, zu wählen – sowohl bei Lufthansa und United als auch bei anderen Airlines wie British Airways, Air France und Delta, bei denen man dann eben in London, Paris oder in den USA umsteigen muss. Der Vorteil des Zwischenstopps ist der mitunter deutlich niedrigere Preis, Nachteile sind die längere Flugzeit und die damit verbundenen Strapazen.

Realistisch betrachtet, sind die etwas längere Flugzeit und der Aufwand des Umsteigens jedoch zu verschmerzen, sobald man dadurch 100 Euro oder mehr pro Person einsparen kann: Nach dem Flug in die USA ist man bei der Ankunft **immer geschafft** – ob die absolute Reisezeit nun zwölf oder fünfzehn Stunden beträgt, spielt keine große Rolle.

Ohnehin sollte man sämtliche Optionen durchspielen, denn es kann zum Beispiel wesentlich günstiger sein, Düsseldorf – Frankfurt – Los Angeles zu buchen als nur Frankfurt – Los Angeles. Vor allem gilt das für die Lufthansa, die aufgrund einer Kooperation mit der Deutschen Bahn Flüge mit Zugfahrt nach Frankfurt von unter anderem Köln, Düsseldorf und Dortmund anbietet, die **um mehrere hundert Euro** reduziert sind.

Zu beachten ist lediglich, dass man nicht zu spät in den USA landet, denn nach der Ankunft können durchaus vier, fünf Stunden vergehen, bis man sein Gepäck abgeholt, die Einreiseprozedur durchlaufen und das Mietfahrzeug bekommen hat sowie am Hotel angekommen ist. Optimal: Planmäßig zwischen 13 und 17 Uhr zu landen.

Falls man einen Flug mit einem Stop-Over wählt, muss man natürlich genügend **Zeit fürs Umsteigen** einkalkulieren. Die Fluggesellschaften rechnen eigene Erfahrungswerte zwar bei der Buchung ein, allerdings sind diese häufig arg knapp bemessen.

Entscheidend ist bei der Kalkulation vor allem, **wo man zwischenlandet**: Steigt man schon in Europa um, meistens in London, Paris oder Amsterdam, können 60 Minuten zwischen Ankunft und Abflug bereits ausreichend sein. Mit 90 Minuten ist man hier sogar fast immer auf der sicheren Seite. Anders sieht es bei einem Umstieg in den USA aus, denn dort muss man **nach der ersten Landung aus dem Ausland** immer zunächst das Einreiseprozedere durchlaufen.

Im Detail bedeutet das: An der Immigration anstellen, wo die Wartezeit zwischen fünf Minuten und mehr als zwei Stunden betragen kann. Koffer und Taschen abholen. Mit dem Gepäck durch den Zoll gehen. Das Gepäck für den Weiterflug aufgeben. Manchmal das Terminal wechseln, weil International und Domestic Flights nicht das gleiche Terminal nutzen. Dann erneut durch die Sicherheitskontrolle. Zum Gate. Boarding.

Im allerbesten Fall ist all das in 45 Minuten zu schaffen, aber es kann auch 3 bis 4 Stunden dauern – vor allem abhängig davon, wie voll es an der Immigration ist, was sich im Voraus selbst mit aktuellen Vergleichswerten der US-Behörden kaum einschätzen lässt.

So oder so ist es empfehlenswert, **einen Puffer von 2-3 Stunden für das erste Umsteigen in den USA** einzuplanen. Verpasst man trotzdem einen Anschlussflug, wird man bei zusammen gebuchten Flügen auf einen anderen Flieger umgebucht – der unter Umständen aber erst am nächsten Tag abhebt. Auch deshalb lohnt sich eine frühere Ankunft.

Einen Mietwagen buchen

Noch wesentlich wichtiger als die Suche nach dem besten Flug ist die nach einem guten Fahrzeug, denn während man im Flieger nur zwei halbe Tage verbringt, muss man sich mit seinem Auto oder Wohnmobil in der Regel mehrere Wochen „herumschlagen". Glücklicherweise gibt es inzwischen im Internet zahlreiche Suchmaschinen, die einem dabei helfen, eine gute Vorauswahl hinsichtlich Modell und Vertrag zu treffen. Dennoch wollen fünf verschiedene Punkte bedacht werden.

Ein typischer Mietwagen der Mid-Size-Kategorie. Für Familien oft grenzwertig.

1. Die Größe des Mietwagens: Hier gibt es gleich zwei Größen, die von enormer Bedeutung sind: Die Größe des Autos an sich sowie die Größe des Kofferraums. Die Größe des Autos selbst ist vor allem für Familien mit Kindern oder gar Jugendlichen von Belang, denn wer beinahe jeden Tag mehrere Stunden im Auto verbringt, braucht bequeme Sitze und ein bisschen Platz für sich, sonst sind Streitigkeiten programmiert.

Nicht minder wichtig ist allerdings die **Größe des Kofferraums**, denn mehr als zwei Koffer oder große Taschen überfordern viele amerikanische Autos, deren Kofferräume aufgrund des dort üblichen Stufenhecks oft kleiner ausfallen. In der Realität bedeutet das: Selbst für zwei Personen kann ein Wagen der Mittelklasse aufgrund seines Kofferraums nicht ausreichen und ab vier Personen braucht man immer einen „Full Size". Bei SUVs muss man die hinterste Sitzreihe meistens umklappen.

2. Mietwagenanbieter betrügen einen, wo sie nur können: Man kann es leider nicht in freundlichere Worte verpacken, denn es gibt keine andere Sparte in der Reisebranche, die so kundenunfreundlich ist wie die der Mietwagenanbieter. Man könnte hier reihenweise Erfahrungen auflisten, aber beschränken wir uns auf die zwei wichtigsten.

Erstens: Mietwagenanbieter listen auf ihrer Website und in sonstigen Angeboten fast immer das größte Modell einer Kategorie auf, doch in der Realität steht das nur selten zur Verfügung. Häufig muss man mit einem kleineren Wagen Vorlieb nehmen – oder kostenpflichtig upgraden. Gerne fragen die Angestellten am Schalter auch mal nach, wie viele Koffer Sie denn genau dabei haben, um Ihnen dann ja ein Modell geben zu können, in dem das Gepäck garantiert nicht genug Platz hat.

Zweitens: Die Angestellten der Mietwagenanbieter versuchen, Sie bei der Übernahme des Fahrzeugs zu verunsichern und Ihnen ein, zwei weitere Versicherungen aufzuschwatzen, selbst wenn Sie über alles Notwendige verfügen. Sie sind geschult, mit allen psychologischen Tricks zu arbeiten, und nutzen natürlich aus, dass ausländische Urlauber nach dem langen Flug übermüdet sind, unter Stress stehen, die Sprache vielleicht nicht perfekt beherrschen und im Zweifel zu allem bereit sind, um endlich ihr Auto zu bekommen.

Leider gibt es keine positiv zu erwähnenden Ausnahmen, keinen Verleih, der grundsätzlich auf solche „Tricks" verzichten würde. Am ehesten sind derzeit Alamo und Sixt empfehlen, während von Anbietern, die mit „H" beginnen, dringend abzuraten ist.

3. Versicherungen und Tankregelung: Es ist fast immer sinnvoll, einen Mietwagen von Europa aus und über einen heimischen Anbieter im Voraus zu buchen, denn das amerikanische Versicherungssystem ist für Laien recht schwer zu durchschauen.

Bucht man hingegen zu Hause und wählt eine Vollkasko ohne Selbstbeteiligung mit einer Deckungssumme von 1 Million US-Dollar, die auch Glas, Reifen sowie den Unterboden abdeckt, ist man damit in den meisten Fällen auf der sicheren Seite. Gibt es dennoch Probleme, sitzt der Ansprechpartner in Europa, nicht in den USA. Vor Ort wird man Ihnen unter anderem noch eine Gepäckversicherung andrehen wollen, die allerdings ohnehin in vielen Fällen nicht greift.

Hinsichtlich der Tankregelung gibt es im Normalfall nur eine Wahl: Vollgetankt übernehmen und abgeben. Das hat den Vorteil, dass Sie Ihr Auto vor der Rückgabe nicht erst „leerfahren" müssen, was ohnehin nie gänzlich möglich ist.

4. Vorteile der Choice-Line: Einige Firmen bieten an manchen Standorten mittlerweile eine so genannte „Choice Line" an, welche das unter Punkt zwei angesprochene Problem ein wenig entschärft. Denn Choice Line bedeutet: Im besten Fall stehen zig Autos einer Klasse bereit und Sie dürfen sich selbst eins aussuchen.

Leider gibt es Choice Lines nicht überall, nicht bei jedem Anbieter und leider sind sie auch nicht immer gut gefüllt. Trotz Reservierung kann im allerschlimmsten Fall **nicht ein einziges Auto** der gewählten Kategorie vorhanden sein. Aber falls Sie die Wahl zwischen zwei gleichwertigen Anbietern haben, wählen Sie den mit der Choice Line!

5. Wann man bucht, spielt kaum eine Rolle: Zum Schluss noch eine gute Nachricht, denn über den Zeitpunkt der Buchung braucht man sich bei Mietautos keine Gedanken zu machen; die Preise für einen Reisezeitraum bleiben beinahe immer stabil. Nur bei sehr kurzfristiger Buchung (weniger als einen Monat im Voraus) oder bei starken Schwankungen des Dollarkurses kann es zu einem Aufschlag kommen.

Andererseits spricht allerdings auch nichts dagegen, den Mietwagen unmittelbar nach der Buchung der Flüge zu reservieren. Bei vielen Anbietern kann man ohnehin noch bis kurz vor dem Übernahmetermin **kostenlos** von seinem Vertrag zurücktreten.

Ein Wohnmobil buchen

Etwas einfacher als die Suche nach einem Mietwagen gestaltet sich die nach einem Wohnmobil, in den USA „Motorhome" oder „RV" genannt, auch weil es hier zwei große Anbieter gibt, die den Markt mehr oder weniger unter sich aufteilen: **Cruise America** und **El Monte**. Beide verfügen über zahlreiche Filialen im Westen der USA, unter anderem in San Francisco, Los Angeles, Las Vegas und San Diego. Im Südwesten ebenfalls recht häufig auf den Straßen zu sehen sind die Fahrzeuge des etwas kleineren Unternehmens **Road Bear**.

Was die Einrichtung der Wohnmobile, das Alter der Flotte und die Preise angeht, geben sich die Konkurrenten derzeit nur wenig; sowohl Zustand als auch Ausstattung sind fast immer gut bis sehr gut. Preislich landet man bei einer Mietdauer von drei Wochen für ein 25-Fuß-Modell für drei bis vier Personen inklusive eines Meilenpakets und diverser Extras bei um die 3500$. Echte Angebote gibt es bei Cruise America und El Monte nur selten, bei Road Bear etwas häufiger, vor allem in der Nebensaison und für One-Way-Trips.

Die notwendige Größe des Wohnmobils wird in der Regel vorrangig von der Anzahl der Betten bestimmt. Im hinteren Bereich des Wohnmobils befindet sich üblicherweise ein „Schlafzimmer" mit Doppelbett für zwei Erwachsene, darüber hinaus kann man meistens Sofa und / oder Esstisch in ein kleineres und unbequemeres Bett umwandeln. Zudem gibt es über der Fahrerkabine fast immer eine Art Schlafkoje, in die man hinaufklettern muss und die offiziell zwei Personen beherbergen soll, was den meisten Erwachsenen jedoch zu eng sein dürfte – denn um nachts das WC zu erreichen, muss einer stets über den anderen steigen.

Als Faustregel gilt: 22 Fuß reichen für zwei Erwachsene und ein Kind, 25 Fuß braucht man für zwei Erwachsene, einen Jugendlichen und ein Kind, 28 Fuß sind für zwei Erwachsene, zwei Jugendliche und ein Kind gut geeignet.

Beachten sollte man darüber hinaus im Grunde nur zwei Dinge: Zum einen sind, anders als beim Mietwagen, die gefahrenen Meilen nicht immer inklusive. Üblicherweise kauft man daher das besagte Meilenpaket, für das als Grundlage meistens 100 Meilen pro Miettag berechnet werden. Anhand der geplanten Route kann man natürlich im Voraus selbst grob ausrechnen, ob das hinkommt oder nicht.

Zum anderen benötigt man bei einem Wohnmobil eine gewisse Ausstattung, die im Normalfall leider nicht im Mietpreis enthalten ist. Dazu zählen die Küchenutensilien wie Töpfe, Geschirr und Besteck, aber auch Bettwäsche und Handtücher. Letzteres ist fast immer notwendig, weil Bettwäsche und Handtücher aufgrund der Gepäckbegrenzung kaum von zu Hause aus mitgenommen werden können, Ersteres hingegen ist unter Umständen billiger in einem Walmart zu bekommen – bei einem Preis von um die 100$ für das Paket lässt sich allerdings nicht wahnsinnig viel Geld einsparen.

Beachten Sie zudem: Die Anmietung des RVs am Ankunftstag in den USA ist aufgrund der häufigen Übermüdung der Urlauber **nicht gestattet.** Eine erste Übernachtung vor der Übernahme ist einzuplanen.

Motels und Hotels reservieren

Gute Hotels zu finden, ist dank der unzähligen Vergleichsportale im Internet in den letzten Jahren äußerst einfach geworden: Gehen Sie zum Beispiel auf booking.com, geben Sie Ihr Ziel ein und schon erhalten Sie eine lange Liste der am besten bewerteten Unterkünfte, bei Angabe des Ankunfts- und Abfahrtsdatums sogar inklusive Preis. Und das Beste ist: Man kann den Bewertungen in neun von zehn Fällen vertrauen!

Natürlich ist es überall möglich, Pech mit einem Angestellten oder einem Zimmer zu haben (was sich bei den Portalen ja auch darin widerspiegelt, dass selbst die besten Hotels stets einige negative Bewertungen aufweisen), doch der Schnitt entspricht der Erfahrung nach beinahe immer der Realität: Wenn ein Hotel überwiegend gute Bewertungen erhalten hat, macht man damit nicht viel verkehrt.

Darüber hinaus ist oft aber auch schon die Motel- bzw. Hotelkette aussagekräftig, denn viel stärker als in Europa legen die Ketten in den USA großen Wert auf recht **durchgängige Standards**.

1. Sehr billig: Super 8, Motel 6, Econolodge, America's Best Value Inn. Doppelzimmer häufig unter 80$ die Nacht, was man ihnen ansieht. Alt, dünne Wände und oft in schlechter Lage – selten zu empfehlen.

2. Günstig: Days Inn, Howard Johnson Express, Quality Inn, La Quinta. Doppelzimmer ab 80-100$ die Nacht, häufig ordentliche Qualität, sauber, aber nicht immer in bester Lage. Preis/Leistung: Okay bis sehr gut, hohe Ansprüche darf man jedoch nicht stellen.

3. Mittlere Preisklasse: Comfort Inn, Best Western (Plus), Hampton Inn, Holiday Inn Express. Doppelzimmer üblicherweise 100-150$ die Nacht, dafür fast ausnahmslos mit guter Qualität und sauber, meistens auch in brauchbarer Lage. Vor allem **Hampton Inn** ist durchweg zu empfehlen.

4. Gehobene Preisklasse: Crowne Plaza, Doubletree Hilton, Courtyard by Marriott. Doppelzimmer in der Regel erst ab 150$ die Nacht und aufwärts. Überdurchschnittlich, kommen für Roadtrips allerdings relativ selten in Frage, weil sie sich vorrangig in großen Städten befinden.

5. Luxus: Hilton, Marriott, Sheraton, Radisson Blu, Hyatt. Preis nach oben offen, höchste Qualität, aber ebenfalls vorwiegend in den Zentren der größten Städte, außerhalb kaum.

Bei den Preisen handelt es sich natürlich um Durchschnittswerte: In der Hauptsaison und in bester Lage kann auch ein Best Western über 200$ die Nacht kosten, während in der Nebensaison und in kleineren Städten Zimmer für unter 100$ die Nacht zu bekommen sind. Neben den Ketten gibt es zudem etliche eigenständig betriebene Motels, über deren Qualität man keine generelle Einschätzung abgeben kann, die sich meistens allerdings in der Kategorie 1-2 ansiedeln, also etwas persönlicher, aber auch einfacher sind. Im Prinzip gilt hier das Gleiche wie fürs Essen: Bei den Ketten weiß man im Voraus, was man bekommt, bei den Eigenständigen wird man überrascht – mal zum Guten, mal zum Schlechten.

Im Preis enthalten ist meistens ein **Continental Breakfast**, was nach mehr klingt, als es bietet. Üblich sind in den Preisklassen 1 bis 3: Toast, Marmelade, ein paar klebrige Muffins und Donuts, dazu Kaffee und Orangensaft. Hin und wieder findet man auch Cornflakes, eine Waffelmaschine, manchmal sogar Eier, Speck und frische Pancakes. Letzteres kommt aber eher selten vor, weshalb man mit nicht zu hohen Erwartungen zum Frühstück gehen sollte – wenn es mehr als trockenen Toast und feuchten Süßkram gibt, ist das als Erfolg zu werten. Am besten immer eine Alternative aus dem Supermarkt parat haben.

Ebenfalls meistens im Preis enthalten sind ein Parkplatz (außer in großen Städten, in denen Parkplätze Seltenheitswert haben) sowie Zugang zum WLAN („Wi-Fi"). Interessanterweise sind es vor allem teure Hotels, die sich beides heutzutage noch extra bezahlen lassen, während die billigeren Ketten diese vermeintlichen Extras kostenlos anbieten.

Die Sicherheit von Fahrzeug und Wertgegenständen ist ab Hotels der 2. Preisklasse in der Regel einigermaßen gewährleistet; die Parkplätze werden in „bedenklichen" Vierteln nachts hell erleuchtet und meistens mit Kameras überwacht. Das gilt auch für die für Europäer zunächst etwas ungewöhnlichen Motels, deren Zimmertüren direkt auf den Parkplatz führen – nur in großen Städten wie Los Angeles, San Francisco und San Diego sollte man bei der Auswahl der Unterkunft penibler sein.

Typisches Motel in den USA: Vom Parkplatz direkt ins Zimmer.

Grundsätzlich ist das Konzept des Motels in Europa nicht weit verbreitet und der bei vielen Europäern noch immer erste Gedanke in Verbindung mit Motels ist **Alfred Hitchcocks Film „Psycho"** – Sie wissen schon, der mit der Duschszene! Tatsächlich kann es sich anfangs ein wenig ungewohnt anfühlen, vom Parkplatz aus direkt ins eigene Zimmer zu gehen und dann lediglich eine dünne Tür zwischen sich und der Außenwelt zu haben – zumal sich das Bett nicht selten nur einen halben Meter neben einem großen Fenster nach draußen befindet.

Üblicherweise gewöhnt man sich jedoch schnell daran, auch wenn für die ersten Tage Ohrstöpsel hilfreich sein können. Störender als die Nachbarn ist aber meistens der beinahe unvermeidbare **Kühlschrank**, der nachts gerne lautstark vibriert. Wird er nicht benötigt, am besten immer als Erstes **abschalten** – falls stark vereist, nicht vergessen, ein Handtuch davorzulegen!

Von dieser einen Besonderheit abgesehen, unterscheiden sich Hotels und Motels aber in der Regel kaum voneinander; auch Motels verfügen üblicherweise über eine Lobby und einen (kleinen) Essraum, in dem das Continental Breakfast serviert wird, selbst ein Swimmingpool ist im Südwesten der USA häufig vorhanden.

Abschließend sei noch gesagt: Grundsätzlich macht es mehr Spaß, das Land mit einer gewissen Flexibilität zu erkunden, also nicht an eine feste Route mit vorgebuchten Hotels gebunden zu sein, sondern sich jeden Tag nach Lust und Laune spontan eine Unterkunft zu suchen.

Aber: Gerade in der Hauptsaison ist das heutzutage kaum noch möglich, ohne sehr hohe Preise oder Unterkünfte minderer Qualität in Kauf zu nehmen. Und vor allem um National Parks herum ist mindestens von Juni bis August, oft auch schon im Mai und September, wirklich **alles ausgebucht**. Insbesondere bei einer ersten USA-Reise ist daher stets zur Vorbuchung zu raten.

Campingplätze in den USA
Bisher gibt es für private Campingplätze noch kein gutes Vergleichsportal mit glaubwürdigen Bewertungen, weshalb man sich in erster Linie auf die Lage eines Platzes sowie die Ausstattung konzentrieren sollte: Befindet sich der Campingplatz auf dem Weg zum nächsten Ziel oder muss man für ihn einen Umweg in Kauf nehmen? Gibt es „Full Hookup", sogar mit „Pull-Thru Sites", die das etwas lästige Rangieren unnötig machen?

Dann versuchen Sie Ihr Glück, denn letzten Endes unterscheiden sich die typischen privaten Campingplätze preislich und auch qualitativ nur geringfügig voneinander. Einzig und allein die Sauberkeit eventuell vorhandener Sanitäranlagen mag hier ein bisschen besser und dort etwas schlechter ausfallen.

Vor allem **die Lage** sollte allerdings über das Für und Wider entscheiden: Campgrounds in National Parks beispielsweise verfügen so gut wie nie über eine gute Ausstattung, häufig nicht einmal über Waschräume, und doch sind sie unglaublich begehrt, weil das Übernachten in der freien Natur am schönsten ist. **Campingplätze in National und State Parks sollten daher stets die erste Wahl darstellen!** Außerhalb von Parks sind die Campgrounds der Kette KOA meistens nicht verkehrt.

Ein paar vermutlich nicht jedem bekannte Begriffe werden Ihnen in diesem Reiseführer sowie auf der Suche nach Campingplätzen in den USA immer wieder begegnen, die hier kurz erklärt werden sollen: Auf Campgrounds gibt es häufig Plätze mit und ohne „Hookup". Mit Hookup sind die zur Verfügung stehenden Anschlüsse gemeint, in erster Linie

Electrical, also Strom, um nicht den Generator des Wohnmobils betreiben zu müssen, sowie Water (Frischwasser) und Dump (Abwasser).

Üblicherweise gibt es drei verschiedene Konfigurationen: „No Hookup", also gar keine Anschlüsse, was in State und National Parks üblich ist. „Electrical Hookup" weist auf einen Stromanschluss hin, meistens ist allerdings auch Frischwasser enthalten, während „Full Hookup" anzeigt, dass Strom-, Wasser- und Abwasseranschlüsse zur Verfügung stehen.

Steuert man einen Campingplatz mit „No Hookup" an, was sich bei Übernachtungen in National Parks nicht vermeiden lässt, sollte man auf die Stichworte „Potable Water Station" und „Dump Station" achten. Ersteres bezeichnet einen Wasserhahn, an dem man stoppen und Wasser auftanken kann, Letzteres ist ein Loch im Boden, um das Abwasser abzulassen. Beides benötigt man – je nach Größe des RVs und Nutzung – alle drei bis sechs Tage.

Weitere wichtige Schlagworte sind „Showers" (Duschen), „Laundry" (Waschmaschinen) und die Unterscheidung zwischen Pit/Vault und Water Toilets. Bei Ersteren handelt es sich um unangenehme Plumpsklos ohne jegliches Wasser, die in vielen State und National Parks abseits der Visitor Center häufig anzutreffen sind.

Entscheidend ist das Ganze vor allem aber in Hinblick auf das eigene Wasser und Abwasser (manchmal Grey oder Black Water genannt): Hält man sich mehrere Tage in Folge in einem Park ohne Duschen und womöglich sogar ohne Frischwasser auf, muss man mit den Vorräten ein wenig haushalten – zumal das Duschen im Wohnmobil aufgrund der Enge ohnehin eher eine Option für den Notfall darstellt.

Langer Rede kurzer Sinn: Achten Sie bei der Auswahl Ihrer Campingplätze darauf, alle paar Tage Wasser auffüllen und Abwasser ablassen zu können, sowie – wenn möglich – einen Platz mit fließendem Wasser und Duschen zu wählen! Mitunter steht übrigens auch am Visitor Center von National Parks eine Dump Station für Besucher zur Verfügung, wenn die Campgrounds im Park selbst über keine verfügen. Lodges (Hotels in National Parks) bieten zudem bisweilen auch Campern kostenpflichtige Showers und eine Laundry an.

Außerdem kennen sollte man letztlich den Begriff „**First-Come, First-Served**", also: Wer zuerst kommt, mahlt zuerst. Bei den Campingplätzen bedeutet das: Es besteht nicht die Möglichkeit, Stellplätze im Voraus zu reservieren, stattdessen werden freie bzw. frei gewordene Plätze jeden Tag vor Ort an die schnellsten Kunden vergeben.

Bis vor einigen Jahren war das bei nahezu allen staatlichen Campgrounds die Regel, inzwischen geht es dank Online-Reservierungen auf gut der Hälfte der wichtigsten Campingplätze jedoch entspannter zu. Denn gilt „First-Come, First-Served", muss man in der Hauptsaison gerade in den so beliebten National Parks im Südwesten **spätestens gegen Mittag** vor Ort sein, um einen Stellplatz zu ergattern.

Wo man Geld einsparen kann

Eine USA-Reise ist teuer, daraus darf man keinen Hehl machen. Flüge, Fahrzeuge, Hotels oder Campingplätze, Verpflegung, Eintrittsgelder – die Kosten läppern sich. Weshalb zwangsläufig die Frage aufkommen muss: Wo lässt sich Geld einsparen?

Fangen wir damit an, wo es nicht geht: Die Kosten für Flüge sowie Mietwagen und Wohnmobile sind immer mehr oder weniger konstant. Natürlich lohnt es sich, vor einer Buchung die verschiedenen Anbieter zu vergleichen und das beste Paket zum günstigsten Preis zu wählen, was mit Hilfe von Onlineportalen wie Google Flights auch äußerst einfach ist. Wirkliche Schnäppchen jedoch gibt es bei Flügen im Sommer nur selten und bei Mietwagen oder Wohnmobil so gut wie gar nicht.

Bei Flügen besteht zumindest in der Nebensaison eine Chance, ein Angebot zu erwischen, mit dem sich vielleicht 100 oder gar 200 Euro pro Person einsparen lassen, aber in der Hauptsaison sind solche Ausreißer erfahrungsgemäß nahezu ausgeschlossen – und im April oder Oktober zu verreisen, um solche Angebote eventuell zu nutzen, kann sich nicht jeder erlauben. Zumal das Reisen in der Nebensaison andere Probleme mit sich bringt, geschlossene Parkeinrichtungen beispielsweise.

Von großem Vorteil ist hingegen Flexibilität bei der Flugbuchung, denn es kommt häufig vor, dass die Preise von Tag zu Tag oder von Flughafen zu Flughafen um mehr als 100 Euro schwanken – selbst wenn zwischen den Flugterminen lediglich ein oder zwei Tage liegen. Das hängt in erster Linie mit der (erwarteten) Auslastung zusammen, in die man als Buchender kaum Einblick gewinnen kann.

Wenn man also nicht exakt auf einen Tag festgelegt ist, sondern ein paar Tage (oder noch besser: ein bis zwei Wochen) Spielraum hat und verschiedene Flughäfen für Abflug und Ankunft in Erwägung zieht, kann man bei dem Flug durchaus Geld einsparen.

Der zweitgrößte Posten nach Flug und Verkehrsmittel sind natürlich die Unterkünfte, bei denen durchaus großes Sparpotential besteht, wenn man bereit ist, gewisse Abstriche bei der Qualität in Kauf zu nehmen. So könnte man zum Beispiel statt in Hotels der Mittelklasse immer in Motels der Kategorie Super 8 und Motel 6 übernachten und so die durchschnittlichen Kosten pro Nacht halbieren, was bei einem dreiwöchigen Urlaub immerhin eine Ersparnis von bis zu 1000$ ergibt.

Doch auch in den USA bekommt man überwiegend das, was man bezahlt, und bei Super 8 und Motel 6 bedeutet das häufig: Dünne Wände, altmodische Einrichtung, nicht immer perfekte Sauberkeit und eine vielmals eher mäßige Lage der Motels. Damit kann man teilweise umgehen, aber es ist sicher nicht jedermanns Sache – zumal auch **das Publikum** in den günstigsten Motels nicht immer das angenehmste ist.

Die in den USA einst so beliebten Coupons für Hotels und Motels gibt es auch heute noch, manche findet man im Internet, die meisten aber liegen weiterhin in Läden und Tankstellen aus. Realistisch betrachtet, lassen sich damit jedoch keine großen Beträge einsparen, zumal Coupons aus einer Zeit stammen, in der das Internet noch nicht existierte. Über ein Vergleichsportal findet man heute fast immer eine günstigere Unterkunft als mit Hilfe von Gutscheinen.

Ist man als Camper unterwegs, sollte man bevorzugt in State und National Parks übernachten, die Stellplätze fast ausnahmslos für 10 bis 35$ die Nacht anbieten. Wer auf „Komfort" wie fließendes Wasser verzichtet, kommt oft sogar kostenlos unter. Auf privaten Campgrounds hingegen werden üblicherweise 30 bis 60$ die Nacht fällig.

An dritter Stelle folgt die Verpflegung, die bei etwa 15$ pro Tag und Person beginnen kann, aber nach oben hin nahezu offen ist. Am billigsten kommt man tatsächlich durch die USA, indem man in Fast-Food-Lokalen speist: Einen guten Cheeseburger gibt es für 2-3$, ein komplettes Menü mit Burger, French Fries und Getränk kostet selten mehr als 5-6$. Im Diner zahlt man etwa das Doppelte.

Selbstverpflegung ist häufig teurer, da die meisten Lebensmittel doch mehr kosten als in Mitteleuropa. Sparen kann man bei Einkäufen vor allem mit der **Wahl des Supermarkts**. Walmart ist immer deutlich billiger als die Konkurrenz, auch Trader Joe's hat oft gute Angebote.

In einem letzten Bereich schließlich haben Coupons dann doch noch ihre Berechtigung: bei Eintrittskarten und Tickets. Hier lassen sich mit Hilfe von Gutscheinen mitunter 10-50% des Preises einsparen, allerdings findet man all diese Coupons auch online; es ist nicht notwendig, in jedem Motel oder Hotel danach zu fragen. Überhaupt ist der Onlinekauf von Tickets vielmals günstiger als der Kauf direkt am Schalter.

Darüber hinaus lohnt es sich, einen Blick auf die häufig vorhandenen Kombitickets zu werfen, die mehrere Attraktionen in einer Stadt mit einem leichten Rabatt kombinieren.

Wenn Sie Mitglied eines Autoclubs sind, der – wie der ADAC – mit der AAA (American Automobile Association) kooperiert, können Sie zudem bei vielen Hotels, Motels und Campingplätzen so genannte AAA-Rabatte nutzen. Dafür muss man lediglich eine kleine Papierkarte ausdrucken und diese zusammen mit einer aktuellen ADAC-Mitgliedskarte an der Rezeption vorzeigen.

Aber Achtung: Nicht immer stellen AAA-Rabatte den besten Preis dar. Bei der Onlinebuchung gibt es häufig auch eine „Special Internet Rate", die meistens günstiger als die ebenfalls angebotene „AAA Rate" ist. Vergleichen lohnt sich!

REISEVORBEREITUNGEN

Routenvorschläge

Die Möglichkeiten bei der Routenfindung sind im Grunde unbegrenzt: Abhängig von den eigenen Interessen, der zur Verfügung stehenden Zeit, der Jahreszeit und den finanziellen Mitteln lässt sich eine Rundreise durch den Südwesten auf hunderte verschiedene Arten gestalten. Die folgenden vier Routen sind aus diesem Grund vorrangig als **Anregung** zu verstehen, als erprobter Ausgangspunkt für Ihre eigenen Überlegungen und Ihre persönliche Reiseplanung, die Sie jedoch im Detail noch gemäß Ihrer individuellen Ansprüche anpassen sollten.

Als Startort für drei der vier Beispielrouten wurde San Francisco ausgewählt, sie sind aber genauso von Los Angeles oder Las Vegas machbar. Die Wahl ist nur auf San Francisco gefallen, weil es neben Los Angeles der am häufigsten von Europa aus angesteuerte Flughafen ist und weil die Stadt **einen schönen Einstieg in die USA** darstellt, man hier auch am Ankunftstag ein wenig unternehmen kann, was in Los Angeles schwerfällt. Zumal dort der brutale Verkehr bei einer Ankunft am Nachmittag die Fahrt zum Hotel stressig gestaltet.

Um eine sehr häufig gestellte Frage vorweg zu beantworten: Es spielt keine Rolle, ob man die Routen **im oder gegen den Uhrzeigersinn** fährt. Der eine startet lieber in den Bergen, der andere lieber an der Küste, der eine fährt am liebsten sofort los, der andere verbringt am Anfang lieber zwei, drei Tage in einer Stadt – die Unterscheide sind minimal!

Kleine Rundreise an der Westküste

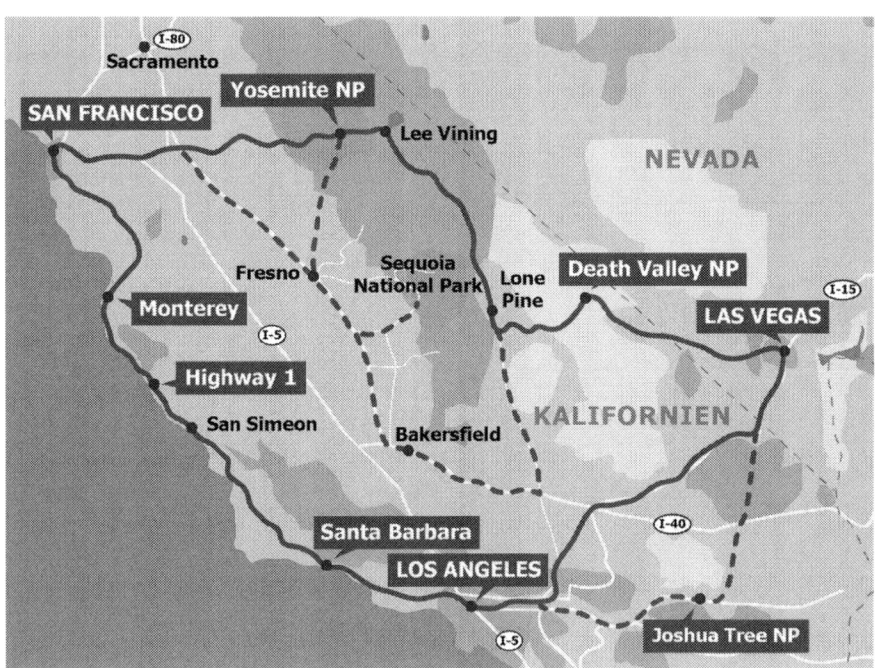

Schwerpunkt: Städte und Küste
Zeitraum: 2 Wochen
Strecke: ca. 2500 km

Beschreibung: Bei einem Reisezeitraum von zwei Wochen ist es sinnvoll, sich auf eine „Hälfte" des Südwestens zu beschränken. Bei dieser Route hält man sich vorrangig an der Küste auf, besucht mit San Francisco, Los Angeles und Las Vegas alle wichtigen Städte außer San Diego, bekommt aber auch etwas Wüste, Wälder und Berge zu Gesicht.

Mögliche Aufteilung

1. Tag: Ankunft in San Francisco
2. Tag: Innenstadt von San Francisco
3. Tag: Golden Gate Bridge & Umgebung
4. Tag: Über Carmel & Point Lobos bis Monterey (200 km)
5. Tag: Über Highway 1 (Big Sur) bis San Simeon (225 km)
6. Tag: Über Santa Barbara bis Santa Monica (375 km)
7. Tag: Sehenswürdigkeiten in Los Angeles
8. Tag: Weiter nach Las Vegas (450 km)
9. Tag: Sehenswürdigkeiten in Las Vegas
10. Tag: Durchs Death Valley bis Lone Pine (400 km)
11. Tag: Über Devils Postpile bis Lee Vining (300 km)
12. Tag: Über die Tioga Road ins Yosemite Valley (125 km)
13. Tag: Yosemite Valley & Glacier Point (100 km)
14. Tag: Zurück nach San Francisco (300 km)
15. Tag: Abflug in San Francisco

Überlegungen

Zahlreiche Variationen dieser Route bieten sich an. So ist es beispielsweise möglich, den Grand Canyon als Abstecher von Las Vegas aus zu besuchen, wofür zwei Tage notwendig wären. Auch ein Abstecher nach San Diego stellt von Los Angeles aus eine Option dar, wofür mit drei Tagen zu rechnen ist. Ebenso wäre ein eintägiger Besuch des Joshua Tree National Parks zwischen Los Angeles und Las Vegas denkbar.

Ist die Tioga Road, Yosemites Osteinfahrt, zum Zeitpunkt der Reise noch geschlossen, müsste die Sierra Nevada südlich umfahren werden. Falls das Wetter es zulässt, könnte man statt Yosemite dann den Sequoia National Park besuchen – oder aber man beendet die Reise in Las Vegas und spart sich die Rückfahrt nach San Francisco.

Kleine Rundreise durchs Landesinnere

Schwerpunkt: Wüste, Felsen und Canyons

Zeitraum: 2 Wochen

Strecke: ca. 2500 km

Beschreibung: Als Gegenstück zur vorigen Route führt diese durch das Landesinnere, vor allem durch das sehr schöne Utah mit seinen grandiosen Ausblicken auf Wüsten, Felsen und Canyons. Ausgangspunkt wäre in diesem Fall Las Vegas, von dem aus man nahezu alle „großen" National Parks im Südwesten ansteuert – lediglich Yosemite, Sequoia und Joshua Tree lassen sich in einem Zeitraum von zwei Wochen nach einer Runde durch Utah zeitlich nicht mehr unterbringen.

Mögliche Aufteilung

1. Tag: Ankunft in Las Vegas

2. Tag: Sehenswürdigkeiten in Las Vegas

3. Tag: Durchs Valley of Fire nach Zion (325 km)

4. Tag: Weiter zum Bryce Canyon (150 km)

5. Tag: Über die State Route 12 bis Torrey (200 km)

6. Tag: Über Capitol Reef und Goblin Valley bis Moab (325 km)

7. Tag: Canyonlands: Island in the Sky (150 km)

8. Tag: Arches National Park (100 km)

9. Tag: Über Canyonlands: Needles bis Monticello (225 km)

10. Tag: Über Natural Bridges zum Monument Valley (225 km)

11. Tag: Weiter nach Page (225 km)

12. Tag: Weiter zum Grand Canyon South Rim (225 km)

13. Tag: Zurück nach Las Vegas (450 km)

14. Tag: Sehenswürdigkeiten & Ausklang in Las Vegas

15. Tag: Abflug in Las Vegas

Überlegungen

Hier sind die möglichen Varianten etwas weniger zahlreich, da fast alle Highlights im Süden Utahs und Norden Arizonas auf der Route liegen. Das Augenmerk für Anpassungen sollte auf Tag 9-11 liegen: Wer nicht lange wandern möchte, ist im Needles District der Canyonlands falsch, und das Monument Valley erfordert nicht zwangsläufig eine Übernachtung. Hier könnte man also mindestens einen Tag einsparen und ihn andernorts unterbringen – zum Beispiel in Page, am Bryce Canyon oder im Capitol Reef, je nach Interesse.

Typische Rundreise durch den Südwesten

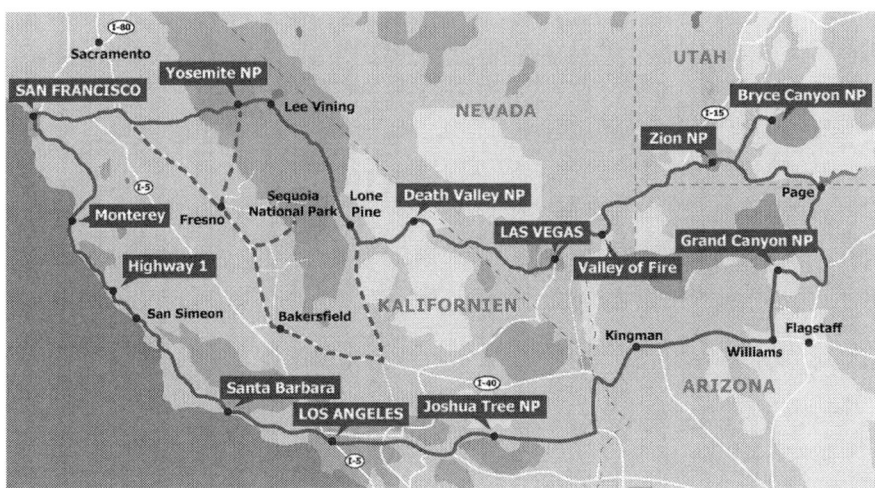

Zeitraum: 3 Wochen
Strecke: ca. 3500-4000 km

Beschreibung: Die „typische" Rundreise durch den Südwesten fällt mit über 3500 km bereits recht groß aus, doch realistisch ist das Ganze in drei Wochen problemlos zu bewältigen. Höhepunkte der Rundfahrt sind die drei großen Städte, die mit unterschiedlichen Qualitäten aufwarten: San Francisco mit dem ihm eigenen Flair, Los Angeles mit seinen zahlreichen Attraktionen und dem hohen Bekanntheitsgrad aus Film und Fernsehen sowie Las Vegas als Vergnügungspark für Erwachsene.

Aber auch die tolle Natur kommt hier nicht zu kurz und bietet nicht weniger Abwechslung: Auf die Traumstraße der Welt folgen atemraubende Schluchten, Berge und Wälder sowie „das Tal des Todes" – da ist für jeden Geschmack etwas dabei.

Mögliche Aufteilung

1. Tag: Ankunft in San Francisco
2. Tag: Innenstadt von San Francisco
3. Tag: Golden Gate Bridge & Umgebung
4. Tag: Über Carmel & Point Lobos bis Monterey (200 km)
5. Tag: Über Highway 1 (Big Sur) bis San Simeon (225 km)
6. Tag: Über Santa Barbara bis Santa Monica (375 km)
7. Tag: Sehenswürdigkeiten in Los Angeles
8. Tag: Weiter nach Joshua Tree (275 km)
9. Tag: Über die Route 66 bis Kingman / Seligman (450 km)
10. Tag: Weiter zum Grand Canyon South Rim (175 km)
11. Tag: Weiter nach Page (225 km)
12. Tag: Weiter zum Bryce Canyon (250 km)
13. Tag: Weiter nach Zion (150 km)
14. Tag: Durchs Valley of Fire nach Las Vegas (325 km)
15. Tag: Sehenswürdigkeiten in Las Vegas
16. Tag: Sehenswürdigkeiten in Las Vegas
17. Tag: Durchs Death Valley bis Lone Pine (400 km)
18. Tag: Über Devils Postpile bis Lee Vining (300 km)
19. Tag: Über die Tioga Road ins Yosemite Valley (125 km)
20. Tag: Yosemite Valley & Glacier Point (100 km)
21. Tag: Rückfahrt nach San Francisco (300 km)
22. Tag: Abflug in San Francisco

Überlegungen: Der größte Haken dieser Runde ist es, dass man einige der schönsten Parks im Süden von Utah nicht zu Gesicht bekommt: das Monument Valley, Arches, die Canyonlands und das Capitol Reef. Für sie müsste man mindestens fünf Tage an anderer Stelle einsparen.

Zu schaffen wäre das, indem man sowohl Yosemite als auch Death Valley und Joshua Tree streicht. Außerdem könnte man in Erwägung ziehen, nur zwei Mal in Las Vegas zu übernachten. Auf dem Rückweg nach San Francisco würde man die Sierra Nevada im Süden umfahren und einen Abstecher zum Sequoia National Park einbauen, um nicht zwei Tage lang nur im Auto zu sitzen. Etwas anstrengender als die erste Variante, aber den Aufwand durchaus wert!

Alternative Aufteilung

1. Tag: Ankunft in San Francisco
2. Tag: Innenstadt von San Francisco
3. Tag: Golden Gate Bridge & Umgebung
4. Tag: Über Carmel & Point Lobos bis Monterey (200 km)
5. Tag: Über Highway 1 (Big Sur) bis San Simeon (225 km)
6. Tag: Über Santa Barbara bis Santa Monica (375 km)
7. Tag: Sehenswürdigkeiten in Los Angeles
8. Tag: Weiter nach Las Vegas (450 km)
9. Tag: Sehenswürdigkeiten in Las Vegas
10. Tag: Weiter zum Grand Canyon South Rim (450 km)
11. Tag: Weiter nach Page (225 km)
12. Tag: Übers Monument Valley bis Moab (450 km)
13. Tag: Arches National Park (100 km)
14. Tag: Canyonlands: Island in the Sky (150 km)
15. Tag: Über Goblin Valley und Capitol Reef bis Torrey (325 km)
16. Tag: Über die State Route 12 nach Bryce Canyon (200 km)
17. Tag: Weiter nach Zion (150 km)
18. Tag: Durchs Valley of Fire bis Las Vegas (325 km)
19. Tag: Weiter bis Visalia (600 km)
20. Tag: Über Sequoia bis Fresno (225 km)
21. Tag: Rückfahrt nach San Francisco (300 km)
22. Tag: Abflug in San Francisco

Große Rundreise durch den Südwesten

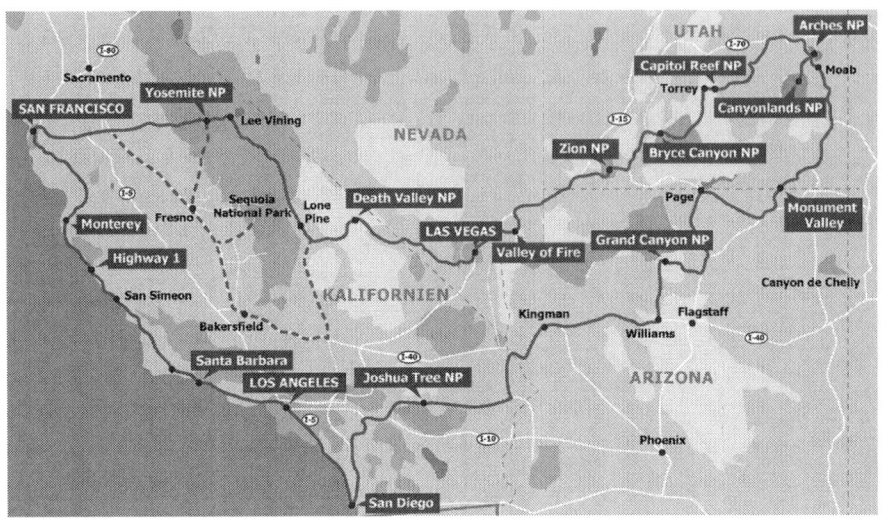

Zeitraum: 4 Wochen

Strecke: ca. 4500-5000 km

Beschreibung: Die große Rundreise durch den Südwesten basiert auf der kleinen und erweitert diese um zwei wichtige Abstecher. Freunde von Städten kommen in San Diego voll auf ihre Kosten – eine der schönsten Citys der USA, die mit einem ganz eigenen Stil und Flair aufwartet, weshalb sie eigentlich auf keiner Rundreise fehlen sollte, wenn sie nicht doch ein wenig abseits läge.

Der zweite Abstecher betrifft den Osten Utahs, in dem sich mit Arches, Canyonlands und Capitol Reef drei wunderschöne National Parks befinden, die im Grunde ebenfalls ein Muss darstellen, in drei Wochen aber nur mit einem gewissen Aufwand zu schaffen sind. Allerdings muss man natürlich auch nicht alles auf einmal sehen.

Mögliche Aufteilung

1. Tag: Ankunft in San Francisco

2. Tag: Innenstadt von San Francisco

3. Tag: Golden Gate Bridge & Umgebung

4. Tag: Über Carmel & Point Lobos bis Monterey (200 km)

5. Tag: Über Highway 1 (Big Sur) bis San Simeon (225 km)

6. Tag: Über Santa Barbara bis Santa Monica (375 km)

7. Tag: Sehenswürdigkeiten in Los Angeles

8. Tag: Sehenswürdigkeiten in Los Angeles

9. Tag: Weiter nach San Diego (200 km)

10. Tag: Sehenswürdigkeiten in San Diego

11. Tag: Weiter nach Joshua Tree (325 km)

12. Tag: Über die Route 66 bis Kingman / Seligman (450 km)

13. Tag: Weiter zum Grand Canyon South Rim (175 km)

14. Tag: Weiter nach Page (225 km)

15. Tag: Weiter zum Monument Valley (225 km)

16. Tag: Über Canyonlands: Needles bis Moab (375 km)

17. Tag: Arches National Park (100 km)

18. Tag: Canyonlands: Island in the Sky (150 km)

19. Tag: Über Goblin Valley und Capitol Reef bis Torrey (325 km)

20. Tag: Über die State Route 12 nach Bryce Canyon (200 km)

21. Tag: Weiter nach Zion (150 km)

22. Tag: Durchs Valley of Fire bis Las Vegas (325 km)

23. Tag: Sehenswürdigkeiten in Las Vegas

24. Tag: Durchs Death Valley bis Lone Pine (400 km)

25. Tag: Über Devils Postpile bis Lee Vining (300 km)

26. Tag: Über die Tioga Road ins Yosemite Valley (125 km)

27. Tag: Yosemite Valley & Glacier Point (100 km)

28. Tag: Rückfahrt nach San Francisco (300 km)

29. Tag: Abflug von San Francisco

Überlegungen: Diese Route ist umfangreich, aber natürlich bei Weitem noch keine „komplette" Runde durch den Südwesten. Neben Kakteen – mehr dazu in der folgenden Variante – fehlen vor allem Mammutbäume, wie man sie im Sequoia National Park sieht. Eine denkbare Alternative wäre es daher, nicht über die Tioga Road durch den Yosemite National Park zu fahren (was ohnehin nicht immer möglich ist), sondern die Sierra Nevada nach der Fahrt durchs Death Valley südlich zu umrunden und dann Sequoia anzusteuern. Dafür müsste man entweder zwei Tage zwischen San Diego und Moab auslassen oder aber Yosemite streichen. Hier sollten die eigenen Interessen und die Reisezeit entscheiden.

Variante: Abstecher in den Süden Arizonas

Zeitraum: bis zu einer Woche

Strecke: ca. 2000 km

Beschreibung: Hierbei handelt es sich um keine komplette Route, sondern um eine Variante, die einen durch den Süden von Arizona führt, in dem es neben spannenden Felsformationen vor allem eins zu sehen gibt: Kakteen. Im Organ Pipe Cactus National Monument und im Saguaro National Park zeigt sich die US-amerikanische Wüste von der Seite, die man aus zahllosen Western kennt. Startpunkt der Strecke ist entweder Los Angeles oder San Diego, der Endpunkt wahlweise Flagstaff oder das Monument Valley.

Mögliche Aufteilung

1. Tag: Durch den Anza-Borrego Desert SP bis Yuma (450 km)

2. Tag: Übers Organ Pipe Cactus National Monument bis Ajo (350 km)

3. Tag: Über den Saguaro National Park bis Tucson (250 km)

4. Tag: Übers Chiricahua National Monument bis Willcox (275 km)

5. Tag: Über den Petrified Forest National Park bis Holbrook (500 km)

6. Tag: Weiter bis zum Canyon de Chelly (200 km)

7. Tag: Weiter zum Monument Valley (175 km)

Überlegungen: Das Ende dieser Variante lässt sich frei gestalten. Von Tucson aus könnte man Phoenix und das touristische Sedona ansteuern sowie Petrified Forest und Canyon de Chelly besuchen – oder aber man spart sich die Abstecher und fährt nach Tucson bzw. Chiricahua direkt den Grand Canyon oder das Monument Valley an.

Einreisebestimmungen für die USA

Die Einreisebestimmungen werden gerne unnötig verkompliziert, dabei sind sie für die meisten EU-Bürger **äußerst simpel.** Wenn Sie nicht länger als 90 Tage mit dem Flugzeug in die USA reisen wollen, benötigen Sie unter normalen Umständen **kein Visum,** sondern nur:

1. **Einen gültigen, maschinenlesbaren Reisepass.** Personalausweise oder vorläufige Reisepässe werden nicht akzeptiert. Den Reisepass erhält man in Deutschland vor Ort in seinem Bürgerbüro, man braucht ein aktuelles, biometrisches Passfoto und einen Ausweis zur Identifikation. Die Kosten liegen bei etwa 40 beziehungsweise 60 Euro, Personen unter 24 Jahren zahlen den niedrigeren Preis, dafür ist ihr Reisepass nur sechs statt zehn Jahre gültig. **Wichtig:** Kinder jeden Alters (!) benötigen für Reisen in die USA einen eigenen Reisepass. Zwischen der Beantragung und der Ausstellung vergehen üblicherweise drei bis vier Wochen.

2. **ESTA, kurz für Electronic System for Travel Authorization.** Ohne erfolgreiche Autorisierung kommt man gar nicht erst an Bord des Flugzeugs. Man erhält ESTA nur online, die derzeit 14$ dafür müssen **direkt per Kreditkarte** bezahlt werden, ohne geht es nicht! ESTA fragt zahlreiche Daten ab wie beispielsweise Name, Geburtsdatum und Anschrift. Auch die Nummer seines Reisepasses sollte man parat haben. In den meisten Fällen erhält man die Autorisierung unmittelbar nach der Beantragung, sie ist dann für zwei Jahre gültig. Hin und wieder kommt es jedoch zu einer manuellen Überprüfung, dann können zwischen Antrag und Ausstellung ein paar Minuten, Stunden oder auch Tage vergehen. Stellen Sie den Antrag also lieber **zwei, drei Wochen im Voraus** und drucken Sie die Bestätigung anschließend zur Sicherheit aus! Link dazu: https://esta.cbp.dhs.gov/esta/

Am Flughafen benötigt man dann nur noch den Reisepass, alles andere wird elektronisch verarbeitet. Wichtig ist darüber hinaus lediglich **die korrekte Eingabe aller persönlichen Daten bei der Flugbuchung;** haben Sie zum Beispiel mehrere Vornamen, müssen Sie diese alle angeben. Wurde das bei der Buchung versäumt, kann man es online oder über die Hotline der Fluggesellschaft nachholen.

Schwieriger wird es dann, wenn Sie nicht auf ein Visum verzichten können, weil Sie aus einem Land stammen, das nicht am „Visa Waiver Program" teilnimmt, weil Ihnen bereits einmal die Einreise in die USA ohne Visum verweigert wurde oder weil Sie länger als 90 Tage in den USA bleiben möchten. In dem Fall braucht man in der Regel ein B2-Visum, auch als Besuchervisum bekannt, mit dem man sich bis zu 180 Tage am Stück in den USA aufhalten kann. Den Antrag dafür stellt man bei einem US-Konsulat und muss dafür persönlich erscheinen, um unter anderem seine Gründe darzulegen. Auch hier wird eine Gebühr fällig, zudem können zwischen Antrag und Ausstellung, sofern dem Antrag denn stattgegeben wird, mehrere Wochen vergehen.

Grund für eine Ablehnung könnte der Verdacht sein, dass Sie in die USA einwandern wollen – ein Wohnsitz und eine Arbeitsstelle im Heimatland sind „zur Beruhigung" in solchen Fällen hilfreich.

Hinweis: Im Herbst 2014 & 2015 wurde der ESTA-Fragebogen jeweils aktualisiert. Hinzugekommen sind unter anderem die Fragen nach einer Kontaktperson im Falle eines Notfalls, die Frage nach dem Wohnsitz in der Heimat, die Frage nach den Namen der Eltern sowie die Frage, ob der Antragsteller über einen Arbeitgeber verfügt. Die Aktualisierung hat bei einigen Reisenden für Verunsicherung gesorgt, ob damit auch die Kontrolle am Point of Entry in den USA kritischer wird – in der Praxis hat sich das jedoch, auch im „Zeitalter Trump", nicht bewahrheitet.

Zahlungsmittel in den USA

Sie kennen sicher das alte Klischee, dass in den USA alles mit Kreditkarte bezahlt wird – selbst kleinste Beträge im Supermarkt. Tatsächlich handelt es sich dabei aber wirklich um ein Klischee, das der Realität nur bedingt entspricht. Zwar ist der Einsatz von Kreditkarten weitaus gebräuchlicher als in Europa, aber auch nicht so viel gebräuchlicher als der Einsatz von EC-Karten bei uns. Der wichtigste Unterschied ist, dass man „großen" Scheinen in den USA aufgrund des fälschungsanfälligen Geldes viel kritischer gegenübersteht, schon 50$-Noten werden in vielen Fällen ungern gesehen oder schlichtweg nicht akzeptiert. Wie so häufig ist es daher nicht sinnvoll, sich auf eine Option festzulegen.

1. Bargeld: Ist im Alltag häufig erste Wahl. Im Fast-Food-Restaurant, im Diner, in State und National Parks sowie an der Museumskasse ist es fast immer üblich, bar zu zahlen. Auch die Barzahlung an Tankstellen ist grundsätzlich so gut wie überall möglich. Außerdem benötigt man stets Bargeld, um der Lieblingsbeschäftigung eines jeden Amerikaners nachzugehen: „Tipping", dem Trinkgeldgeben also. An der Supermarktkasse hängt die bevorzugte Zahlungsweise von der Größe des Einkaufs ab: Bis mindestens 50$ ist Barzahlung nicht unüblich.

Es gibt verschiedene Möglichkeiten, um an die begehrten US-Dollars zu kommen: Entweder man bestellt das Bargeld schon zu Hause bei der heimischen Bank oder aber man zieht sich ein paar Scheine in den USA aus einem Geldautomaten („**ATM**"), was sowohl mit einer Kreditkarte als auch mit einer herkömmlichen EC-Maestro-Karte möglich ist.

Beides hat seine Vor- und Nachteile: Die heimische Bank lässt sich den Service meistens gut bezahlen, indem sie einen deutlich schlechteren Wechselkurs als den realen anbietet. Außerdem ist es manchmal schwierig, kleine Scheine zu erhalten, was, wie oben bereits erwähnt, gewisse Probleme mit sich bringt. Beim Abheben mit der EC-Karte erhält man fast immer einen besseren Wechselkurs, dafür fällt bei vielen Banken eine Gebühr an, weshalb es in der Regel sinnvoller ist, einmal viel Geld abzuholen als mehrmals kleinere Beträge.

Zudem reist man, wenn man ausschließlich EC-Karten nutzen will, quasi mit leeren Händen in die USA, muss sofort einen Geldautomaten suchen und ist aufgeschmissen, falls das Abheben wider Erwarten nicht funktionieren sollte. Die beste Lösung ist es daher, ein paar hundert US-Dollar bei der Bank zu Hause zu bestellen, in den ersten Reisetagen die durchschnittlichen Ausgaben grob abzuschätzen und dann den notwendigen Restbetrag per EC-Karte oder Kreditkarte abzuheben.

2. Kreditkarten: Unverzichtbar sind Kreditkarten in erster Linie für alle Buchungen. Hotel- und Motel-Reservierungen sind ohne Kreditkarte mit viel Aufwand verbunden oder gänzlich unmöglich, Gleiches gilt für die Hinterlegung einer Kaution bei Mietwagen oder Wohnmobil. Aber auch größere Beträge (ab etwa 50$) sind bevorzugt mit Kreditkarte zu bezahlen. Ob Mastercard oder Visa spielt dabei keine Rolle mehr, **wichtig ist allein das Limit.**

Kreditkarten werden von vielen Banken standardmäßig mit einem recht niedrigen Limit (der maximalen monatlichen Ausgaben) versehen, das man beim Einkaufen im Internet oder bei Reisen in Europa selten erreicht, das in den USA jedoch schnell gesprengt werden kann. Informieren Sie sich daher über das Limit Ihrer Karte und bitten Sie Ihre Bank gegebenenfalls um eine Erhöhung!

Außerdem ist es immer sinnvoll, **zwei Kreditkarten** mitzunehmen, falls eine den Geist aufgibt oder vorübergehend wegen Betrugverdachts gesperrt wird. Bei Paaren reicht es natürlich aus, wenn jeder über eine eigene Kreditkarte (also mit eigener Nummer und auf eigenen Namen) verfügt. Mit der Kreditkarte kann man im Übrigen auch Geld in den USA am Automaten abheben, mitunter sogar ohne zusätzliche Kosten. Hierfür benötigt man allerdings seine **PIN**, die man zuvor womöglich noch nie benutzt hat. Außerdem schlägt die Abhebung natürlich auch aufs Limit und ist daher mit Bedacht zu nutzen.

3. Reiseschecks: Sie waren bis vor zehn, fünfzehn Jahren sehr beliebt, sind heute aber als unnötig zu erachten. Den kleinen Vorteilen in Hinblick auf die Sicherheit stehen die Probleme beim Einlösen in den USA gegenüber: Hotels akzeptieren Schecks nur noch selten bzw. ungern und bei Banken muss man oft mehrere Hürden überspringen (etwa zu einem bestimmten Termin kommen, zwei Ausweise vorzeigen, die Transaktion von einem Manager absegnen lassen), die Zeit und Nerven kosten.

Eine bekannte Problematik insbesondere in Hinblick aufs Bargeld ist die der **Aufbewahrung** und damit verbunden die der Sicherheit: Ist es nicht gefährlich, unter Umständen einen vierstelligen Dollarbetrag mit sich herumzuschleppen? Ja und nein: Natürlich sollte man nicht den ganzen

Betrag lose ins Portemonnaie stecken oder im Auto liegen lassen. Aber in Motels und Hotels gibt es mitunter einen Safe, auch in einem Wohnmobil finden sich notfalls brauchbare Verstecke und unterwegs kann das Geld in einem unauffälligen **Brustgurt** transportiert werden. Das mag unpraktisch klingen, betrifft jedoch nicht nur Bargeld: Der Verlust von Kreditkarte oder Reisepass wäre noch viel ärgerlicher!

Die Dollarnoten selbst sind im Übrigen auch ein wenig gewöhnungsbedürftig, da alle Scheine nicht nur fast gleich aussehen, sondern noch dazu gleich groß sind. Der Wert der einzelnen Noten steht zwar deutlich in allen Ecken, die Farbgebung ist minimal anders (grün, violett, orange) und auch an den Gesichtern der Präsidenten kann man sich orientieren. Doch gerade, wenn man viele Dollarnoten im Portemonnaie hat, ist es leicht, den Überblick zu verlieren.

Und man schleppt schnell viele Dollarnoten mit sich herum, weil es sich selbst bei kleinen Beträgen wie 1$ um Scheine handelt. 1$-Münzen gibt es zwar, sie sind im Alltag jedoch seltener als ein vierblättriges Kleeblatt. Gleiches gilt für 2$-Noten, die zwar offiziell existieren, aber man kann durchaus mehrere USA-Reisen hinter sich bringen, ohne jemals eine 2$-Note zu Gesicht zu bekommen.

Was das in der Praxis bedeutet, lässt sich leicht ausmalen, wenn man sich vorstellt, dass alle 1- und 2-Euro-Stücke, die man tagtäglich braucht, keine Münzen, sondern Scheine wären. Hinzu kommt, dass anders als beim Euro 50er-Noten im alltäglichen Zahlungsgebrauch quasi keine Rolle spielen und in Folge dessen auch 20$-Noten seltener in Umlauf gelangen, schließlich dienen 20er vor allem als Wechselgeld für 50er. Trägt man 100 Euro mit sich herum, hat man in der Regel vielleicht sechs Scheine im Portemonnaie, in den USA hingegen bedeuten 100$ oft um die zwanzig Scheine.

Langer Rede kurzer Sinn: Die Dollarnoten sind gewöhnungsbedürftig und zu Beginn ist es nicht verkehrt, die Beträge zwei Mal zu kontrollieren, um sich nicht zu vertun.

Münzen existieren vor allem im Wert von 1, 5, 10 und 25 Cent. 1er nennt man Penny, 5er Nickel, 10er Dime und 25er sind ein Quarter. (Dollars werden übrigens vor allem in ländlichen Gegenden häufig auch als „Bucks" bezeichnet.)

Wichtig sind Quarters, die vor allem von den Automaten bevorzugt geschluckt werden – will man zum Beispiel im Motel, auf dem Campingplatz oder in einem Laundromat seine Wäschen erledigen, dann braucht man fast immer **acht bis zwölf Quarters** für die Waschmaschine und den Trockner sowie eventuell weitere vier für das Waschmittel.

Bei Laundromats besteht zwar immer auch die Möglichkeit des Geldwechsels, aber es ist nicht verkehrt, Quarters bei Erhalt gleich aus dem Portemonnaie zu nehmen und gesondert aufzubewahren – man weiß nie, wann man sie noch gebrauchen kann. Gleiches gilt im Übrigen für 1-Dollar-Noten, die **beim Tipping** zum Einsatz kommen: Zehn einzelne Dollar-Noten sollte man immer als Reserve bei sich führen.

Karten & Orientierung in den USA

Verfügt man über ein modernes Smartphone, sind Papierkarten oder gar dicke Straßenatlanten heutzutage nicht mehr notwendig: Zahlreiche Navis führen einen in den USA zuverlässig ans Ziel.

Die beste kostenlose App ist **Google Maps**, sie führt einen zuverlässig ans Ziel und zeigt mit Internetverbindung sogar Straßensperrungen, die aktuelle Verkehrslage und vieles mehr an. Da Daten-Roaming in den USA sehr teuer ist und man eine US-SIM-Karte unter normalen Umständen nicht zwangsläufig braucht, kann man vorab Karten für eine Region herunterladen, um sie **offline nutzen** zu können. Besonders praktisch ist die „Gelbe-Seiten-Funktion", die einem unter anderem Tankstellen, Supermärkte und Fast-Food-Imbisse in der Umgebung anzeigt.

Zur Orientierung allgemein sei gesagt: In weiten Teilen von Nevada, Arizona und Utah stößt man selbst ohne Routenplaner auf keine echten Probleme, da es meistens nur eine nennenswerte Straße gibt, die nach North, South, West oder East führt. Schwieriger gestaltet sich im Grunde nur die Orientierung in Großstädten wie San Francisco und Los Angeles, insbesondere in Verbindung mit dem häufig sehr dichtem Verkehr und zahlreichen Einbahnstraßen.

Einzig und allein eine Papierkarte der **Innenstadt von San Francisco** könnte eine Überlegung wert sein, um unterwegs zu Fuß nicht ständig das Smartphone zücken zu müssen. Ganz brauchbare Exemplare erhält man kostenlos in jedem Hotel oder Motel.

Reiseversicherungen

Es gibt viele Versicherungen, die einem vor und während einer USA-Reise angeboten werden und nicht alle sind als nützlich einzustufen. Sinnvoll ist in den meisten Fällen eine Reiserücktrittsversicherung, die häufig in Kombination mit der Flugbuchung angeboten wird und es einem ermöglicht, beispielsweise im Falle einer Krankheit oder eines Unfalls von der Reise zurückzutreten und somit nicht auf den Flugkosten sitzenzubleiben. Reiserücktrittsversicherungen lassen sich auch unabhängig von einzelnen Reisen dauerhaft abschließen.

Unverzichtbar ist zudem eine Auslandsreisekrankenversicherung, die für etwaige Arztbesuche, Krankenhausaufenthalte, Krankentransporte, Medikamente und ähnlich unangenehme Situationen aufkommt. Eine solche Auslandsreisekrankenversicherung ist üblicherweise für einen niedrigen zweistelligen Betrag im Jahr zu haben – wichtig ist, dass sie auch für die USA und Kanada gilt, denn diese beiden Länder werden bei günstigen Angeboten häufig ausgeschlossen.

Tipp: Unter Umständen verfügen Sie bereits über eine Auslandsreisekrankenversicherung, ohne es zu wissen; sie ist oft in Kreditkarten oder auch bei Automobilclubs enthalten. Hier gilt es dann jedoch, genau den Umfang der Leistungen zu überprüfen.

Ebenso wie in Deutschland ist zudem eine Haftpflichtversicherung für die „kleinen Missgeschicke des Alltags" unverzichtbar, zudem sollte es bei Mietwagen und Wohnmobil, wie bereits zuvor angesprochen, eine Vollkaskoversicherung ohne Selbstbeteiligung sein.

Wichtige Unterlagen

Neben Geld und Kreditkarten sollte man einige wichtige Unterlagen immer in mehrfacher Ausführung parat haben und an unterschiedlichen Orten sicher verwahren. Dazu zählen insbesondere: ESTA, Pässe, Personalausweise, Führerscheine, Flugtickets, Reservierungsbestätigungen sowie eventuell vorab gekaufte Eintrittskarten.

Am besten legt man eine dünne Mappe an und heftet alle Tickets, Buchungen sowie Reservierungen dort ab, um sie in den USA immer griffbereit zu haben. Heften Sie zudem **Kopien sämtlicher Reisepässe, Führerscheine und eventuell auch Kreditkarten** ab!

Falls einem mal der Pass gestohlen wird, vereinfacht eine Kopie den Ablauf in der Botschaft enorm – und wenn einem gar eine Kreditkarte abhanden kommt, kann man die Nummer so umgehend der Sperrhotline melden.

Wer sich lieber doppelt absichert, kann außerdem eine zweite Kopie aller Unterlagen auf einem kleinen, handlichen USB-Stick speichern und diesen zum Beispiel an einen Schlüsselbund anbringen. Auch Smartphones können zur Sicherung der Daten eine Option darstellen; ob man sensible Daten wie etwa die Kreditkartennummern darauf speichern will, muss allerdings jeder für sich selbst entscheiden.

Ein letzter Hinweis: Zwingend benötigen Sie außer Ihrem Reisepass und Führerschein all diese Unterlagen im Grunde nicht. In Hotels reicht es, den eigenen Namen zu nennen, Pass sowie Kreditkarte vorzuzeigen, und auch Ihre Flugtickets erhalten Sie – wenn Sie sie nicht ohnehin zu Hause oder im Hotel ausdrucken – gegen Vorlage Ihrer Reisepässe. Nicht einmal ESTA braucht es noch in Papierform.

Dennoch ist es nützlich, alle Unterlagen in der Hinterhand zu haben; bei Hotels beispielsweise ist es nie verkehrt, den tatsächlichen Preis mit dem bei der Reservierung angegebenen Preis zu vergleichen.

Vergleichsweise großes Motelzimmer, dennoch nicht viel Platz für Koffer.

GEPÄCK & PACKEN

Koffer und Taschen

Mit dem Thema „Packen" kann man sich Tage, ach, Wochen beschäftigen – und dann, wenn man es endlich geschafft hat, alle Koffer gefüllt und verschlossen sind, kommt dieses ungute Gefühl: Habe ich nicht etwas ganz Wichtiges vergessen? Sinnvoll ist es daher, frühzeitig eine **Packliste** anzulegen, diese regelmäßig mit jedem neuen Einfall zu erweitern, sie nach Aufgabe- und Handgepäck zu sortieren und beim Einpacken alles abzuhaken. Das Grundgerüst einer solchen Packliste zum Ausdrucken finden Sie online auf: **usareisetipps.com/westen/**

Das Packen umfasst aber natürlich nicht allein die Packliste, sondern auch die Frage, worin man denn sein Gepäck verstaut: Koffer? Taschen? Rucksäcke? Verreist man mindestens zu zweit, ist zu empfehlen, dass ein Reisender einen Hartschalenkoffer und der andere eine Tasche für das aufzugebende Gepäck wählt. Der Grund dafür liegt auf der Hand: Im Hartschalenkoffer kann man Gegenstände unterbringen, die gegen Stöße geschützt sein sollen, während man in die Tasche nicht zuletzt Klamotten stopft. Zudem bietet die Tasche mehr Spielraum; wenn Sie in den USA noch das ein oder andere einkaufen (und Sie *werden* einiges einkaufen) lässt sich das einfacher in einer ausbeulbaren Tasche unterbringen als in einem Koffer.

Sowohl Hartschalenkoffer als auch Tasche sollten über Rollen verfügen, Koffer mit zwei Rollen sind meistens etwas stabiler und besser zu verstauen als Koffer mit vier Rollen. Die Koffer sollten groß, aber nicht zu groß sein: Je größer der Koffer, desto größer sein Eigengewicht und desto höher die Wahrscheinlichkeit, das erlaubte Maximalgewicht von in der Regel 23 kg zu übersteigen. Es ist nicht verkehrt, etwas mehr Geld in gute Koffer und Taschen zu investieren, denn vor allem die Rollen und Verschlüsse geben bei schlechter Verarbeitung schnell den Geist auf. Einzucheckendes Gepäck sollte zudem über **TSA-Schlösser** verfügen, die von der US-Flugsicherheitsbehörde bei einer Kontrolle geöffnet werden können, ohne zur Zange greifen zu müssen.

Zusätzlich zum einzucheckenden Gepäck ist es sinnvoll, pro Person ein kleineres Gepäckstück als Handgepäck mit sich zu führen. Auch hier stehen verschiedene Optionen zur Auswahl. Äußerst praktisch sind die so genannten Kabinenkoffer, die exakt die geforderten Maße einhalten und dennoch so viel Platz bieten, dass in sie durchaus die Kleidung für eine Woche hineinpassen kann. Noch wichtiger allerdings ist ein stabiler, nicht zu kleiner Rucksack, den man auch bei langen Wanderungen in den USA tragen kann, um beispielsweise zwei, drei Flaschen Wasser und eine Kleinigkeit zu essen dabei zu haben.

Das Handgepäck

Die Unterscheidung zwischen Handgepäck und Aufgabegepäck fällt im Grunde nicht allzu schwer. Grob gilt: Ins Handgepäck gehört all das, was Sie auf dem Flug und unmittelbar nach der Ankunft in den USA brauchen, sowie fast alles, was empfindlich ist – **insbesondere Elektronik.**

Ausgenommen von dieser Regel sind alle Flüssigkeiten in Mengen von mehr als 100 ml sowie Gegenstände wie Taschenmesser, die als Waffen missbraucht werden könnten. Nagelscheren sind manchmal erlaubt und manchmal nicht, also lieber nicht darauf ankommen lassen!

Im Detail bedeutet das: Ins Handgepäck gehören neben den wichtigen Unterlagen auch alle elektronischen Geräte sowie unverzichtbare Medikamente. Darüber hinaus sollte man so packen, dass man die ersten zwei Tage notfalls auch ohne das Aufgabegepäck überstehen kann, indem man etwas Kleidung ebenfalls im Handgepäck unterbringt.

Die **Regeln für Flüssigkeiten auf Flügen** sind den meisten Reisenden mittlerweile wahrscheinlich bekannt, aber sie seien an dieser Stelle kurz noch einmal erwähnt: Flüssigkeiten dürfen nur in Behältern à maximal 100 ml im Handgepäck mitgeführt werden und müssen sich in einem durchsichtigen, verschließbaren Beutel mit einem Fassungsvermögen von maximal einem Liter befinden. Beim Volumen zählt der Behälter an sich, nicht der Inhalt: Auch halbleere 200-ml-Flaschen sind verboten.

In der Praxis bedeutet das, dass man zu einem verschließbaren Tiefkühlbeutel greift (gibt es bei jeder Drogeriemarktkette, häufig sogar mit Flugzeugsymbol auf der Verpackung) und vielleicht Zahnpaste, ein kleines Deo sowie etwaige Medikamente darin verpackt. Eventuell benötigte Cremes, die sich in größeren Behältern befinden, lassen sich bei Bedarf in kleinere Gefäße umfüllen.

Das Aufgabegepäck

Ins Aufgabegepäck gehört – logisch – alles, was nicht ins Handgepäck kann oder darf. Zu neunzig Prozent sind das Klamotten sowie Kosmetikartikel, die in den USA überwiegend teurer sind als in Europa: (Größere) Deos, Nagellack, Sonnencremes und ähnliches. Man sollte nur darauf achten, alle Flüssigkeiten doppelt und dreifach zu verpacken, denn so ein Koffer wird beim Transport am Flughafen ordentlich durchgeschüttelt. Zudem können die Temperaturen im Laderaum während des Flugs unter den Gefrierpunkt sinken, was zur Expansion und im Nachhinein zum Auslaufen führt, wenn sie nicht komplett verschlossen sind.

Außerdem sollte man, wie bereits zuvor angesprochen, nichts ins Aufgabegepäck stecken, das man am ersten Reisetag womöglich zwingend braucht. Dass Gepäck im Laufe eines Fluges verloren geht, kommt ohne „besondere" Umstände (mehrere Umstiege, verpasste Anschlussflüge) zwar zum Glück nur selten vor, aber eben doch ab und zu mal.

Sinnvolle Kleidung

Auch bei der Kleidung gilt es, den richtigen Mittelweg zwischen zu viel und zu wenig zu finden, was gar nicht so leicht ist. Die Erfahrung zeigt, dass es in der Regel Sinn ergibt, Kleidung für etwa neun bis zehn Tage mitzunehmen, sodass man maximal **einmal pro Woche waschen** muss. Was das im Detail bedeutet, ob man also beispielsweise jeden Tag ein frisches T-Shirt anziehen will, liegt im eigenen Ermessen.

Die genaue Zusammenstellung ist auch von Jahreszeit und Fahrzielen abhängig. Bei einer typischen Runde durch den Südwesten kann man im Juni, Juli und August davon ausgehen, dass man mit einer langen Hose und einem dicken Oberteil (Pullover, Sweatshirt etc.) gut bedient ist – kühl wird es dort im Hochsommer höchstens mal spät am Abend in den Bergen oder an der Küste.

Im Mai und September hingegen ist das Wetter ähnlich unberechenbar wie in Mitteleuropa, sodass man sich zu etwa fünfzig Prozent auf gutes und zu fünfzig Prozent auf schlechtes Wetter einstellen sollte. Eine Sommerjacke ist dann Pflicht, auch mindestens eine zweite lange Hose gehört allein schon aufgrund der Möglichkeit starker Regenfälle stets in das Gepäck.

Unverzichtbar ist darüber hinaus von mindestens Mai bis September im Südwesten der USA **eine Kopfbedeckung**, um der zum Teil extremen Sonneneinstrahlung etwas entgegensetzen zu können. Die von Männern häufig gewählte Baseballkappe stellt dabei eine eher mäßige Option dar, schützt Sie doch entweder nur den Nacken oder die Stirn, nicht jedoch beides. Ein klassischer, leichter Hut mit Krempe ist klar zu bevorzugen; er kann in den USA für ein paar Dollar gekauft werden.

Wer langes Haar hat, das ohnehin den Nacken bedeckt, macht aber auch mit der Baseballkappe nichts verkehrt. Diese ist in der Regel auch bei Kindern die bessere Wahl, da sie bei den häufig starken Winden beziehungsweise Windböen besser hält als ein etwas lockerer sitzender, leichterer Hut. Im Zweifel zwei Baseballkappen übereinander stülpen!

Das mag alles reichlich offensichtlich klingen, deshalb nur noch ein abschließender Tipp: Wenn Sie nicht nur in Städten unterwegs sind, sondern auch an der Küste, in Wäldern und Bergen wandern wollen, kaufen Sie sich unbedingt **ein Paar gute Schuhe** und laufen Sie es im Voraus ein! Und dann kaufen Sie, vielleicht auch erst im Urlaub, noch ein zweites Paar gute Schuhe für die Städte!

Wer noch nie in den USA war, mag sich kaum vorstellen, wie weit man dort an einem einzigen Tag laufen kann; in Städten wie San Francisco sind Gesamtstrecken von bis zu 20 km locker möglich. In National Parks schafft man das nur selten, doch aufgrund starker Steigungen und unebener Wege können sich auch dort 10 oder 15 km ganz schnell wie 20 oder 25 km anfühlen – und dann ist man dankbar, über gute, erprobte Schuhe zu verfügen.

Zu bedenken ist zudem, dass die Schuhe beim Wandern in Wäldern, am Strand sowie vor allem in Canyons in der Wüste enorm verdrecken und anschließend kaum noch zu säubern sind.

Reiseapotheke

In Hinblick auf Medizin gibt es kaum ein Land, das so gut ausgestattet ist wie die USA. In jedem Supermarkt sowie in den zahlreichen Drogeriemärkten wie Walgreens findet man **zig Regale voller Medikamente** für quasi jede Lebenslage: Erkältungen, Kopfschmerzen, Magenschmerzen, Schlafstörungen – das volle Programm.

Die Preise bewegen sich auf dem Niveau europäischer Markenprodukte; Kopfschmerztabletten kosten also meistens ungefähr so viel wie „echte" Aspirin in der Heimat, ganz billige Generika findet man seltener. Dennoch ist es aufgrund der guten Verfügbarkeit nicht notwendig, eine große Reiseapotheke mit sich herumzuschleppen: Heftpflaster, ein Desinfektionsspray, Tabletten gegen Kopfschmerzen und Fieber sowie ein Mittel gegen Durchfall reichen üblicherweise fürs Erste aus.

Gut investiert sind darüber hinaus 10 bis 12 Euro in ein **Sonnenspray,** das nicht klebt.

Elektronik in den USA

Bis vor einigen Jahren stellte das Mitbringen von elektronischen Geräten in die USA noch ein recht großes Problem dar, denn die unterschiedlichen Spannungen (110 Volt in den USA, 220-230 Volt in Mitteleuropa) sorgten häufig dafür, dass sie schlichtweg nicht funktionierten. Im Zuge der Globalisierung und der Bequemlichkeit der Hersteller gehört das jedoch weitgehend der Vergangenheit an: Nahezu jedes moderne Gerät, jedes Netzteil und jedes Ladeteil ist in der Lage, sowohl mit 110 Volt als auch mit 220 Volt umzugehen. Man kann dies zur Sicherheit mit einem kurzen Blick auf eben jenes Netzteil kontrollieren; dort sollte sich eine Angabe wie „110-230V" befinden – ist das der Fall, ist das Gerät für die USA geeignet.

Noch immer unterschiedlich sind hingegen Steckdosen und Stromstecker, da in Deutschland, Österreich und der Schweiz überwiegend der Schukostecker sowie der Eurostecker zum Einsatz kommen, während man in den USA auf die Steckertypen A/B setzt, deren Kontakte eckig statt rund sind. Das stellt allerdings kein großes Hindernis dar, denn in jedem Baumarkt erhält man für wenige Euro mehrere Reisestecker, die aus einer US-amerikanischen eine deutsche Steckdose machen. Um besonderen „Aufladesituationen" gewappnet zu sein, ist es nicht verkehrt, drei oder sogar vier Aufsätze mitzunehmen.

Sinnvoll ist es zudem, **zu zwei verschiedenen Marken** beziehungsweise Modellen zu greifen, denn die meisten Aufsätze erweisen sich im Urlaub als wackelig, was auch den oft wenig vertrauenerweckenden US-Steckdosen geschuldet ist.

Bleibt die Frage, welche Elektronik man in die USA mitschleppen sollte. Im Normalfall benötigt man: Handy, Fotoapparat, Laptop sowie gegebenenfalls Camcorder und elektrischen Rasierer. Der Fön kann bei PKW-Reisen zu Hause bleiben; ist im Motelzimmer keiner vorhanden, erhält man fast überall einen auf Nachfrage an der Rezeption.

Über Fotoapparat und Camcorder gibt es derweil geteilte Meinungen, sind heutige Smartphones doch in der Lage, auch zu fotografieren und zu filmen. Entscheidend sind in diesem Zusammenhang die eigenen Ansprüche: Auch wenn die modernsten Smartphones durchaus gute Fotos schießen, ist ein richtiger Fotoapparat mit lichtstarker Linse und größerem Sensor ihnen noch immer deutlich überlegen.

Ein Laptop hingegen ist beinahe unverzichtbar – allein schon, um Fotos und Filme regelmäßig sichern zu können und so dem Verlust des Smartphones oder Fotoapparats gewappnet zu sein. Theoretisch kann man seine Daten zwar auch zur Absicherung gleich in die „Cloud" hochladen, allerdings ist das WLAN dafür häufig nicht schnell genug.

Möchte man sein Smartphone in den USA intensiv nutzen, empfiehlt sich der **Kauf einer SIM-Karte** (Prepaid), die günstiges Telefonieren im Urlaub ermöglicht, vor allem aber über ein Datenpaket verfügen sollte, um das Internet „on the road" nutzen zu können. Etliche Online-Shops bieten solche SIM-Karten einigermaßen legal in Europa an. Bei mäßiger Nutzung dürften 2 GB Datenvolumen drei bis vier Wochen lang reichen, inklusive SIM-Karte für 50€ zu haben. Ein Muss ist das allerdings nicht, denn Offline-Karten und das WLAN im Hotel, bei Starbucks, McDonald's & Co. reichen in der Regel aus.

Gepäck auf dem Rückflug

So gut wie niemand kommt aus den USA zurück, ohne ein paar neue Klamotten und Souvenirs im Gepäck zu haben – ein bisschen Platz sollte man dafür also stets einkalkulieren. Vor allem aber sind es die Zollbestimmungen des Heimatlandes, die es unbedingt zu beachten gilt, um bei der Einreise keine unangenehme Überraschung zu erleben.

Da die Bestimmungen sich ändern können und es unmöglich ist, alle Länder abzudecken, hier lediglich ein kurzer, unverbindlicher Überblick für Deutschland: Derzeit darf man Waren im Gesamtwert von bis zu 430

Euro als Erwachsener einführen, Kinder unter 15 Jahren bis 175 Euro. Alkohol und Zigaretten unterliegen zusätzlichen Beschränkungen, die bei einer USA-Reise aber in der Regel keine Rolle spielen; meistens geht es um **Kleidung**, die auch bei einem schlechten Dollarkurs im Outlet noch deutlich günstiger sein kann als zu Hause.

Zu beachten ist, dass einzelne Waren nicht auf mehrere Personen aufgeteilt werden können. Reisen Sie zu zweit und führen ein Gerät für 500 Euro ein, können Sie dieses also nicht nach dem Motto „250 Euro pro Person" aufteilen, sondern müssen aufgrund der Überschreitung der 430-Euro-Grenze Zoll und Einfuhrumsatzsteuer zahlen. Ist das der Fall, muss man am Flughafen in Deutschland den **rot markierten Ausgang** wählen, um seine Waren anzumelden.

Um am Zoll auf der sicheren Seite zu sein, empfiehlt es sich, alle Quittungen aus den USA aufzubewahren, um sie bei der Einreise gegebenenfalls vorzeigen zu können. Das ist vor allem dann wichtig, wenn man Markenartikel günstig im Outlet einkauft – denn kann man die günstigen Preise nicht nachweisen, wird beim Zoll üblicherweise ein (meistens höherer) Preis aus dem Internet berechnet.

AUF DER REISE

Der Flug

Wie fliegt man am angenehmsten in die USA? Mit welcher Gesellschaft? Mit welchem Flugzeug? Wo sollte man sitzen? Viele Fragen, auf die es nur eine Antwort gibt: Wie angenehm und entspannt ein Flug in die USA ist, bestimmt man weitgehend selbst! Wenn man sich **gut vorbereitet** fühlt, die Packliste abgearbeitet, Unterlagen sowie Zahlungsmittel parat und ein paar Tage vor dem Abflug einmal zur Probe gepackt hat, dann ist bereits sehr viel richtig gemacht, um beruhigt fliegen zu können.

Allerdings lässt sich natürlich nicht abstreiten, dass auch gute Sitzplätze zur Entspannung beitragen. Wenn man bei einer Fluggesellschaft direkt bucht, kann man fast immer Monate im Voraus seinen Sitzplatz online auswählen. Die besten findet man auf **www.seatguru.com**, dort muss man lediglich Airline und Flugzeugtyp oder Flugnummer angeben, um zu einer Übersicht zu gelangen.

Fensterplätze lohnen sich: Blick auf die Küste kurz nach dem Start von LAX.

Grundsätzlich gilt: **Die besten Plätze befinden sich an den Notaus-gängen**, da man dort über zusätzliche Beinfreiheit verfügt – sie kosten inzwischen aber meistens extra. Körperlich beeinträchtigte Passagiere sowie Kinder dürfen an den Notausgängen nicht sitzen.

Ebenfalls gut können Plätze in der ersten Reihe einer Kabine sein, da man hier niemanden vor sich hat, der einen bedrängen kann. Allerdings ist die Beinfreiheit von Flugzeug zu Flugzeug dort unterschiedlich, man kann sein Handgepäck nicht vor sich verstauen und die mögliche Nähe zur Küche und / oder den WCs mag stören. Wenn die Plätze an den Not-ausgängen bereits vergeben sind, sind daher Plätze ein paar Reihen vor den Tragflächen die beste Wahl; hier sind die natürlichen Bewegungen eines Flugzeugs und der Lärm der Turbinen weniger wahrzunehmen. Je weiter hinten man sitzt, desto lauter und ungemütlicher wird es.

Hat man nicht direkt über die ausführende Airline, sondern über ein-en Veranstalter gebucht, muss man unter Umständen ein paar kleine Hürden überspringen, um seine Wunschplätze zu erhalten. Manchmal bekommt man eine Ticketnummer, die sich auf **www.checkmytrip.com** in die Buchungsnummer der Airline umwandeln lässt, manchmal muss man die Hotline bemühen oder kann gar nicht auswählen. Sofern der

Preisunterschied nicht wirklich groß ist, stellt die **direkte Buchung** über die Airline daher die beste Wahl dar. Hat man Essenswünsche (etwa vegetarisch oder ohne Allergene), sollte man auch diese vorab angeben.

Schon ein bis zwei Tage vor dem Abflug kann man in der Regel online einchecken. Das erlaubt es, die Sitzplätze zu ändern (oder überhaupt erst auszuwählen) und die Tickets am heimischen Computer auszudrucken. Am Flughafen muss man sein Gepäck dann häufig nur noch an einem praktischen „Drop-Off-Schalter" ohne lange Schlange abgeben und ein paar Fragen beantworten, was bis zu einer Stunde Zeit sparen kann.

Den Flughafen selbst sollte man am Abflugtag mindestens zwei Stunden im Voraus erreichen. Wenn man noch einchecken muss, sind sogar zweieinhalb Stunden als Puffer angebracht. Überlegen Sie im Voraus, wie Sie zum Flughafen gelangen (Bus, Zug, Auto – wie lange dauert der Transfer vom Parkplatz zum Flughafen?), auch hier ist ein Zeitgewinn oder -verlust von einer Stunde durchaus möglich. Nach der Gepäckabgabe geht es durch den Sicherheitscheck, was in Europa unter normalen Umständen nicht viel länger als eine Viertelstunde dauert.

Hin und wieder bieten Fluggesellschaften für Reisen in die USA einen Vorabend-Check-in an – vor allem für Flüge, die am frühen Vormittag starten, um am Morgen lange Wartezeiten zu vermeiden. Grundsätzlich spricht nichts dagegen, dieses Angebot zu nutzen, allerdings spricht auch wenig dafür, denn auf eine eingesparte Stunde am Morgen kommt es meistens dann doch nicht an.

Was bei den langen Flügen in den Westen der USA durchaus an Bord helfen kann, ist ein Nackenkissen, um Verspannungen vorzubeugen oder eventuell sogar schlafen zu können, auch wenn es dafür in der Economy Class schon sehr viel Können bedarf. Üblicherweise vertreibt man sich die Zeit am besten mit Filmen, die im In-Flight-Entertainment angeboten werden. Regelmäßiges Aufstehen, Bewegen, Strecken und Dehnen sorgt ebenfalls dafür, den Flug später möglichst kurz in den Knochen zu spüren. Und: Nicht vergessen, genug zu trinken!

Die Einreise in die USA („Immigration")

Viele Urlauber haben im Vorfeld regelrecht Angst vor der Immigration: Was, wenn ich alles bis ins letzte Details geplant, Flüge und Mietwagen bezahlt, die Hotels gebucht habe – und dann lassen sie mich nicht ins Land? Diese Angst ist allerdings unbegründet, denn solange man sich nichts zuschulden hat kommen lassen und die Fragen des Officers an der Immigration ehrlich beantwortet, ist man auf der sicheren Seite.

Der Reihe nach: Nach der Landung wird man sofort und noch vor der Gepäckabholung („Baggage Claim") zur Immigration geführt. Dabei handelt es sich um einen großen, abgetrennten und recht gut gesicherten Raum, in dem üblicherweise an zahlreichen Schaltern die Immigration Officers sitzen, welche die Papiere der Einreisenden überprüfen. Dort wird man von einem Angestellten einem Schalter (oder zunächst einem Automaten) zugewiesen und muss sich in den meisten Fällen anstellen.

Abhängig von der Besetzung der Schalter und dem Andrang an Reisenden kann die Wartezeit mal fünf Minuten, mal bis zu drei Stunden betragen. Je früher am Tag man ankommt, desto kürzer muss man üblicherweise warten; wirklich kalkulieren jedoch lässt sich das im Voraus kaum. Im gesamten Immigration-Bereich sind die Anweisungen der Angestellten peinlich genau zu beachten – wenn man etwas nicht exakt verstanden hat, fragt man lieber noch einmal nach.

Beachten Sie zudem unbedingt die Wartelinie, die nicht überschritten werden darf, bis der Immigration Officer Sie zu sich winkt! Verheiratete Paare und Familien dürfen gemeinsam vortreten, nicht verheiratete Paare werden hingegen einzeln kontrolliert. Es gibt Ausnahmen, aber so lautet die offizielle und meistens beachtete Regel.

Der Immigration Officer (mit „Officer", „Sir" oder „Ma'm" anzureden) verlangt dann den Reisepass, nimmt Foto sowie Fingerabdrücke und stellt Fragen der Kategorie: Wie lange bleiben Sie, zu welchem Zweck reisen Sie ein, wann waren Sie zuletzt in den USA und wie lange? Hin und wieder werden auch Route, Job und finanzielle Mittel abgefragt, was vor allem bei jungen Reisenden vorkommt – oder wenn der Officer einen schlechten Tag erwischt hat.

Beantworten Sie die Fragen wahrheitsgemäß und halten Sie Unterlagen wie Hotel- und Rückflugbuchungen bereit, um gegebenenfalls eine „Itinerary" (den Reiseplan) vorzeigen zu können! Im Normalfall erhält man dann den ersehnten Stempel und darf sich bis zu 90 Tage in den USA aufhalten.

Anschließend geht es zum Gepäckband, wo Koffer und Taschen bereits auf einen warten. Mit denen passiert man nun noch den Zoll, für den man bereits im Flugzeug einen weißen Zettel bekommt, der sinngemäße Fragen wie „Sind Sie ein Schmuggler?" enthält. Beantworten Sie auch diese Fragen wahrheitsgemäß und geben Sie den Zettel am Zoll ab, üblicherweise findet hier keine Kontrolle mehr statt – und dann haben Sie es geschafft: Sie sind in den USA angekommen!

Der erste Tag

Wie man den Rest seines ersten Tages in den USA gestaltet, ist natürlich enorm von der Ankunftszeit abhängig, aber auch davon, wo man ankommt und ob man hier sofort ein Mietfahrzeug übernimmt. Reist man mit einem Auto durch die USA, ist Letzteres so gut wie immer der Fall. Dann geht es nach Immigration und Zoll als erstes zum Verleih, bevor man sein Hotel ansteuert, um die Koffer abzulegen und sich gegebenenfalls frisch zu machen.

Bei einem Non-Stop-Flug in den Westen der USA erreicht man das Hotel meistens am Nachmittag. **Dann gilt es, der Müdigkeit unbedingt zu trotzen** und sich bis 21 oder 22 Uhr wachzuhalten, um möglichst schnell in den neuen Tagesrhythmus zu kommen. Gibt man der Müdigkeit zu früh nach, ist man häufig bereits gegen Mitternacht, was 9 Uhr morgens in Mitteleuropa entspricht, wieder hellwach.

Am einfachsten ist das Wachhalten natürlich mit einem kleinen Stadtrundgang, was sich vor allem in San Francisco und Las Vegas von einem Hotel in der Innenstadt aus anbietet. In San Francisco könnte man beispielsweise den Union Square und seine Umgebung besuchen, um einen ersten Eindruck von der Stadt zu gewinnen, ohne sich dabei zu überfordern, während in Las Vegas eine Runde über den Strip naheliegt. Schwieriger ist es mangels eines echten Stadtzentrums in Los Angeles. Vielleicht rauf zum Griffith Observatory!

Vergessen sollte man nicht, im Laufe des ersten Tages mit dem Auto auch einen großen Supermarkt anzusteuern, um sich mit Getränken, ein paar Snacks und sonstigem Bedarf einzudecken. In den Innenstädten selbst findet man vorwiegend kleine, teure und schlecht sortierte Convenience Stores wie 7-Eleven.

Mietet man ein Wohnmobil, spielt all das zuvor Geschriebene keine Rolle, da Wohnmobile fast überall erst einen Tag nach der Ankunft übernommen werden dürfen. In diesem Fall lässt man sich in der Regel per Taxi zu einem Flughafenhotel fahren und nimmt am nächsten Morgen ein weiteres Taxi zum Wohnmobilverleih. Bei dieser Konstellation kann eine spätere Ankunftszeit (16 bis 20 Uhr) durchaus sinnvoll sein, um der Müdigkeit besser trotzen zu können, denn von Flughafenhotels sind ohne Fahrzeug keine Ausflüge machbar.

Eine oft billigere Alternative zum Taxi stellen vor allem auf der Fahrt vom Flughafen zum Hotel zahlreiche Shuttle-Anbieter wie etwa **Super Shuttle** dar, die einen für etwa 10-20$ pro Person in einem Van transportieren, der mit weiteren Passagieren aufgefüllt wird, um die Kosten gering zu halten. Den eingesparten Dollars stehen aber lange Wartezeiten und oft abenteuerliche Fahrer gegenüber.

Die Fahrzeugübernahme

Die Übernahme eines Mietwagens geht üblicherweise einfach vonstatten – sofern man dem erwähnten Drängen der Angestellten auf Upgrades und zusätzliche Versicherungen standhalten kann: Nachdem man Immigration und Zoll passiert hat, ist der Weg zu den Mietwagenverleihen an jedem Flughafen ausgeschildert, alle Anbieter befinden sich auf einem Fleck. In LA und Las Vegas bringen einen kostenlose Busse zum so genannten **Rental Car Center**, in San Francisco ist es eine Bahn.

Am Schalter angekommen, legt man seine Reservierungsbestätigung beziehungsweise den Voucher sowie Führerschein und Reisepass vor. Der Unterschied: Eine Reservierung ist üblicherweise noch unbezahlt, weil man sie direkt über den Mietwagenverleih gebucht hat. Einen Voucher, also einen Gutschein, erhält man hingegen, wenn man seinen Mietwagen über einen Drittanbieter bucht und vorab zahlt.

Unabhängig von der gewählten Versicherung wird auch **eine Kreditkarte verlangt**; in der Regel blockt der Verleih einen Betrag in Höhe von 500$, um bei nicht eingehaltener Tankregelung oder einem Nichtgreifen der Versicherung aufgrund eines Verstoßes gegen die Versicherungsbedingungen gewappnet zu sein. „Blocken" bedeutet: Der Betrag wird nicht abgebucht, aber der Mietwagenverleih sichert sich zu, ihn bis zu einem bestimmten Termin abbuchen zu können. Der geblockte Betrag zählt also gegen das zuvor bereits erwähnte Limit der Kreditkarte und kann vorerst nicht mehr ausgegeben werden.

Nachdem die Formalitäten erledigt sind, erhält man entweder direkt den Schlüssel für seinen Mietwagen oder man wird mit den Unterlagen zum Parkplatz nebenan geschickt. Dort sucht man anhand von Stellplatz und zur Sicherheit auch Kennzeichen das Auto für seine Reise. Obwohl bei einer Vollkaskoversicherung etwaige Macken eigentlich keine Rolle spielen sollten, empfiehlt sich zunächst ein Blick ums Auto herum, um es auf Dellen und Kratzer zu prüfen. Ein näherer Blick auf die Reifen und den Reifendruck ist ebenfalls nicht verkehrt – auch wenn sich die meisten Mietwagen in den USA in einem guten Zustand befinden.

Dann folgt der vermutlich kritischste Punkt: **Der Test, ob man alle Koffer und Taschen in den Kofferraum bekommt.** Bedenken Sie dabei, dass Sie während Ihrer Rundreise immer noch zwei, drei zusätzliche Tüten mit Getränken und anderem Kleinkram mit sich herumfahren und diese meistens ebenfalls in den Kofferraum packen müssen. Wird es eindeutig zu eng, fragen Sie nach einem anderen Modell!

Im Inneren des Autos ist hingegen nicht viel zu kontrollieren. Prüfen sollte man lediglich, ob es keine unangenehmen Gerüche gibt, ob man mit sämtlichen Einstellungen zurechtkommt und versteht, wie Spiegel und Sitze in die korrekte Position gebracht werden. Ist das der Fall, kann man abfahren: An der Ausfahrt werden kurz alle Unterlagen kontrolliert und dann geht es los.

Etwas umfangreicher gestaltet sich die Übernahme des Wohnmobils. In vielen Punkten, etwa der Kontrolle auf Macken, gilt zwar das Gleiche, doch der Verleih befindet sich in der Regel nicht in der Nähe des Flughafens, sondern muss per Taxi oder Shuttle angesteuert werden. Zudem muss man sich länger mit der Bedienung des Fahrzeugs vertraut machen. Üblicherweise wird daher zunächst ein **Einführungsvideo** gezeigt, das die wichtigsten Funktionen ganz grob erläutert, aber im Detail unterscheiden sich diese von Modell zu Modell durchaus.

Nehmen Sie sich ruhig bis zu **zwei Stunden** Zeit, um Generator, Kühlschrank, Wasser, Abwasser, Gas, Benzin und das manchmal schwierige Umbauen des Esstisches zum Bett zu beherrschen. Kontrollieren Sie zudem, ob all die Zusatzkits (Küchenutensilien, Handtücher, Bettwäsche) komplett sind. Packen Sie zudem vielleicht auch schon Ihre Koffer aus und verstauen Sie die leeren Gepäckstücke!

Fahren in den USA

Das Fahren im Südwesten gestaltet sich – egal, ob mit Mietwagen oder Wohnmobil – überwiegend entspannt. Zu verdanken ist das den breiten Straßen, dem geringeren Verkehrsaufkommen außerhalb der Städte sowie den Tempolimits: 35 Meilen pro Stunde in der Stadt entsprechen etwa unseren 50 km/h in Europa, doch auf Freeways, Highways und Interstates läuft alles ein wenig gemütlicher ab: Dort liegt das Tempolimit üblicherweise zwischen 50 und 75 Meilen pro Stunde, was 80 bis etwa 120 km/h bedeutet – und auf Letzteres trifft man nur in Ausnahmefällen. Tatsächlich sind gerade in den touristischen Gebieten aufgrund kurviger Straßen an der Küste und im Gebirge noch niedrigere Tempolimits die Regel. Das mag zu Beginn irritieren, denn aufgrund der enormen Weiten und des häufig geringen Verkehrsaufkommens drückt man fast automatisch fester aufs Gaspedal, doch nach ein paar Tagen und mit Hilfe des hier **sinnvollen Tempomats** gewöhnt man sich daran.

Verkehr im Yosemite Valley: In der Hauptsaison unvermeidbar.

Stressiger kann es in großen Städten werden: In San Francisco sind es vor allem die vielen Einbahnstraßen, welche die Navigation schwierig gestalten, während man in Los Angeles nur feststellen kann, dass das Klischee vom LA Traffic noch untertrieben ist: Dort staut es sich fast den ganzen Tag auf allen wichtigen Straßen. Selbst Strecken von zwanzig Kilometern können zwei Stunden in Anspruch nehmen – und Ausweichmöglichkeiten gibt es keine. In Las Vegas sorgt vor allem der Strip mit seinen zahlreichen Fußgängerampeln für Kopfzerbrechen.

Davon abgesehen ist nicht viel zu beachten, denn die Verkehrsregeln gleichen im Wesentlichen den unsrigen, mit nur **drei nennenswerten Unterschieden**: An Ampeln darf bzw. muss man bei rot rechts abbiegen (Ausnahme bei Schildern mit „No Turn on Red"), es kann auch rechts überholt werden (vor allem auf Freeways, Highways und Interstates sehr wichtig) und an fast allen Kreuzungen gilt nicht „rechts vor links", sondern „wer zuerst kommt, mahlt zuerst". Bedeutet: Überall stehen Stop-Schilder und wer zuerst an der Haltelinie ist, der darf auch als erster fahren. Danach geht es der Reihe nach weiter.

Eine weitere, letzte Besonderheit gibt es im Umgang mit der Polizei, was man mit Sicherheit aus TV und Filmen kennt: Wenn ein Polizist einen anhält, fährt er nicht vor einen, sondern hinter einem her und gibt dann ein Zeichen, rechts ranzufahren. Der Polizist stoppt im Abstand von fünf bis zehn Metern dahinter, um einen im Blick zu behalten – und tatsächlich ist hier das Klischee zutreffend, keine falschen Worte zu wählen und keine unbedachten Bewegungen zu machen.

Halten Sie die Hände sichtbar am Lenkrad (Beifahrer auf dem Schoß) und verharren Sie so, bis der Polizist Ihnen etwas anderes (Fenster öffnen, Papiere vorzeigen) zu verstehen gibt! Wenn Sie sich als Tourist zu erkennen geben, lockert sich die Vorsicht unter Umständen etwas, dennoch sollten Sie stets freundlich sowie mit Bedacht agieren, nicht wild im Handschuhfach oder Rucksack rumwühlen: Je leichter und schneller Sie an Ihre Papiere kommen, desto besser. Tatsächlich ist es auch nicht verkehrt, zu erklären, was Sie gerade tun.

Diese gegenseitige Vorsicht mag ein wenig erschreckend wirken, ist aber zu einem gewissen Grade nachvollziehbar, da Polizisten in den USA häufig alleine unterwegs sind und aufgrund des lockeren Waffenrechts mit allem rechnen müssen. Natürlich bedeuten Vorsicht und Freundlichkeit aber nicht totalen Gehorsam; der Standardsatz **„Do you know why I stopped you today?"** ist beispielsweise bereits eine Fangfrage.

Noch ein Wort zu den Straßen in den USA: Grundsätzlich sind die Straßenverhältnisse ordentlich, auch wenn offensichtlich ist, dass etwas zu wenig Geld in die Instandhaltung fließt. Zumal es aufgrund der Länge des Straßennetzes nahezu unmöglich ist, jeden Abschnitt stets im Blick zu haben. In der Praxis bedeutet das, dass gerade an den Interstates, die in das Landesinnere führen (Los Angeles – Las Vegas zum Beispiel), oft Schutt liegt: Reifenfetzen und abgefallene Autoteile vor allem. Ein klein wenig Vorsicht ist also angebracht.

Die Klassifizierung und Benennung der Straßen ist derweil etwas weniger eindeutig als bei uns, lediglich die besagten Interstates lassen sich durchweg mit den uns bekannten Autobahnen vergleichen. Freeways, Highways und State Ways können hingegen so ziemlich alles sein: Von der sechsspurigen Autobahn bis hin zur engen, kurvigen Landstraße, die nicht mehr als Tempo 30 zulässt.

Eher zu vermeiden sind schließlich die so genannten **Dirt und Gravel Roads**, unasphaltierte Straßen, die mit Mietwagen und Mietwohnmobil **offiziell nicht befahren werden dürfen** – obwohl sie in einigen National und State Parks die einzige Verbindung zu manchen Zielen darstellen. In der Praxis sind viele Dirt und Gravel Roads im Grunde nicht schlechter als so manche asphaltierte Landstraße, zudem fallen genau genommen auch etliche Parkplätze in diese Kategorie.

Die Wetterbedingungen spielen ebenso eine Rolle: Bei und nach starken Regenfällen könnten Dirt Roads für Autos ohne Allradantrieb stellenweise unbefahrbar sein – und bleibt man dann dort stecken, hat man tatsächlich ein großes Problem. Auf der anderen Seite neigen vor allem Gravel Roads bei großer Trockenheit dazu, beim Befahren Steine aufzuwirbeln, was den Unterboden des Autos schädigen kann; ein sehr langsames Tempo ist auf jeden Fall angebracht.

Straßenschilder weisen in den USA übrigens mitunter, anders als in Europa, nicht auf die Städte hin, welche die Straße passiert, sondern lediglich auf die Himmelsrichtung: 70-West und 70-East oder 191-North und 191-South steht auf den Schildern. Das mag zu Beginn verwirren, doch man gewöhnt sich recht schnell daran, zumal an den Ausfahrten natürlich präzisere Schilder platziert sind. Zur groben Orientierung mag helfen: Straßen mit ungeraden Zahlen verlaufen in Nord-Süd-Richtung, Straßen mit geraden Zahlen in West-Ost-Richtung.

Eine kleine Besonderheit gilt es an **Bahnübergängen in der Wüste** zu beachten, die auf den Highways von Nevada, Arizona und Utah zwar meistens, aber nicht immer, mit Schranken versehen sind. Manchmal muss man tatsächlich vor dem Bahnübergang stoppen und Ausschau nach Zügen halten. Da diese in der Regel mehrere hundert Meter lang sind und förmlich schleichen, kann man sie aber nicht übersehen.

Mautgebühren

Mautstraßen gibt es im Südwesten der USA so gut wie keine, lediglich beim Überfahren der **Golden Gate Bridge** in Richtung San Francisco wird eine so genannte „toll" fällig. Bezahlt wird diese jedoch nicht direkt auf der Brücke, sondern unter Angabe des eigenen Kennzeichens entweder online per Kreditkarte oder an einer von mehreren Zahlstellen vor Ort – spätestens 48 Stunden nach Überquerung der Brücke.

Wer die Website nicht nutzen möchte, findet um den Union Square herum vier verschiedene Pay Stations für die aktuell 7,75$. Alle Details dazu: www.goldengate.org/tolls/

Parken & Parkplatzsuche

Das Parken in National Monuments und State Parks stellt in der Regel kein Problem dar. Knapp können die Parkplätze hin und wieder an beliebten Aussichtspunkten und Wanderwegen in National Parks werden – vor allem gilt das derzeit für Bryce Canyon, Yosemite und Arches. In Bryce Canyon sollte man sein Auto daher am Parkeingang abstellen und ein kostenloses Shuttle nutzen, während man in anderen National Parks nur raten kann, **möglichst früh vor Ort** zu sein: Zwischen 10 und 16 Uhr ist der Andrang am größten. Auch Wochenenden sind zu meiden, insbesondere Memorial Day Weekend (vor dem letzten Montag im Mai) und Labor Day Weekend (vor dem erster Montag im September).

In Städten findet man eigentlich immer Parkplätze, muss sich aber vor allem in San Francisco und teilweise auch in Los Angeles auf absurd hohe Parkgebühren einstellen: Bis zu 20$ die Stunde (!) sind in Parkhäusern keine Seltenheit. Bei der Auswahl hilft unter anderem die praktische Webseite **www.bestparking.com** (auch als App für Smartphones erhältlich), auf der man Parkplätze mit „fairen" Preisen suchen kann. Akzeptabel sind in den Innenstädten von San Francisco und Los Angeles um die 5$ pro Stunde.

Tanken in den USA

Das Tanken in den USA hat sich in den letzten Jahren ein wenig gewandelt: Während bis vor ein paar Jahren die Bezahlung mit Kreditkarte beinahe Pflicht war, nehmen viele Tankstellen heute auch wieder gerne Bargeld entgegen. Manchmal spart man sogar ein paar Cent, wenn man bar zahlt – zudem ein probates Mittel, um 50$-Scheine loszuwerden.

Die Preise an den Tankstellen sind immer in Gallonen angegeben, eine Gallone entspricht gut 3,8 Liter. Fast alle Mietwagen tanken Super, das „Unleaded", „Regular" oder schlicht „87" heißt. Häufig ist das zur Sicherheit auch auf Tankverschluss oder Tankdeckel vermerkt.

Der Hauptunterschied zum Tanken in Europa ist, dass man in den USA üblicherweise vorab ein Zahlungsmittel wählen und hinterlegen muss: Entweder das Bargeld oder die Kreditkarte. Ersteres setzt voraus, dass man grob weiß, wie viel man tanken will, Letzteres, dass man mit den störrischen Sicherheitsmechanismen zurechtkommt beziehungsweise sie aushebeln kann. Nicht selten wird dort nämlich der ZIP Code (also die Postleitzahl) des Besitzers abgefragt und selbst wenn es die heimische Postleitzahl zufällig als ZIP Code in den USA gibt, wird die Karte oft abgewiesen. Dann hilft nur der Gang zum Schalter, wo man die Karte entweder hinterlegen oder genauso wie bei der Barzahlung für einen im Voraus ausgewählten Betrag tanken muss. Wählt man dabei einen zu hohen Betrag aus, erhält man die Differenz anschließend natürlich zurück, bei Kreditkarten wird sie gar nicht erst abgebucht.

Zur groben Orientierung: Ein Auto der „Mid Size"-Kategorie packt um die 14 bis 15 Gallonen, ein Wagen der „Full Size"-Klasse circa 17 bis 19 Gallonen und ein mittelgroßes Wohnmobil 50 bis 60 Gallonen.

Beachten Sie: Gerade in ländlichen Gebieten trifft man nur selten auf Tankstellen, aber auch an den großen Interstates sind Tankstellen nicht immer zu erkennen, da sie sich meistens in den kleinen Städten **hinter den Ausfahrten** befinden, man die Interstate also erst verlassen muss. Vor allem vor längeren Strecken, rund um die National Parks sowie am Highway 1, sollte man unbedingt im Voraus noch einmal volltanken, weil Benzin dort entweder gar nicht oder nur sehr teuer zu finden ist.

Wohnmobil auf einem Campground im Joshua Tree National Park.

In Motels, Hotels und auf Campingplätzen

Aufenthalte in Hotel und Motels gestalten sich in den USA nicht wesentlich anders als in Europa: Check-in ist meistens gegen 15 Uhr möglich, Check-out üblicherweise bis 11 Uhr vormittags. Nach der Ankunft geht man als erstes zur Rezeption, wo man in der Regel nicht einmal mehr eine Reservierung vorzeigen muss, Personalausweis oder Reisepass reichen aus. Auch **um eine Kreditkarte wird immer gebeten**, selbst wenn man bei der Buchung eine Karte angegeben oder womöglich sogar schon im Voraus bezahlt hat.

Dafür gibt es zwei Gründe: Die bei der Buchung angegebene Kreditkarte dient oft nur der Sicherheit des Hotels für den Fall, dass man nicht auftaucht – dann werden die Kosten, sofern keine „Cancellation" erfolgt ist, von dieser Karte abgebucht. Es muss aber nicht zwangsläufig mit dieser Karte bezahlt werden, man kann spontan eine andere Kreditkarte vorzeigen oder sogar bar zahlen, auch wenn das sehr unüblich geworden ist und selten gern gesehen wird.

Der andere Grund ist mitunter das **Blocken einer Kaution**, für den Fall, dass es im Zimmer zu Schäden kommt, sprich: Die Unterkunft sichert sich wie der Mietwagenverleih einen Betrag X zu, um ihn gegebenenfalls abbuchen zu können. Passiert nichts, wird der Betrag wieder freigegeben, was mitunter aber ein, zwei Wochen dauern kann.

Hin und wieder werden auch Kopien der Ausweise angelegt. Wundern Sie sich außerdem nicht, wenn Sie noch einmal einen Wisch mit Namen, Anschrift, E-Mail, Telefonnummer und manchmal auch Fahrzeugnummer ausfüllen müssen, obwohl Sie das meiste bereits bei der Buchung angegeben haben – aus kaum nachvollziehbaren Gründen wird bis heute bei vielen Unterkünften nicht darauf verzichtet. Danach erhalten Sie Ihren Zimmerschlüssel und Infos zum „Continental Breakfast" sowie zu etwaigen weiteren Angeboten und Einrichtungen.

Der Ablauf auf dem Campingplatz ist grundsätzlich ähnlich, auch hier gibt es in der Regel eine Art Rezeption, bei der es sich manchmal lediglich um eine Hütte oder um eine Entrance Station handelt, manchmal aber auch um ein großes Gebäude, in dem zusätzlich Toiletten, Duschen und Laundry untergebracht sind.

Eigentlich immer abgefragt wird das Kennzeichen des Wohnmobils. In den USA kommt es mitunter vor, dass ganz neue Fahrzeuge noch über kein wirkliches Kennzeichen verfügen, in dem Fall ist „brand new" meistens eine ausreichende Angabe. Barzahlung wird aufgrund niedriger Beträge fast immer akzeptiert, bei Campingplätzen in Parks stellt es oft sogar die einzige Option dar.

Nach der Bezahlung erhalten Sie vor allem bei großen Campingplätzen eine Karte, auf der Ihr Stellplatz angekreuzt wird, da man sich sonst unter Umständen durchaus verfahren kann. Das Einparken auf dem Stellplatz selbst ist üblicherweise nicht schwierig, da die meisten Plätze doch recht groß sind, wenn es sich nicht ohnehin um „Pull Thru" handelt. Steht das Wohnmobil, schließt man Strom, Wasser und Abwasser an, wenn vorhanden, und genießt den Aufenthalt. Ist kein Stromanschluss verfügbar, sollte man sich lediglich erkundigen, ob und wann der Betrieb des Generators erlaubt ist. Nachts häufig verboten!

Einkaufen

Zum Thema „Shopping" finden Sie nähere Informationen im Städteabschnitt des Reiseführers, hier soll es daher vorrangig um die alltäglichen Einkäufe gehen: Wo findet man die besten Supermärkte, wie groß ist das Angebot, wie hoch sind die Preise – und kann man hier oder da vielleicht ein paar Dollar sparen?

Weil die gesamte Infrastruktur in den USA – Städte, Stadtzentren und Straßen – sich doch recht deutlich von der typisch europäischen Infrastruktur unterscheidet, findet man sowohl Supermärkte im Speziellen als auch Einkaufszentren im Allgemeinen nicht vorrangig in den Innenstädten oder auch Vorstädten, sondern vor allem **entlang der Highways.** Insbesondere in Kalifornien steht in den dicht besiedelten Regionen an jeder zweiten oder dritten Ausfahrt ein großes Shopping Center, die alle nahezu **identisch aussehen** und sehr ähnlich aufgebaut sind: Ein Supermarkt, ein Baumarkt, ein Kleidungsgeschäft, ein Elektronikgeschäft, ein Starbucks, zwei Fast-Food-Filialen und eine Tankstelle. Das mag wenig einladend wirken, Charme vermissen lassen, aber es ist praktisch, kann man die Einkaufszentren doch so sehr leicht finden, und es stehen stets genügend Parkplätze zur Verfügung, auch für Wohnmobile.

Es gibt zahlreiche **Supermarktketten in den USA**, die bekanntesten und am meisten verbreiteten entlang der Westküste sind Safeway / Vons, Walmart, Albertsons, Ralphs, Target, Kroger, Fred Meyer und Stater Brothers. Dazu gesellen sich ein paar auf eigene Produkte bzw. Organic Food spezialisierte Ketten wie Trader Joe's und Whole Foods.

Nahezu alle Supermärkte dieser Ketten haben eines gemeinsam: Sie sind unglaublich riesig. Produktpalette und Größe entsprechen in den meisten Fällen in etwa den Carrefour-Märkten, die Sie vielleicht aus dem europäischen Ausland kennen. In Deutschland ist Marktkauf wohl der bestmögliche Vergleich, doch die Auswahl in den USA ist in der Regel noch **deutlich** größer.

Im Gegenzug liegen allerdings auch die Preise oft ein gutes Stück höher: Während Obst und Gemüse aus der Region halbwegs günstig sein können und Getränke in etwa so teuer sind wie in Deutschland, werden für nahezu alle anderen Produkte, nicht zuletzt Fleisch, deutlich höhere Preise abgerufen als hier zu Lande. Im Detail ist das von Supermarkt und

Dollarkurs abhängig, aber – um nur ein Beispiel für einen typischen Snack zu nennen – selbst eine gewöhnliche Tüte Kartoffelchips kann durchaus 4$ kosten. Vor der Steuer versteht sich, denn die „Sales Tax" wird erst an der Kasse aufgeschlagen.

Für Mietwagenreisende mag das keine große Rolle spielen, doch wer mit dem Wohnmobil durchs Land fährt und sich selbst versorgt, ist ganz gut beraten, ab und zu mal die Angebote näher zu studieren; im Internet lassen sich die Prospekte der Supermärkte betrachten. Grundsätzlich ist es so, dass Walmart und Kroger die mit Abstand niedrigsten Preise bieten, während Safeway / Vons sich am oberen Rand des Preisspektrums bewegt. Der Rest liegt – mit Ausnahme teurer Spezialitätengeschäfte wie Whole Foods – irgendwo dazwischen.

Von Lage und Größe abgesehen, unterscheidet sich das Einkaufen in US-Supermärkten nicht wesentlich vom Einkaufen in Europa. Das Personal ist in der Regel etwas freundlicher, packt an der Kasse die Waren oft in kostenlose Tüten, und viele Amerikaner lassen ihre Einkaufswagen einfach auf dem Parkplatz stehen, wo sie von einem Angestellten eingesammelt werden. Bringen Sie Ihren Wagen trotzdem zurück, ernten Sie entweder irritierte Blicke oder ein dankbares Lächeln.

Wer billige (Marken-)Klamotten sucht, ist in einem Outlet am besten aufgehoben. Einheimische finden zwar hier und da noch bessere Angebote, aber die Größe der Outlets und die Ballung von üblicherweise 100 bis zu 200 Marken-Shops mit verbilligten Preisen sorgen dafür, dass Touristen dort meistens leichter fündig werden. Größte Kette sind die „Premium Outlets", die man in Las Vegas, bei Palm Springs, nahe San Diego, in Pismo Beach sowie um LA und San Francisco herum findet.

Maßeinheiten umrechnen

Gewöhnungsbedürftig sind bei einer Reise durch die USA all die Maßeinheiten, die sich vom metrischen System unterscheiden. Merken sollte man sich dabei für Straßen und Trails vor allem, dass eine Meile etwa 1,6 km entspricht. Yard (91,4 cm), Foot (30,5 cm) und Inch (2,54 cm) braucht man seltener.

Beim Tanken ist der Begriff der Gallone unvermeidbar, sie entspricht etwa 3,78 Liter. Vor allem im Supermarkt und auf Getränkeflaschen begegnet man zudem der US-Flüssigunze („fl oz" abgekürzt), wobei 10 fl oz etwa 0,3 Liter entsprechen. Getränke kommen häufig in Flaschen à 24 fl oz, also 0,7 Liter. Beim Kochen trifft man zudem hin und wieder auf die Größeneinheit „Cup", was etwa einem Viertelliter entspricht.

Die Temperatur im Kopf exakt von Fahrenheit in Celsius umzurechnen, dürfte den meisten zu umständlich sein. Einfacher ist es, sich grobe Richtwerte einzuprägen. 32° F sind 0° C, dann geht es in 18er-Schritten weiter, also: 50° F sind 10° C, 68° F sind 20° C und 86° F sind 30° C. 104° F merkt man dann schon...

Beim Gewicht trifft man vor allem auf zwei Einheiten: Die Unze (ounce) mit 28,5 Gramm und das Pound mit 453 Gramm. Wollen Sie zum Beispiel im Supermarkt frisches Fleisch kaufen, gibt man das Gewicht meistens in Pounds an, denn unter Gramm und Kilogramm können sich die Einheimischen und ihre Waagen nichts vorstellen.

Die Umrechnung von Dollar in Euro schließlich ist natürlich vom aktuellen Wechselkurs abhängig. Bei einem Dollarkurs von 1,10 zieht man etwa 10 Prozent vom Dollarbetrag ab (1 Dollar entspricht 90 Euro-Cent), bei einem Dollarkurs von 1,25 sind es etwa 20 Prozent (1 Dollar entspricht 80 Euro-Cent). Auf mehr sollte man derzeit nicht hoffen.

Filiale von In-N-Out: Einsehbare Küche, frische Lebensmittel, ein Dutzend Angestellte.

Essen: Fast Food, Imbiss & Diner

Neben den auch in Europa bekannten Fast-Food-Ketten und richtigen Restaurants gibt es beim Essen in den USA noch eine dritte Kategorie, die bei uns keine echte Entsprechung findet: das Diner. Am ehesten lässt sich ein Diner vielleicht mit einer Autobahnraststätte vergleichen, denn Diner servieren so gut wie alles – süßes sowie herzhaftes Frühstück, Mittagsmahlzeiten wie Burger und Steaks, diverse Nachtische – und das nicht selten tagtäglich rund um die Uhr, wie etwa bei Denny's, der größten Kette. Ein weiterer Unterschied zum Fast-Food-Imbiss liegt darin, dass man sich als Gast an einen Tisch führen lässt, das Essen frisch zubereitet wird – und dass man für den Service Trinkgeld zahlen muss.

Dennoch sind Diner vor allem für Reisende wirklich großartig, wird man hier doch zu überwiegend sehr bezahlbaren Preisen fast immer komplett satt. Außerdem können verschiedene Wünsche unter einen Hut gebracht werden: Burger, Sandwiches, Wraps, Pizza, Frühstück, Nachtisch, Salate und so weiter und so fort – jeder wird fündig. Getränke werden übrigens fast immer und ohne Nachfrage **kostenlos aufgefüllt**; wenn Sie also nach Ihrer Bestellung jeweils gleich zwei Softdrinks auf den Tisch geknallt bekommen oder der Kellner alle drei Minuten den Kaffee nachkippt, erschrecken Sie sich nicht, sondern betrachten Sie es als guten Service!

Zu beachten ist lediglich, dass Diner sich naturgemäß nach dem US-amerikanischen Geschmack richten, was sich am stärksten im Frühstück niederschlägt: Der Kaffee ist dünn, die Pancakes sind furchtbar süß und die Kartoffelpuffer triefen vor Fett. Daran gewöhnt man sich, allerdings kann das Essen in den ersten Tagen doch recht schwer im Magen liegen. Bedenken Sie das, falls Sie eine lange Autofahrt vor sich haben, denn Raststätten und WCs sind enorm spärlich gesät.

Preislich noch unter dem Diner liegt der Fast-Food-Imbiss, bei dem von Kette zu Kette unterschieden werden muss. Interessanterweise sind es häufig gerade die besseren Lokale, die niedrigere Preise verlangen als die schwächere Konkurrenz. Diese Schwäche ist übrigens nicht rein subjektiv, denn In-N-Out und Wendy's rühmen sich zu Recht damit, dass ihr Burgerfleisch nie gefroren wird und die Pommes **frisch im Restaurant** aus Kartoffeln geschnitzt werden.

Das ist ein gewaltiger Unterschied, den man tatsächlich schmeckt, ohne viel Geld dafür ausgeben zu müssen: Einen Cheeseburger etwa gibt es bei In-N-Out schon für um die 2$. Darüber hinaus haben viele Ketten inzwischen auch Frühstück und andere Produkte im Angebot, sodass man sich – wenn man denn will – quasi rund um die Uhr von Fast Food ernähren kann.

Gute Ketten sind neben In-N-Out vor allem Wendy's und Carl's Jr., aber auch Fatburger (ja, wirklich!) und White Castle können sich in Hinblick auf ihre Burger sehen lassen. Zudem gibt es mit Panda Express (asiatisch), Dunkin' Donuts (Süßkram und der beste Kaffee), Del Taco, Chipotle (Tex-Mex) und Quiznos (Sandwiches) weitere brauchbare Ketten. „Exotischen" Fast-Food-Speisen ist zu Beginn allerdings mit einer gewissen Vorsicht zu begegnen, Taco Bell beispielsweise genießt in den USA den Ruf, nun, die Verdauung gerne „in Schwung" zu bringen. Auch der in fast allen Soft Drinks enthaltene **High Fructose Corn Syrup**, ein billigerer Rohrzuckerersatz, ist nicht jedermanns Sache.

Echte Restaurants schließlich unterscheiden sich nicht wesentlich von Gaststätten in Europa. Die Unterschiede liegen im Preis (meistens höher als bei uns) und darin, einen Platz zu ergattern, denn die Schlangen werden vor allem bei besseren Restaurants künstlich lang gehalten; ohne Reservierung kann die Wartezeit über eine Stunde betragen. Tipps rund ums örtliche Essen findet man auf **www.yelp.com**.

Darüber hinaus gilt in quasi jedem Restaurant, bei Buffets, aber auch in vielen Diners „wait to be seated", also: Bleiben Sie am Eingang stehen und warten Sie, dass man Ihnen einen Platz zuweist! Hintergrund ist meistens die Zuständigkeit und Verfügbarkeit der Kellner, manchmal ist es aber auch nur der Wink mit dem Zaunpfahl, dass es hier Service gibt, der Trinkgeld erwartet.

Zur Qualität des Essens und von Nahrungsmitteln im Allgemeinen sei schließlich gesagt: Es ist möglich, sich komplett dem Klischee gemäß zu ernähren und über den ganzen Urlaub hinweg nur fettiges Fast Food, süße Soft Drinks und Snacks mit unzähligen Zusatzstoffen zu konsumieren. Aber die USA wären nicht die USA, wenn es hier nicht auch einen enorm starken Gegentrend geben würde, der „Organic Food" heißt: Bio-Lebensmittel, auf die sich nicht nur Imbisse und Restaurants, sondern ganze Supermärkte konzentrieren. Die bekannteste Kette hört auf den Namen Whole Foods, sie ist in allen großen Städten vertreten.

Alkohol in den USA

Alkohol ist auch in den USA Freizeitdroge Nummer eins, der Umgang mit ihr aber ein wenig komplexer als in Mitteleuropa. Denn obwohl Alkohol vor allem im Fernsehen direkt wie indirekt über Product Placement fleißig beworben wird, unterliegen Ausschank und Verkauf viel stärkeren Einschränkungen als bei uns: Bars und Restaurants etwa müssen über eine teure, häufig limitierte Liquor License verfügen, weshalb viele Diner zwar alle nur erdenklichen Essensrichtungen auf der Karte haben, jedoch nicht einmal Bier führen.

Doch sogar in den Supermärkten ist der Verkauf von Alkohol von Bundesstaat zu Bundesstaat mit mal mehr, mal weniger starken Einschränkungen verbunden, was auch die bis heute starke Präsenz von Liquor Stores erklärt, die vorrangig Alkohol verkaufen. Bier und Wein findet man zwar in fast jedem Supermarkt, dabei ist allerdings ein zweiter Blick auf die Verpackung zu empfehlen, denn sehr verbreitet in den USA ist das so genannte „Light Beer", das weniger Alkohol (2-4%) enthält und entsprechend verwässert schmeckt. In Utah sind Wein und Hochprozentiges in Supermärkten sogar überhaupt nicht zu finden, Bier nur mit einem Alkoholgehalt von bis zu 3,2%. In Restaurants darf Alkohol dort ausschließlich in Verbindung mit einem Essen ausgeschenkt werden und das auch nur zu bestimmten Tageszeiten.

Um Alkohol kaufen zu können, muss man in den USA **mindestens 21 Jahre alt** sein, selbst 35-Jährige werden im Supermarkt beim Kauf einer Dose Bier mitunter nach ihrem Ausweis gefragt.

Gewissermaßen als Gegentrend zu der zunehmenden Verbreitung von Light Beers entstehen in den USA immer mehr so genannte Microbreweries: Kleine, über das ganze Land verteilte Brauereien, die sich auf Qualität statt Quantität konzentrieren und nur einzelne Städte oder gar Lokale versorgen. Besonders viele Microbreweries findet man in San Diego, neben deutlich stärkeren Bieren mit bis zu 7% Alkoholgehalt trifft man hier auch auf die absurdesten Mischungen: Bier mit Mango, Grapefruit, Ingwer, Kürbis, Karamell und anderen, meist natürlichen Aromen.

Letzte kleine Besonderheit: **Das Trinken von Alkohol in der Öffentlichkeit ist in den USA verboten.** Genau genommen ist es nicht einmal erlaubt, eine geöffnete Flasche oder Dose mit einem alkoholischen Getränk bei sich zu führen. In der Praxis wird diese Regel häufig mit den aus Filmen bekannten braunen Papiertüten als „Tarnung" umgangen.

(Inoffizielle) Ausnahmen in Hinblick aufs Trinken in der Öffentlichkeit gelten natürlich in Las Vegas am Strip, aber auch auf den meisten Campingplätzen ist der Konsum von Alkohol an Picknickbänken erlaubt und bei Bier und Wein Gang und Gäbe. Bei Wohnmobilen tritt die Regel mit dem „geöffneten Behälter" natürlich außer Kraft, sofern sich dieser während der Fahrt hinten im Kühlschrank befindet.

Tabak und Rauchen

Noch weitaus schärfer sind die Regulierungen des Rauchens. Auch hier existieren in jedem Bundesstaat eigene Gesetze, doch grundsätzlich kennt man in den USA im Hinblick aufs Rauchen in der Öffentlichkeit kein Pardon: In allen öffentlichen Gebäuden und Einrichtungen – also auch in National Parks – ist das Rauchen **strengstens verboten** und sogar an Stränden muss man, beispielsweise in Kalifornien, mit hohen Geldstrafen rechnen, wenn man den Glimmstängel auspackt. Anders als in Europa sucht man an Flughäfen und Bahnhöfen häufig jedoch auch Raucherräume oder Raucherbereiche vergeblich, sodass manchen nur das Nikotinpflaster helfen mag.

Auch in den Mietfahrzeugen sowie vielen Motels und Hotels ist das Rauchen fast ausnahmslos verboten; wer in Hotels mit Raucherzimmern übernachten möchte, sollte im Voraus explizit danach suchen. Die einzige Ausnahme stellt wiederum Las Vegas dar, wo nahezu jedes Hotel über Raucherzimmer verfügt und auch in fast allen Casinos (meistens ausgenommen: Restaurants und Shopping-Bereiche) das Rauchen erlaubt ist – dank leistungsstarker Klimaanlagen kann man den Geruch oft jedoch kaum registrieren.

Folge der starken Einschränkungen für Raucher und der auch dadurch stetig abnehmenden Raucherzahl sind teilweise recht niedrige Zigarettenpreise. Stangen sind oft für um die 30$ zu haben und somit recht billig, einzelne Schachteln hingegen teurer.

Am Visitor Center in Zion: Felsen und hunderte Parkplätze im Hintergrund.

State Parks, National Parks und der America the Beautiful Pass

Vielleicht fällt es dem ein oder anderen schwer, sich unter dem Begriff „National Park" wirklich etwas vorzustellen, weil in Deutschland, aber auch in anderen Ländern Europas, nur wenig Vergleichbares existiert. Grundsätzlich sind National Parks (genauso wie die kleineren National Monuments und die von den Bundesstaaten verwalteten State Parks) Schutzgebiete, die zur Erhaltung der Natur (oder Kultur) eingerichtet wurden, um besonders schöne Regionen vor der Zerstörung oder der Vermarktung durch die Wirtschaft zu schützen.

Zu den ersten Schutzgebieten zählten schon Ende des 19. Jahrhunderts Teile von Yosemite und Yellowstone. Die derzeit 59 National Parks der USA, davon gut ein Drittel im hier behandelten Südwesten, dienen heute jedoch weitaus mehr als nur dem Schutze der Natur: Sie sind zu einem mindestens ebenso großen Teil **eine touristische Attraktion und Erholungsgebiet** für zig Millionen Einheimische.

Ein typischer National Park besteht aus mindestens einem Visitor Center nahe des Parkeingangs, an dem sich die Besucher über die Geschichte des Parks sowie seinen aktuellen Zustand informieren können. In den Park führen dann kleine, häufig recht verschlungene Straßen, an denen sich Parkplätze, Picknickplätze, Viewpoints (Aussichtspunkte) und Trailheads (Ausgangspunkte für Wanderwege) befinden.

Außerdem verfügt nahezu jeder National Park über mehrere sehr schöne Campingplätze, in einigen Parks findet man darüber hinaus auch ein, zwei Hotels, die hier meistens als Lodges bezeichnet werden. Sie zeichnen sich durch ihre exklusive Lage, eine sehr hohe Nachfrage, entsprechende Preise und eher einfache Ausstattung aus.

State Parks und National Monuments sind im Wesentlichen damit vergleichbar, allerdings ist die Infrastruktur üblicherweise etwas schwächer; ein Visitor Center gibt es nicht immer, Lodges so gut wie nie, tolle Campingplätze hingegen häufig.

Wer mehr als zwei, drei National Parks in den USA besucht, was bei einer mehrwöchigen Rundreise durch den Südwesten fast immer der Fall ist, wird schnell merken, dass sich die Kosten für die Parkbesuche summieren können. Deshalb bietet der National Park Service schon seit langem (vormals unter anderen Namen) den „America the Beautiful"-Pass an, der ein Jahr lang Zutritt zu sämtlichen National Parks, National Monuments sowie anderen staatlichen Einrichtungen ermöglicht. State Parks sind bis auf wenige Ausnahmen nicht enthalten.

Der Pass kostet nur 80$ und kann am Visitor Center oder an einer (besetzten) Entrance Station eines National Parks bar bezahlt werden, eine Bestellung vorab ist nicht notwendig oder sinnvoll. Der Pass gilt für ein privates Fahrzeug mit all seinen Insassen beziehungsweise für vier Personen ab 16 Jahren, Kinder unter 16 Jahren haben freien Eintritt.

Bei Erhalt des Passes muss auf der Rückseite unterschrieben werden und zwar so wie im Reisepass oder Personalausweis, da dieser zur Identifikation hin und wieder an der Entrance Station verlangt wird. Nicht enthalten im Pass sind die Kosten für Campingplätze.

Wäsche waschen

Bei einer mehrwöchigen Rundreise durch die USA lässt es sich nicht vermeiden, auch mal zu waschen, denn in einen Koffer passt kaum mehr als die Kleidung für eine bis anderthalb Wochen. Mit einem Wohnmobil ist das einfach, da viele Campingplätze über einen eigenen Waschraum verfügen. Aber auch mit dem Mietwagen ist es leichter, als man vielleicht denkt, denn insbesondere in Motels trifft man häufig ebenso auf Waschräume – und wenn nicht, findet man in der Nähe stets einen so genannten „Laundromat" oder eine „Coin Laundry", wo einem dutzende Maschinen zur Verfügung stehen.

Um diese zu nutzen, benötigt man lediglich ein bisschen Kleingeld: Eine Ladung kostet üblicherweise vier bis zehn Quarters, also 25-Cent-Stücke, eine weitere Ladung im Trockner noch einmal vier Quarters und auch Waschpulver lässt sich im Miniformat für meistens vier Quarters aus einem Automaten ziehen. Häufig sammeln sich im Laufe eines Urlaubs genug Quarters von alleine an (oder man sortiert sie bei jeder Gelegenheit aus), im Laundromat gibt es aber auch Wechselautomaten oder eine Theke, an der Dollarscheine eingetauscht werden können. Im Motel oder auf Campingplätzen kann meistens die Rezeption aushelfen.

Die Bedienung von Waschmaschine und Trockner ist überwiegend selbsterklärend: Wäsche rein, Pulver rein, die Temperatur und / oder das Stoffmaterial einstellen, Geld rein, anschmeißen, warten!

Präzisere Einstellungen gibt es vielmals nicht, zum Teil ist sogar die Auswahl der Temperatur nicht vorgesehen, weshalb die Maschinen stets etwas ruppiger mit der Wäsche umgehen, als man es von zu Hause gewohnt ist. Empfindliche Kleidung also lieber mit der Hand waschen!

Trinkgeld in den USA

Das Thema Trinkgeld sorgt immer wieder für Missverständnisse (oder besser: Unverständnis), weil das so genannte „Tipping" in den USA vollkommen anders funktioniert und gänzlich andere Gründe hat als in Europa. In den USA sollte man das Trinkgeld nicht als „Bonus für guten Service" betrachten, sondern als **Teil des Preises**, der – so wie auch die Steuer – am Ende auf den angeschriebenen Preis aufgeschlagen wird. Viele Servicekräfte und insbesondere Kellner leben von eben jenem Trinkgeld, weil ihr Lohn zu niedrig ist (mitunter lächerliche 4$ die Stunde), weshalb es für viele geradezu einer Beleidigung gleichkommt, wenn Sie auf das Tipping verzichten oder nicht genügend Trinkgeld geben.

Was ist genügend Trinkgeld? Das hängt davon ab, wer es in welcher Situation bekommt. Kellner erwarten üblicherweise 15 Prozent des Preises (vor der Steuer), für besonders guten Service werden ca. 20 Prozent fällig, während man bei einem Trinkgeld von 10 Prozent annimmt, dass Sie mit dem Service unzufrieden waren – und nicht selten kommt es vor, dass der Kellner einen dann recht forsch nach einer Begründung für den geringen Tip fragt.

Üblicherweise sollte man dem Kellner im Diner oder auch beim Buffet daher 15 Prozent tippen. Um sich die Rechnerei zu ersparen, kann man sich auch der Grundregel **„Double the tax!"** bedienen, also die Sales Tax (7 Prozent bei „prepared food") verdoppeln und aufrunden.

Wesentlich schwieriger wird es, wenn man nicht in ein Diner oder zu einem Buffet, sondern in ein richtiges Restaurant geht, da es hier noch weitere Servicekräfte gibt, die ein Trinkgeld verlangen können – unter anderem der Host am Empfang, ein etwaiger Sommelier, ein Bartender oder der Captain, eine Art Oberkellner.

Weitere Situationen, in denen Trinkgeld erwartet wird: Im Taxi (etwa 15 Prozent des Fahrpreises), in Shuttle-Bussen, in denen der Fahrer auch das Gepäck trägt (1-2$ pro Gepäckstück), im Hotel (Bellboy 1-2$ pro Gepäckstück, Zimmermädchen 1-2$ pro Bett und Nacht) und im Casino, wenn man beim Spielen kostenlose Drinks annimmt (1-2$ pro Drink). Kein Trinkgeld hingegen gibt man beim Check-in an der Rezeption.

Wichtig ist daher, dass man immer genügend 1$-Scheine parat hat, um auch jederzeit tippen zu können, denn Münzen sind nicht akzeptabel. Größere Summen im Diner oder Restaurant können aber natürlich auch mit größeren Scheinen bezahlt werden, hin und wieder besteht zudem die Möglichkeit, das Trinkgeld auf der Quittung einzutragen und mit Kreditkarte zu bezahlen.

Achten Sie lediglich darauf, dass die „Gratuity" nicht bereits von Haus aus auf die Rechnung geschrieben wird, was bei Touristen aus dem Ausland, die als tipping-unwillig gelten, schon mal vorkommt.

Postkarten verschicken

Dank des Internets sind Postkarten inzwischen eigentlich obsolet geworden: Warum ein nicht selbst geknipstes und häufig etliche Jahre altes Foto über einen Zeitraum von zwei Wochen per Post verschicken, wenn man doch in Sekundenschnelle eigene, ganz aktuelle Fotos per E-Mail an die Heimat senden kann?

Gar nicht so untypisches Post Office, hier in Oatman, Arizona.

Tatsächlich trifft man in den USA mittlerweile auch wesentlich seltener auf Postkarten als vor fünfzehn, zwanzig Jahren, doch natürlich ist das Versenden bis heute ohne Probleme möglich – und das gute, alte Postamt wird vor allem in den ländlichen Regionen der USA noch äußerst geschätzt: Selbst kleinste Dörfer mitten im Nirgendwo verfügen häufig über eine bemannte Poststelle.

Eine normale Postkarte nach Europa kostet derzeit 1,20$ Porto, üblicherweise gibt man sie entweder im Hotel oder direkt bei einem Postamt ab. Letzteres findet sich auch in großen Städten, häufig ist es aber tatsächlich einfacher, eines der Postämter in einem Dorf zu nutzen, da diese kaum zu verfehlen und Parkplätze stets vorhanden sind.

Zeitzonen im Südwesten

Es gibt viele verschiedene Zeitzonen in den USA, im Westen trifft man auf Pacific Standard Time (PST) und Mountain Standard Time (MST). Zur Pacific Time Zone zählen im Südwesten Kalifornien und Nevada, sie hinken der mitteleuropäischen Zeit fast das gesamte Jahr über exakt neun Stunden hinterher. Einwöchige Ausnahmen kommen nur im Zuge der Zeitumstellungen im Frühling und Herbst vor.

Zur Mountain Time Zone, die acht Stunden hinter der mitteleuropäischen Zeit liegt, zählen Utah und Arizona – allerdings kennt Arizona
keine Sommerzeit, sodass die Zeitverschiebung hier im Sommer ebenfalls bei neun Stunden liegt. Die Navajo Nation wiederum, die in Arizona
liegt, verwendet Sommerzeit.

Das klingt ein wenig verwirrend, als grobe Regel reicht jedoch aus:
Kalifornien, Nevada und Arizona liegen von April bis Oktober **neun
Stunden** hinter Mitteleuropa, in Utah sind es **acht Stunden**.

US-Amerikaner im Alltag

Wie über jedes andere Land der Welt existieren auch über die USA und
seine Einwohner viele Klischees: Offen sollen sie sein, manchmal übertrieben freundlich, zugleich aber ein wenig oberflächlich erscheinen.
Und auch wenn dieses Schubladendenken häufig der falsche Ansatz sein
mag, liegen diese Klischees durchaus in der Realität begründet.

Vor allem in touristischen Regionen, beim Wandern in State und
National Parks, ist es üblich, dass jeder Kontakt zumindest mit einem
kurzen „Hey!", „Good morning!" oder „How're you doing?" begrüßt wird,
auf Campingplätzen bemühen sich viele Camper um einen Smalltalk mit
ihren Nachbarn und bieten ihre Hilfe an, falls es Probleme geben sollte
oder man sich beim Anschließen des Wohnmobils ungeschickt anstellt.
Selbst beim Essen auf Picknickbänken setzt man sich hin und wieder
dazu und tut so, als kenne man sich schon ewig.

Im Großen und Ganzen sind diese Kontakte durchaus angenehm,
lernt man doch ein wenig die Einheimischen, ihre Kultur sowie ihre Auf-
fassung von Natur und Abenteuer kennen, nur viel hineininterpretieren
muss man in diese Begegnungen nicht.

Viele US-Amerikaner neigen zu Übertreibungen und vor allem zu
stark überzogener Euphorie, weshalb man sich auf ihre Tipps nicht verlassen sollte, und sie meinen oft auch nur bedingt, was sie sagen. Wenn
sie beispielsweise behaupten, sie kämen in einer Stunde noch einmal
vorbei, um Ihnen bei etwas zu helfen, stehen die Chancen bestenfalls
Fifty-Fifty, dass das tatsächlich passieren wird.

Darüber hinaus ist auch das Klischee von der über die Grenzen der
USA hinaus eher mäßigen Bildung vieler Einheimischer leider nicht ver-

kehrt: Das Bild von Europa ist nicht immer das beste, sofern sie denn überhaupt eines davon haben, und natürlich sind die USA „the greatest country in the world" – etwas, dem man tunlichst nicht mit Gegenargumenten begegnen sollte, da es das Weltbild ländlicher US-Amerikaner doch arg ins Wanken bringen könnte.

Zugleich aber ist auch Europa irgendwo „awesome", selbst wenn man den fernen Kontinent weder bereist hat noch viel über seine Historie oder gar gegenwärtige Situation und Politik weiß. Die Schuld daran liegt nicht zwangsläufig in einem mangelnden Interesse begründet, es ist das Resultat von Schulbildung und Medien, die sich fast ausschließlich auf die USA konzentrieren – mitunter so stark, dass es beinahe propagandistisch anmutet.

Grundsätzlich sollte man es daher meiden, im Gespräch mit flüchtigen Bekanntschaften kritische Themen anzuschneiden. Dazu zählen vor allem das Waffenrecht, Religion, Sex (Prüderie, Nacktheit), Rassismus, fast alles mit Wirtschaft, die Todesstrafe und das in den USA bis heute enorm wichtige und gefeierte Militär. Fast jeder Normalbürger erstarrt vor Respekt, wenn er einem (ehemaligen) Mitglied von Army, Navy oder Air Force begegnet: „Thanks for serving our country!", heißt es dann.

All das mag recht kritisch klingen, tatsächlich aber kommt man als Tourist nur selten in eine Situation, in der die mitunter doch erstaunlich unterschiedlichen Welten aufeinanderprallen. Belässt man es bei Smalltalk, bleibt einem stattdessen die Freundlichkeit in Erinnerung, vor allem auf Campingplätzen auch der Zusammenhalt unter den tapferen Reisenden, die gemeinsam dem Abenteuer „mother nature" trotzen.

Frauen in den USA

Eine kleine Einschränkung der vorigen Einschätzung gilt dann, wenn Sie als junge Frau ohne Begleitung verreisen – selbst zwei zusammen reisende Frauen können in den USA auf Probleme stoßen, allerdings stärker in den großen Städten als in National Parks und Umgebung. Sexismus ist in den USA noch klarer ausgeprägt als in Mitteleuropa; in Großstädten wie Los Angeles und San Francisco müssen Frauen damit rechnen, regelmäßig angesprochen zu werden, und das nicht auf die feinste Art und Weise. „Cat Calling" ist ein feststehender Begriff.

Unbedingt ist darüber hinaus beim abendlichen Ausgehen in Clubs oder Bars auch in Gruppen aus mehreren Frauen darauf zu achten, immer den eigenen Drink im Auge zu behalten. „Date Rape", auch hierfür gibt es leider einen sehr verbreiteten und feststehenden Begriff, ist in den USA ein gewaltiges Problem, dem meistens die Verabreichung von „KO-Tropfen" vorhergeht, die heimlich in einen Drink geträufelt werden. Auch wenn es paranoid und deshalb ein wenig unangenehm wirken mag: Vorsicht ist in diesem Fall wirklich besser als Nachsicht.

In kleineren Städten und auf Campingplätzen stoßen Frauen in der Regel auf weniger Probleme, auch wenn dort das manchmal machohafte Anbieten von Hilfe nicht überraschen sollte, da Frauen dem Verständnis vieler US-amerikanischer Männer nach doch nicht mit so maskulinen Geräten wie Wohnmobilen umgehen und mit Strom, Wasser oder gar Abwasser hantieren können. Hier steckt dann aber meistens immerhin „nur" ein überholtes Weltbild hinter der aufrichtigen Hilfsbereitschaft.

Sportevents besuchen
Während der Begriff „Event" für Sportveranstaltungen in Europa recht verpönt ist, sind die Spiele von NFL, NBA, NHL und MLB in den USA tatsächlich genau das. Es gibt unzählige minutenlange Werbeunterbrechungen fürs Fernsehen, vor dem Stadion findet eine eigene Party mit Grills und Getränken statt, während im Stadion bei manchen Sportarten das Essen und die Unterhaltung gegenüber dem Wettkampf im Vordergrund zu stehen scheinen. Eine Sportveranstaltung in den USA ist anders als ein Stadionbesuch in der Heimat und durchaus ihr Geld wert.

Leider pausieren Basketball und Eishockey über die Reisehauptsaison hinweg (oder befinden sich in den Playoffs, was Tickets rar macht), weshalb ab August Football und den ganzen Frühling und Sommer über Baseball die besten Optionen darstellen. Gerade Baseball, die vielleicht amerikanischste Sportart, ist einfach zu besuchen, weil jedes Team der MLB von April bis September **162 Partien** bestreitet, also jeden bis jeden zweiten Tag auf dem Platz steht – und sich der Besucherandrang in Grenzen hält, da die Bedeutung eines einzelnen Matches zu gering ist.

Gespielt wird nicht zuletzt für die in den USA erstaunlich populären Statistiken; während bei uns Spielablauf und Dramaturgie im Vordergrund stehen, sind es hier vor allem Zahlen wie die Batting Average oder die Fielding Percentage, welche die Fans beschäftigen und begeistern – ohne der Sportart an sich damit Unrecht tun zu wollen.

Profiteams findet man naturgemäß vorrangig in den großen Städten im Südwesten: In San Francisco, Los Angeles, San Diego, Phoenix und neuerdings auch in Las Vegas. Tickets gibt es in der Regel sowohl über die Website der jeweiligen Ligen als auch über die Webseiten der Teams, sie verweisen auf den gleichen Shop. Für „gute" Plätze muss man beim Baseball etwa 50$ einkalkulieren, beim Eishockey 100$, beim Basketball 150$ und beim Football schließlich 200$ sowie (deutlich) aufwärts.

Risiken unterwegs

Lange hing den USA das Klischee an, für Touristen nicht sicher zu sein. Hintergrund dessen war in erster Linie die Kriminalität in Großstädten wie Los Angeles und New York City, aber auch Schlagzeilen wie die des Oktobers 2017 können verunsichern.

Realistisch betrachtet, ist das Risiko jedoch **nicht größer als in einer x-beliebigen europäischen Großstadt** – selbst Autoeinbrüche, für die San Francisco einst berüchtigt war, sind selten geworden. Unschöne Ecken gibt es natürlich, vor allem im Süden von Los Angeles, doch es ist fast unmöglich, aus Versehen in eine zwielichtige Gegend zu spazieren – und selbst wenn, kann man immer noch umkehren. Und in ländlichen Regionen geht es nahezu durchweg friedlich zu.

Angebracht sind die üblichen Vorsichtsmaßnahmen: Portemonnaies, Smartphones, Kameras und Handtaschen im Gedränge im Auge behalten, keine Wertsachen offen im Fahrzeug liegenlassen und überwachte beziehungsweise gut besuchte Parkplätze bevorzugen.

In der Regel keine Angst muss man vor den – wieder vor allem in Los Angeles und San Francisco, aber auch in San Diego – leider sehr verbreiteten **Obdachlosen** haben, deren Zahl sich im Zuge der Wirtschaftskrise seit 2008 noch einmal enorm erhöht hat. Da sie über die letzten Jahre hinweg zum Teil aus den Innenstädten „verbannt" wurden, halten sie sich mittlerweile vor allem an der Küste auf, Santa Monica beispielsweise ist ein regelrechtes Zentrum der Obdachlosigkeit. Hier gilt: Lassen Sie sie in Ruhe, dann werden auch Sie in Ruhe gelassen!

Realistische Gefahren drohen hingegen in der Natur, vor allem **die enorme Hitze ist nicht zu unterschätzen**: Sobald man sich auf seiner Rundreise von der Küste entfernt, landet man fast zwangsläufig in der Wüste, die weite Teile Kaliforniens, Nevadas, Arizonas und Utahs durchzieht, auch wenn man es auf den ersten Blick nicht immer merken mag, wenn man mit Wüste vor allem Sanddünen verbindet. Doch die Temperaturen übersteigen von Mai bis September regelmäßig die Marke von 30° C, oft sogar 40° C, und das bei enormer Trockenheit. Das größte Problem jedoch ist häufig der mangels Bäumen **fehlende Schatten.**

In der Praxis bedeutet das zum einen, dass man natürlich die größte Mittagshitze vor allem in Juli und August meiden sollte, besser morgens und vormittags sowie am späten Nachmittag lange Wanderungen unternimmt. Zum anderen benötigt man zwingend eine Kopfbedeckung und Sonnencreme sowie ausreichend Wasser. Sonnencreme bringt man am besten von zu Hause mit, sie ist in den USA teurer als bei uns, außerdem wird der Lichtschutzfaktor dort anders angegeben. Klarsichtige Sonnensprays sind deutlich angenehmer als die weiße, klebrige Sonnenmilch. Meistens ist LSF 30 für den typischen Mitteleuropäer eine gute Wahl.

Schwieriger ist die ausreichende Aufnahme von Flüssigkeit: Der National Park Service empfiehlt im Sommer in vielen Parks **einen Liter Wasser pro Person und Stunde** als Grundlage, wenn man wandern will, was zumindest im Hochsommer durchaus realistisch ist, zugleich aber bedeutet, dass man enorm viel zusätzliches Gewicht mit sich herumschleppen muss. Am besten kauft man im Supermarkt gleich zu Beginn ein, zwei 24er-Pakete kleiner Wasserflaschen, die üblicherweise entweder 0,5 oder 0,7 Liter enthalten. Zu Beginn einer Wanderung drückt man dann jedem eine Flasche in die Hand und packt – je nach Länge der Strecke und Tageszeit – zwei, drei weitere Flaschen pro Person in einen Rucksack. Die eigene Flasche für jeden sorgt dafür, dass man den Flüssigkeitskonsum gut im Blick behalten kann, vor allem bei Kindern.

Auch andere Naturgewalten können im schlimmsten Fall eine Gefahr darstellen: Der Südwesten der USA, vor allem die Region von San Francisco bis Los Angeles, ist Erdbebengebiet und an der Küste kann es unter Umständen zu einem Tsunami kommen, wie die zahlreichen Warnschilder bei einem Besuch verdeutlichen.

Dieser reißende Fluss im Zion National Park ist sonst oft ein Wanderweg...

Die Wahrscheinlichkeit, ein wirklich schweres Erdbeben in seinem Urlaub zu erleben, ist zwar äußerst gering, zumindest **leichte, spürbare Erdbeben** sind aber durchaus möglich, für uns in der Hinsicht eher unbedarfte Mitteleuropäer im ersten Moment schwer einzuordnen und deshalb ein wenig erschreckend. Lange Zeit lagen in den Hotels in San Francisco und Los Angeles stets Merkzettel über das richtige Verhalten bei Erdbeben aus. Heute sind sie seltener geworden, aber es ist nicht verkehrt, die Grundregeln zu kennen und auch mit Kindern kurz darüber zu sprechen, um im Falle eines Falles eine Panik zu vermeiden.

Diese Grundregeln lauten: Entfernen Sie sich von Fenstern, die bersten können, sowie von Wänden, von denen Gegenstände herunterfallen könnten. Wenn möglich, duckt man sich unter einen stabilen Tisch oder hockt sich unter einen Türrahmen. Befindet man sich im Erdgeschoss, ist es nicht verkehrt, vor die Tür zu gehen und sich dann schnell von dem Gebäude zu entfernen. Im Obergeschoss sollte man hingegen warten, bis das Erdbeben vorbei ist. Hält man sich zudem in einer „Tsunami Danger Zone" auf, gilt: Höher gelegenes Gelände aufsuchen!

Nicht nur in National Parks kann man zudem Flash Floods und wilden Tieren begegnen. Bei Flash Floods handelt es sich um das Resultat schwerer Niederschläge, die vor allem in Canyons eine Gefahr darstellen, wenn aus dem trockenen Trail plötzlich ein reißender Strom wird. Meistens warnt der National Park Service im Voraus vor der Gefahr oder sperrt Wege auch mal provisorisch, aber es heißt auf allen Hinweistafeln nicht umsonst: „You are responsible for your own safety!"

Zu den potentiell gefährlichen wilden Tieren zählen im Südwesten vor allem Bären und Pumas („Mountain Lions"). Auf Erstere trifft man vorrangig in der Sierra Nevada, also in Yosemite und Sequoia, während Mountain Lions sowohl in den Wäldern als auch in der Wüste anzutreffen sind – und auch hier ist die richtige Verhaltensweise elementar.

Sieht man auf einem Trail oder auf dem Campground einen Bär, dann heißt es zunächst: Abstand halten. Nähert sich der Bär auf unter 50 Meter, sollte man Krach machen, zum Beispiel laut brüllen, um ihn zu verscheuchen, ihn allerdings nicht umzingeln.

Um Bären gar nicht erst anzulocken, sollte man **keinerlei Nahrung bei sich tragen**, auch keine verpackte. Auf den Campingplätzen müssen Lebensmittel in bereitstehenden Metallboxen („Food Lockers") verstaut werden, da Bären vor allem nachts gerne vorbeischauen und auch recht problemlos in Autos oder gar Wohnmobile einbrechen können. Wundern Sie sich nicht, falls Sie nachts Schreie oder gar Schüsse auf einem Campingplatz in Yosemite oder Sequoia hören: Ranger drehen hier ihre Runden, um Bären zu vertreiben, und setzen notfalls auch Gummigeschosse ein, um einen „Lerneffekt" zu erzielen.

Das mag ein wenig beängstigend klingen und tatsächlich kam es allein in Yosemite im Jahr 2017 zu knapp 40 „Incidents" mit Bären, was allerdings nur noch ein Viertel so viele waren wie 15 Jahre zuvor – und bis heute gab es dort noch keinen tödlich endenden Angriff eines Bären auf einen Menschen. Ähnliches gilt für Mountain Lions: Vorsicht ist ratsam, die Wahrscheinlichkeit eines Zwischenfalls aber minimal.

Unangenehm schließlich kann noch der Smog sein, für den Los Angeles ebenfalls lange berüchtigt war. Die Lage hat sich hier in der Vergangenheit allerdings doch spürbar verbessert; die Luftqualität ist weiterhin nicht die beste, aber nicht so bedrohlich wie einst. Ausnahmen gelten in Folge von **Waldbränden**, die im Sommer in Kalifornien nicht unüblich sind und von denen der Qualm in die Städte zieht.

Die Erwartungshaltung

Kurz vor Schluss noch ein Wort zur Erwartungshaltung: Die USA sind ein großartiges Land mit wundervoller Natur und etlichen schönen Städten, aber es ist natürlich auch ein Land wie so viele andere mit ganz eigenen Schwächen und Problemen. Obdachlosigkeit und Kriminalität zählen dazu, doch das größte Hindernis, das einem im Weg stehen kann, ist die eigene Erwartungshaltung und das in zweierlei Hinsicht.

Zum einen sind die USA zwar tatsächlich beeindruckend, aber letzten Endes handelt es sich bei den Häusern auch nur um Häuser und bei den Wäldern und Küsten eben auch nur um Wälder und Küsten – um häufig traumhaft schöne Wälder und Küsten zwar, man sollte jedoch keine Wunderdinge erwarten. Insbesondere von dem bei Tag doch sehr künstlichen Las Vegas, dem zerfurchten LA und dem etwas schmuddeligen San Francisco sind manche Reisende im Nachhinein enttäuscht, weil auch in den USA nur wenig perfekt ist.

Zum anderen sollte man trotz der unendlichen Weiten nicht glauben, in den USA viel Ruhe zu finden oder in der Natur gar alleine zu sein: Selbst in der Nebensaison können im doch recht abgelegenen Arches National Park die Parkplätze knapp werden und am Grand Canyon drängen sich sogar im Frühling und Herbst die Besuchermassen so, dass sich elendig lange Schlangen vor den Shuttle-Bussen bilden.

Es gibt zwar in der Nebensaison hier und da auch noch die ein oder andere bekannte, aber etwas ruhigere Ecke (in Kalifornien zum Beispiel Joshua Tree, Redwood und Lassen Volcanic National Park sowie weite Teile des Südens von Arizona), doch sie stellen die Ausnahme dar.

Fast allerorts ist es unausweichlich, auf dutzende, hunderte oder gar tausende Touristen zu treffen, an vielen Tagen werden Sie ähnlich viel Deutsch wie Englisch hören und sich vielleicht sogar über die Rücksichtslosigkeit anderer Urlauber ärgern, wenn sie minutenlang Selfies unter dem schönsten Arch oder vor dem tollsten Ausblick schießen.

All das soll Ihnen die Vorfreude auf Ihre USA-Reise auf keinen Fall nehmen – im Gegenteil! Aber es ist sinnvoll, eine angemessene, leicht vorsichtige Erwartungshaltung mitzubringen, um nicht im Urlaub unangenehm überrascht zu werden. Denn dann lässt sich die Schönheit der USA umso entspannter genießen.

Tipps für Erstbesucher

Zum Abschluss unseres Planungsteils noch fünf Tipps für alle, die zum ersten Mal in die USA oder zumindest in den Südwesten reisen.

1. Nicht die Zeit unterschätzen, die man im Auto verbringt

Eine Rundreise durch den Südwesten ist im Grunde genommen ein Road Trip. Selbst an der recht dicht besiedelten Küste Kaliforniens oder in Utah, wo sich die Naturwunder scheinbar aneinanderreihen, sind es bis zum nächsten Ziel gerne mal zweihundert, dreihundert Kilometer.

Auf einer typischen Route sitzt man an vielen Tagen mehrere Stunden im Auto auf dem Weg zur nächsten Attraktion – und in State und National Parks sind, dort angekommen, weitere Strecken zu den Trails und Viewpoints zurückzulegen. Sowohl in Hinblick auf die Erwartungen als auch auf die Auswahl des Fahrzeugs ist das nicht zu unterschätzen.

2. Je früher man den Tag beginnt, desto besser

Ein „optimaler" Tag auf einer Rundreise sieht ungefähr so aus: Gegen 6 Uhr aufstehen, duschen und frisch machen. Gegen 7 Uhr frühstücken. Sachen zusammenpacken. Am besten noch vor 8 Uhr losfahren. Je nach Strecke zwischen 9 und 12 Uhr am ersten Ziel, den Tag über die Natur erkunden und zu weiteren Zielen fahren. Unterwegs vielleicht etwas essen. Zwischen 17 und 20 Uhr seine Unterkunft für die Nacht erreichen. Gegen 22 Uhr ins Bett gehen.

Für einen Urlaub mag das ein recht untypischer Tagesablauf sein, aber je früher man unterwegs ist, desto ruhiger und kühler findet man die Natur vor. Zudem sind die meisten US-amerikanischen Städte auf dem Land so aufgebaut, dass man abends ohnehin nichts unternehmen kann; es gibt keine Fußgängerzonen, keine Einkaufsstraßen, höchstens große Supermärkte sowie die immer gleichen Shopping-Center. Und das TV-Programm jagt stets von einer Werbeunterbrechung zur nächsten. Da man sich ohnehin komplett auf eine neue Zeit einstellen muss, fällt es aber nicht schwer, sich an diesen Rhythmus zu gewöhnen.

Nicht ganz gilt diese Regel natürlich für Großstädte, in denen abends mehr geboten wird und die Sehenswürdigkeiten tagsüber häufig auch nicht vor 9 oder 10 Uhr öffnen.

3. Nicht von den Preisen erschrecken lassen

Wie schon beim Thema „Einkaufen" angesprochen: Lebensmittel sind in vielen Supermärkten enorm teuer und das gilt erstaunlicherweise nicht nur für frische Waren, sondern gerade auch für die in den USA so geliebten Convenience-Artikel. Selbst bei einem gutem Dollarkurs wirken 4-5$ für eine Packung Kekse oder Cracker schlichtweg happig. Aber auch die Eintrittspreise können einem hier und da schwer im Magen liegen.

Von den bereits genannten Tipps (Angebote nutzen und billige Supermärkte aufsuchen) abgesehen, sollte man sich vor Augen halten, dass all das letzten Endes doch nur einen kleinen Teil der Kosten einer USA-Reise ausmacht. Ein Teil, mit dem man unterwegs täglich konfrontiert wird, der in Relation zu Flügen, Unterkünften und Fahrzeug aber doch gering ist. Lassen Sie sich davon den Spaß nicht nehmen!

4. Auf unaufmerksame Fahrer eingestellt sein

Obwohl das Fahren in den USA grundsätzlich entspannt ist, kann die Fahrkultur vor allem in den Großstädten doch eine gewöhnungsbedürftige sein. Insbesondere in Los Angeles und San Francisco, mitunter aber auch auf belebten Interstates, nimmt man kaum Rücksicht aufeinander, es wird bei jeder Gelegenheit gehupt und leider ist auch die Nutzung des Smartphones am Steuer – und vor allem das Texting – äußerst verbreitet. Mit anderen Worten: Wenn man davon ausgeht, dass andere Fahrer einen nicht sehen, ist man immer sicherer unterwegs.

5. Tun Sie, was die Amerikaner tun

Natürlich nicht immer – Stichwort: Texting am Steuer –, aber je mehr man sich auf das Land und seine Bewohner einlässt, desto mehr erlebt man die USA. Das reicht vom stetigen kurzen Begrüßen unterwegs bis hin zum Befolgen oder auch Nicht-Befolgen der Regeln des Alltags. Das in New York allgegenwärtige Überqueren der Straße bei Rot etwa ist in Los Angeles gemeinhin verpönt und kann einem eine Strafe in Höhe mehrerer hundert Dollar einbringen.

Unverzichtbar ist zudem auch eine Prise der vor allem in Südkalifornien zur Schau gestellten Lockerheit: Wer öfter mal ein Auge zudrücken kann, der kommt weiter und hat mehr Spaß als mit Pingeligkeit.

KALIFORNIEN

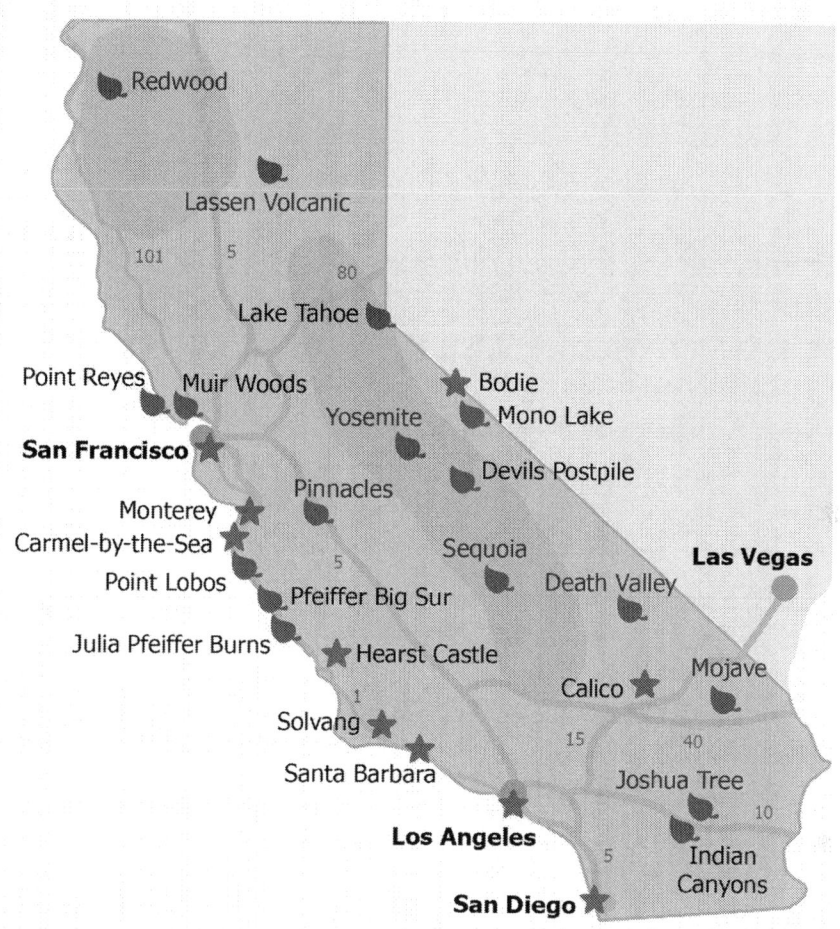

Kalifornien ist nicht nur der südwestlichste Bundesstaat der USA, sondern auch der **abwechslungsreichste**. Seine Großstädte – vor allem Los Angeles, San Francisco und San Diego – könnten schon kaum unterschiedlicher sein, doch von der Natur wird die so prägende Kultur noch einmal um Längen übertroffen.

Die farbenfrohe Küste im Süden, die rauen Klippen im Norden, die schneebedeckten Berge der Sierra Nevada im Osten, die dichten Wälder mit ihren mal unglaublich hohen, mal unglaublich dicken Mammutbäumen, die Seen und Wasserfälle, die fruchtbaren Obstplantagen, die trockenen, heißen Wüsten inklusive des Death Valleys – so viel auf so wenig Fläche gibt es sonst fast nirgendwo auf der Welt. Nur für gewaltige Canyons muss man noch ein Stück weiter gen Osten nach Arizona oder Utah fahren.

Nicht, dass Kalifornien klein wäre: Nach Alaska und Texas ist es mit gut 400.000 km² der drittgrößte Bundesstaat der USA, der Einwohnerzahl (knapp 38 Millionen) nach sogar mit Abstand der größte. Und um das Ganze in Relation zu setzen: Deutschland ist nur etwa 360.000 km² groß bei mehr als doppelt so vielen Einwohnern!

Seine relative Größe hat Kalifornien heute mehreren Faktoren zu verdanken: Der erste große Bevölkerungszuzug erfolgte um das Jahr 1848 herum bedingt durch die zahlreichen Goldfunde, auch wenn Kalifornien zu diesem Zeitpunkt noch gar nicht offiziell als Bundesstaat existierte – erst 1850 wurde es in die USA aufgenommen. Trotz der Hoffnung auf Gold und Reichtum bewegte sich die Bevölkerungszahl lange auf einem recht niedrigen Niveau, bis ins Jahr 1900 lebten hier lediglich etwa 1,5 Millionen Menschen.

Die wirkliche Bevölkerungsexplosion erfolgte dann Anfang des 20. Jahrhunderts bedingt durch die Industrialisierung, die bessere Anbindung des Bundesstaats an das Verkehrsnetz (auch mit der Route 66), die zunehmende Aufmerksamkeit durch die Filmindustrie und natürlich durch den zweiten Weltkrieg, in dem der Pazifikküste und ihrer Industrie eine besondere Bedeutung zukam.

So erhöhte sich die Bevölkerungszahl bis 1950 auf etwa 10 Millionen und gut alle zwanzig Jahre kamen nun weitere 10 Millionen dazu, darunter auch viele Lateinamerikaner, die mittlerweile mehr als ein Drittel der Bevölkerung ausmachen. Nicht zu vergessen ist zudem, dass Kalifornien neben seinen großen Städten und Hollywood heute auch das mächtige und wirtschaftsstarke Silicon Valley beheimatet.

Die Zahlen und möglichen Ziele verdeutlichen: Allein in diesem Bundesstaat könnte man problemlos drei, vier Wochen verbringen, um allen Sehenswürdigkeiten eine angemessene Zeit und Aufmerksamkeit zu widmen. Die Gestaltung der Route ist natürlich von den eigenen Interessen abhängig, für Erstbesucher sind aber zumindest San Francisco und der Highway 1 eigentlich als unverzichtbar zu erklären.

SAN FRANCISCO

Highlights	Informationen
*** Golden Gate Bridge	🕐 minimaler Zeitaufwand: ein Tag, optimal: anderthalb bis zwei Tage
*** Cable Cars	
*** Alcatraz	📖 von Frühling bis Herbst bestens zu besuchen, im Sommer großer Andrang
** Pier 39	
** Presidio	🔭 eine individuelle Stadt mit eigenem Stil und interessanten Herausforderungen
** Golden Gate Park	
** Twin Peaks	👣 Sehenswürdigkeiten in der Innenstadt zu Fuß erreichbar, auch gute Busse
* Chinatown	🚶 aufgrund starker Steigungen äußerst anstrengend, trotz milden Klimas

San Francisco stellt einen schönen Einstieg in die USA dar, verfügt die Stadt an der nach ihr benannten Bucht doch über viele Sehenswürdigkeiten und einen ganz eigenen Stil, ohne ihre Besucher zu erschlagen. Mit circa 860.000 Einwohnern, wenn auch immerhin 4,6 Millionen in der Metropolregion, ist San Francisco für US-Verhältnisse eine noch recht „erträgliche Großstadt".

Doch nicht nur in dieser Hinsicht unterscheidet sie sich deutlich von vielen anderen Metropolen – das etwas europäischer aufgebaute Stadtzentrum und die durchaus gute Infrastruktur in Hinblick auf öffentliche Verkehrsmittel sind hier in erster Linie zu nennen. Wer will, kann weite Teile der Stadt und ihrer Sehenswürdigkeiten **ohne eigenes Auto** besuchen, sollte dafür aber Kondition mitbringen, denn als Erstbesucher macht man sich keine Vorstellung davon, wie hügelig San Francisco wirklich ist. Auch wenn man die Straßen mit ihren schief geparkten Autos oder die sich an einer Stelle **unglaublich windende Lombard Street** schon einmal gesehen hat, kommen die tatsächlichen An- und Abstiege auf Fotos und Filmen nie so klar rüber wie in der Realität, und sie durchziehen weite Teile des Stadtgebiets, nicht nur einzelne Ecken.

Deutlicher formuliert: San Francisco ist aufgrund seiner zahlreichen, abwechslungsreichen Sehenswürdigkeiten eine sehr schöne Stadt und ein toller Startpunkt für eine Rundreise, doch die mit ihr verbundenen Anstrengungen können enorm sein. Auch wenn es übertrieben klingen mag: Wer zu Hause nur unregelmäßig längere Strecken wandert, sollte, insbesondere mit Kindern, im Voraus vielleicht ein klein wenig üben.

Immerhin zählt San Francisco dank seiner Küstenlage im zentralen Kalifornien zu den eher kühlen Städten des Südwestens: Zwar wird es im Winter kaum mal „richtig" kalt, doch dafür schießen die Temperaturen auch im Hochsommer nur selten in die Höhe, stattdessen kann man selbst im Juli und August oft mit um die 22° C rechnen.

Hin und wieder ärgerlich ist zumindest aus touristischer Sicht der Nebel, der vor allem im Sommer häufig in die Bucht zieht und dann den Blick aufs Meer, vor allem aber auch auf die Golden Gate Bridge und auf Alcatraz, versperrt. Sichtweiten von unter 50 Metern sind keine Seltenheit und leider hat der Nebel die Angewohnheit, kaum berechenbar zu sein – vor allem im Sommer taucht er häufig „aus dem Nichts" auf.

Der einzige echte Tipp in dieser Hinsicht kann daher lauten: **Wenn das Wetter gut ist, machen Sie sich sofort auf den Weg zur Golden Gate Bridge**, um Sie mindestens einmal klar zu sehen! Meistens stehen die Chancen morgens besser als am Nachmittag.

Historie

Viel von dem Charme San Franciscos macht zweifellos aus, dass diese Stadt ein wenig untypisch, in mancher Hinsicht einfach „anders" ist. Das beginnt schon mit ihrer Lage im Inneren einer 70 km langen und bis zu 20 km breiten Bucht, in unmittelbarer Nähe der stets bedrohlichen San-Andreas-Verwerfung und auf einer fast schon erschreckend hügeligen Landschaft. Zudem sorgte der bereits zuvor erwähnte, häufige Nebel dafür, dass die Bucht von Europäern bei der Erkundung der Neuen Welt lange unentdeckt blieb; sie segelten anfangs buchstäblich an ihr vorbei.

Gegründet wurde San Francisco dann auch erst im Jahre 1776, nahe früherer Ansiedlungen der Yelamu-Indianer, und sollte zunächst, wie so oft, in erster Linie der Missionierung dienen. Neben der Mission, San Francisco de Asís, wurde auch der Militärstützpunkt Presidio errichtet.

Ähnlich wie Los Angeles war die kleine Siedlung im Mexikanischen Unabhängigkeitskrieg (1810-1821) und im Mexikanisch-Amerikanischen

Krieg (1846-1848) umkämpft, landete schließlich jedoch in den Händen der USA und erlebte schon kurz darauf mit dem Goldrausch ihren Aufschwung, worauf sich ganz banal der Name Golden Gate bezieht. Aber auch die strategisch und wirtschaftlich wichtige Lage an der Pazifikküste ließ vor allem den Hafen aufblühen.

Über die folgenden Jahrzehnte hinweg wuchs und wuchs die Stadt, viele chinesische Einwanderer siedelten sich nach dem Bau der ersten Transkontinentalen Eisenbahn hier an, zahlreiche bekannte Unternehmen (unter anderem Levi's) und Banken (Wells Fargo) wurden im Zuge des aufkommenden Wohlstandes gegründet – bis im Jahre 1906 bei einem großen Erdbeben, nein, *dem* großen Erdbeben, ein beträchtlicher Teil der Stadt zerstört wurde.

Doch der Wiederaufbau ließ nicht lange auf sich warten und mit der Eröffnung von Golden Gate Bridge und Oakland Bay Bridge in den 30er-Jahren des letzten Jahrhunderts verfügte die Stadt auch endlich über eine einwandfreie Anbindung an das Umland.

Bekannt ist San Francisco darüber hinaus natürlich als Zentrum der Hippie-Bewegung in den 60ern und für das Aufkommen der Schwulen- und Lesben-Szene in den 70ern. In den vergangenen Jahrzehnten hat San Francisco sich zunehmend, auch aufgrund der Nähe zum Silicon Valley und der Ansiedlung vieler Software-Unternehmen, wirtschaftlich zum Positiven entwickelt, was jedoch auf Kosten der Bezahlbarkeit ging.

Die Gentrifizierung sorgt heute für ein überwiegend schönes, aber eben auch verdammt teures Stadtbild mit teilweise unbezahlbar erscheinenden Mieten. Einer der Gründe für die hohe Anzahl an Obdachlosen.

Orientierung

San Francisco besteht offiziell aus 36 Stadtteilen, die sich aus Besuchersicht auf gut ein Dutzend reduzieren lassen. Das für Touristen großartige Zentrum liegt im Nordosten des Stadtgebiets zwischen Van Ness Avenue und Market Street. Es beginnt im Südwesten mit dem Civic Center und Tenderloin District, im Osten schließen Union Square und der Financial District daran an. Nördlich davon liegen Nob Hill und Russian Hill im Westen sowie Chinatown und North Beach im Osten, bevor man am Nordende auf Fisherman's Wharf trifft.

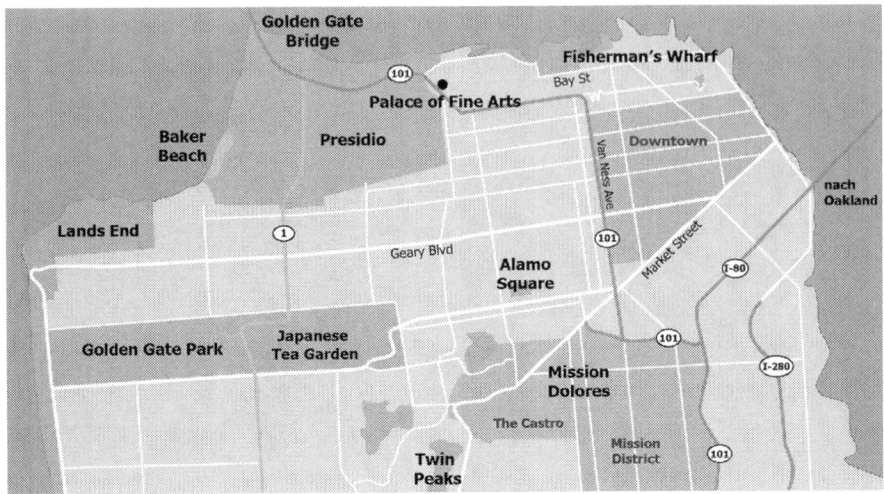

Westlich des Stadtzentrums siedelt sich Golden Gate an, vorrangig aus dem großen Presidio an der Golden Gate Bridge bestehend. Südwestlich davon liegen The Avenues, in denen sich auch der Golden Gate Park befindet. Noch ein Stück weiter südlich knüpfen Twin Peaks und Lake Merced daran an. Östlich, wieder in Richtung Stadtzentrum, findet man den Castro District, The Mission sowie SoMa (South of Market Street).

Infrastruktur

San Francisco ist nicht unbedingt eine Stadt, die Fahrzeuge willkommen heißt. Die Straßen sind zwar US-typisch überwiegend recht breit, allerdings erschweren zahlreiche Einbahnstraßen die Navigation. An nahezu jeder Querstraße befindet sich eine Ampel, die zum Halten zwingt, Parkplätze sind vor allem in den beliebtesten Ecken absolute Mangelware und noch dazu verdammt teuer.

Selbst in den (wenigen) großen Parkhäusern in der Innenstadt zahlt man oft 5 bis 10$ die Stunde und Ermäßigungen aufgrund von Einkäufen *(„We validate your ticket!")* sind seltener geworden.

Erfreulicherweise verfügt San Francisco im Gegenzug aber über ein für US-Verhältnisse äußerst brauchbares Nahverkehrsnetz, bei dem für Touristen vor allem **„Muni"** (kurz für: San Francisco Municipal Transportation Agency) interessant ist, die Busse, Straßenbahnen und sogar die Cable Cars kontrolliert.

100

Nahezu sämtliche Sehenswürdigkeiten lassen sich mit Hilfe dieses Systems erreichen, auch abseits gelegene wie der Golden Gate Park, obgleich die Dichte des Netzes natürlich im Stadtzentrum am höchsten ist.

Erwachsene zahlen pro Busfahrt (gültig für 90 Minuten inklusive Umsteigen) 2,75$, Kinder von 5 bis 18 Jahren sind für 1,35$ unterwegs. Bei Cable Cars gelten andere Preise, hier zahlt **jeder** 7$ pro Fahrt oder 21$ für ein Tagesticket, das sich also erst ab vier Fahrten lohnt.

Insgesamt ist Muni eine sehr sinnvolle Alternative zum Auto; mit ihr ist es zum Beispiel möglich, keine kompletten Rundwege zu gehen, sondern eine Strecke zu laufen und den Weg zurück zu fahren. Auch wenn man weniger gut zu Fuß unterwegs ist, können Busse und Bahnen ein Segen sein. Tagsüber werden die meisten Haltestellen im Takt von 5 bis 15 Minuten angesteuert, die Sauberkeit der Busse und Bahnen reicht von „geht so" bis „besser weggucken".

Noch ein Wort zu den berühmten **Cable Cars**, den mit Kabeln über die Hügel gezogenen Bahnen. Von einst 23 Linien aus dem späten 19. Jahrhundert sind heute nur 3 verblieben: California Street Line, Powell-Mason Line und Powell-Hyde Line, insgesamt sind auf ihnen derzeit etwa 40 Cable Cars unterwegs.

Die meisten Linien wurden nach dem großen Erdbeben im Jahre 1906 abgeschafft, weil elektrische Straßenbahnen schlichtweg günstiger und praktikabler waren. Dieser Trend hielt bis in die 80er-Jahre an, als die Stadt vor einer Entscheidung stand: Entweder sämtliche Cable Cars einstampfen oder das marode System aufwendig sanieren. Man entschied sich für Letzteres, investierte damals enorme 60 Millionen US-Dollar und richtete die Cable Cars klar auf den Tourismus aus, von dem sie heute fast ausschließlich genutzt werden.

Die am wenigsten überlaufene Linie ist California, die in West-Ost-Richtung von Van Ness Avenue bis Embarcadero verläuft – vor allem in der Hauptsaison kann es sinnvoll sein, auf diese Linie auszuweichen, um dem enormen Andrang ein wenig aus dem Weg zu gehen. Möchte man eine der anderen Linie nutzen, empfiehlt es sich, nicht direkt am Wendepunkt, sondern **eine Station danach** zuzusteigen, da in der Regel ein paar Plätze freigehalten werden. Nur sitzen kann man dann mit an Sicherheit grenzender Wahrscheinlichkeit nicht.

Vollgepacktes Cable Car und lange Warteschlange drumherum.

Sehenswürdigkeiten & Rundwege

San Francisco ist eine Stadt, in der man sich lange aufhalten kann – vier, fünf volle Tage oder sogar mehr stellen absolut kein Problem dar. Zum Einstieg und um einen guten Mittelweg zwischen „mal da gewesen" und „alles gesehen" zu finden, sind drei bis vier Übernachtungen aber ein guter Anfang: Einen kompletten Tag kann man allein in der Innenstadt verbringen, ein zweiter sollte für Ausflüge zur Golden Gate Bridge und in den Golden Gate Park eingeplant werden, ein dritter geht für einen Besuch von Alcatraz, vielleicht eines Museums, für etwaiges Shopping oder für einen zweiten Blick auf die Brücke drauf.

Ein Rundgang durch die Innenstadt

Ein typischer Rundgang in San Francisco führt **durch das Stadtzentrum im Nordosten**, das von Van Ness Avenue im Westen, Fisherman's Wharf im Norden, Embarcadero im Osten und Market Street im Süden recht klar begrenzt wird. Wo man seinen Rundgang beginnt, ist in erster Linie davon abhängig, wann man startet. Einsteigen kann man in die Route im Grunde überall, allerdings wäre es nicht sinnvoll, Fisherman's Wharf und Pier 39 am Vormittag aufzusuchen, wenn dort noch wenig los ist.

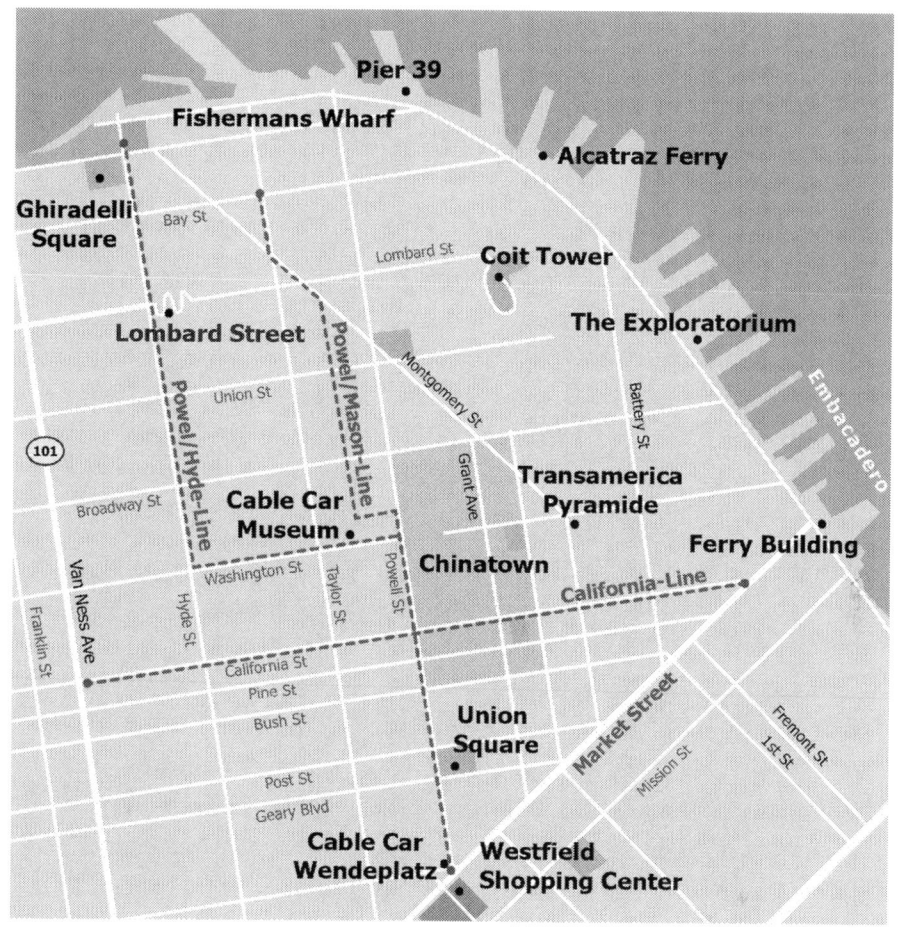

** Union Square: Cable Cars & Shopping

Als Ausgangspunkt für diesen Rundweg wählen wir deshalb den **Union Square**, einen schönen, in seinen Grundzügen schon 1850 geschaffenen Platz mit ein wenig Grünfläche, zentral gelegen und fast immer gut besucht. Um ihn herum siedelt sich das kulturelle und kommerzielle Zentrum der Stadt an.

Von dort aus ist es nicht weit zur **Market Street**, an der man einen näheren Blick auf die berühmten Cable Cars werfen kann, deren **Wendepunkt** sich hier befindet. Aufgrund des hohen Besucheraufkommens ist es nicht verkehrt, recht früh vor Ort zu sein, um sich für ein gutes Foto nicht erst durch die Menschenmassen quetschen zu müssen, die spätestens ab Mittag den Wendepunkt umringen.

Wenn man schon einmal da ist, könnte man danach auch gleich dem großen **Westfield San Francisco Center** direkt gegenüber des Wendepunkts einen Besuch abstatten: Eine schöne, sehr vielfältige Shopping Mall mit über 180 Geschäften, darunter riesige Filialen der Kaufhausketten Bloomingdale's und Nordstrom.

Die Mall ermöglicht einen ersten Eindruck von der amerikanischen Konsumkultur, wartet aber auch mit der ein oder anderen architektonischen Besonderheit auf: Rolltreppen etwa, die nicht gerade nach oben verlaufen, sondern dabei einen Halbkreis beschreiben. Einheimische behaupten gerne, so etwas gäbe es nur hier und in Tokio – was aber nicht ganz der Wahrheit entspricht, wie man bei einem Besuch von Las Vegas feststellen wird. Das Center bietet natürlich auch einen riesigen Food Court mit recht guter, sehr breiter Auswahl.

Danach führt der Rundweg weiter gen Norden. Wenn man einen Platz ergattern kann, ist das eine durchaus gute Gelegenheit, mit einem Cable Car zu fahren, denn nun geht es recht steil bergauf.

* Chinatown

Allerdings ist der nächste Stopp nicht weit entfernt, denn schon ein paar Straßen weiter, an der Kreuzung von Bush Street und Grant Avenue, beginnt das populäre Chinatown, in dem sich ab 1850 die zahlreichen chinesischen Einwanderer ansiedelten, die vor allem für den Bau der Eisenbahn ins Land geholt wurden.

Doch so authentisch die Wurzeln auch sein mögen, über das heutige Chinatown darf man durchaus geteilter Meinung sein: Die einen lieben die chinesischen Geschäfte mit den über die Straße gespannten Lämpchen und dem typischen Geruch, der aus Läden und Imbissen strömt. Die anderen beklagen, dass die große Mehrheit der Shops sich eindeutig an Touristen richtet und vorrangig kitschige Souvenirs verkauft.

Die Wahrheit liegt, wie so oft, irgendwo dazwischen: An der großen **Grant Avenue** geht es sehr touristisch zu, während die parallel dazu verlaufende **Stockton Street** einen Block westlich schon echter erscheint. Sehenswert sind auf alle Fälle die schön verschnörkelten Fassaden der Häuser und das **Dragon Gate**. Ein Tor, das als einziges in Nordamerika die chinesischen Ansprüche an einen solchen Eingang erfüllt.

Das Dragon Gate am südlichen Ende von Chinatown.

Unterwegs begegnet man dem romantischen **City Lights Bookstore** sowie der **Old Saint Mary's Cathedral**, zwei von San Franciscos zahlreichen „Historic Landmarks". Einen Blick ist zudem die **Golden Gate Fortune Cookie Company** an der Jackson Street wert, die auf erstaunlich kleinem Raum seit 1962 Glückskekse herstellt, inzwischen auch in verschiedenen Geschmacksrichtungen. Eine Packung kostet etwa 5$ und ist ein schönes Souvenir, wenn man sie denn heil nach Hause bekommt.

Von Chinatown aus erblickt man im östlich gelegenen und ansonsten kaum sehenswerten Financial District die **Transamerica Pyramid** aus dem Jahre 1972. Das mit 260 Metern höchste Gebäude der Stadt hat seine ganz besondere Form dem Schutz vor Erdbeben zu verdanken.

Ein möglicher Abstecher führt auf Höhe der Washington Street zum kostenlosen **Cable Car Museum** in der Mason Street, das täglich von 10 bis 18 Uhr Einblicke in Geschichte und Technik der Cable Cars erlaubt.

Auch zur **Grace Cathedral** an California und Jones Street ist es von dort aus nicht mehr weit. Das von außen wie innen gleichermaßen imposante Bauwerk aus dem Jahre 1964 sieht in seiner Umgebung zwar reichlich deplatziert aus, beeindruckt aber mit seinen verzierten Eingangstüren sowie seinem Labyrinth-artig aussehenden Boden.

Eine weitere schöne Kirche befindet sich am nördlichen Ende von Chinatown gegenüber vom Washington Square Park, die **Saints Peter and Paul Church** – vor allem bekannt, weil sich hier einst Marilyn Monroe nach einer ihrer Hochzeiten ablichten ließ. Eintritt kostenlos.

Coit Tower und Transamerica Pyramid von Pier 39.

** Coit Tower

Als nächstes geht es nur ein paar Straßen weiter östlich auf den schon 1933 errichteten **Coit Tower** auf dem Telegraph Hill, einem kleinen Hügel, dessen Turm mit einem großartigen Ausblick auf die Stadt aufwartet und deshalb von Beginn an vorrangig dem Tourismus diente.

Die Fahrt zum Observation Deck hinauf kostet für Erwachsene 8$, für Kinder und Jugendliche 2$ bis 5$, von 10 bis 18 Uhr. Bei gutem Wetter ein absolutes Muss!

** Pier 39 & Fisherman's Wharf

Anschließend bietet sich der Gang ans Meer an, denn bis zum **Pier 39**, einer ehemaligen, seit Ende der 70er-Jahre umgewandelten Bootsanlegestelle, ist es nicht weit. Der Pier siedelt sich mit Geschäften, Restaurants und Rides zwischen ganzjähriger Kirmes und Touristennepp an, wurde aber überwiegend so schön gestaltet, dass man über die im Vordergrund stehenden kommerziellen Aspekte gut hinwegsehen kann. Wer noch ein hübsches Souvenir oder einen Snack sucht, wird hier stets fündig, auch Fotospots gibt es zur Genüge.

Am Pier 39: Immer voll, sehr touristisch, aber sehenswert.

Am Ende des Piers befinden sich auch die bekannten Seelöwen, die mit Hilfe von Essensresten angelockt werden und meistens recht faul auf im Wasser treibenden Plattformen in der Sonne liegen. Außerdem findet man hier das **Aquarium of the Bay**, das mit mehr als 90 Metern Unterwassertunneln sowie 50 verschiedenen Hai-Arten punktet. Erwachsene zahlen 25$ Eintritt, Kinder 15$, im Sommer von 9 bis 20 Uhr geöffnet.

Von Pier 39 geht es weiter gen Westen am Meer entlang, wo offiziell erst die dem Namen nach sehr bekannte **Fisherman's Wharf** beginnt, die sich überwiegend durch weitere Shops und Imbisse auszeichnet, die aber weniger schön gestaltet sind als am Pier 39. Ausnahme: Die in ein Shopping-Center umgebaute Schokoladenfabrik **Ghirardelli Square**.

Von Fisherman's Wharf aus sind auch Fahrten zum **Angel Island State Park** möglich, eine kleine Insel in der Bucht, die einst der Armee und später als Sammellager für Immigranten diente. Mit der Fähre geht es von Pier 41 aus mehrmals pro Tag rüber, Erwachsene zahlen 20$, Kinder bis 11 Jahren 10$.

Angel Island ist ganz nett zum Wandern, das Gebotene wird dem notwendigen halben Tagesausflug aber nur bedingt gerecht. Schon eher eine Überlegung wert sind hier die **Bay Cruises**, Schiffsrundfahrten verschiedener Anbieter durch die Bucht, die einen näheren Blick auf die Golden Gate Bridge und auf Alcatraz erlauben, aber zum Teil auch an Angel Island vorbei und bis zur Oakland Bay Bridge fahren.

Anbieter sind zum Beispiel „Red and White Fleet" sowie „Blue and Gold Fleet", eine typische Tour dauert ein bis zwei Stunden und kostet 30 bis 40$ für Erwachsene, 20 bis 30$ für Kinder – kein ganz preiswerter Spaß, aber bei gutem Wetter durchaus eine Überlegung wert.

** Presidio & Palace of Fine Arts

Verfügt man noch über ein ordentliches Maß an Energie, könnte man von Fisherman's Wharf aus entlang der Küste gen Westen spazieren. Auf dem Weg trifft man zunächst auf **Fort Mason**, das heute als Kunst- und Kulturzentrum dient, bevor man – nach allerdings immerhin etwa 3 km – **The Presidio** erreicht.

Beim Presidio handelt es sich um einen großen, ehemaligen Militärstützpunkt, der heute vorwiegend als Naherholungsgebiet dient und zu weiten Teilen besichtigt werden darf. Einen Blick wert ist vor allem der Osten: Dort kann man vom Strand aus zum ersten Mal die Golden Gate Bridge bestaunen, das historische Crissy Field begehen und den einstigen „Main Post" mit seinen architektonisch durchaus sehenswerten Gebäuden in Augenschein nehmen.

Am äußersten Ostrand befindet sich auch das wohl größte Highlight der Ecke, der **Palace of Fine Arts**. Er wurde ursprünglich im Jahre 1915 für die Panama-Pacific Exposition errichtet und 1965 neu für den Tourismus aufgebaut. Die sehenswerte Anlage mit Teich und Rotunde diente schon des Öfteren als Filmkulisse, unter anderem in „The Rock" (1996) mit Sean Connery. Der Besuch ist kostenlos.

Wer den weiten Weg scheut, kann über die Lombard Street auch mit dem Bus oder dem eigenen Auto anfahren. Zwischen Crissy Field und Main Post findet man ein paar Parkplätze.

Palace of Fine Arts: Fast versteckt am Rande des Presidios.

** Lombard Street

Zum Abschluss des Rundgangs bietet sich noch ein Abstecher zur Lombard Street an, der nach eigenem Bekunden kurvigsten Straße der Welt, die sich nur ein kleines Stück südlich von Fisherman's Wharf befindet.

Sie ist im Grunde lediglich ein Fotospot, durch den sich von morgens bis abends die Autos schlängeln und an dem üblicherweise dutzende Touristen stehen, um genau das abzulichten – aber sehenswert ist diese weltbekannte, meist auch schön bepflanzte Straße allemal.

*** Golden Gate Bridge & Viewpoints

Weiter geht es, vermutlich am nächsten Besuchstag, in der Umgebung der Innenstadt. Vielleicht haben Sie schon einmal von dem großen **49 Mile Scenic Drive** gelesen, der San Francisco sowie seine nähere Umgebung durchziehen und an den wichtigsten Sehenswürdigkeiten der Stadt vorbeiführen soll.

Eine grundsätzlich sehr schöne Idee, doch dessen Ausschilderung ist heute nur noch in Teilen erhalten, genauso wie nicht mehr jedes Fleckchen entlang des Drives als echte Sehenswürdigkeit erachtet werden kann – denn abgesteckt wurde die Route bereits im Jahre 1938.

Golden Gate Bridge in voller Länge von den Marin Headlands aus.

Einen Teil dieses Drives befährt man trotzdem automatisch und dazu zählt natürlich auch der Weg zur herausragenden **Golden Gate Bridge**, die man spätestens an einem zweiten Tag in San Francisco, gutes Wetter vorausgesetzt, ansteuern sollte. Die von 1933 bis 1937 errichtete Brücke, die den Norden der Stadt mit Marin County auf der gegenüberliegenden Halbinsel verbindet, galt lange Zeit als die längste Hängebrücke der Welt. Zwischen den beiden Hauptpfeilern liegen sagenhafte 1,3 Kilometer, die tagtäglich von etwa 120.000 Fahrzeugen befahren werden.

Die mit großem Abstand besten Viewpoints befinden sich in den **Marin Headlands** nordwestlich von der Golden Gate Bridge, sowohl Point Diablo als auch Point Bonita sind einen Besuch wert. Beide ermöglichen es, die Brücke in ihrer vollen Breite zu sehen, im besten Fall sogar mit einem Hauch von Alcatraz Island im Hintergrund. Um die Viewpoints zu erreichen, muss man von San Francisco aus zunächst über die Brücke, an ihrem Nordende gen Westen abfahren und dort die **Golden Gate National Recreation Area** ansteuern. Hier kommt man auch an **Battery Spencer** vorbei, einer ehemaligen Verteidigungsanlage, die ebenfalls einen interessanten Blick auf die Brücke bietet: Sehr spitz zwar, aber mit der Innenstadt von San Francisco im Hintergrund.

Doch auch auf der Stadtseite gibt es gute Aussichtspunkte: Neben dem **Presidio** und **Fort Mason**, den zwei ehemaligen Militärstützpunkten im Nordwesten, sind hier vor allem **Baker Beach** und das nicht weit entfernte **Land's End** ganz im Westen zu nennen. Letzteres hat sogar noch weitaus mehr als den Ausblick zu bieten: Der etwa 2 km lange **Land's End Trail** führt an einem hier überraschend schönen Küstenabschnitt entlang durch den Lincoln Park und zu den **Sutro Baths** (Ruinen des einst größten Schwimmbads aus dem 19. Jahrhundert), auch zum **Legion of Honor Museum** (europäische Kunst) ist es nicht weit.

Direkt neben den Sutro Baths befindet sich zudem das **Cliff House**, ein dank seiner Klippenlage interessantes Restaurant, auch wenn das heutige Gebäude es nicht ansatzweise mit dem Prunk des Cliff Houses aus dem späten 19. Jahrhundert aufnehmen kann – bei dem aktuellen Bauwerk handelt es sich schon um die fünfte Variante.

Wichtig: Fährt man über die Golden Gate Bridge nach Süden in die Innenstadt, wird in diese Richtung **eine Maut** in Höhe von 7,75$ fällig, am besten online auf goldengate.org/tolls/ mit Karte zu zahlen. Die Maut muss entweder vorab oder innerhalb von 48 Stunden nach Überquerung der Brücke beglichen werden, sonst geht die Rechnung an den Mietwagenverleih, der sie mit Aufschlag an den Kunden weitergibt.

** Golden Gate Park

Gegen Nachmittag empfiehlt sich ein Besuch des **Golden Gate Parks**, am besten am Wochenende, wenn sich auch ein paar Einheimische dort herumtreiben und man sich nicht ganz so einsam fühlt. Die 5 km lange und 1 km breite Grünanlage, schon in den 1870er-Jahren eröffnet, ähnelt entfernt dem Central Park in New York: Es gibt Gärten, Seen, Sportplätze, die aktiv genutzt werden, mehrere Museen, das schöne **Conservatory of Flowers** sowie den recht bekannten **Japanese Tea Garden**, im Sommer von 9 bis 18 Uhr geöffnet, Eintritt 9$ für Erwachsene, 2-6$ für Kinder.

Ebenfalls interessant ist die **California Academy of Sciences**, ein vor kurzem neu erbautes Naturkundemuseum, das mit seiner Architektur beeindruckt und unter anderem einen sehenswerten künstlichen Regenwald enthält. Erwachsene zahlen 36$ Eintritt, 26-31$. Geöffnet täglich von 9:30 bis 17 Uhr, Sonntags erst ab 11 Uhr.

Painted Ladies: Downtown im Hintergrund macht den Anblick aus.

* Painted Ladies

Anschließend könnte man kurz bei den Painted Ladies vorbeischauen, den bunten, viktorianischen Holzhäuschen am Alamo Square, wo es mit einem Foto allerdings getan ist – zumal die alten Damen aus dem 19. Jahrhundert auf Postkarten doch meistens etwas besser und farbenfroher aussehen als im wahren Leben.

** Twin Peaks

Am Abend, am besten ein gutes Stündchen vor Sonnenuntergang, könnte man sich auf den Weg zu **Twin Peaks** machen, das nur ein kleines Stück südlich vom Golden Gate Park liegt und **den mit Abstand besten Ausblick auf beinahe ganz San Francisco** bietet, vielleicht sogar einen der schönsten Ausblicke auf eine Stadt im Südwesten überhaupt.

Bei gutem Wetter hat man hier aus etwa 280 Metern Höhe beste Sicht auf die Innenstadt, Golden Gate Park, Golden Gate Bridge und Oakland Bay Bridge, sowohl bei Helligkeit als auch bei Dunkelheit. Gerade um den Sonnenuntergang herum kann es im Sommer allerdings enorm voll werden und Parkplätze sind stets Mangelware – also lieber einen Tick zu früh als zu spät da sein!

Toller Ausblick von Twin Peaks auf Downtown.

Ein Stück südwestlich von Twin Peaks findet man zudem noch **Lake Merced**, ein bei Einheimischen recht beliebtes Naherholungsgebiet, das Wanderwege bietet, Angeln und Wassersport ermöglicht, nach einem Besuch des Golden Gate Parks aber kein Muss darstellt.

Auch der hier befindliche **San Francisco Zoo** fällt mit gut 700 Tieren aus 200 Arten im Vergleich zu San Diegos Zoo deutlich kleiner aus, obwohl zumindest Teile der Gehege relativ schön angelegt sind. 20$ für Erwachsene, 14$ für Kinder. Täglich geöffnet von 10 bis 17 Uhr.

*** Alcatraz

Danach hat man die bekanntesten Sehenswürdigkeiten von San Francisco beinahe abgehakt, übrig bleibt nur noch Alcatraz. Der Besuch der berühmten, 1963 aufgrund zu hoher Kosten und erodierender Gebäude geschlossenen Gefängnisinsel **lohnt sich zweifellos**, sofern man mit den richtigen Erwartungen an das Ganze herangeht: Der ein wenig makabere Charme der Insel liegt in ihrer Ruhe und Abgeschiedenheit, doch tatsächlich ist sie seit etwa vierzig Jahren ein purer Touristenmagnet, der täglich weit über tausend Besucher anzieht – sodass es mit der Ruhe natürlich nicht besonders weit her ist.

Gefängnisinsel Alcatraz: Die Entfernung zum Festland lässt sich erahnen.

Der Besuch von Alcatraz ist nur mit einer Fähre möglich, Tickets dafür gibt es entweder online oder direkt vor Ort, 37$ für Erwachsene, 23$ für Kinder bis 11 Jahre. Von Mai bis September sind die Tickets für viele Touren weit im Voraus ausverkauft; wer auf Nummer sicher gehen will, bucht daher mindestens drei bis vier Wochen vorab online.

Empfehlenswert ist die „**Early Bird**"-**Tour** um 8:45 Uhr, da es sich hierbei um die erste Überfahrt handelt und sich somit entsprechend wenige Besucher auf der Insel befinden. Dort angekommen, werden die üblichen Guides und ein **tolle Audiotour** angeboten. Freundlicherweise darf man so lange bleiben, wie man mag, und kann die Insel also nach Belieben im eigenen Tempo erkunden. Inklusive Hin- und Rückfahrt sollte man knapp vier Stunden dafür einplanen.

Weitere Optionen

Verbleibt danach noch Zeit in der Stadt, zieht es viele Besucher ein zweites Mal an den Union Square zum Shopping. Andere nehmen sich etwas vor, das sie in den vergangenen Tagen nicht geschafft haben, oder suchen einen zweiten Aussichtspunkt auf die Golden Gate Bridge auf. Auch ein Abstecher in den südlichen Teil des Financial Districts im Osten des

Stadtzentrums kann eine Überlegung wert sein; dort befindet sich beispielsweise das **Embarcadero Center**, eine Art Shopping Mall, deren Geschäfte heute aber eher unattraktiv sind. Deutlich schöner ist das enorm breite **Ferry Building** aus dem Jahre 1898 dahinter, mit 75 Meter hohem Clock Tower im spanischen Stil, in dessen Inneren sich ein Markt sowie diverse Imbisse und Cafés befinden.

Häufig stehen bei Besuchern auch die Stadtteile Civic Center und Tenderloin auf der Liste, in denen sich die **City Hall**, stark an das Capitol in Washington D.C. erinnernd, sowie der Theatre District, unter anderem mit der großen Symphony Hall, befinden. Leider ist die Gegend jedoch als ein wenig fragwürdig einzustufen, bei Tag nicht gefährlich, aber unangenehm. Da es außer der City Hall nicht viel zu sehen gibt, kein echtes Muss.

Östlich von Twin Peaks findet man zudem **Castro** und **Mission**, zwei Stadtviertel mit langer Geschichte: Castro entwickelte sich in den 60er-Jahren zu einer der ersten offen homosexuellen Gemeinden in den USA, hier lebte auch der spätestens seit dem Film mit Sean Penn bekannte Harvey Milk, einer der wichtigsten Aktivisten dieser Ära.

„The Mission" nebenan hingegen, benannt nach der dort zu finden-den **Mission San Francisco de Asis** (häufig auch als „Mission Dolores" bezeichnet, der Ursprung der Stadt, 5$ Eintritt, täglich von 9 bis 16 Uhr geöffnet), ist beziehungsweise war lange vor allem für ihre spanisch-mexikanische Bevölkerung bekannt.

Beide Stadtteile verweisen heute noch auf diese Wurzeln, auch wenn vor allem der Mission District sich im Rahmen der unaufhaltsamen Gentrifizierung über die letzten Jahre hinweg doch arg gewandelt hat. Eine starke Künstlerszene gibt es weiterhin und auch „Ethnic Food" findet man an jeder Ecke, doch inzwischen verdrängt die wohlhabendere, oft weiße Bevölkerung zusehends die ehemaligen Anwohner.

Dennoch sind beide Viertel einen Besuch wert, auch wenn es kaum Sehenswürdigkeiten gibt; es geht mehr darum, das noch verbliebene Flair der Umgebung aufzusaugen. Nicht nur für Filmfans einen Blick wert ist zudem das **Castro Theatre**, ein 1922 erbautes Kino im Art-Deco-Stil, das heute vor allem Klassiker zu fairen Preisen zeigt. Aufgrund der Größe des Kinos sind Karten fast immer spontan zu bekommen.

Abstecher nach Berkeley

Während das hässliche Oakland direkt gegenüber von San Francisco auf der anderen Seite der Bucht keinen Besuch wert ist, kann ein Abstecher ins nur wenige Kilometer nördlich davon liegende Berkeley eine Überlegung darstellen. Die Stadt ist für den ältesten **Campus der University of California** bekannt, der mit seiner Architektur und dem alles überragenden Sather Tower für Touristen sehenswert ist – aber auch andere Einrichtungen (Bücherei, South Hall, Parks) können sich sehen lassen. Von Studenten geführte Touren über das kaum vorstellbar große Campusgelände gibt es täglich um 10 Uhr, sie dauern etwa 90 Minuten.

Für schlechtes Wetter

Schlechtes Wetter ist etwas, womit man in San Francisco immer rechnen muss, allerdings ist es kein Grund, sich zu langweilen. Wirklich meiden sollte man bei Regen und Nebel lediglich Golden Gate Bridge und Golden Gate Park, auch Alcatraz ist nicht gänzlich optimal. Gut geeignet sind hingegen Teile der Innenstadt – im Gebiet um den **Union Square** herum kann man von Geschäft zu Geschäft schlendern oder Stunden in Ein-kaufszentren verbringen – sowie diverse Museen.

Dunkle Wolken über dem Union Square.

Toll und äußerst umfangreich ist das **Exploratorium** im Osten am Embarcadero, ein riesiges Wissenschaftsmuseum zum Anfassen. Vor allem Kinder kommen hier auf ihre Kosten, aber auch Erwachsene können sich einen halben Tag prima beschäftigen. Geöffnet von Dienstag bis Sonntag, 10-17 Uhr, Erwachsene zahlen derzeit 30$, Kinder 20-25$.

Besondere Events

San Francisco ist die Heimat **zwei großer Sportteams** aus den wichtigsten Profi-Ligen der USA: Aus dem Baseball sind hier die Giants zu Hause und aus dem Football die 49ers, Letztere spielen seit der 2014er-Saison allerdings in dem fast 80 Kilometer entfernten Santa Clarita – und das auch nur grob von September bis Dezember.

Wesentlich näher sind da schon die Teams in Oakland auf der anderen Seite der Bucht, dort findet man mit den Oakland Athletics und den Oakland Raiders jeweils ein weiteres Baseball- und Football-Team, aber auch Basketball-Fans kommen mit den Golden State Warriors aus der NBA auf ihre Kosten. Am einfachsten ist, wie üblich, der Besuch eines **Baseball-Spiels**: Das Giants-Stadion, der AT&T Park, liegt nur ein kleines Stück südlich der Oakland Bay Bridge. Tickets gibt es wie immer auf der Website der Teams beziehungsweise Ligen.

Weitere regelmäßige Events sind das jährlich Mitte Mai stattfindende **Bay to Breakers Footrace**, ein seit 1912 stattfindender 12-km-Lauf, der von Embarcadero im Osten einmal über die komplette Halbinsel durch den Golden Gate Park bis Ocean Beach im Westen führt. Zu seinen besten Zeiten begrüßte der Lauf über 100.000 Teilnehmer, häufig übrigens kostümiert und nur spärlich bekleidet. Im Jahr 2017 waren es immerhin noch 40.000 Teilnehmer – und über 150.000 Zuschauer.

Ebenfalls sehenswert ist Ende Mai die **Carnaval's Grand Parade**, ein stark von Lateinamerikanern geprägter Karnevalsumzug, während im Juni die **Gay Pride Parade**, überwiegend im Castro District, Besucher aus den ganzen USA an- und auszieht. Im August findet der große **Marathon** statt, mit **Outside Lands** gibt es eines der größten Musik-Events im Golden Gate Park, aber auch das **AfroSolo Arts Festival** ist einen Blick wert. Und im September zieht die nicht ganz jugendfreie **Folsom Street Fair** die Besucher auf sich, eine Straßenmesse der BDSM- und Leder-Szene.

Übernachten

Das für viele größte Problem in San Francisco ist die Suche nach einer günstigen Unterkunft, denn Hotels sind, wie für eine beliebte Großstadt üblich, verdammt teuer: In der Hauptsaison stellen **Preise von 250$ bis 350$ die Nacht** selbst in mäßigen Motels in brauchbarer Lage keine Seltenheit dar, in der Nebensaison (vor Mai und nach September) werden zumindest 200$ bis 250$ noch häufig aufgerufen. Wer nicht solche Unsummen ausgeben will, sondern mit, sagen wir, 150$ bis 225$ die Nacht pro Doppelzimmer „günstig" unterkommen möchte, muss meist starke Abstriche in Hinblick auf Lage oder Qualität in Kauf nehmen.

Bei der Auswahl der Unterkunft sollte man in San Francisco vor allem darüber nachdenken, wie genau man die Stadt erkunden möchte. Denn, wie schon angesprochen, ist es durchaus möglich, die komplette Innenstadt von Fisherman's Wharf im Norden über Chinatown im Zentrum bis hin zu Union Square im Süden zu Fuß zu besuchen – oder nur ab und zu mal einen Bus oder ein Cable Car zu nutzen, wenn die Anstrengungen wegen der ständigen Auf- und Abstiege zu groß werden.

Möchte man hauptsächlich zu Fuß unterwegs sein, ist ein Hotel oder Motel in der Umgebung von **Chinatown**, **Russian Hill** und **Nob Hill** keine schlechte Wahl: Die Stadtviertel liegen genau zwischen Fisherman's Wharf und Union Square, sodass man von hier aus recht schnell in beide Richtungen unterwegs sein kann. Zudem bieten die Unterkünfte in diesen Vierteln den Vorteil, dass sie doch etwas günstiger sind als die äußerst beliebten Hotels an der Küste im Norden oder im Haupteinkaufszentrum im Süden der Innenstadt.

Chinatown, Russian Hill und Nob Hill sind darüber hinaus als zwar etwas weniger schicke, aber durchweg **sichere Gebiete** zu betrachten, was im Wesentlichen auch für die hier zu findenden Hotels und Motels gilt. Viele sind sauber und ordentlich, aber nicht allzu modern oder gar luxuriös – wer das sucht, der ist an **Fisherman's Wharf** oder am **Union Square** besser aufgehoben, muss dafür aber auch entsprechend tief in die Tasche greifen.

Billiger wird es, wenn man sich weiter vom Stadtzentrum entfernt. Vor allem in Richtung Presidio findet man zahlreiche, etwas günstigere Hotels, gleichwohl durchwachsener Qualität. Dennoch stellen auch diese Unterkünfte mit Abstrichen eine recht sinnvolle Option dar, da man aufgrund der guten Busanbindung von hier aus das Stadtzentrum problemlos in 15 bis 20 Minuten erreichen kann. Über gewisse Macken wie eine altmodische Einrichtung oder hörbaren Straßenlärm muss man bei ihnen jedoch hinwegblicken können.

Erfahrungsgemäß nicht zu empfehlen sind Hotels, die sich sehr weit außerhalb befinden – Flughafenhotels etwa (lange Fahrzeit mit Bus oder Auto, häufig extrem laut) oder Hotels in Oakland auf der anderen Seite der Bucht. Eine halbe Stunde Anfahrt zur Innenstadt sollte die absolute Obergrenze darstellen.

Ist man mit einem Wohnmobil unterwegs, lässt sich diese Grenze allerdings in der Regel nicht einhalten, da sich in Stadtnähe keinerlei brauchbare Campingplätze befinden und für die Anfahrt der öffentliche Nahverkehr zwangsläufig genutzt werden muss, da es in der Innenstadt beinahe unmöglich ist, einen Parkplatz für ein Wohnmobil zu finden. Aber auch außerhalb des Stadtgebiets ist die Auswahl an Campgrounds und vor allem deren Qualität in dieser Region recht dürftig – was die Betreiber jedoch nicht davon abhält, trotzdem enorm hohe Preise von bis zu 70$ die Nacht zu verlangen.

Stellt San Francisco den Anfang oder das Ende der Reise dar, ist es sinnvoll, das Wohnmobil erst nach einem Besuch der Stadt abzuholen beziehungsweise vor dem Besuch wieder abzugeben, dann in einem Hotel in der Innenstadt zu schlafen und für die Ziele außerhalb des Zentrums den öffentlichen Nahverkehr zu nutzen.

Empfehlenswerte Motels & Hotels
* In der Lombard Street: Westlich des Zentrums, aber noch fußläufig zu erreichen, findet man mehrere ganz gute Hotels in der Lombard Street zwischen Fort Mason und Presidio. Hohe Ansprüche an die Einrichtung und die Lärmisolierung darf man nicht stellen, doch mit Blick aufs Budget gehen Chelsea Motor Inn, Coventry Motor Inn, Cow Hollow Inn und Lombard Motor Inn allesamt in Ordnung. Ab etwa 150$ die Nacht.
* Castle Inn: Ganz gutes Motel in zentraler Lage (Russian Hill), viele erst kürzlich renovierte Zimmer, sicher und ruhig, noch dazu Parkplätze im Innenhof. Ab etwa 175$ die Nacht, ein kleiner Geheimtipp.

* **Club Donatello:** Die beste bezahlbare Option am Union Square, unter Umständen schon ab 200$ die Nacht. In dieser Lage ist das spottbillig.
* **Chancellor Hotel:** Ebenfalls nahe Union Square, von außen unscheinbar, von innen jedoch sehr ordentlich. Gute Zimmer ab etwa 250$.
* **Pier 2620 Hotel:** Gutes, recht „günstiges" Design-Hotel an Fisherman's Wharf, was hier aber 250-450$ die Nacht bedeuten kann.
* **Hotel Zephyr:** Alternative dazu, für die quasi das Gleiche gilt: Modern, recht geräumig, gute Lage an Fisherman's Wharf, meist 250-450$.

Flughafenhotels

Nahe des Flughafens findet man die **üblichen Ketten,** die sich qualitativ nicht viel geben und darüber hinaus selbst hier die gehobenen Preise gemein haben. Akzeptabel bis gut sind La Quinta, Best Western und Hampton Inn, alle ab 150-200$ die Nacht.

Empfehlenswerte Campgrounds

Ansatzweise in Ordnung gehen das **San Francisco RV Resort** sowie der **Treasure Island RV Park,** die etwa auf Höhe des Flughafens liegen. Ein Stellplatz kostet ab 70$ die Nacht, mit dem öffentlichen Nahverkehr in die Innenstadt braucht man gut 45 Minuten. Schön sind beide Plätze nicht, allerdings zumindest deutlich besser als der mitunter empfohlene Candlestick RV Park, von dem man aufgrund von Ausstattung, Lage und Klientel unbedingt Abstand halten sollte. Falls möglich, das Wohnmobil im Anschluss an den Stadtbesuch übernehmen oder vorher abgeben.

San Francisco International Airport

Der San Francisco International Airport (SFO) befindet sich am südlichen Rand der Halbinsel, nur etwa 20 km vom Stadtzentrum entfernt. Obwohl der Flughafen nach LAX der zweitbetriebsamste in Kalifornien ist, gestaltet er sich aufgrund seines kreisförmigen Aufbaus und lediglich vier Terminals recht übersichtlich. Flieger aus Europa – unter anderem Lufthansa, United, Air France, British Airways, KLM, Delta und Swiss – kommen allesamt am International Terminal an, während man beim Umstieg in den USA an Terminal 1 (Delta), Terminal 2 (American Airlines, Virgin) oder Terminal 3 (United Domestic) landet.

Vom Flughafen in die Stadt geht es entweder mit dem Mietwagen über Interstate 380 und 280 oder Highway 101 (die Mietwagenverleihe befinden sich ein Stück nördlich der Terminals und werden von der kostenlosen AirTrain angesteuert), mit einem Taxi (ab 50 bis 60$) oder mit dem öffentlichen Nahverkehr. Nutzt man den, fährt man am besten mit der AirTrain bis zur BART Station, von wo aus es dann mit der gelben „Pittsburg / Bay Point – SFO / Millbrae"-Linie in etwa 30 Minuten ins Stadtzentrum geht. Busse sind mit Gepäck keine echte Alternative.

Essen & Trinken

Die Auswahl in Hinblick aufs Essen ist in San Francisco größer als in jeder anderen Großstadt der USA: Auf je 250 Einwohner kommt hier ein Restaurant und bei den Geschmacksrichtungen wird wirklich so gut wie alles geboten. Vor allem die chinesische Küche ist stark vertreten.

Gleichwohl fällt es schwer, die Spreu vom Weizen zu trennen, denn gerade in den typischen Touristenzentren (Fisherman's Wharf, Chinatown, aber mitunter auch am Union Square) gibt es viele Restaurants, die stärker für ihre hohen Preise als für ihre Qualität in Erinnerung bleiben. In Nebenstraßen wird man meistens besser und billiger fündig als unmittelbar im Zentrum des Tourismus. Einheimische gehen nach Japantown (gutes Sushi), nach North Beach (italienische Küche) sowie in den Mission District (Tex-Mex und lateinamerikanische Küche).

Einkaufen

Das Einkaufszentrum von San Franciscos Innenstadt liegt um den Union Square herum. Hier findet man riesige Kaufhäuser und auch das erwähnte **Westfield Shopping Center**, das sowohl die üblichen Franchise-Shops als auch den ein oder anderen kleineren Laden enthält, den man nicht in jeder anderen Großstadt der Welt findet.

Wer Souvenirs mitbringen möchte, ist am besten an Fisherman's Wharf oder in Chinatown aufgehoben. Nicht weit von San Francisco entfernt gibt es zudem mehrere Outlets mit vielen bekannten Franchises zu (für diese Marken) günstigen Preisen. Auf dem Weg nach Monterey liegt das **Gilroy Premium Outlet**, während in Richtung Yosemite das **Livermore Premium Outlet** angesteuert werden könnte.

Auch im alten Ferry Building findet man einige nette, kleine Geschäfte.

Große Supermärkte (häufig inklusive vieler weiterer Läden) befinden sich, wie in den USA üblich, vorrangig außerhalb des Stadtzentrums, sie sind an den Ausfahrten der Highways nicht zu verfehlen. Wer einen riesigen **Walmart** sucht, um für kleines Geld die größte Auswahl zu haben, der wird auf dem Weg nach Yosemite an I-880 und I-580 (erneut in Livermore) oder an Highway 101 bei San José fündig. Zwischen Downtown und Flughafen gibt es zudem einige Filialen von Vons & Co.

Spartipps

Wie in den meisten Großstädten gibt es auch in San Francisco mehrere Kombitickets, die sich unter Umständen finanziell lohnen können. Vor allem zwei sind eine Überlegung wert.

Die **Go San Francisco Card** ermöglicht für knapp 70$ einen Tag lang Zugang zu 30 Attraktionen und Touren, darunter das sehr sehenswerte Exploratorium, das de Young Museum im Golden Gate Park, Legion of Honor, das Aquarium of the Bay und den Escape from the Rock Cruise – allerdings gilt es hier, genau zu prüfen, welche der Attraktionen man wirklich sehen will und was man überhaupt an einem Tag schaffen kann, denn allein im Exploratorium lässt sich ein halber Tag verbringen.

Alternativ gibt es aber auch Tickets, die länger als einen Tag gültig sind, 2 Day Tickets etwa für 95$.

Der **CityPass San Francisco** wirkt mit 89$ etwas teurer, erlaubt aber neun Tage lang die Nutzung von Muni und Cable Cars, was bei einem Besuch der Stadt **enorm** hilfreich ist. Auch hier sind ein Cruise mit der Blue & Gold Fleet sowie das Aquarium am Pier 39 enthalten, außerdem hat man die Wahl zwischen de Young Museum und dem Exploratorium, wobei die Wahl üblicherweise auf Letzteres fallen sollte. Wer viel mit Bussen und Cable Cars durch die Stadt fahren will, der macht mit dem City Pass nichts verkehrt!

Risiken

Wie in jeder anderen Großstadt stellt der Touristenstrom natürlich einen Anreiz für Kriminelle dar, was sich vor allem in den üblichen Taschendiebstählen und Autoeinbrüchen niederschlägt. Eine Zeit lang war San Francisco für Letzteres sogar berüchtigt, allerdings hat sich die Lage in den vergangenen Jahren ein wenig verbessert – und sofern man ausreichend Vorsicht walten lässt, ist das tatsächliche Risiko recht gering.

Für diese Vorsichtsmaßnahmen reicht ein gesunder Menschenverstand aus. Das heißt: Lassen Sie keine Wertsachen offen im Auto liegen, stecken Sie Ihr Portemonnaie nicht in Ihre Gesäßtasche und halten Sie Handtaschen und Wertgegenstände im Gedränge immer gut fest, indem Sie zum Beispiel eine Hand auf die Hosentasche legen.

Bei Mietwagen lässt sich üblicherweise leider nicht verschleiern, dass es sich um einen eben solchen handelt, denn Aufkleber des Anbieters befinden sich fast immer an der Heck- oder der Windschutzscheibe, manchmal auch auf dem Kennzeichen, was für Kriminelle eine Versuchung darstellen kann. Bevorzugen Sie daher, falls möglich, überwachte Parkplätze und dort auch Stellplätze nahe der Eingänge, an denen mehr Publikumsverkehr herrscht.

Eher zu meiden sind darüber hinaus, wie bereits erwähnt, die Gegend um das Civic Center herum sowie andere Stadtviertel, in denen Touristen mangels Sehenswertem nichts verloren haben. Auch Alamo Square und Umgebung zählen nach Anbruch der Dämmerung dazu – zwar nicht tatsächlich gefährlich, aber teilweise unangenehm.

San Francisco – und dann?

Von San Francisco aus bieten sich drei Optionen für die Weiterfahrt an: Auf einer typischen Route durch den Südwesten wird in der Regel nun entweder der im Osten liegende Yosemite National Park oder der südlich gelegene Highway 1 als nächstes Ziel gewählt. Aber auch eine Runde durch den Norden zu Redwood und Lassen Volcanic National Park ist als Alternative zu den ausgetretenen Pfaden denkbar. Im Folgenden spielen wir zunächst den Norden, dann die Route gen Osten und schließlich die Weiterfahrt nach Süden der Reihe nach durch.

KALIFORNIENS NORDEN

Eine mögliche Runde durch Kaliforniens Norden führt in erster Linie zu den Redwood National and State Parks, die sich nahe der Grenze zu Oregon an der Küste befinden. Anschließend geht es weiter gen Osten, wo der Lassen Volcanic National Park mit seiner vulkanischen Aktivität auf einen wartet, bevor es zum Beispiel durch das Napa Valley und über Sacramento entweder zurück nach San Francisco oder weiter zum Yosemite National Park geht. Die gesamte Strecke beträgt **etwa 1400 km** und ist in einer Woche gut zu schaffen. Lässt man die optionalen Ziele aus und konzentriert sich voll auf Redwood und Lassen, ließe sie sich sogar in fünf Tagen bewältigen, die aber mit viel Fahrerei verbunden wären.

Trotz des recht großen Zeitaufwandes lohnt sich der Abstecher in den Norden, weil die unglaublich hohen Redwoods ähnlich beeindruckend sind wie die breiteren Sequoias und man im Westen der USA nirgendwo so einfach auf vulkanische Aktivität stößt wie hier.

Muir Woods National Monument

Bei dem Muir Woods National Monument handelt es sich um ein kleines Schutzgebiet der Redwoods, das es in erster Linie aufgrund seiner Nähe zu San Francisco (knapp 20 km) immer wieder in Reiseführer schafft. Denn: Zu klein der Wald, zu groß der Andrang. Ein Besuch ist allenfalls eine Überlegung wert, wenn man weder den Sequoia, den Yosemite oder den Redwood National Park noch den Big Basin Redwood State Park in Richtung Santa Cruz ansteuert. Dann unbedingt früh morgens kommen!

Abwechslungsreiche Ausblicke auf dem Estero Trail in Point Reyes.

* Point Reyes National Seashore

Etwa 50 Kilometer nordwestlich von San Francisco befindet sich die Point Reyes National Seashore, eine enorm langgezogene Halbinsel, nah an der San-Andreas-Verwerfung: Point Reyes liegt auf der pazifischen Platte und wird sich eines Tages vom Festland auf der nordamerikanischen Platte abtrennen – nicht umsonst gibt es hier einen 1 km langen „Earthquake Trail" zu Lehrzwecken.

Dieser eher unerfreuliche Hintergrund bleibt aber auch genau das, Hintergrund, denn tatsächlich begeistert Point Reyes mit seiner vor allem im Frühsommer bunten Pflanzenwelt sowie seinen Ausblicken auf die Küste, nicht zuletzt vom **Point Reyes Lighthouse** auf Drakes Bay.

Obwohl Point Reyes vergleichsweise unbekannt ist, verschlägt es Jahr für Jahr über zwei Millionen Besucher dorthin, vor allem viele Bewohner aus der Bay Area, sodass das Besucheraufkommen von Frühling bis Herbst recht hoch sein kann. Für die langsame Anfahrt und mitunter die Parkplatzsuche muss man ein wenig Zeit einplanen.

Bei einer Weiterfahrt gen Norden ist Point Reyes jedoch stets eine Überlegung wert. Um einen Eindruck von der Landschaft zu gewinnen und zwei, drei kurze Trails zu gehen, benötigt man einen halben Tag.

Zwischen Point Reyes und Redwood

Nach Point Reyes geht es weiter über den durchs Landesinnere verlaufenden Highway 101, der auf den folgenden gut 450 Kilometern bis
Arcata nichts Nennenswertes zu bieten hat. Die Fahrt über den parallel
dazu an der Küste verlaufenden Highway 1 lohnt sich bis auf höchstens
Salt Point State Park nicht, zudem wäre die Fahrt mit einem deutlich
höheren Zeitaufwand verbunden. Sinnvoller ist es daher, direkt die Redwoods anzusteuern und sich dort mehr Zeit zu nehmen.

REDWOOD NATIONAL AND STATE PARKS

Highlights	Informationen
*** Stout Memorial Grove	⏱ minimaler Zeitaufwand: ein Tag, optimal: anderthalb bis zwei Tage
** Fern Canyon	📖 von Frühling bis Herbst gut besuchbar, z.T. volle Parkplätze im Hochsommer
** Godwood Creek Valley	
** Gold Bluffs Beach	🔭 Mammutbäume von unglaublicher Höhe in einer gewissen Abgeschiedenheit
* Del Norte State Park	
* Ladybird Johnson Grove	👣 Zugänglichkeit mitunter schwierig, da einiges nur über Dirt Roads erreichbar
* Trees of Mystery	🚶 Anstrengung variabel: lange Wege sind möglich, Temperaturen aber erträglich

Überblick

Die Redwood National and State Parks sind die vielleicht am schwie-
rigsten zu verstehende Parkanlage im Südwesten der USA, weil es sich
dabei – wie der Name schon sagt – tatsächlich um eine Ansammlung
zahlreicher kleiner Parks handelt, die sich über gut 80 km am Highway
101 von kurz hinter Arcata bis Crescent City verteilen.

Zudem lässt die Infrastruktur, auch aufgrund des verhältnismäßig
geringen Besucheraufkommens, doch zu wünschen übrig. Sogar zu den
populärsten Viewpoints und Trailheads muss man den Weg mangels
Ausschilderung mitunter erfragen. Doch die letzten verbliebenen Überreste der unglaublichen Redwoods, die noch größere Höhen, wenn auch

kleinere Durchmesser, als die Sequoias erreichen, sind den Aufwand wert: Der höchste Baum misst sagenhafte 115 Meter! Nicht umsonst wurde hier einst der dritte Teil von „Star Wars" gedreht – weil die Landschaft wie von einem fremden Planeten wirkt.

*** Jedediah Smith Redwoods State Park

Wichtigste Anlaufstelle ist der ganz im Norden des Abschnitts gelegene Jedediah Smith Redwoods State Park, dessen Anfahrt noch ein paar Kilometer nördlich von **Crescent City** über Highway 199 erfolgt, der von Highway 101 nach Osten abzweigt. Folgen Sie der Straße bis hinter das Visitor Center und lassen Sie sich nicht von der Ausschilderung irritieren, die hier zum Jedediah Smith Campground statt zu den eigentlichen Attraktionen führt. (Die Ausschilderung ist so verwirrend, dass an der Eingangsstation des Campgrounds bereits Infozettel bereitliegen, wie man tatsächlich zu den großen Bäumen gelangt...)

Das tatsächliche Ziel ist nämlich der **Stout Memorial Grove**, der ausschließlich über die etwa 2,5 km hinter dem Visitor Center nach rechts abzweigende **Howland Hill Road** zu erreichen ist. Die nur anfangs gut asphaltierte Straße schlängelt sich eng an den hohen Bäumen vorbei, teilweise ist nicht mehr als Schritttempo möglich, doch zum Glück ist es bis zum Ziel nicht weit.

Am Stout Memorial Grove bekommt man hoffentlich noch einen Parkplatz (im Sommer oft knapp, da sehr klein), um ein Stück zwischen den gewaltigen und wirklich beeindruckenden Redwoods wandern zu können. Zum Einstieg taugt der **Stout Grove Trail** (etwa 1 km), nicht minder lohnenswert ist jedoch der **The Boy Scout Tree Trail**, der mit einer Länge von knapp 8 km zwar mindestens zweieinhalb Stunden Zeit erfordert, dafür aber die vielen Facetten der Bäume und ihrer Umgebung aufzeigt, die man im Stout Grove bestenfalls erahnen kann.

Camper kommen anschließend auf dem zuvor erwähnten hiesigen Campground für immerhin 35$ die Nacht unter, müssen von Ende Mai bis Anfang September aber im Voraus reservieren, da die Stellplätze knapp werden können. Außerhalb der Hauptsaison gilt „First-Come, First-Served". 86 Stellplätze ohne Full Hookup. Duschen, WCs und eine Dump Station sind jedoch vorhanden.

Fotos geben die Höhe der Redwoods leider nur im Ansatz wieder.

* Del Norte Coast Redwoods State Park

Nur ein paar Kilometer südlich von Crescent City trifft man auf den Del Norte Coast Redwoods State Park, der Jedediah Smith nicht unähnlich ist, sich aber an der Küste befindet, sodass am Ende des ein oder anderen Trails ein Ausblick aufs Meer wartet.

Die Anfahrt in den Park hinein und zu den Trailheads gestaltet sich etwas einfacher als im vorigen State Park, dafür sind die Wanderung jedoch nicht ganz so eindrucksvoll. Am besten ist der **Damnation Creek Trail**, der etwa in der Mitte des Parks vom Highway 101 aus durch die gewaltigen Redwoods bis zur Küste und hinunter zu einem versteckten, felsigen Strand führt. Mit über 6 km Länge ist der Trail jedoch recht anspruchsvoll, zumal fast 400 Höhenmeter dazuzählen, wenn man wirklich bis zum Strand gehen will – der Zeitaufwand für die gesamte Strecke beträgt dann etwa drei Stunden. Kürzere Wanderwege gibt es kaum, „echte" Hiker wagen sich hier tagelang auf den Coastal Trail.

Dafür verfügt auch Del Norte über einen großen, schönen **Campingplatz**, der allerdings nur von Mitte Mai bis Ende September geöffnet ist. 145 Plätze, kein Full Hookup, aber auch hier gibt es Duschen, WCs, Dump Station und die üblichen Picknickbänke und Grills.

Das Auto geht zwischen den Bäumen fast verloren.

* Trees of Mystery

Nur ein Stück südlich vom Del Norte State Park trifft man bereits auf die nächste kleine Attraktion, die sich Trees of Mystery nennt. Dabei handelt es sich um einen privaten und bereits seit fast 70 Jahren betriebenen „Freizeitpark", der Zugang zu weiteren Redwoods ermöglicht sowie ein Museum mit Kunstschnitzereien, ein Café und eine Seilbahn betreibt, die einen innerhalb von knapp zehn Minuten zu einem etwa zweihundert Meter höher gelegenen Viewpoint bringt. Geöffnet von 8:30 Uhr bis 18:30 Uhr (Juni bis August), sonst etwas kürzer. Eintritt 8-16$.

** Prairie Creek Redwoods State Park

Weiter geht es, wieder nur ein Stück weiter südlich an Highway 101, im Prairie Creek Redwoods State Park, der auf den ersten Blick erneut mit seinen gewaltigen Bäumen beeindruckt, bei ausreichend zur Verfügung stehender Zeit jedoch noch weitaus mehr offenbart. Unbedingt einen Blick wert sind **Fern Canyon** (ein „Tunnel" aus Farn) und der tolle **Gold Bluffs Beach,** wenn die Erreichbarkeit einem keinen Strich durch die Rechnung macht. Denn der **Miners Ridge and James Irvine Trail,** der durch eben jene Gebiete führt, ist 18 km lang und treibt somit auch gute

Wanderer an ihre Grenzen – und selbst wenn man nur Fern Canyon ansteuern will, beträgt die Strecke mindestens 8 km. Theoretisch ist der Canyon zwar auch mit dem Auto erreichbar, doch die Dirt Road dorthin ist recht beschwerlich, für Wohnmobile gar verboten.

Einen (einfacher zu erreichenden) Campingplatz, den **Elk Prairie Campground**, gibt es aber auch hier, der das ganze Jahr über geöffnet ist. 75 Stellplätze ohne Full Hookup, wiederum mit Duschen und WCs, jedoch ohne Dump Station. Vorab reservieren!

* Ladybird Johnson Grove

Letzter sinnvoller Haltepunkt ganz im Süden der Redwoods ist dann der Ladybird Johnson Grove, dessen namensgleicher **Nature Trail** einen noch einmal sehr schönen Gang durch den gewaltigen Wald erlaubt. Der etwa 1,5 km Kilometer lange Rundweg vom zweiten Parkplatz aus ist gut machbar und stellt einen schönen Einstieg oder Abschluss dar.

Übernachtungen

Etwas weiter südlich trifft man auf die beiden Städte **Arcata** und **Eureka**, die auch Mietwagenfahrern wieder gute Übernachtungsmöglichkeiten bieten: **Best Western, Holiday Inn Express** und **Hampton Inn** gehen mit Zimmern um die 100-120$ allesamt in Ordnung.

Zwischen Redwood und Lassen

Auf der Fahrt von den Redwoods nach Lassen durchquert man zwar unter anderem den **Shasta-Trinity National Forest**, lohnenswerte Stopps bieten sich dort allerdings kaum an. Sinnvoller ist es, über Highway 299 die 230 km bis Redding durchzufahren und dort, wenn nötig, einen Zwischenstopp für Verpflegung oder gar eine Übernachtung einzulegen, denn die Infrastruktur ist gut.

Weiter geht es danach über Highway 44, auf dem man nach etwa 75 km auf Highway 89 und die Nordwest-Einfahrt des National Parks stößt. Bis hierhin gestaltet sich die Straße noch gut fahrbar, doch je weiter man in Lassen hineinfährt, desto steiler und kurviger wird sie. Im Großen und Ganzen ist aber ein durchaus angenehmes Fahrtempo möglich, der Zustand der Straße derzeit gut.

LASSEN VOLCANIC NATIONAL PARK

Highlights	Informationen
*** Bumpass Hell	🕐 ein Tag im Grunde ausreichend, um eine Runde durch den Park zu drehen
** Kings Creek Falls	📋 gut besuchbar von Juni bis September, davor und danach oft Schneefälle
** Lassen Peak	
** Manzanita Lake	🔭 brodelnder Schlamm, qualmende Erde, vulkanische Aktivität, aber auch Seen
** Devils Kitchen	
* Devastated Area	👣 Zugänglichkeit des Hauptgebiets meist problemlos, Nebengebiete aufwendig
* Sulphur Works	🚶 grundsätzlich eher mäßige Anstrengung, Höhe kann aber auf Kreislauf schlagen

Überblick & Orientierung

Der Lassen Volcanic National Park wird manchmal als ein kleineres Yellowstone bezeichnet und auch wenn das trotz der Einschränkung eine klare Übertreibung darstellt, muss sich der vulkanische Park nicht verstecken: Brodelnde Quellen, kochenden Schlamm und aus dem Boden drängenden Dampf kann man im Westen der USA nirgendwo so einfach sehen wie hier – und wenn man Yellowstone noch nicht kennt, lohnt sich der in Hinblick auf die Anfahrt recht weite Weg hinauf allein aus diesem Grund durchaus. Zumal es kaum einen Park im Südwesten gibt, in dem es noch **so ruhig** zugeht wie hier.

Sehr praktisch an Lassen ist, dass die Straßenführung von Highway 89 eine echte Rundfahrt durch den Hauptteil des Parks ermöglicht, ohne das Befahren von Stichstraßen zu erzwingen: Hinter der Entrance Station im Nordwesten trifft man zunächst auf den hübschen **Manzanita Lake**, bevor es einigermaßen zügig zunächst auf etwa 2000 Meter hinauf zur **Devastated Area** und zum **Summit Lake** geht.

Dort hat man bereits den Scheitelpunkt der Straße erreicht, die sich dann wieder nach Süden und Westen richtet, auf 2500 Meter Höhe ansteigt und vorbei an Kings Creek zum **Lassen Peak**, zu zwei weiteren Seen (**Lake Helen** und **Emerald Lake**) und zu **Bumpass Hell** führt.

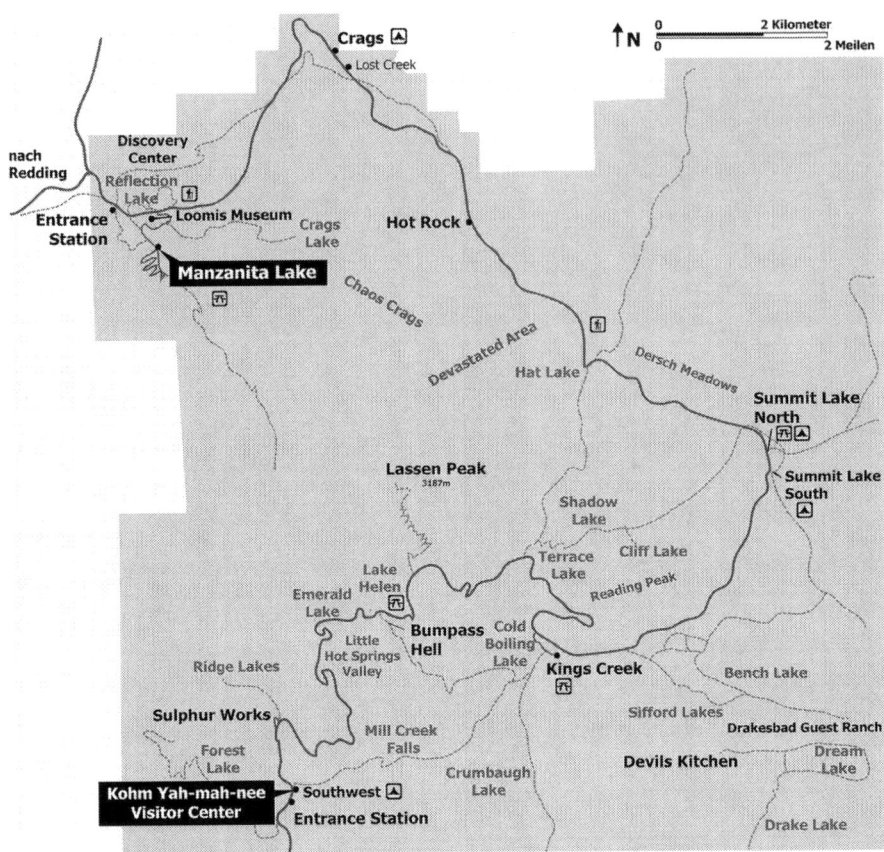

Von dort aus geht es langsam wieder bergab, vorbei an den **Sulphur Works** und runter zur South West Entrance Station sowie dem dortigen Visitor Center. Hier stößt man nun auf Highway 36, der einen in gut einer Stunde nach Red Bluff bringt, eine kleinere Stadt als Redding, aber ebenfalls ganz gut ausgestattet.

Neben diesem Hauptteil existiert der kaum besuchte und schwer zu erreichende Ostteil, unter anderem mit Butte Lake, Juniper Lake und Warner Valley, die allesamt nur über Dirt Roads aus Nordost- und Südostrichtung angesteuert werden können. Noch am besten zu erreichen ist **Warner Valley**, über Highway 36 von der Kleinstadt Chester aus. Vor allem **Devils Kitchen** sollte dort einen Blick wert sein.

Zu beachten ist, dass aufgrund der Höhenlage in Lassen vergleichsweise lange Schnee liegen kann und einige Abschnitte sowie die gesamte Südweststraße über Bumpass Hell im Winter komplett gesperrt werden.

Üblicherweise geöffnet sind der Südwestbereich und sein Visitor Center von Anfang April bis Ende Oktober, eine Garantie gibt es aber nicht: **Schließungen sind bei schlechtem Wetter jederzeit möglich**, zumindest von Anfang Juni bis Oktober aber unwahrscheinlich.

Des Weiteren kann die Höhenluft empfindlichen Besuchern auf den Kreislauf schlagen, genauso wie der starke Schwefelgeruch um Bumpass Hell herum. Unfälle sind aber glücklicherweise äußerst selten, zumal die meisten Wege recht gut befestigt sind und sich an nicht allzu steilen Abhängen befinden – das Risiko ist nicht größer als in anderen National Parks in den Bergen.

Trails & Viewpoints

*** Bumpass Hell (5 km): Das Muss schlechthin in Lassen Volcanic ist Bumpass Hell, ein kleines Gebiet, das tatsächlich „höllisch" riecht und stellenweise auch so aussieht: Heiß brodelnde Schlammbecken und steil aufsteigender Schwefelqualm zeichnen diese Ecke aus, aber auch das bunte Farbenspiel ist beeindruckend. Hier schwefelgelbe Felsen, dort türkis schimmernde Teiche, dazu beige-bröckelnder Boden und das Ganze umgeben von dunkelgrünen Tannen.

Der fünf Kilometer lange und nicht allzu schwere Trail führt zunächst etwa zwei Kilometer durch die steinigen Berge und bietet dabei schon schöne Ausblicke, bevor man Bumpass Hell selbst erreicht. Hier führen Boardwalks, breite Holzstege, über die „Hölle", die auf keinen Fall zu verlassen sind – denn der Boden ist häufig nicht nur kochend heiß, sondern kann auch einbrechen!

Falls Sie mit dem Wohnmobil reisen: Sorgen Sie dafür, dass Sie am Abend unbedingt eine heiße, ausgiebige Dusche nehmen können, um den Geruch von faulen Eiern aus den Haaren zu bekommen...

** Manzanita Lake Trail (2,5 km): Es gibt zahlreiche schöne, sehenswerte Seen in Lassen. Toll ist beispielsweise der wunderbar runde und enorm klare **Lake Helen**, der sich am Parkplatz zum Trailhead zu Bumpass Hell befindet, allerdings keine Wanderung erfordert. In ihm kann man mit ein wenig Mut sogar baden und vor allem einheimische Besucher wagen tatsächlich häufig den Sprung ins eisige Nass.

Brodelnde Böden und aufsteigender Qualm in Bumpass Hell.

Wollen Sie ein paar Schritte um einen See herumgehen, ist der Manzanita Lake Trail an der Northwest Entrance Station die beste Wahl: Der recht einfache, flache Weg erlaubt großartige Ausblicke auf den Park und seine Berge, zudem stehen Picknicktische bereit, um sich nach der etwa einstündigen Wanderung wieder ein wenig zu stärken.

** **Kings Creek Falls Trail (5 km):** Auch Wasserfälle gibt es in Lassen einige, die vielleicht schönsten sind die Kings Creek Falls, über einen insgesamt fünf Kilometer langen Trail ganz gut erreichbar – etwas mehr als 250 Höhenmeter müssen allerdings überwunden werden.

Alternativ kann auch der einen Tick längere, jedoch weniger steile Horse Trail zu den Wasserfällen gewählt werden, der im Gegenzug etwas weniger gut befestigt ist. Der Zeitaufwand ist deshalb für beide Optionen gleich, er beträgt etwa zwei Stunden.

** **Lassen Peak Trail (8 km):** Die Königsetappe im Park führt von der Straße aus etwa 600 Meter hinauf zum 3187 Meter hohen Lassen Peak, der Aufstieg wird mit großartigen Ausblicken belohnt. Da der Trail von 2010 bis 2014 komplett restauriert wurde, befindet er sich derzeit noch in einem guten Zustand und verfügt über mehrere Rastpunkte, um auf dem natürlich dennoch beschwerlichen Aufstieg für Erholung zu sorgen. Steht mindestens ein halber Tag Zeit zur Verfügung, für erfahrene und ausdauernde Wanderer sehr zu empfehlen.

Wer sich nicht dazu zählt, könnte aber auch nur bis zum **Grandview Point** auf etwa halber Strecke hinaufsteigen und von dort bereits einen großartigen Ausblick auf den Park genießen. Je nach Wetter ist ein Aufstieg darüber hinaus ohnehin häufig nicht möglich, weil der Weg bei Schneefall gesperrt wird. Infos sollte man, wie immer, vorab auf der Park-Website einholen.

Lake Helen: Klares Wasser, tolle Umgebung.

* Devastated Area (0,5 km): Ein kurzer Rundweg durch ein Gebiet, das durch den letzten großen Vulkanausbruch in Mitleidenschaft gezogen wurde, sich seitdem zwar erstaunlich gut erholt hat, doch erkaltete Lavafelsen zeugen von der Vergangenheit.

Erschrecken Sie sich nicht, wenn Sie auf dem durchweg asphaltierten Weg plötzlich Stimmen neben sich hören: Aus mit Bewegungsmeldern verbundenen Lautsprechern erschallen lautstark ausführliche Erklärungen dessen, was man gerade betrachtet.

* Sulphur Works: Nur ein paar Kilometer nördlich vom Südwesteingang befinden sich die Sulphur Works – auch hier brodelt es im Boden und riecht gewaltig nach Schwefel. Eigentlich kein Muss, weil im Vergleich zu Bumpass Hell winzig, aber da sie sich direkt an der Straße befinden, gibt es auch keinen guten Grund, hier nicht zu stoppen.

* Butte Lake, Juniper Lake und Warner Valley: Die drei Gebiete im nur schwer zu erreichenden Ostteil des Parks bieten weitere tolle Ausblicke, Seen und geothermische Aktivität – Boiling Springs Lake oder das an Bumpass Hell erinnernde Devils Kitchen sind dabei zu nennen.

Für einen Besuch von Warner Valley und Juniper Lake im Südosten ist allerdings ein kompletter zweiter Tag einzuplanen, für Butte Lake im Nordosten sogar ein dritter. Dafür müsste das Interesse dann gleichwohl schon riesig sein.

Übernachtungen

Der größte Campground im Lassen Volcanic National Park befindet sich direkt am Nordwesteingang am **Manzanita Lake**. 180 Stellplätze für 24$ die Nacht, wenn Trinkwasser vorhanden ist – nicht immer der Fall –, sonst 15$. Der einzige Campground im Park, der eine Dump Station, Duschen und Laundry bietet. Vor allem die Duschen sind nach Bumpass Hell überaus wichtig, um das Wohnmobil erträglich zu halten. Geöffnet von Ende Mai bis Schneefall (meistens Oktober), Reservierungen sind online sechs Monate im Voraus möglich.

Zwei weitere schöne Campgrounds befinden sich am **Summit Lake**, am östlichen Scheitelpunkt von Highway 89, nur von Ende Juni bis Mitte September geöffnet, mit jeweils etwa 50 Stellplätzen. Toiletten und fließendes Wasser sind üblicherweise vorhanden, Duschen allerdings nicht, auch der Generatorbetrieb ist verboten. Ein Stellplatz kostet 15-22$ die Nacht, Reservierungen ebenfalls ab sechs Monate im Voraus.

Wer nicht campt, ist in den schon zuvor angesprochenen **Redding** und **Red Bluff** sehr gut aufgehoben. So wäre es zum Beispiel denkbar, zunächst in Redding zu übernachten, am nächsten Tag in den National Park hineinzufahren und sich am Abend in Red Bluff ins Bett zu werfen – oder andersrum.

Eine wirklich riesige Auswahl an Unterkünften findet man in Redding, das auch von vielen Businessreisenden als Zwischenstopp genutzt wird, weshalb es einige gute Hotels zu bezahlbaren Preisen gibt.

Beste Option ist in der Regel die **Travelodge Redding** mit Zimmern ab 80$ die Nacht, auch das mit etwa 120$ die Nacht allerdings doch etwas teurere **Hampton Inn & Suites** überzeugt.

In Red Bluff ist die Auswahl kleiner, aber nicht schlechter: Auch dort gefällt das oft erschreckend günstige **Hampton Inn & Suites**, ähnlich gut sind **Comfort Inn** und **Holiday Express**. Sie alle bieten die für ihre Kette übliche Qualität und das hier schon ab gut 100$ die Nacht.

Von Lassen zurück nach Süden

Lassen wird häufig ignoriert, weil es sich um einen vergleichsweise unbekannten National Park handelt, aber auch, weil er abseits der üblichen Routen liegt. Kommt man, wie in der hier vorgeschlagenen Reihenfolge, bereits von den Redwoods, gibt es dennoch mehrere durchaus naheliegende Optionen für die Weiterfahrt.

Über die Interstate 5 erreicht man nach etwa 400 km und in gut vier Stunden San Francisco. Auch Yosemite kann, ebenfalls zunächst über die I-5, angesteuert werden – hier sprechen wir allerdings bereits von einer etwa 550 km langen Strecke, die bis zu sechs Stunden in Anspruch nehmen kann. Eine dritte Möglichkeit wäre die Fahrt nach Lake Tahoe über Highway 395 und Reno in Nevada, die 300 km dorthin sind in etwa drei Stunden zu schaffen.

Ein bis zwei Abstecher bieten sich bei der Fahrt nach San Francisco oder Yosemite an. Etwa 300 km südlich von Lassen, wahlweise über Interstate 5 oder Highway 99, trifft man zunächst auf:

Sacramento

Es ist erstaunlich, wie unterschiedlich sich Städte im Laufe der Jahrzehnte entwickeln können. Bestes Beispiel dafür sind all die „seltsamen" Hauptstädte der US-Bundesstaaten: Carson City in Nevada, Albany in New York, Olympia in Washington oder eben Sacramento in Kalifornien, das 1854, fünf Jahre nach seiner Gründung, zur Capital eben jenes Staates ernannt wurde.

Mit heute etwas mehr als 450.000 Einwohnern in der Stadt und gut 2 Millionen Einwohnern in der Region ist Sacramento zwar nicht klein, aber eben doch deutlich kleiner und weniger bedeutend als San Francisco, San Diego oder erst Los Angeles – und auch aus touristischer Sicht eignet es sich mehr als Zwischenstopp auf der Durchfahrt denn als wirkliches Reiseziel.

Sacramento befindet sich etwa 150 km nordöstlich von San Francisco, allerdings recht weit abseits der bekannten Pfade: Nur wenn man von der Bay Area zum Lake Tahoe fahren würde, läge Sacramento wirklich auf der Route. Von der Pazifikküste bis Sacramento sind es etwa 120 km, was sich von Mai bis Oktober doch in deutlich höheren Temperaturen und geringeren Niederschlagsmengen widerspiegelt – „mediterran" wäre auch hier wohl die beste Umschreibung.

Kaum überraschend entstammen die wenigen Sehenswürdigkeiten von Sacramento dem Bereich der Politik und Geschichte: Das typische **California State Capitol** befindet sich in einem großen, kostenlosen Park mit Gärten und Denkmälern, aber auch Touren durch das Capitol Building sowie ein Besuch des State Capitol Museums sind möglich und bei großem Interesse für die Historie der Stadt durchaus lohnenswert. Ebenso kann die nicht weit entfernte **Cathedral of the Blessed Sacrament** einen Blick wert sein.

Außerdem lädt der **Old Sacramento State Historic Park** zu einem Rundgang ein. Dabei handelt es sich um eine Restaurierung und Rekonstruktion der Ursprünge der Stadt, die sich – der Old Town in San Diego nicht unähnlich – zwischen Touristenattraktion und Freilichtmuseum ansiedelt. Wie man das Ganze auch betrachten mag, die altmodischen Häuserfassaden und Holzbürgersteige sind zweifellos einen Blick wert und vermutlich sogar das Highlight der Stadt.

Dort befinden sich zudem das **California State Railroad** sowie das **Sacramento History Museum**, vor allem das Erstgenannte ist durchaus einen kurzen Blick wert, nicht nur bei schlechtem Wetter. Eintritt 12$ für Erwachsene und 6$ für Kinder.

Obwohl Sacramento nicht allzu beliebt ist, sind Hotels in guter Lage nicht ganz preiswert. In Ordnung geht das **Best Western Sandman Motel** mit Zimmern ab etwa 120$ die Nacht.

Napa Valley

Vor allem bei der Weiterfahrt nach San Francisco bietet sich – ob mit oder ohne Halt in Sacramento – noch ein weiterer Stopp an: Das nahe Interstate 80 gelegene Napa Valley.

Das Tal mag dem ein oder anderen ein Begriff sein, handelt es sich doch um **eines der größten Weinanbaugebiete** in Kalifornien. Es befindet sich etwa 80 km nordöstlich von San Francisco und zählt, ähnlich wie schon Point Reyes zuvor, zu den beliebtesten Naherholungszielen für Bewohner der Bay Area, was vor allem in seinem annähernd mediterran anmutenden Klima begründet liegt.

Für Touristen aus dem Ausland bietet sich ein Besuch aber tatsächlich im Grunde nur zum „Wine Tasting" an, denn außer den Weinbergen gibt es keine Sehenswürdigkeiten oder wirklich lohnenswerte Wanderwege. Vineyards, die solche Weinproben anbieten, findet man dafür an jeder Ecke, und natürlich kann eine gute Flasche Wein auch ein schönes Souvenir darstellen.

KALIFORNIENS OSTEN

Wesentlich häufiger als die Runde durch den Norden wird die Weiterfahrt gen Osten gewählt, in dem man auf gleich drei große und äußerst sehenswerte National Parks trifft: Yosemite mit seinen beeindruckenden Bergen, bunt blühenden Wiesen, glasklaren Seen und wild sprudelnden Wasserfällen, Sequoia mit seinen Mammutbäumen gewaltigen Durchmessers und natürlich das Death Valley, das unglaublich heiße und im Sommer fast immer staubtrockene Tal des Todes.

Von San Francisco aus geht es üblicherweise über die am schnellsten zu befahrende Interstate 580 nach Osten, die auf etwa halber Strecke in Highway 120 übergeht, welcher zu einer der drei Westeinfahrten Yosemites führt. Die insgesamt nur gut 300 km täuschen ein wenig über den tatsächlichen Aufwand hinweg, da die 120 sich zunehmend durch die Berge auf bis zu 6200 Fuß Höhe schlängelt und somit stellenweise ein nur niedriges Tempo zulässt. Eine Fahrzeit von knapp fünf Stunden ist mit dem PKW realistisch, große Wohnmobile sind mit Highway 140 im Süden oft besser bedient.

YOSEMITE NATIONAL PARK

Highlights	Informationen
*** Yosemite Falls	⏱ minimaler Zeitaufwand: zwei Tage, inklusive Tioga Road: drei Tage
*** Glacier Point	
*** Mono Pass	📖 meistens gut besuchbar von Mai bis Oktober, optimal: Mitte Mai bis Ende Juni
** Vernal & Nevada Falls	
** Mariposa Grove	🔭 Berge, Wälder, Wiesen und Wasserfälle, tolle Wanderungen sowie Ausblicke
** Olmsted Point	
* Tuolumne Meadows	👣 mit PKW und RVs gut zugänglich, aber teilweise etwas umständlich
* Mirror Lake	
* Bridalveil Falls	🚶 Anstrengung mittel bis hoch, im Sommer im Valley sehr heiß

Überblick & Orientierung

Yosemite, in der westlichen Sierra Nevada gelegen, erinnert auf den ersten Blick an die europäischen Alpen, doch zu den Granitfelsen, Wiesen, Bächen und Wasserfällen gesellen sich Haine aus Mammutbäumen und eine größere Artenvielfalt in Hinblick auf Flora und Fauna.

Das schon 1890 erklärte Naturschutzgebiet, das um die vier Millionen Besucher im Jahr – vor allem von Mai bis September – anzieht, lässt sich in mehrere Abschnitte unterteilen: Im Norden liegt **Hetch Hetchy**, das in erster Linie als Ausgangspunkt für das fast ausschließlich im Rahmen von mehrtägigen Wanderungen zu erreichende Hinterland der Nordhälfte des Parks dient.

Südlich davon trifft man an der **Tioga Road**, die in West-Ost-Richtung den Park durchquert (dazu gleich mehr), auf **White Wolf** und vor allem **Tuolumne Meadows**, geprägt von riesigen Wiesen, Blumen und Bächen, während im mittleren Westen des Parkgebiets das **Yosemite Valley** den zentralen Anlaufpunkt für alle Besucher darstellt. Dort findet man Wiesen, Wasserfälle und auch der **Glacier Point** ist nah, der einem die so großartigen Panoramablicke über den Park hinweg bietet.

Ganz im Südwesten schließlich liegen **Wawona** und der **Mariposa Grove** mit den bereits erwähnten Mammutbäumen.

Yosemite Valley im Frühsommer: Noch fast unberührte Wiesen.

Vier verschiedene Einfahrten existieren in den Park. Im Osten ist das die Tioga Road von der Kleinstadt Lee Vining aus, während im Westen drei Eingänge zur Auswahl stehen: Die 120 ganz im Norden führt an Groveland und Oakdale vorbei nach San Francisco, Highway 41 ganz im Süden führt über Wawona nach Fresno und Los Angeles. Dazwischen liegt der Highway 140, der einen über Mariposa nach Merced und dann ebenfalls nach San Francisco bringt.

Welchen Parkeingang man wählt, hängt im Wesentlichen davon ab, woher man kommt und wohin man danach weiterfahren will. Von San Francisco aus ist sowohl die bereits erwähnte Anfahrt über den schönen Highway 120 als auch über den schnelleren und **leichter zu befahrenden** Highway 140 denkbar. Vor allem Wohnmobile über 22 Fuß kommen auf der 140 deutlich besser zurecht, nicht nur bei schlechtem Wetter.

Kommt man hingegen aus Richtung Los Angeles oder Sequoia, ist der Highway 41 stets erste Wahl; alles andere würde einen zu großen Umweg bedeuten. Aufgrund der Ausmaße des National Parks und der doch sehr verstreut liegenden Trails und Viewpoints ist es im Übrigen ohnehin oft sinnvoll, unterschiedliche Ein- und Ausfahrten zu wählen, um sich zumindest ein paar der Umwege zu ersparen.

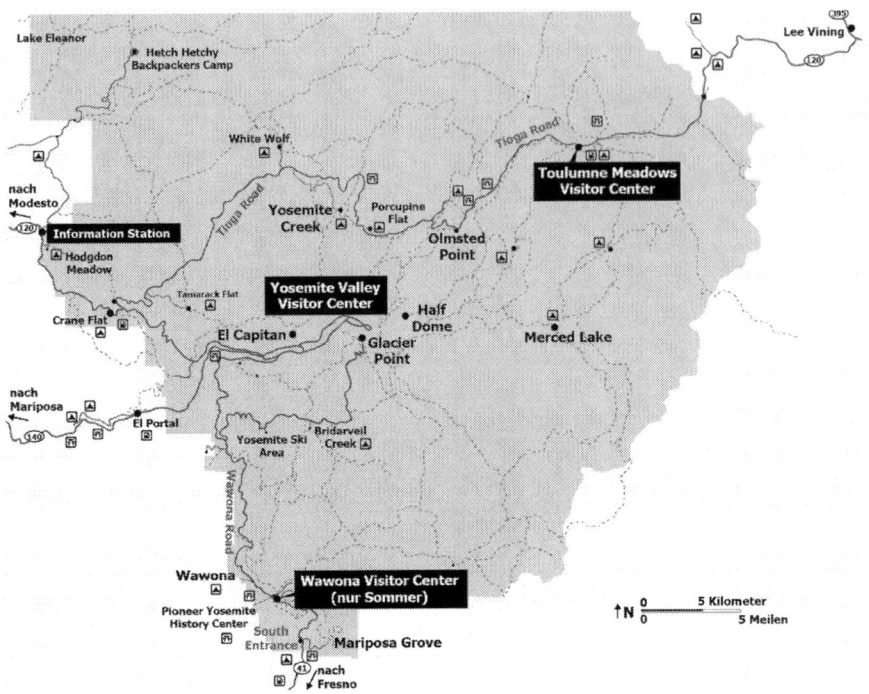

Darüber hinaus ist die Jahreszeit, zu der man Yosemite besucht, von enormer Bedeutung, denn das Tal sieht im Mai ganz anders aus als im September, nachdem die großen Touristenmassen eingefallen sind und die Hitze der Natur ein wenig von ihrer Schönheit genommen hat: Platt getrampelte Wiesen, versiegte Wasserfälle, häufige Waldbrände – die Spuren vom Wetter und dem Besucherandrang gleichermaßen sind spätestens ab August recht offensichtlich. Optimal sind Mai und Juni, auch weil es dann im Valley **noch nicht ganz so heiß** ist.

Dieser frühe Termin bringt jedoch zugleich ein anderes Problem mit sich, denn aufgrund der zum Teil recht großen Höhe kann in Yosemite durchaus bis Mitte Juni noch Schnee liegen.

Entscheidend ist das vor allem für die Tioga Road, der angesprochenen Straße 120 nach Osten, die nur dann geöffnet ist, wenn kein Schnee mehr liegt beziehungsweise der Schneefall so gering ist, dass die Straße noch befahren werden kann. Ist das nicht der Fall, ist die Osteinfahrt **geschlossen**, sodass lediglich die drei Westeinfahrten für den Weg ins Tal genutzt werden können.

Wie das mit der Natur so ist, gibt es keinen festen Termin, ab dem die Tioga Road befahren werden kann. Von 2012 bis 2016 öffnete sie Anfang bis Mitte Mai und schloss Mitte November, 2017 konnte sie nicht vor Ende Juni geöffnet werden. Durchschnittstermin der letzten 30 Jahre ist der 26. Mai für die Öffnung und der 14. November für die Schließung.

Um es auf den Punkt zu bringen: Sehr wahrscheinlich ist die Tioga Road **von Mitte Juni bis Ende Oktober** geöffnet – von Anfang Mai bis Mitte Juni kann sie geöffnet sein. Ab September kommt es aufgrund von Schneefällen schon wieder zu vorübergehenden Schließungen.

Bedenken Sie das stets im Voraus bei Ihrer Planung, wenn Sie bei einem Parkbesuch in diesem Zeitraum die Osteinfahrt nutzen wollen – denn ist sie geschlossen, bedeutet das (bei gleichbleibender Routenplanung) einen Umweg von gut und gerne 600 km.

Ebenfalls etwa von November bis Mai geschlossen sind der Glacier Point sowie manchmal der Mariposa Grove. Auch auf einigen anderen Straßen, die in und durch den Park führen, kann es aufgrund starker Schneefälle und anderer extremer Wetterbedingungen zu Sperrungen kommen. Diese halten allerdings üblicherweise kürzer an oder können mit Glück umfahren werden.

Yosemite Falls: Sprudelnde Wasserfälle zeichnen das Tal im Frühsommer aus.

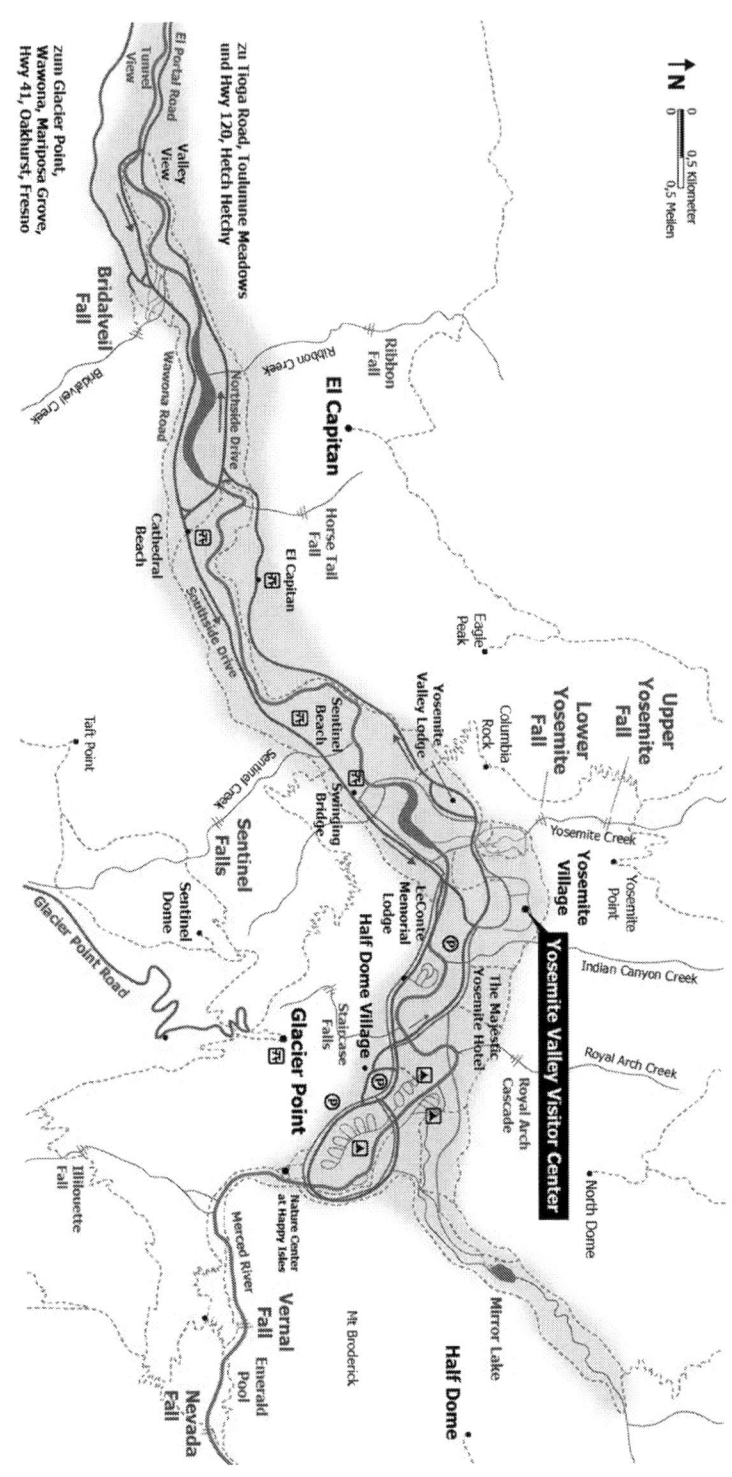

Zurück zu den schönen Seiten des Parks: Zentrale Anlaufstelle für einen Besuch ist, wie bereits erwähnt, das **Yosemite Valley** (inklusive Yosemite Village, Lodges, Visitor Center, Half Dome Village und Camps), das über alle drei Westeinfahrten nur auf langen, relativ kurvigen Straßen und zum Teil durch mehrere Tunnel erreicht werden kann.

Bei den meisten Straßen im Valley handelt es sich mittlerweile um Einbahnstraßen, jedoch ist es ohnehin spätestens ab Mai sinnvoll, das Auto auf einem der Parkplätze abzustellen und den **Shuttle-Bus** zu nutzen, der sämtlichen Parkbesuchern kostenlos zur Verfügung steht und alle wichtigen Punkte im Tal direkt ansteuert. Aufgrund des großen Andrangs sollte man sich gleichwohl auf **lange Wartezeiten** einstellen.

Ein kostenpflichtiger Shuttle-Bus verkehrt im Sommer um Tuolumne Meadows an der Tioga Road herum, der Aussichtspunkte wie den Olmsted Point, Seen wie den Tenaya Lake und diverse Trailheads ansteuert. Der Preis einer Fahrt ist von ihrer Länge abhängig, one way maximal 9$.

Allein im Yosemite Valley lassen sich problemlos zwei volle Tage verbringen, was bei einem ersten Besuch des Parks auch den Löwenanteil ausmachen sollte. Die weitere Planung ist hingegen offen und von Zeit, Interesse sowie der geplanten Route abhängig. In der Regel stellt die Durchquerung von Yosemite über die Tioga Road die beste Option dar, was weitere ein bis zwei Tage in Anspruch nimmt.

Ist das nicht möglich oder gewünscht, fährt man üblicherweise über Highway 120/140 in den Park hinein und über Highway 41 hinaus, um anschließend Sequoia anzusteuern – oder andersrum. Dabei könnte man einen weiteren Tag im Mariposa Grove an der Südeinfahrt verbringen, der nach umfangreichen Bauarbeiten in den letzten drei Jahren im Frühling 2018 wieder öffnet.

Trails & Viewpoints...

... im Yosemite Valley: Erste Anlaufstelle im Tal sind für viele Besucher die Wasserfälle, die allerdings vor allem im Mai und Juni sehenswert sind, da sie ab Juli doch oft kaum noch plätschern. Sowohl der **Bridalveil Fall Trail** als auch der **Lower Yosemite Fall Trail** sind mit einer Länge von 0,8 bzw. 1,6 Kilometern ein einfacher, aber schöner Einstieg ins Tal. Entsprechend groß ist auf beiden das Gedränge.

Weiter könnte es zum Beispiel mit einer Runde durch **Cook's Meadow** (1,6 km) gehen, um Wiesen und Pflanzen zu bewundern, oder aber mit dem **Mirror Lake Loop**, in dem sich die umliegenden Berge und Bäume tatsächlich oft ganz wunderbar spiegeln. Den meisten dürften die gut 3 km zum See (genau genommen Teil des Merced Rivers) und zurück ausreichen, um einen Eindruck zu gewinnen – im Sommer kann man sich im klaren, eisigen Wasser auch kurz abkühlen.

Schwieriger, aber ebenfalls sehr sehenswert, sind **Vernal Falls, Nevada Falls** sowie **Upper Yosemite Falls**, auf dem Weg zu denen man auch etliche Höhenmeter überwinden muss. Vernal Falls ist mit einer Strecke von etwa 1,5 km bis zur Footbridge noch gut machbar, zu den Nevada Falls auf dem **Mist Trail** sowie zu den Upper Yosemite Falls und zurück sind es dann aber jeweils an die 12 km.

Darüber hinaus lohnen sich vor allem die Ausblicke vom Tal auf die zahlreichen Berge um das nördliche Valley herum, El Capitan und Half Dome beispielsweise, die aber im Grunde nur von Bergsteigern erklommen werden können.

... am Glacier Point: Bestens für recht einfache Ausblicke aus größerer Höhe eignet sich hingegen die nicht weit entfernte Glacier Point Road. Großartig ist hier neben dem 2200 Metern hoch liegenden Glacier Point selbst der schöne Rundweg zum nochmal 250 Meter höher gelegenen **Sentinel Dome** (4 km), der einen echten 360-Grad-Rundumblick auf das unter und um ihn herum liegende Yosemite Valley erlaubt.

Ebenfalls eine Überlegung wert sein kann die tolle, 8-14 km lange Wanderung vom Glacier Point zurück ins Yosemite Valley, die allerdings nur in diese Richtung wirklich zu empfehlen ist – bergauf sind die Anstrengungen und der Zeitaufwand doch zu groß, um die Natur wirklich genießen zu können. Die längere Variante, der **Panorama Trail**, führt praktischerweise auch an Vernal und Nevada Falls vorbei.

Die beste Lösung: Parken Sie Ihr Auto im Yosemite Valley, nehmen Sie den Hikers' Bus (25$) zum Glacier Point hinauf und laufen Sie von dort aus zurück ins Tal hinab! Aufgrund des auch bergab durchaus beschwerlichen Weges und vieler Pausen nimmt der Panorama Trail einen halben Tag in Anspruch, der 4-Mile-Trail drei bis vier Stunden.

Blick vom Glacier Point aufs Yosemite Valley.

... im Mariposa Grove: Der Mariposa Grove lohnt sich vor allem dann, wenn man hohe Bäume sehen will, aber keinen Abstecher nach Sequoia oder in die Redwoods plant. Die Runde durch den **Lower Grove** nimmt mit einer Länge von 4 km nicht viel mehr als eine Stunde in Anspruch, aber auch die Kombination mit dem **Upper Grove** (8 km) ist recht gut zu schaffen. Einen langen Aufenthalt muss man dort daher nicht einkalkulieren – erst recht nicht, wenn man anschließend noch in den Sequoia National Park fährt, was sich in der Regel anbietet.

... in Hetch Hetchy: Auch in Hetch Hetchy bieten sich, neben den zahlreichen Trails im Hinterland, mehrere einigermaßen einfache Wege an. Hier ist vor allem **Wapama Falls** (8 km) ganz gut machbar, außerdem ist der kurze Rundweg zum **Lookout Point** (3 km) obligatorisch.

Wer ein wenig durch die Natur streifen und unter anderem den mal rauschenden, mal ruhig verlaufenden Tuolumne River zu Gesicht bekommen will, wagt sich vielleicht an den **Poopenaut Valley Trail** (5 km), dessen Länge aber über seinen Aufwand hinwegtäuscht: Allein zum Fluss hinunter überwindet man mehr als 700 Höhenmeter – und die geht es anschließend auch wieder hinauf!

147

Großartiger Ausblick auf den markanten Half Dome.

... entlang der Tioga Road: Entlang der Tioga Road befinden sich im Westen in White Wolf, vor allem aber weiter östlich in Tuolumne Meadows, zahlreiche weitere Wandermöglichkeiten sowie Aussichtspunkte. Hier gilt es vor allem, grob im Voraus den nötigen Zeitaufwand einzuschätzen: Mit dem Mietwagen fährt man üblicherweise an einem Tag durch, während mit dem Wohnmobil ein Zwischenstopp denkbar ist.

Eine kleine Alternative zum Mariposa Grove kann zunächst **Merced Grove** darstellen, dessen 5 km langer Rundweg in knapp zwei Stunden zu schaffen ist. Problematisch ist hier allerdings der kleine und fast immer volle Parkplatz. Gut machbar und sehr sehenswert ist auch die eher kurze Wanderung zum ruhigen **Lukens Lake** (3 km) in White Wolf, den man nach etwa 30 km auf der Tioga Road erreicht.

Lohnenswert ist kurz darauf und noch vor Tuolumne Meadows mit seinem Visitor Center der Besuch des **Olmsted Points**, der keine nennenswerte Wanderung erfordert und im Westen einen letzten Ausblick auf den Half Dome erlaubt, während man im Osten den **Tenaya Lake** erblickt. Auch der kann umrundet werden, was sich durchaus lohnt und mit 4 km unaufwendig ist. Sowohl Olmsted Point als auch Tenaya Lake können mit dem Shuttle von **Tuolumne Meadows** aus erreicht werden.

Dort geht es dann auch weiter; eine Runde über die Wiesen, durch die sich einmal mehr der Tuolumne River schlängelt, kann recht frei gestaltet werden – üblicherweise nimmt sie etwa zwei Stunden Zeit in Anspruch. Wer viel Zeit mitbringt, sollte anschließend unbedingt einen Besuch des **Mono Pass** in Erwägung ziehen, der Blicke in den Westen auf Wiesen und Flüsse, aber auch in den Osten auf das trockene Mono Valley und sogar den Mono Lake in der Ferne ermöglicht. Nirgendwo kann man die Unterschiede der Natur in und östlich der Sierra Nevada besser erkennen als hier. Erforderlich: eine 12 km lange Wanderung.

Übernachtungen

Übernachtungsmöglichkeiten sind sowohl für Wohnmobil- als auch für Mietwagenreisende im Yosemite National Park sowie in seiner unmittelbaren Umgebung zahlreich vorhanden – was angesichts des gewaltigen Besucherandrangs von Mai bis September allerdings nicht viel bedeutet, denn Preise und Auslastung erreichen dennoch enorme Höhen.

Dreizehn verschiedene Campgrounds stehen insgesamt und über alle Bereiche des Parks verteilt zur Auswahl, immerhin sieben davon nutzen inzwischen ein Reservierungssystem. Reservierungen sind vier bis fünf Monate im Voraus möglich und der National Park Service rät dringend dazu, den jeweiligen Termin (der 15. eines Monats um 7 Uhr Pacific Standard Time, also 16 Uhr mitteleuropäischer Zeit) **exakt** zu beachten, um den Hauch einer Chance auf einen Stellplatz für 26$ die Nacht zu haben. **Sie sind in wenigen Sekunden (!) vergeben.**

Die übrigen sechs Campingplätze (nur drei davon für RVs, meistens von Juli bis September geöffnet) setzen noch auf das alte „First-Come, First-Served". Wer eine Chance haben will, muss bereits am frühen Vormittag den jeweiligen Campground erreichen. Ein Stellplatz kostet 18$, frisches Wasser ist meistens vorhanden.

Duschen und Wäscherei stehen im **Half Dome Village** bereit, wo auch Mietwagenfahrer unter anderem im **Majestic Yosemite Hotel** unterkommen. In Wawona und White Wolf gibt es weitere Lodges, die aber eher als Zwischenstopp denn als Ausgangspunkt für Parkbesuche taugen. Auch hier sind Reservierungen Pflicht, die Unterkünfte aber, wenn man sechs bis neun Monate im Voraus bucht, einfacher zu bekommen.

Die Preise beginnen bei ca. 125$ die Nacht im Half Dome Village und reichen bis zu 500$ im Majestic. Dazwischen ordnen sich die **Big Trees Lodge**, die **Yosemite Valley Lodge** und die **Tenaya Lodge** ein; hier werden in der Regel 200-300$ fällig. Qualitativ lassen sich die Unterkünfte als urig bis luxuriös beschreiben.

Mit anderen Worten: Eine Übernachtung im Yosemite National Park selbst ist entweder nur mit guter Planung möglich oder verdammt teuer. Außerhalb des Parks wird es ein wenig günstiger, am besten ist die Auswahl in **Groveland** an Highway 120 und in **Mariposa** an Highway 140, Preis und Leistung stehen allerdings in keinem Verhältnis, außerdem benötigt man mindestens eine Stunde bis ins Tal. Gerade noch akzeptabel: **Miners Inn** oder **Comfort Inn** in Mariposa (beide ab 150$) und **Hotel Charlotte** in Groveland, ab etwa 200$.

Wilde Tiere

Eine kleine Besonderheit von Yosemite sei nicht verschwiegen: Mehr noch als in anderen National Parks im Südwesten besteht hier die Möglichkeit, wilde, nicht ganz ungefährliche Tiere zu Gesicht zu bekommen, vor allem Bären. Auf Wanderungen sind hin und wieder einzelne Bären oder gar Bärenfamilien anzutreffen, aber auch über die Campingplätze streifen sie nachts und morgens auf der Suche nach Futter – sie brechen mitunter gar Autotüren auf. Und obwohl Zwischenfälle mit den wilden Tieren dank aufmerksamer Ranger selten sind, sollte man sich stets angemessen verhalten: Lebensmittel und andere duftende Stoffe etwa dürfen nie im Auto oder in Zelten liegen bleiben, sondern sind in den dafür vorgesehenen, verschließbaren Boxen zu verstauen.

Geringer ist das Risiko, wenn man bei einer Wanderung einem Bären über den Weg läuft: Die meisten Wanderwege im Yosemite sind so gut besucht, dass man nur sehr selten mal gänzlich alleine ist – und Bären halten grundsätzlich von größeren Menschengruppen Abstand, wenn sie nicht von ihnen provoziert werden.

Bewegen Sie sich doch mal abseits der ausgetretenen Pfade, sollten Sie versuchen, stets ein wenig „Krach" zu machen, um den Tieren Ihr Kommen anzukündigen und eine schreckhafte Überraschung zu vermeiden. Und wenn Sie einen Bären sehen: **Lassen Sie ihm Platz** und achten

Sie darauf, dass er auf keinen Fall umzingelt wird! Besonders gilt das bei etwaigen Bärenkindern.

Yosemite – und dann?

Die Weiterfahrt vom Yosemite National Park gestaltet sich ausnahmsweise mal wieder recht simpel: Ist die Osteinfahrt des Parks geöffnet, liegt Yosemite auf der fast immer zu empfehlenden und wunderbar abwechslungsreichen Strecke San Francisco – Death Valley – Las Vegas.

Aber auch wenn die Tioga Road geschlossen ist, fällt die Entscheidung für die Weiterfahrt nicht schwer; dann stellt San Francisco oder der Sequoia National Park das nächste Ziel dar, das jeweils in knapp vier Stunden gut erreicht werden kann. Mit Sequoia beginnen wir nun auch, anschließend folgt die Death-Valley-Variante.

SEQUOIA NATIONAL PARK

Highlights	Informationen
*** Giant Forest ** General Grant Grove ** Moro Rock ** Tokopah Falls * Cedar Grove	minimaler Zeitaufwand: ein Tag, in der Regel für einen Parkbesuch ausreichend
	von Mai bis Oktober gut besuchbar, am besten im Mai oder Juni
	Mammutbäume enormer Höhe, aber vor allem gewaltigen Durchmessers
	aufwendige Anfahrt, insgesamt aber für PKW und RVs gut machbar
	Anstrengung im Giant Forest weitgehend gering, außerhalb etwas höher

Überblick & Orientierung

Sequoia und Kings Canyon, genauso wie Yosemite in der westlichen Sierra Nevada gelegen, zeichnen sich durch ihre Mammutbäume aus, die Höhen von mehr als 80 Meter und Durchmesser von über 10 Meter erreichen können. Auch tolle Ausblicke von den Bergen und weite, oft bunte Wiesen bieten die Parks, die neben den Mammutbäumen zwar ein wenig verblassen, sich vor Yosemite aber nicht verstecken müssen.

Ein Abstecher in den Sequoia National Park bietet sich vor allem dann an, wenn zwei Voraussetzungen erfüllt werden. Erstens: Sie wollen hohe Bäume sehen, besuchen aber weder den Mariposa Grove im Yosemite National Park noch den Redwood National Park nördlich von San Francisco. Zweitens: Die Tioga Road im Yosemite National Park ist zum Zeitpunkt Ihres Besuchs geschlossen oder soll schlichtweg aus Gründen der Reiseplanung nicht befahren werden.

In dem Fall liegt der Sequoia National Park bei einem Besuch von Yosemite quasi auf der Strecke, da er sich nur ein Stück südlich von seinem „großen Bruder" befindet. Sequoia und der im Grunde zugehörige Kings Canyon National Park verfügen über zwei Eingänge, beide auf der Westseite gelegen. Eine Osteinfahrt gibt es hier nicht. Im Norden erreicht man Sequoia und Kings Canyon über Highway 180 von Fresno aus, während im Süden Highway 198 über Visalia in den Park führt.

Beide Straßen, vor allem aber die 198 (RVs über 22 Fuß hier **nicht empfohlen**, manchmal sogar verboten!), sind, je weiter es in den Park hineingeht, recht kurvig und lassen nur ein langsames Tempo zu. Von Yosemite aus benötigt man über Highway 41 und dann 180 daher etwa vier Stunden Fahrzeit, im Süden fällt die Wahl eines sinnvollen Start- oder Endpunktes schwerer: Kommt man von Los Angeles, ist mit bis zu sechs Stunden Fahrzeit zu rechnen. Plant man hingegen, am nächsten Tag das Death Valley anzusteuern (oder kommt von dort), sind Lone Pine und Ridgecrest denkbare Zwischenstationen für den Tagestrip.

Das klingt ein wenig beschwerlich und, zugegeben, das ist diese Anfahrt auch, dafür jedoch gestalten sich die Fahrten im Park selbst ein wenig angenehmer, da sich fast alle „Attraktionen" entlang einer Straße befinden: Dem **Generals Highway**, der Nord- und Südeinfahrt verbindet.

Hier trifft man auf den **Giant Forest** mit dem legendären **General Sherman Tree** und landet auf etwa halber Strecke am **Lodgepole Visitor Center**, das zum Verweilen einlädt. Lediglich wer auch den gesamten Kings Canyon sehen will, muss die Fahrt über eine längere Stichstraße, den **Kings Canyon Scenic Byway**, in Kauf nehmen.

Zu beachten ist, dass etliche Straßen im Winter aufgrund von Schneefällen durchgängig geschlossen sind, manchmal können bis Anfang Juni **Schneeketten** notwendig sein.

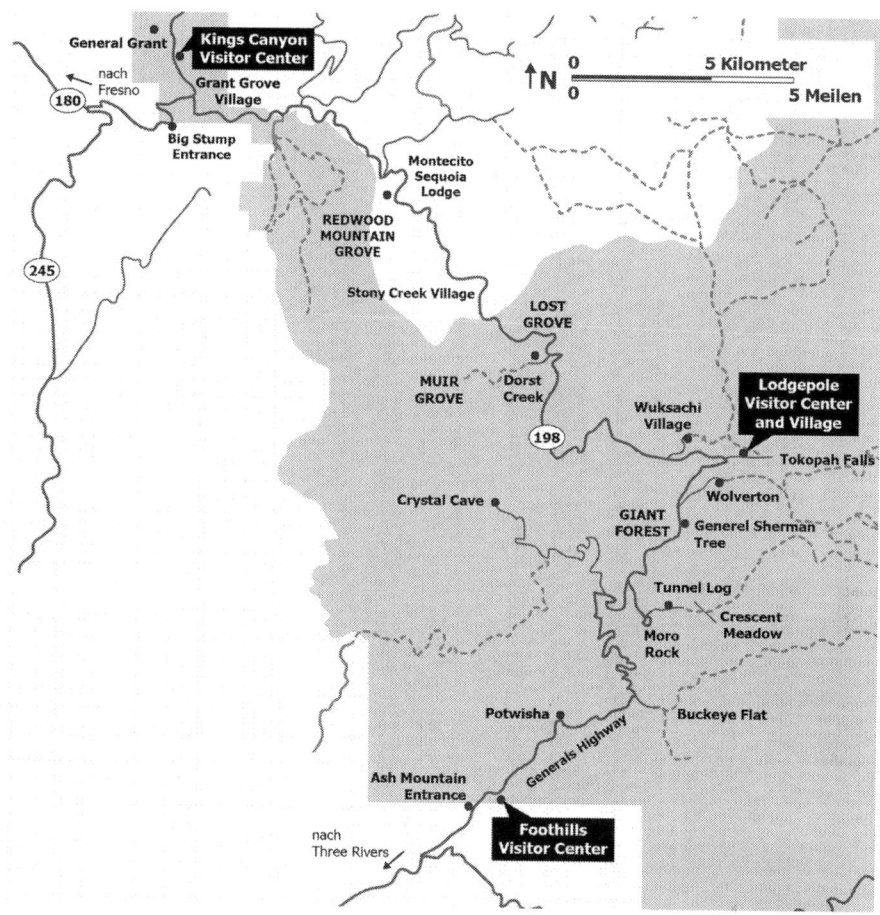

Größter Unterschied zu Yosemite ist derweil, dass Sequoia angesichts seiner etwas schwierigeren Lage und seiner nicht ganz so abwechslungs-reichen Natur deutlich weniger Touristen auf sich zieht. Das macht die meisten Trails und Viewpoints doch angenehmer zu besuchen und sorgt dafür, dass fast immer genügend Parkplätze zur Verfügung stehen.

Trails & Viewpoints

*** Giant Forest (bis zu 3 km): Die Anlaufstelle schlechthin im Park ist der zentral gelegene Giant Forest, in dem sich – wie der Name schon sagt – die meisten, leicht zugänglichen, riesigen Bäume befinden, darunter der unglaubliche General Sherman Tree: Durchmesser bis 11 m, Höhe 86 m, Gewicht **mehr als zwei vollgeladene A380-Flugzeuge.**

Bis zu dem ist es vom Parkplatz aus nicht weit, im Giant Forest sind jedoch mehrere kleine Rundwege möglich, die eine Gesamtlänge von etwa 3 km erreichen und zu vielen weiteren beeindruckenden Bäumen führen. Am besten folgt man einfach dem **Big Trees Trail**.

Der Giant Forest: Auch hier werden die Fotos der Realität kaum gerecht.

** Tokopah Falls Trail (5 km): Im Frühsommer kann sich zudem der Tokopah Falls Trail zu einem beeindruckenden Wasserfall lohnen, der in Hinblick auf Länge und Schwierigkeitsgrad ebenfalls gut machbar ist. Ab Juli lässt der Wasserfluss in der Regel jedoch zunehmend nach, dann verliert der Weg leider ein wenig von seinem Reiz – im Frühsommer jedoch ein Muss! Trailhead hinter dem Lodgepole Visitor Center, ein Stück nördlich vom Giant Forest.

** Moro Rock Trail (2 km): Für einen tollen Viewpoint kommt darüber hinaus der Moro Rock in Frage, der einen großartigen Ausblick auf den Westteil des National Parks bereithält. Wie so oft bei Ausblicken ist der Weg recht beschwerlich, aber gut befestigt und weitgehend mit Geländern versehen. Starke Höhenangst sollte man dennoch nicht haben. Abfahrt unmittelbar vor dem Giant Forest im Süden.

Ebenfalls einen kurzen Abstecher wert sind der nicht weit vom Moro Rock entfernte **Tunnel Log**, ein umgestürzter Sequoia, den man mit dem Auto durchfahren kann, sowie vor allem die im Frühsommer schöne Wiese **Crescent Meadow**.

Fahrt durch den Tunnel Log: Ein Foto, das nie fehlen darf.

** General Grant Grove (bis zu 3 km): Unmittelbar hinter der Nord-einfahrt des Parks befinden sich das Kings Canyon Visitor Center und General Grant Grove, eine weitere tolle Ansammlung von Sequoias. Kein Muss, weil die Unterschiede zum Giant Forest für den Laien nicht allzu groß sind, aber da man ohnehin fast immer daran vorbeifährt, spricht auch nichts gegen einen Abstecher. Lohnenswert sind der ganz einfache **General Grant Tree Trail** (2 km) und bei guter Sicht **Buena Vista Peak** (3 km), das einen großartigen Rundumblick auf den Park bietet.

* Cedar Grove (mehrere kurze Wege): Ganz im Nordosten, am Ende des Kings Canyon Scenic Byway, liegt Cedar Grove, das den eigentlichen Kings-Canyon-Abschnitt ausmacht. Die vor allem im Frühsommer tolle **Zumwalt Meadow** sowie die **Roaring River Falls** sind durchaus einen Blick wert und erfordern keine langen Wege (Zeitaufwand jeweils unter einer Stunde). Allerdings kann man sich darüber streiten, ob die knapp einstündige Anfahrt von Grants bis Cedar Grove den Aufwand wert ist. Eher etwas für einen zweiten oder zumindest zweitägigen Besuch.

* Mineral King: Ähnliches gilt für Mineral King im Südosten des Parks, das weniger mit Bäumen und Ausblicken als vielmehr mit mehreren Seen die Besucher lockt. Auch hier dauert die Anfahrt gut eine Stunde.

Übernachtungen

In und um Sequoia herum stehen zahlreiche mögliche Unterkünfte zur Auswahl. Im Park selbst existieren für Mietwagenreisende derzeit **vier urige Lodges**, zwei in Grant Grove, eine in Cedar Grove und eine im Giant Forest. Reservierungen sind empfohlen, die Zimmerpreise beginnen in der Hauptsaison bei etwa 150$ und reichen bis zu 300$.

Wer Sequoia an einem Tag durchqueren will (was je nach Anfahrt durchaus möglich ist, ohne enorm hetzen zu müssen), kann auch direkt vor den Toren des Parks unterkommen. Beste Wahl ist dann das kleine **Three Rivers** kurz vor der Südeinfahrt, während im Norden das allerdings weitaus weniger schöne **Fresno** eine Option darstellt.

In Three Rivers ist das **Comfort Inn & Suites** mit Zimmern ab etwa 125$ die Nacht in Ordnung. In Fresno ist die Auswahl an Hotels aufgrund der Lage an dem viel befahrenen Highway 99 noch weitaus größer, die Preise sind erstaunlicherweise jedoch nicht deutlich niedriger als andernorts. Für den Zwischenstopp taugen unter anderem das **Country Inn & Suites North**, das **Days Inn Yosemite Area** oder auch das **Comfort Suites RiverPark**, die Zimmer oft für 100-120$ anbieten.

Campern stehen mehr Optionen zur Verfügung: Im Park selbst gibt es **vierzehn Campingplätze**, auf zehn davon kommen Wohnmobile unter. Zwar sind nicht alle das ganze Jahr über geöffnet, die meisten aber mindestens von Mitte Mai bis Mitte September.

Die zentrale Wahl ist der **Lodgepole Campground** direkt am Giant Forest, 214 Stellplätze, Reservierungen sind möglich, Plätze ab 22$ die Nacht. Auch **Dorst Creek** nebenan ist eine Option, jedoch nur von Ende Juni bis Anfang September geöffnet. Wer es beschaulicher mag, kommt in Grant oder Cedar Grove bestens unter, zum Beispiel auf **Azalea** und

Sheep Creek, „First-Come, First-Served" für 18$. Trinkwasser sowie eine Dump Station sind zum Teil vorhanden, zum Beispiel auf Lodgepole und Dorst Creek. Dusch- und Waschmöglichkeiten gibt es im Lodgepole Village sowie in der Wuksachi Lodge.

Sequoia – und dann?

Je nach Fahrtrichtung geht es von Sequoia aus üblicherweise nach Norden über Highway 180 und 41 nach Yosemite oder über 198, 65/99 und Interstate 5 nach Los Angeles weiter; beides nimmt knapp vier Stunden in Anspruch. Denkbar, wenn auch unüblich, ist zudem die Weiterfahrt nach Westen zum Highway 1 oder eine „Umrundung" der Sierra Nevada, um das Death Valley anzusteuern.

VON YOSEMITE INS DEATH VALLEY

Wenn Sie von Yosemite über die Tioga Road zum Death Valley fahren, stoßen Sie hinter der Ostausfahrt umgehend auf zwei sehr interessante Ziele: Den schon vom Mono Pass erkennbaren Mono Lake sowie die etwa 50 Kilometer weiter nördlich gelegene Geisterstadt Bodie.

Ungewöhnliche Gesteinsformationen am Mono Lake.

* Mono Lake

Mono Lake ist ein recht großer, fast runder Salzsee, der vor allem für Botaniker und Biologen angesichts seiner auf den hohen Salzgehalt angepassten Flora und Fauna von großem Interesse sein dürfte. Doch auch für „gewöhnliche" Besucher sind vor allem die Kalk- und Sandtuff-Formationen am Ufer des ungewöhnlichen Sees durchaus sehenswert, die insbesondere in den Morgenstunden für tolle Fotos sorgen können. Am besten die ausgeschilderte **South Tufa Area** ansteuern.

Bodie ist so gut erhalten wie keine zweite Geisterstadt.

** Bodie

Spannend wie interessant ist zudem das nördlich gelegene Bodie, handelt es sich hierbei doch tatsächlich – ganz anders als bei Calico, zu dem wir noch kommen werden – um eine **authentische Geisterstadt**, die nicht dem Verkauf von Souvenirs dient, sondern eher wie eine Art Freilichtmuseum hergerichtet wurde.

Das 1876 in der Hoffnung auf Gold gegründete Bodie kam im Jahre 1880 auf immerhin gut 2700 Einwohner, doch – wie üblich – hielt der Erfolg in den Minen nicht ewig an und so hatte sich die Einwohnerzahl zehn Jahre später bereits wieder nahezu halbiert, bis die Stadt um 1910 herum nahezu komplett aufgegeben wurde. Nachdem Bodie in den folgenden Jahren dem Vandalismus zum Opfer zu fallen drohte, wurde sie im Jahre 1961 zum National Historic Landmark erklärt, was ihr immerhin einen gewissen Schutz einbrachte und dafür sorgte, dass mehr als **hundert originale Gebäude** und Strukturen erhalten werden konnten. Auch wenn das nur einen Teil der einstigen Größe der Stadt darstellt, eine beeindruckende Zahl.

Zu den sehenswertesten Bauwerken zählen eine Kirche, ein Saloon, ein großes Sägewerk und eine Schule, aber auch der Friedhof sowie die Überreste alter Autos aus den 30er-Jahren geben großartige Fotos und Eindrücke ab. Sogar eine winzige Tankstelle ist noch vorhanden.

Im Sommer täglich geöffnet von 9 bis 18 Uhr, Erwachsene zahlen 8$ Eintritt, Kinder bis 17 Jahren nur 5$. Die Anfahrt ist nicht schwierig, allerdings geht die Straße etwa 2 km vor ihrem Ende in eine Gravel Road über – üblicherweise aber mit geringem Tempo gut zu befahren, selbst für Wohnmobile.

Von Bodie aus führt uns die Route über Highway 395 etwa 120 km nach Süden, wo man nahe der Mammoth Lakes und dem bei Skifahrern sehr beliebten Mammoth Mountain auf ein weiteres Highlight trifft.

Devils Postpile: Der Teufel taucht in der Natur der USA häufig auf.

* Devils Postpile National Monument

Das Devils Postpile National Monument ist ein äußerst seltsam anmutendes Kliff aus Basalt, das ein wenig so aussieht, als habe man hundert etwa 20 Meter hohe Bleistifte nebeneinander aufgestellt – tatsächlich zu verdanken ist der Anblick allerdings einem Vulkanausbruch vor über 100.000 Jahren. Darüber hinaus befindet sich hier mit den **Rainbow Falls** ein zumindest im Frühsommer sehr sehenswerter Wasserfall, für den es einer etwa 8 km langen Wanderung bedarf.

Aufgrund starker Schneefälle ist Devils Postpile üblicherweise nur von Mitte Juni bis Ende Oktober geöffnet, bis Anfang September ist die Zufahrt zudem lediglich mit einem nicht ganz billigen Shuttle-Bus möglich: Erwachsene zahlen 7$ pro Person, Kinder 4$.

Ein **Campground** mit etwa 20 Stellplätzen ist vorhanden, hat allerdings ebenso nur bis Anfang September geöffnet. Ein Stellplatz kostet 20$ die Nacht, es gilt „First-Come, First-Served".

Bishop

Zwischen Mammoth Lakes und dem recht gut ausgestatteten **Bishop** (großer Vons-Supermarkt, mehrere Fast-Food-Ketten, etliche Motels und Hotels) findet man den Rock Creek Canyon und das Little Lakes Basin mit tollen Wanderwegen sowie Ausblicken auf Wälder, Seen und Berge. Weiter geht es danach über Highway 395 bis zur Kleinstadt Lone Pine.

Lone Pine

Dort wäre ein kurzer Abstecher zu den **Alabama Hills** eine Überlegung wert, eine Region der Sierra Nevada, die sich durch kleine Felshügel und natürliche Bögen auszeichnet, auch als Filmkulisse mehrfach zum Einsatz kam. Die Hills befinden sich ein Stück westlich und sind am besten über Turtle Creek und Whitney Portal Road zu erreichen. Anhand von Parkbuchten erkennt man grob, wo sich das Anhalten lohnen kann, denn Ausschilderungen sucht man vergeblich.

Lone Pine bietet sich darüber hinaus bestens für eine Übernachtung an, um am nächsten Tag das Death Valley bis Las Vegas zu durchqueren. Alle Motels verlangen um die 125$ die Nacht, in Ordnung gehen **Best Western Frontier Motel**, **Dow Villa Motel** und **Comfort Inn.**

DEATH VALLEY NATIONAL PARK

Highlights	Informationen
*** Badwater Basin	⏱ ein Tag meistens ausreichend, da wenige Trails und Übernachtungen schwierig
*** Dante's View	
*** Zabriskie Point	📖 das ganze Jahr über besuchbar, von Juni bis August aber oft unangenehm heiß
** Artists Drive	
** Mesquite Flat	🔭 trockene Wüste mit unglaublicher Hitze und faszinierenden Gesteinsformationen
* Mosaic Canyon	
* Devils Golf Course	🚐 Beschränkungen für RVs im Sommer und wegen Enge, einige Stichstraßen
* Golden Canyon	
	🚶 mangels Trails geringe Anstrengung, Hitze kann jedoch Probleme bereiten

Überblick

Im Death Valley ist der Name Programm: Hier wurde im Jahre 1913 mit 57 Grad Celsius die weltweit höchste bekannte Temperatur gemessen und auch wenn die Messmethoden damals nicht absolut präzise gewesen sein mögen, so lässt sich doch nicht abstreiten, dass das Tal des Todes **einer der heißesten Orte der Welt** ist. Selbst im April und Oktober überschreiten die Höchsttemperaturen regelmäßig die 30°-Marke, von der Hauptsaison ganz zu schweigen: Von Mai bis September sind 40 bis 50° C „im Schatten" keine Seltenheit.

Vor der Einfahrt ins Death Valley ist das Aufstocken sämtlicher Wasservorräte deshalb ein absolutes Muss! Für Wanderungen gilt zudem die übliche Hitzegrundregel: ein Liter Wasser pro Stunde und Person. Aber auch fürs reine Durchfahren sollte man sich in den Sommermonaten stets **einen ausreichenden Wasservorrat** zulegen – empfohlen wird als Minimum eine Gallone pro Tag und Person.

Eine Kopfbedeckung ist ebenfalls Pflicht, genauso wie Sonnencreme, wenn man mehr als nur ein, zwei Viewpoints besuchen will. Gleichwohl gilt es, die **Risiken realistisch einzuschätzen** und das Tal nicht wegen seiner vermeintlichen Gefahr zu meiden: Wenn man mit dem Auto lediglich die bekanntesten Aussichtspunkte ansteuert und nur die für die meisten Touristen üblichen Wanderungen unternimmt, halten sich die tatsächlichen Gefahren doch in Grenzen, weil das Besucheraufkommen fast das ganze Jahr über so hoch ist, dass man im Falle eines Falles nicht lange unentdeckt bleibt.

Hat man hingegen vor, auch Wege abseits der ausgetretenen Pfade zu wählen – ob nun mit dem Auto oder zu Fuß –, sollte man in Hinblick auf Wasser und Nahrung großzügig sein und jemanden im Voraus über seine Pläne informieren. Denn Handy-Empfang für den Notfall gibt es im Death Valley kaum.

Anbieter von Wohnmobilen **verbieten** übrigens oft das Befahren des Death Valleys im Juli sowie August und schieben auch im Mai, Juni und September dem Mieter die Last für etwaige technische Probleme und die daraus entstehenden Kosten zu. Einer der Fälle, in denen man das Kleingedruckte im Vertrag wirklich **genau lesen** sollte – denn bleibt man im Death Valley liegen, muss man fürs Abschleppen oder die Reparatur ein paar tausend Dollar einkalkulieren.

Orientierung

Nach all diesen Worten der Warnung, ohne die Gefahren übertreiben zu wollen, nun wieder zurück zum Death Valley selbst, das von Highway 190 durchzogen wird, der von kurz hinter Lone Pine im Westen bis zur am häufigsten genutzten Ostausfahrt führt.

Erster Stopp ist, von Westen aus kommend, üblicherweise **Stovepipe Wells Village** inklusive Info-Center, in dessen Nähe sich unter anderem der **Mosaic Canyon**, **Salt Creek** und die **Mesquita Flat Sand Dunes** befinden. Weiter geht es etwa 50 km bis **Furnace Creek**, das Parkzentrum, mit Visitor Center, Lodges, Campgrounds, Shops und Tankstelle.

Die 190 führt dann nach Osten weiter, zunächst sollte man aber etwa 25 Kilometer nach Süden fahren, wo sich das **Badwater Basin** befindet. Auch auf **Golden Canyon**, **Devils Golf Course**, **Natural Bridge** sowie den **Artists Drive** stößt man hier, Letzterer ist auf dem Rückweg anzusteuern, da er nur von Süden nach Norden befahren werden kann – und auch nur von PKW sowie kleinen Wohnmobilen, da einige Kurven recht eng und nah am Felsen gebaut sind.

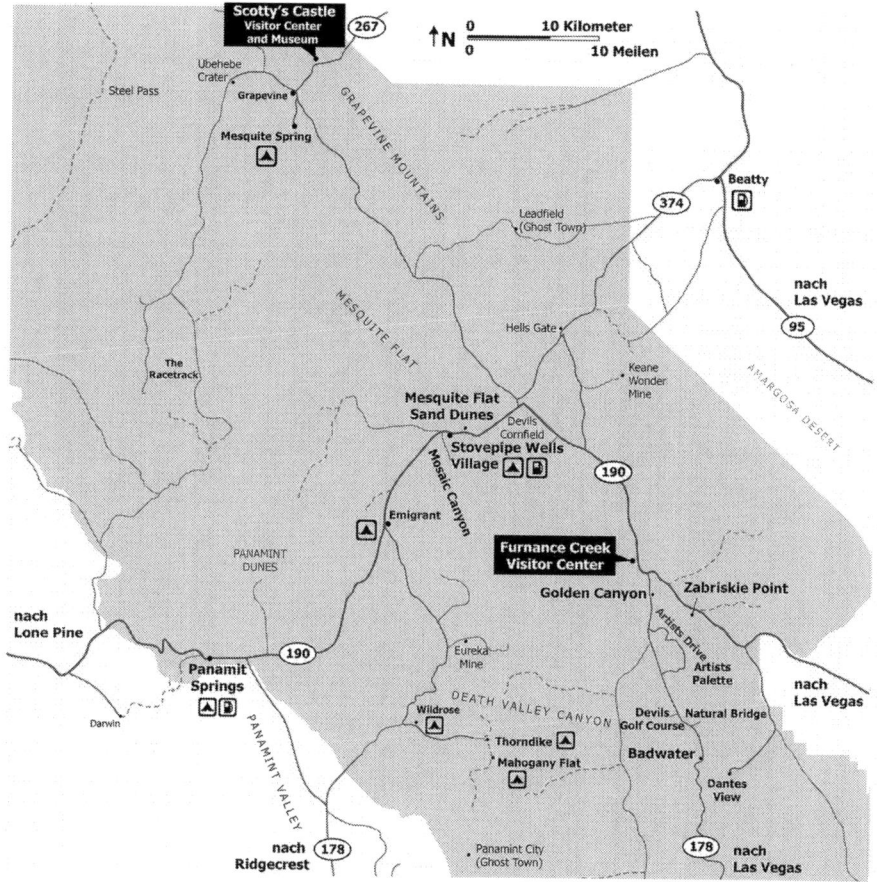

Weiter südlich als Badwater Basin zu fahren, lohnt sich in der Regel nicht, weshalb der tiefste Punkt der USA zugleich ein guter Umkehrpunkt für die Erkundung des Parks ist.

Zurück in Furnace Creek geht es wieder auf die 190, an der man nun **Zabriskie Point** und **Hole in the Wall** erreicht, bevor eine Stichstraße gen Süden zu **Dantes View** abzweigt – 20 km für eine Strecke, am Ende aufgrund der starken Steigung und enger Kurven keine Fahrzeuge über 25 Fuß erlaubt. Anschließend fährt man erneut zurück auf die 190 und dann im Osten aus dem Park hinaus.

Wird das Death Valley in die Gegenrichtung befahren, kann statt der 190 und Lone Pine auch die Ausfahrt nach Süden über die 178 und Ridgecrest genutzt werden. Das bietet sich an, wenn nicht Yosemite, sondern Los Angeles oder Sequoia das nächste Ziel darstellen.

Zabriskie Point: Morgens und abends gelb leuchtend.

Trails & Viewpoints

*** Zabriskie Point (Viewpoint): Der schönste und zugleich beliebteste Aussichtspunkt des Death Valleys befindet sich in unmittelbarer Nähe eines großen Parkplatzes, der trotzdem im Sommer häufig überfüllt ist. Doch das hat seinen Grund, denn Zabriskie Point ist ein Muss und der Ausblick auf gelb-gold schimmernde Felsen, die sich optisch irgendwo zwischen Meereswellen und Sanddünen ansiedeln, einfach nur großartig. Um den Aussichtspunkt zu erreichen, muss man nur ein paar Schritte vom Parkplatz aus bergauf gehen.

*** Badwater Basin (Viewpoint): Auf 86 Metern unterhalb des Meeresspiegels befindet man sich hier **am tiefsten Punkt Nordamerikas**. Ein Foto an dem Hinweisschild auf den Holzstegen am Parkplatz ist Pflicht, bevor es über einen breiten Weg in die Salzwüste hinaus geht, um einen Eindruck von ihrer kargen Umgebung zu gewinnen.

*** Dantes View (Viewpoint): Der zweifellos beste Ausblick aufs Death Valley und vor allem das Badwater Basin ist Dantes View, ein Stück östlich davon. Die aufwendige An- und Abfahrt, die für sich genommen bereits über eine Stunde in Anspruch nimmt, ist ihre Zeit absolut wert.

Blick von Dantes View auf das Badwater Basin. Oben Vorsicht vor Bienen!

** Artists Drive (Scenic Drive): Auf dem Rückweg vom Badwater Basin findet man auf der rechten Seite Artists Drive, eine nur gen Norden zu befahrende **Scenic Road**, die an „bunten" Felsen vorbei führt, die an die Palette eine Malers erinnern sollen. Um das zu sehen, braucht es zwar Fantasie, doch die Anblicke lohnen sich. Aufgrund zum Teil sehr enger Kurven sind Fahrzeuge über 25 Fuß nicht erlaubt.

** Mesquite Flat Sand Dunes (bis 7 km): Nichts wird so oft mit Wüste verbunden wie Sanddünen, tatsächlich jedoch sind sie nur selten anzutreffen. Eine Ausnahme stellt Mesquite Flat dar: Je nach Lust, Laune und Konstitution kann man die **bis zu 30 Meter hohen Dünen** vom Parkplatz aus der Ferne bestaunen oder auf sie hinauflaufen. Einen befestigten Weg gibt es gleichwohl nicht und die 3,5 km bis zur höchsten Düne ziehen sich. Bei mäßigen Temperaturen machbar und sehr lohnenswert!

* Mosaic Canyon (bis 7 km): Ein schöner und sehr beliebter Weg durch faszinierende Gesteinsformationen und Felsstrukturen, die zum Teil entfernt an das großartige The Wave in Utah erinnern. Gerade zu Beginn kein einfacher Weg, der hin und wieder etwas Klettern erfordert.

* Devils Golf Course (Viewpoint): Wie abwechslungsreich auch die Wüste sein kann, beweist nicht zuletzt Devils Golf Course. Hier hat sich der Wüstenboden zu einer Landschaft aus Salzkristallen verformt, die ein faszinierendes Bild abgeben und einen so schweren Untergrund formen, dass „nur der Teufel hier Golf spielen könnte".

* Golden Canyon (3 km): Ein weiterer schöner und im Wesentlichen relativ einfacher Weg führt durch den vor allem morgens und abends gelblich im Sonnenlicht schimmernden Golden Canyon. In der Mittagszeit sieht er allerdings – wie so vieles im Death Valley – eher grau und staubig aus. Am besten **am frühen Vormittag** besuchen!

* Scotty's Castle: Weder Trail noch Viewpoint, sondern ein seltsam anmutender Landsitz inmitten der Wüste, architektonisch im Stil einer spanischen Mission gehalten. Die von 1922 bis 1931 erbaute Villa geht auf das Investment in eine vermeintliche Goldmine zurück und erinnert heute ein wenig an das Hauptquartier eines James-Bond-Bösewichts. Bei sehr viel Zeit eine Überlegung wert. (**Wichtiger Hinweis:** Aufgrund gewaltiger Flutschäden aus dem Herbst 2015 ist der Zugang zu Scotty's Castle bis voraussichtlich 2019 nicht möglich.)

Übernachtungen

Angesichts der Tatsache, dass gemietete Wohnmobile das Death Valley zeitweise häufig nicht befahren dürfen, wirkt es zunächst ein wenig erstaunlich, dass insgesamt **neun Campingplätze** im Park existieren – von denen allerdings nur vier das ganze Jahr über geöffnet sind: Mit **Sunset**, **Texas Spring** und **Stovepipe Campground** schließen drei der vier größten von Mitte April bis Mitte Oktober.

In der Hauptsaison stehen RV-Reisenden daher lediglich zwei zur Auswahl: der **Furnace Creek Campground** mit 136 sowie der **Mesquita Spring Campground** mit 30 Stellplätzen. Beide verfügen über Wasser, Dump Station und Picknicktische, in Furnace Creek gibt es sogar Hookup sowie (kostenpflichtige) Duschen nebenan auf der Ranch. Normale Stellplätze sind für 18-22$ zu haben, mit Hookup werden immerhin 36$ fällig. In der Hauptsaison „First-Come, First-Served".

Mietwagenreisende haben es etwas schwerer, denn in Furnace Creek und Stovepipe Wells gibt es zwar vier Lodges, doch wirklich empfehlenswert ist keine Unterkunft. Noch als „ganz brauchbar" lassen sich das **Furnace Creek Inn and Ranch Resort** sowie das **Stovepipe Wells Village Hotel** beschreiben, Zimmer ab etwa 200$ die Nacht.

Mesquite Flat Sand Dunes: Tolle, aber anstrengende Wanderung.

Da sich der Zeitaufwand im Death Valley aufgrund nur weniger sinnvoller Wanderwege jedoch in Grenzen hält, ist es üblicherweise die beste Wahl, den ganzen Park **an einem Tag zu durchqueren** und davor sowie danach jeweils außerhalb zu übernachten.

Im Osten stellt Las Vegas die erste Wahl dar, während im Westen sowohl **Ridgecrest** in Richtung LA oder Sequoia als auch das zuvor schon angesprochene **Lone Pine** auf dem Weg zum Yosemite National Park brauchbare Optionen bieten.

Death Valley – und dann?

Mit dem Death Valley endet unsere zweite Teilroute von San Francisco aus. Weiter geht es im Grunde immer in Las Vegas, das sich knapp 200 km östlich der Ausfahrt des National Parks befindet.

KALIFORNIENS SÜDEN

Im Süden erreicht man von San Francisco aus natürlich den Highway 1, die „Traumstraße der Welt", auch wenn dieser Begriff ein wenig irreführend ist, da nur ein vergleichsweise kleines Stück der kompletten Straße diesen Namen verdient.

So wäre es beispielsweise möglich, schon ab San Francisco den Highway 1 zu nutzen, doch das lohnt sich kaum; zunächst handelt es sich nur um eine recht typische Küstenstraße, nicht mehr und nicht weniger. Der sinnvollere Weg führt daher über die im Inland verlaufende 101 nach Süden, meist direkt ins 200 km entfernte Monterey. Drei kleine Abstecher sind zuvor jedoch denkbar.

San José
Auf dem Weg von San Francisco zum Highway 1 streift man in den meisten Fällen auch das **Silicon Valley** sowie seine Hauptstadt San José – vergleichsweise unbekannt, dabei handelt es sich bei ihr um die nach Los Angeles und San Diego drittgrößte Stadt Kaliforniens. Tatsächlich macht man mit einem Zwischenstopp hier nichts verkehrt, er ist angesichts der schon erwähnten, für Kalifornien notwendigen Selektion aber kein wirkliches Muss.

Sehenswert sind in Downtown die **Cathedral Basilica of St. Joseph**, die sich als das älteste Gotteshaus in Kalifornien beschreibt, das keine Mission ist. Besucher dürfte vor allem der Anblick des altmodischen Gebäudes zwischen den modernen, wenn auch nicht ganz so dominanten Hochhäusern interessieren. Zudem ist die Kuppel in ihrem Inneren einen Blick wert.

Schon außergewöhnlicher ist die neue **City Hall** der Stadt, im Jahre 2005 erbaut und mit einer an eine Sternwarte erinnernden Rotunde vor dem Eingang des Hauptgebäudes. Wer viel Zeit mitbringt, könnte auch ins sehr anschauliche und hier natürlich äußerst passende **The Tech Museum of Innovation** hineinschauen, 24$ für Erwachsene, 19$ für Kinder, täglich von 10 bis 17 Uhr geöffnet. Kinder dürfen unter anderem ihre eigenen Roboter basteln, Erwachsene sich angucken, wie Häuser erdbebensicher gebaut werden.

Davon abgesehen gestaltet sich Downtown auch für US-Verhältnisse eher mäßig. Die großen Straßen, welche die Innenstadt durchziehen und die erstaunliche Nähe Downtowns zum recht großen Flughafen sorgen nicht gerade für einen angenehmen Aufenthalt, zumal San José als Ganzes an Los Angeles erinnert. Die Stadtgrenzen verlaufen fließend.

Abseits Downtowns könnte man allenfalls noch einen Blick in das allerdings etwas deplatziert wirkende **Rosicrucian Egyptian Museum** oder das deutlich amerikanischere **Winchester Mystery House** werfen, ein Geisterhaus im viktorianischen Stil, das von 1884 bis 1922 von der Witwe des Herstellers der Winchester-Gewehre erbaut wurde. Hier gibt es allerlei architektonische Ungewöhnlichkeiten: Türen, hinter denen sich eine Mauer befindet, oder Treppen, die in der Decke enden.

Das hat durchaus seinen Reiz, die zweistündige Grand Estate Tour ist mit derzeit 47$ für Erwachsene und 20$ für Kinder aber enorm sportlich bepreist. Eher etwas für schlechtes Wetter.

Santa Cruz

Wer ganz viel Zeit hat, könnte darüber hinaus noch einen Abstecher über Highway 17 nach Santa Cruz in Erwägung ziehen. Allerdings hat die kleine Stadt außer einer Mission und ihrem **recht schönen Boardwalk** inklusive alter Achterbahn und Riesenrad nicht viel zu bieten, das einen Besuch rechtfertigen würde. Allein Surfer können auf ihre Kosten kommen, zahlreiche Wettbewerbe finden und fanden hier bereits statt.

Big Basin Redwoods State Park

Etwa 40 km nordwestlich von Santa Cruz findet man den Big Basin Redwoods State Park, der auch von der Interstate 280 von Norden kommend aus angesteuert werden könnte, was aber beides mit einem recht großen Zeitaufwand von 45 bis 60 Minuten pro Fahrt verbunden ist.

Zu sehen gibt es, wie der Name schon verrät, die Überreste der in der Vergangenheit nicht abgeholzten **Redwoods von enormer Höhe**, aber auch Wanderungen zu Wasserfällen wie den Berry Creek Falls bieten sich an. Ganz nett, doch aufgrund der aufwendigen Anfahrt nur dann ein Muss, wenn man auf seiner Rundreise sonst nirgendwo Redwoods oder Sequoias zu Gesicht bekommt.

HIGHWAY 1

Highlights	Informationen
*** Point Lobos SR *** Santa Barbara	🕐 minimaler Zeitaufwand: zwei Tage, optimal: drei bis vier Tage
*** Julia Pfeiffer Burns SP ** Carmel-by-the-Sea	📄 gut besuchbar von Frühling bis Herbst, beste Monate: Mai und Juni
** Hearst Castle ** Monterey	🔭 großartige, abwechslungsreiche Küste mit Städten, Wäldern und Stränden
* Bixby Creek Bridge * San Luis Obispo * Solvang	🚏 kurvige Straße, die aber von PKW und RVs problemlos befahren werden kann
* Pismo Beach * Point Sur Lighthouse	🚶 Anstrengung gering: eher kurze Trails und meist angenehmes Küstenwetter

Überblick & Orientierung

Wenn bei einer Reise vom Highway 1 oder dem **Pacific Coast Highway (PCH)** die Rede ist, dann meint man damit in der Regel grob die Strecke von San Francisco bis Los Angeles, auch wenn man eigentlich nur von Monterey bis etwa San Luis Obispo tatsächlich den Highway 1 befährt.

In diesem Abschnitt, der Big-Sur-Region, befinden sich einige sehr schöne, kleine Städte, vor allem aber trifft man auf die atemraubende Küste: Gischtumsprühte Klippen, lauschige Strände, fantasieanregende Gesteinsformationen und von Seelöwen bevölkerte Felsen geben grandiose Fotomotive ab, hinzu kommen einzigartige Wanderwege am Meer und durch die erstaunlich dichten Wälder.

Aber auch die Straße an sich ist bereits überaus beeindruckend, stets nur ein paar Meter – oder Zentimeter! – vom Abgrund entfernt, und man mag sich kaum vorstellen, wie schwierig die Bauarbeiten waren, für die im frühen 20. Jahrhundert nicht zuletzt Häftlinge der umliegenden Gefängnisse eingesetzt wurden. Und die neben der Straße an sich auch 33 Brücken errichten mussten wie beispielsweise die Bixby Creek Bridge.

Aufgrund der Schönheit der Natur, der mit Fahrt, Ausblicken und Wanderungen zu verbringenden Zeit, aber auch aufgrund der limitierten Übernachtungsmöglichkeiten auf der Strecke, fällt es nicht ganz leicht, diesen Abschnitt der Reise „perfekt" zu planen. Die unter Berücksichtigung zeitlicher Einschränkungen als optimal bezeichnete Einteilung sieht vor, **drei volle Tage** im Umfeld des Highway 1 zu verbringen.

Am ersten Tag besucht man mit Monterey und seiner Halbinsel, Carmel-by-the-Sea und der Point Lobos State Reserve zwei sehr schöne Städtchen, aber auch zwei grandiose natürliche Gebiete. Am zweiten Tag nimmt man sich den Hauptteil von Big Sur vor, fährt bis San Simeon und besucht unterwegs neben zahllosen Viewpoints vor allem den Julia Pfeiffer Burns State Park, während man den dritten Tag der Fahrt hauptsächlich der 101 widmet, sich zuvor vielleicht noch Pismo Beach und Solvang anschaut, dann aber mindestens den Nachmittag in Santa Barbara verbringt.

Wetter- und Straßenbedingungen

Voraussetzung für einen perfekten Besuch des Highway 1 ist einmal mehr das Wetter: Wie für eine Küstenregion üblich, stellt auch in diesem Gebiet Nebel keine Seltenheit dar – und mit Nebel kann man, ohne Übertreibung, fast den ganzen Big-Sur-Abschnitt vergessen.

Denn ohne gutes Wetter und eine ausreichend weite Sicht bleibt von der Schönheit der Küste nicht das Geringste übrig, im schlimmsten Fall kann man von der Straße aus nicht einmal das Meer in fünfzig Metern Tiefe erblicken. Sollte das im Voraus klar sein, ist der Weg von San Francisco nach Los Angeles über den Highway 1 im Grunde zu umständlich. Stattdessen kann von Monterey aus über die 101 im Landesinneren gefahren oder vielleicht der **Pinnacles National Park als kleine Alternative** angesteuert werden. Mit einem Wohnmobil ist die Fahrt über die enge Straße im dichten Nebel sogar recht unangenehm.

Will man es dennoch versuchen oder stellt sich erst bei der Ankunft heraus, dass das Wetter nicht mitspielt, führt kein Weg daran vorbei, durch den Nebel zu fahren und sich nicht zu sehr über das Wetter zu grämen – ab etwa San Simeon hat die Umgebung auch bei schlechtem Wetter wieder etwas mehr zu bieten und Santa Barbara ist eigentlich bei jedem Wetter eine Wucht!

Wer seine Reise flexibel gestaltet, kann natürlich auch schlichtweg versuchen, einen Tag abzuwarten; länger bleibt der Nebel nur selten.

Ein weiteres mögliches Hindernis stellen die Straßenbedingungen dar, denn insbesondere im Frühling, wenn es oft stark regnet, kommt es aufgrund der mutigen Straßenführung regelmäßig zu mehr oder weniger schweren Abrutschen. Im besten Fall wird nur eine Seite der Fahrbahn gesperrt, im schlimmsten ist die komplette Straße nicht passierbar.

Im Jahr 2017 war der Highway 1 nach dem Einsturz einer Brücke und des an mehreren Stellen abgerutschten Hangs **das ganze Jahr über** nicht durchgängig befahrbar. Die Brücke wurde im Oktober 2017 repariert, ein Abschnitt im Süden jedoch – zwischen Gorda und Ragged Point – bleibt **bis mindestens Sommer 2018** gesperrt. Bis dahin fährt man am besten von Norden bis zum Julia Pfeiffer Burns State Park, dann über die 101 durchs Landesinnere und im Süden von San Luis Obispo bis San Simeon. Aber: Vor der Fahrt unbedingt **aktuelle Infos** einholen!

Motels & Hotels

Mietwagenfahrer kommen zu vertretbaren Preisen im Norden des Abschnitts am besten in der Nähe von Monterey unter. In der Mitte könnte man San Simeon, Cambria, Morro Bay und San Luis Obispo in Erwägung ziehen, während sich im südlichen Abschnitt entweder Santa Barbara oder bereits Los Angeles anbieten.

In Monterey empfehlen sich unter anderem die **Stage Coach Lodge** und das **Spindrift Inn** mit Zimmern ab etwa 125$ die Nacht, billiger und trotzdem brauchbar geht es in der **Lone Oak Lodge** sowie im **Red Roof Inn**, ab ca. 100$ die Nacht. Wer etwas mehr Geld ausgeben will, kommt zum Beispiel im **Best Western Plus Victorian Inn** ab etwa 150$ die Nacht gut unter. Die Preise können in der absoluten Hauptsaison sowie an Wochenenden allerdings überall auch deutlich höher liegen.

In San Simeon sind die **San Simeon Lodge** sowie das **Ragged Point Inn** mit Zimmern ab 100$ durchaus zu empfehlen, mitunter aufgrund des guten Preisleistungsverhältnisses allerdings recht weit im Voraus ausgebucht. Fast immer Zimmer findet man hingegen in San Luis Obispo, etwa im **La Cuesta Inn** und im **Avenue Inn**, ab knapp 125$ die Nacht. Noch billiger geht's nebenan in Atascadero, unter anderem im schönen **Best Western Plus Colony Inn** ab 100$.

Deutlich teurer sind alle Hotels in Santa Barbara, weshalb meistens die Weiterfahrt nach Los Angeles bevorzugt wird. Will man dennoch in der Stadt übernachten, geht das einfache **Agave Inn** mit Zimmern ab ca. 125$ die Nacht noch in Ordnung, auch **The Eagle Inn** und das **Inn by the Harbor** sind ab 150-200$ nicht verkehrt.

Für schönere Hotels wie etwa das **West Beach Inn** oder auch das **Santa Barbara Inn** werden häufig um die 250$ fällig, in der Hauptsaison mitunter sogar noch mehr.

Soll hingegen im Umfeld von Los Angeles übernachtet werden, hängt die Auswahl des Hotels davon ab, ob man die Stadt selbst besuchen will oder (zunächst) an ihr vorbei fährt, um beispielsweise Las Vegas anzusteuern. Im ersten Fall ist schon ein Hotel in der Stadt zu empfehlen, im zweiten Fall hingegen sollte man sich möglichst am Stadtrand halten, um dem Verkehr zu entgehen.

Als Übernachtungsmöglichkeit für eine Weiterfahrt Richtung Joshua Tree oder Las Vegas bietet sich dann ein Hotel entlang der Straße 101 an. Mehr dazu im später folgenden Abschnitt über Los Angeles.

Campgrounds

Auch Campingmöglichkeiten gibt es entlang des Highway 1 etliche, die es einem – wie in den USA so oft üblich – erlauben, mitten in der Natur zu übernachten. Allerdings gilt hier das Gleiche wie in den beliebtesten National Parks: Die besten Plätze sind kaum oder nur mit rechtzeitiger Reservierung zu bekommen.

Der größte Campingplatz im Nordabschnitt befindet sich im **Pfeiffer Big Sur State Park**, der auch mit seiner Lage überzeugt, die einen recht guten Zwischenstopp vor oder nach einem Besuch des Julia Pfeiffer Burns State Parks darstellt. Mit 170 Stellplätzen ist die Chance auf eine Übernachtung recht groß, Reservierung im Voraus online möglich. WCs etc. sind vorhanden, allerdings kein Hookup. Ein Platz ist ab 35-50$ die Nacht zu haben.

Ebenfalls schön in dieser Region sind die Campgrounds im **Limekiln State Park** und im **Andrew Molera State Park**, der **San Simeon Creek Campground** sowie der **Kirk Creek Campground** mit dem vielleicht besten Blick auf den Pazifik. Auch hier sind Reservierungen überwiegend vorab online möglich und mindestens von Mai bis September stets zu empfehlen. Preise und Ausstattung sind mit dem Platz im Pfeiffer Big Sur SP vergleichbar.

In der Region um San Luis Obispo herum stehen die Chancen auf einen Stellplatz auch einigermaßen kurzfristig schon wieder besser, hier sind der **North Beach Campground** in Pismo Beach und der **Montaña de Oro State Park** aufgrund ihrer Meeresnähe erste Wahl. Stellplätze ab 20$ die Nacht und mit der üblichen, geringen Ausstattung.

Auch in der Gegend um Santa Barbara herum schließlich kann man sein Wohnmobil in unmittelbarer Nähe zum Meer abstellen, schön sind die Campgrounds am **Refugio State Beach** sowie am **El Capitan State Beach**. Reservierungen wiederum sieben Monate im Voraus online möglich, vergleichbare Preise wie zuvor.

Viewpoint am Highway 1: Über die Brücke geht es weiter.

* Monterey

Monterey, das Nordende des touristischen Highway 1, ist eine Stadt mit einer für US-Verhältnisse recht langen Geschichte. Einst zählte sie zu den wichtigsten Fischereihäfen im Südwesten, auch Walfang wurde hier betrieben, später haben etliche Autoren die Stadt entweder zum Schreiben oder als Schauplatz für ihre Bücher genutzt. Heute hingegen dient Monterey in erster Linie dem Tourismus und das gleich in mehrerlei Hinsicht: Sportler können hier segeln, tauchen und surfen, auch einige große, bekannte Golfplätze sowie eine Rennstrecke befinden sich in der Nähe. Zudem dürfen Tierfreunde unter anderem einen Blick auf verschiedenste Vogelarten, Seeotter und Seelöwen erhaschen.

Ein Besuch von Monterey sollte sich auf das kleine Stadtzentrum mit **Fisherman's Wharf** und seinem „Historic District" konzentrieren, Parkplätze stehen dort stets ausreichend zur Verfügung. Fisherman's Wharf erinnert stark an den Pier 39 in San Francisco, mit einer vergleichbaren Zusammensetzung aus Restaurants und Souvenir-Geschäften, nicht so groß, jedoch authentischer. Vor allem aber bietet es einen schönen Ausblick aufs Meer und den nebenan liegenden Hafen.

Bei sehr schlechtem Wetter könnte man danach in Cannery Row das **Monterey Bay Aquarium** besuchen, mit 35.000 Tieren und über 600 Spezies vergleichsweise groß und schön angelegt. Geöffnet üblicherweise von 10 bis 17 Uhr. Der Eintritt ist mit 50$ für Erwachsene und 30-40$ für Kinder / Jugendliche aber alles andere als günstig.

** 17 Mile Drive

Die klassische Route für die Erkundung der Umgebung von Monterey ist der so genannte **17 Mile Drive**, der einmal um Montereys Halbinsel herum führt, unter anderem vorbei am schönen **Pacific Grove** mit seinen viktorianischen Häusern und **Pebble Beach**, zwei wirklich wunderschönen Abschnitten. Der Drive ist allerdings nicht kostenlos; derzeit werden 10,25$ pro Fahrzeug verlangt, die man angerechnet erhält, falls man unterwegs einkauft oder speist.

Wer sich damit nicht anfreunden mag, kann auch auf den Drive verzichten und die Küste ein Stück weiter südlich auf eigene Faust und in vergleichbarer Schönheit erkunden, aber grundsätzlich sind die 17 Meilen, übrigens schon im Jahr 1892 (!) eröffnet, ihr Geld wert. Entlang der Strecke befinden sich zahlreiche Viewpoints und in die Straßenführung eingelassene Haltepunkte, die man nach Lust und Laune ansteuern kann. Am Eingang erhält man zudem eine Karte, welche die wichtigsten Flecke der Strecke markiert. Der zweifellos bekannteste Fotospot ist **The Lone Cypress,** eine auf einem Felsen einsam gelegene Zypresse.

** Carmel-by-the-Sea

Nachdem man einmal um die Halbinsel gefahren ist, wartet hinter Pebble Beach bereits **Carmel-by-the-Sea**, ein bezauberndes Städtchen, das in seiner Vergangenheit viele Maler, Musiker und Schauspieler beherbergt hat. Diese künstlerische Note schlägt sich auch im märchenhaften Aussehen etlicher Häuser nieder, zudem beansprucht Carmel für sich den Ruf, eine der hundefreundlichsten Städte zu sein.

Carmel: Küstenstädtchen mit viel Charme.

Während Hotels sonst stets ausdrücklich das Mitbringen von Haustieren verbieten, ist hier daher genau das Gegenteil der Fall, Restaurants haben sogar „Dog Menus" im Angebot. Als Spaziergänger muss man erfreulicherweise dennoch nicht aufpassen, wo man hintritt, denn in den USA ist es verpönt, das Geschäft seines Hundes nicht brav aufzusammeln.

Neben den zahlreichen hübschen Häuschen, den Bäckern, Kunst- und Souvenirhändlern entlang der Main Street ist auch die **Mission San Carlos Borromeo de Carmelo** einen Blick wert, sie verweist auf die Ursprünge der Stadt. Geöffnet von 9:30 bis 17:00 Uhr, Sonntags ab 10:30 Uhr, Eintritt 10$ für Erwachsene, Kinder 5$.

Parken kann man fast überall in Carmel **kostenlos am Straßenrand**, ausgenommen ist davon lediglich die Main Street. Darüber hinaus gibt es drei ausgeschilderte, etwas größere Parkplätze, ebenfalls gratis.

Gleichwohl ist die Einteilung in dieser Region stark davon abhängig, wie viel Zeit man mitbringt: Wenn man die Strecke von San Francisco bis Los Angeles an zwei Tagen fahren will, sollte vor allem Monterey **innerhalb kürzester Zeit** abgehakt werden, denn der beste Abschnitt liegt noch vor einem. Hat man hingegen drei Tage Zeit, spricht nichts gegen ein **ausgedehntes Schlendern** durch Carmel.

Wunderbar raue Küste in der Point Lobos State Reserve.

*** Point Lobos State Reserve

Zu diesem Abschnitt zählt Point Lobos, im Grunde eine Art State Park, der wunderschöne, lange, gut machbare Wanderwege entlang der Küste bietet, doch auch die Flora nicht zu kurz kommen lässt: Dichte Wälder mit seltenen Monterey-Zypressen und bunte Blumenwiesen durchziehen das Gelände. Höhepunkte sind der Ausblick auf Headland Cove, die Felsen vor der Küste, auf denen oft hunderte Seelöwen liegen, aber auch die zum Teil Labyrinth-artigen Gesteinsformationen am Ufer.

Festes Schuhwerk ist, wie so oft, Pflicht, um zumindest zwei, drei der zahlreichen, tollen Trails gehen zu können. Besonders empfehlenswert und sinnvoll ist beispielsweise eine Kombination aus **Sandhill Trail** und **Sea Lion Point Trail** im südlichen Teil des Parks, der **Cypress Grove Trail** im Westen sowie ein Abschnitt des **North Shore Trails**, um die wichtigsten und schönsten Ecken von Point Lobos zumindest in kurzen Auszügen zu Gesicht zu bekommen. Der Name ist jeweils Programm.

Die einzelnen Trails sind nicht viel länger als 1-1,5 km, aufgrund einiger Steigungen und etwas unebener Böden aber auch nicht in zu hohem Tempo zu bewältigen. Etwa drei Stunden sind für den Parkbesuch ein ganz guter Rahmen als Ausgangspunkt, allerdings lässt sich auch deutlich mehr Zeit hier verbringen.

Wie schon bei Carmel gilt: Das Besucheraufkommen ist vor allem in der Hochsaison an Wochenenden und um die Mittagszeit herum recht hoch, sodass unter Umständen **ab einer gewissen Uhrzeit keine neuen Besucher mehr auf das Gelände gelassen werden.** Wohnmobilen wird mitunter sogar gänzlich der Zugang untersagt. Geöffnet üblicherweise ab 8 Uhr morgens bis Sonnenuntergang, 10$ pro Fahrzeug.

*** Big Sur

Nicht weit südlich von Point Lobos beginnt der Teil, der meistens mit dem **Highway 1** gemeint ist, obwohl er nur einen vergleichsweise kleinen Abschnitt der ganzen Straße ausmacht: die **Big-Sur-Region.** (Auch wenn es keine offizielle Definition der Region gibt, die ihre Grenzen abstecken würde, aber das nur am Rande.)

Dort begegnet man zunächst der schon zuvor erwähnten **Bixby Creek Bridge,** der größten und wohl bekanntesten Brücke des Pacific Coast Highways. Nicht verpassen darf man auch das schon 1889 erbaute **Point Sur Lighthouse** im Point Sur State Historic Park, 82 Meter über dem Meeresspiegel – das Zeit seines Bestehens allerdings über ein Dutzend Unfälle vor seiner Küste nicht verhindern konnte, auch wenn der letzte „richtige" Untergang bereits sechzig Jahre zurückliegt.

Einer von hunderten Ausblicken am Highway 1, hier: Julia Pfeiffer Burns SP.

Es folgen der **Andrew Molera State Park** sowie der zum Camping großartige **Pfeiffer Big Sur State Park** mit etlichen tollen Ausblicken auf die
zerklüftete Küste, mit mal steinigen, mal sandigen Stränden. Der Letzt-
genannte begeistert zudem mit recht großen Bäumen – nicht umsonst
wird er manchmal auch als kleines Yosemite bezeichnet. Vor allem der
recht kurze **Pfeiffer Falls Trail** lohnt sich, auch der Valley Views Trail
kann eine Option sein. Gleichwohl gilt es, abzuwägen: Steht für die Big-
Sur-Region nur ein Tag zur Verfügung, stellen die beiden Parks kein
Muss dar, weil einen noch schönere Strände und Ausblicke erwarten.

Einer dieser Strände ist **Pfeiffer Beach**, der beinahe mehr an Karibik
und Piraten als an Kalifornien erinnert. Neben dem Strand an sich erlaubt vor allem der Rock-Hole-Felsen nicht zuletzt bei Sonnenuntergang
großartige Fotos durch sein Loch aufs Meer hinaus. Der Eintritt (10$) ist
allerdings nicht immer möglich, da die Ranger vor Ort die Besucherzahl
kontrollieren und limitieren.

Unbedingt Zeit einkalkulieren sollte man für den nun folgenden **Julia
Pfeiffer Burns State Park**, auch wenn hier etwas weniger notwendig ist
als in Point Lobos zuvor. Der **Waterfall Overlook Trail**, der den großartigen Ausblick auf die McWay Cove und den zugehörigen Wasserfall
beschert, ist ein lediglich gut einen Kilometer kurzer, einfacher Rundweg und auch die wenigen optionalen Wege, wie der **Canyon Trail** zu
einem weiteren Wasserfall, sind nicht viel länger.

** Hearst Castle

Bei San Simeon ist dann mal wieder ein Abstecher ins Kulturelle möglich, auch wenn das hier in Form von **Hearst Castle** einen leicht irren
Anstrich hat. Das ab 1919 für den häufig als einen Erfinder der Regen-
bogenpresse bezeichneten Zeitungsverleger William Randolph Hearst
errichtete Anwesen thront über der Umgebung. Auf den ersten Blick im
spanisch-mexikanischen Stil gehalten, entdeckt man bei näherer Ansicht
Elemente aus der römischen und griechischen Antike, aus Gotik und
Ägypten – das Ergebnis etlicher Umbauten, um den Ansprüchen des Eigentümers gerecht zu werden. Angesichts von 56 Schlafzimmern, 61
Bädern und 19 Wohnräumen verwundert es nicht, dass das Anwesen zu
Hearsts Lebzeiten (bis 1951) nie gänzlich fertiggestellt wurde.

Hearst Castle: Gärten und Ausblicke sind den Besuch wert.

Heute ist Hearst Castle ein offizieller State Park von Kalifornien. Das vielleicht größte Highlight des Anwesens ist der **Neptune Pool** im Stile des alten Roms, dessen Elemente zum Teil tatsächlich aus Europa importiert und vor Ort wieder zusammengebaut wurden. Von hier aus hat man auch einen tollen Ausblick auf die Umgebung. Allerdings befand sich der Pool zuletzt in einem so schlechtem Zustand, dass sein Wasser abgelassen werden musste – ohne ist der Anblick etwas dürftig. 2018 sollen die Sanierungsarbeiten aber abgeschlossen sein.

Leider ist der Zugang nicht ganz einfach, denn das Innere des Gebäudes darf ausschließlich im Rahmen geführter Touren besucht werden, die **jeweils nur einen Teil des Anwesens** abdecken: Cottages & Kitchen Tour, Grand Rooms Tour und The Upstairs Suites Tour dauern allesamt etwa 45 Minuten und schlagen mit 25$ für Erwachsene sowie 12$ für Kinder zu Buche – pro Tour! Das eigene Fahrzeug muss unten am recht sehenswerten Visitor Center abgestellt werden, hinauf zum Castle geht es mit dem Bus, was knapp 20 Minuten dauert. Nimmt man an mehreren Touren teil, muss man aber immerhin – anders als früher – nicht mehr nach einer Tour mit dem Bus erst wieder zurück, sondern darf dazwischen die tollen Gärten und Pools auf eigene Faust erkunden.

Touren finden tagsüber je nach Andrang alle 30 bis 60 Minuten statt, online kann man vorab Tickets reservieren, pro Tour stehen 20 bis 52 Plätze zur Verfügung. Für einen ersten Besuch sind die Grand Rooms oder die Upstairs Suites zu empfehlen.

Morro Bay
Der erste und in Hinblick auf die Natur schönste Abschnitt des Highway 1 endet in etwa auf Höhe von Morro Bay, das über einen eigenen State Park verfügt und mit seinem **Morro Rock** (ein großer Felsen unmittelbar vor der Küste) Besucher anlocken will.

Allzu viel sollte man nicht erwarten, aber aufgrund der recht großen Auswahl an überwiegend bezahlbaren Hotels bietet sich der Ort für eine Übernachtung durchaus an: **Comfort Inn**, **The Landing** und das lokale **Best Western** stellen eine gute Wahl dar.

Etwas versteckt, ganz im Osten von Morro Bay, findet man darüber hinaus eine Filiale der Supermarktkette Albertsons, welche aus Richtung Monterey kommend die **erste gute Einkaufsmöglichkeit** darstellt. Allerdings findet man in San Luis Obispo und Umgebung zahlreiche weitere Optionen, die Vorräte aufzufrischen.

* San Luis Obispo
San Luis Obispo ist ohnehin zumindest einen kurzen Besuch wert. Die in dieser Region fast übliche Mission ist zwar kein Muss, doch seinem Status als Unistadt hat San Luis Obispo eine gewisse popkulturelle „Hipness" zu verdanken, die sich in einer facettenreichen Kunst-, Theater- und Musikszene widerspiegelt. Ironischer Höhepunkt dessen mag die **Bubble Gum Alley** sein, in der tausende Studenten und Touristen die Wände mit gebrauchten Kaugummis verziert haben.

Wer es natürlicher mag und einen sehr schönen Ausblick auf die Umgebung genießen will, wandert ein wenig in Richtung **Bishop Peak** hinauf und kann von dort aus die gesamte Stadt überblicken.

Als Alternative zu den günstigen Hotels in Atascadero stellt in San Luis Obispo zudem das **Madonna Inn** mit 110 individuellen, einzigartig gestalteten (!) Zimmern eine äußerst extravagante Übernachtungsoption dar, ab knapp 200$ die Nacht.

Pismo Beach ist auch bei Surfern sehr beliebt.

* Pismo Beach

Weiter geht es nur ein paar Kilometer südlich in Pismo Beach, einem weiteren sehr schönen, wenn auch recht touristisch angehauchten Küstenabschnitt. Vor allem die Strandpromenade um den langen Pismo Pier herum ist einen Besuch wert, Letzterer erlaubt zudem am Abend einen sehr schönen Blick auf den Sonnenuntergang im Meer.

Wer nicht zufällig bereits in Oregon war, sollte zudem unbedingt den **Pismo Dunes** (weiter südlich wird der Abschnitt auch als Oceano Dunes und Guadalupe-Nipomo Dunes bezeichnet) einen Besuch abstatten. Anstatt auf der 101 nach Süden weiterzufahren, bleibt man dann zunächst auf dem Highway 1 und folgt der Ausschilderung – die Straße führt recht schnell in die langen, breiten Sanddünen hinein, die auf den ersten hundert Metern an eine echte Sandwüste erinnern und hier vielleicht sogar einen Tick sehenswerter sind als um den Parkplatz am Ende der Straße herum.

Da Wanderungen ohnehin nur bedingt möglich sind, muss für einen Besuch nicht viel mehr als die An- und Abfahrtszeit (insgesamt 45 bis 60 Minuten) berechnet werden, das Ganze ist mehr als Fotospot zu verstehen und es ist zugleich der letzte hervorzuhebende an dem, was wir als den Highway 1 bezeichnen.

Solvang: Schöne Kulisse, wenn nur die Autos nicht wären...

* Solvang

Der nächste Pflichtstopp an der Küste selbst ist erst Santa Barbara, gut 150 km nach San Luis Obispo, höchstens **Solvang** kann davor noch einen Abstecher und Zwischenstopp über Highway 246 wert sein. Dabei handelt es sich um eine kleine, einst dänische „Kolonie", die ihre Wurzeln bewahrt hat: Entlang der **Main Street** befinden sich zahlreiche hübsche Geschäfte, die mit gutem Gebäck, ganzjährigem Weihnachtsschmuck und allerlei dänischen Spezialitäten die Besucher locken. Wer länger als die notwendigen ein, zwei Stunden bleibt, kann in Kutschen eine Sightseeing Tour unternehmen oder im Open Air Theater vorbeischauen, in dem was besonders gerne gespielt wird? Richtig: Hamlet.

Für eine Stadt, die offensichtlich fast ausschließlich vom Tourismus lebt, ist Solvang wirklich hübsch und vergleichsweise unaufdringlich, mit einem kleinen Haken: Da sich fast alles an der Main Street abspielt, die wirklich als Hauptstraße genutzt wird, ist das Verkehrsaufkommen und die damit verbundene Lautstärke oft hoch – und die grundsätzlich vorhandene Idylle einer dänischen Siedlung inmitten der modernen USA verliert ein Stück weit ihren Reiz, wenn Busse und SUVs ein, zwei Meter entfernt unentwegt vorbeirauschen. Am besten **unter der Woche kommen**, um dem Trubel ein Stück weit zu entgehen.

*** Santa Barbara

Egal, ob Sie Solvang einen Besuch abstatten oder nicht, weiter geht es beinahe zwangsläufig in dem sehr schönen Santa Barbara, einer knapp 100.000 Einwohner zählenden Stadt mit starkem spanisch-mexikanischen Einschlag, wie man ihn in dieser Form anschließend erst ein paar hundert Kilometer südlich in San Diego erneut findet.

Die tolle Architektur und das sehr angenehme, an den Mittelmeerraum erinnernde Klima haben dafür gesorgt, dass die Immobilienpreise über die letzten Jahrzehnte hinweg ins Unermessliche gestiegen sind: Deutlich über eine Million US-Dollar kostet ein Haus in Santa Barbara im Schnitt mittlerweile, mehr als das Doppelte des Durchschnitts von Kalifornien – und das, obwohl durchaus noch genug Platz vorhanden wäre, um die Grenzen der Stadt um ein Vielfaches zu erweitern.

Courthouse im Stadtzentrum von Santa Barbara.

Dennoch wirkt Santa Barbara zumindest auf Touristen in keiner Weise „versnobt", sondern lediglich wie eine schöne, vergleichsweise ruhige Stadt, in der neben der wundervollen Architektur vor allem die großartigen Blicke aufs Meer und der schöne Strand zu gefallen wissen.

Ein guter Ausgangspunkt für einen etwa drei- bis vierstündigen Rundgang durch Santa Barbara ist **Alameda Plaza** im Stadtzentrum, um

185

den herum es kostenlose Parkplätze gibt. Sind dort keine mehr vorhanden, stehen einem unmittelbar am Strand zahlreiche weitere (allerdings ein paar Dollar teure) Parkmöglichkeiten zur Verfügung. Von Alameda Plaza aus gen Meer spazierend, kommt man an vielen der so schönen Gebäude vorbei.

Pflicht ist auf jeden Fall das tolle **Courthouse Building**, das – wie die meisten Häuser – nach dem großen Erdbeben im Jahre 1929 neu errichtet wurde, ohne den klassischen Baustil zu verändern. Eine Überlegung wert ist der Besuch des **Glockenturms** des Gerichtsgebäudes, der zwar nur 26 Meter in die Höhe ragt, was jedoch für einen tollen Ausblick auf Stadt und Meer angesichts überwiegend sehr niedriger Gebäude bereits ausreicht. Der Eintritt ist kostenlos, geöffnet wochentags von 8 bis 17 Uhr, am Wochenende von 10 bis 16:30 Uhr.

Ebenfalls sehenswert ist der **Presidio State Historic Park**, auch als Presidio of Santa Barbara bekannt, ein im Jahre 1782 noch von Spaniern erbautes Fort, das allerdings recht schnell seine ursprüngliche Funktion verlor – schon im Krieg zwischen Mexiko und den USA spielte es keine Rolle mehr – und das heute nur noch als Museum und Touristenattraktion dient. Ein Teil des Presidios, „El Cuartel", will sogar das zweitälteste noch stehende Gebäude in ganz Kalifornien sein. Wunderdinge sollte man von dem Historic Park zwar nicht erwarten, ein kurzer Besuch lohnt sich jedoch allemal. Geöffnet von 10:30 bis 16:30 Uhr außer an Feiertagen, Eintritt 5$ für Erwachsene, für Kinder kostenlos.

Zahlreiche andere Gebäude in der Gegend sind zumindest ein Foto wert. Wirklich weiter geht es dann südlich in der **Lower State Street**, in Old Town und an der Waterfront. Santa Barbara verfügt hier tatsächlich über so etwas wie ein europäisch anmutendes Stadtzentrum mit zahlreichen Geschäften und Imbissen, die zum Bummeln oder zu einer Rast einladen. Sowohl Italienisch als auch Seafood ist überwiegend zu empfehlen, die Preise können sich allerdings sehen lassen: Eine „halbe" Portion Nudeln kostet nicht selten um die 20$ plus Tax.

Direkt daran schließen der Strand sowie **Stearns Wharf** an, ein langer, weit ins Meer hineinragender Pier, auf dem sich mehrere Restaurants befinden, was ihn – wenn man nicht gerade ausgiebig speisen möchte – in erster Linie als Fotospot interessant macht.

Anschließend könnte man ein paar hundert Meter am Strand entlang spazieren, an dessen Ende sich der kleine Zoo der Stadt befindet, der allerdings keinen Besuch wert ist.

Zwei weitere Sehenswürdigkeiten von Santa Barbara sind nicht fußläufig von der Innenstadt aus zu erreichen, sondern nur mit dem Auto: Old Mission Santa Barbara und der Santa Barbara Botanic Garden, beide im Norden der Stadt gelegen.

Die **spanische Old Mission** ist im Prinzip ein weiterer Pflichtbesuch, zählt sie doch zu den mit Abstand größten und schönsten der zahlreichen spanischen Missionen in Kalifornien. Große Teile von ihr stehen bereits seit dem Jahre 1820, auch wenn einige Bereiche hundert Jahre später den Erdbeben zum Opfer fielen und in Folge dessen neu errichtet werden mussten. Neben der Kapelle ist vor allem der Innenhof äußerst sehenswert. Nicht zu unterschlagen ist, dass große Teile der Mission einst von amerikanischen Ureinwohnern erbaut wurden.

Geöffnet ist die Mission außer an großen Feiertagen von 9 Uhr bis 17 Uhr, Kinder von 5 bis 15 Jahren zahlen lediglich 4$ Eintritt, ab 16 Jahren werden 9$ fällig. Für den Besuch sollte man etwa anderthalb bis zwei Stunden Zeit mitbringen.

Innenhof der Old Mission: Nur eines von vielen tollen Bauwerken.

Nicht gänzlich uneingeschränkt empfehlen lässt sich hingegen der ebenfalls sehr beliebte **Botanic Garden**, dessen Pflanzenwelt doch oft arg unter den Temperaturen im Sommer leidet – lediglich im Frühling kann man sich hier eines wirklich farbenfrohen Bildes sicher sein, während man ab Juli zunächst einen Blick über den Zaun werfen sollte, von welcher Seite sich die Flora gerade präsentiert.

Mit 12$ für Erwachsene, 8$ für Jugendliche von 13-17 und 6$ für Kinder von 2-12 Jahren fällt der Eintritt zudem das ganze Jahr (also auch unabhängig vom Zustand des Gartens) relativ hoch aus, weshalb man den Besuch nur echten Pflanzenliebhabern uneingeschränkt ans Herz legen kann, die nicht selbige in den National Parks oder der freien Natur Kaliforniens sehen können. Geöffnet von März bis Oktober von 9 bis 18 Uhr, sonst von 9 bis 17 Uhr.

* Channel Islands National Park

Vor der Küste Santa Barbaras liegt der im Jahre 1980 eröffnete und vergleichsweise unbekannte Channel Islands National Park, der aufgrund seiner Lage keine 100.000 Besucher im Jahr auf sich zieht. Der Park besteht aus fünf Inseln, die beiden größten heißen Santa Cruz und Santa Rosa. Ihre Infrastruktur ist im Vergleich zu den meisten anderen National Parks minimal. Hauptattraktionen sind hier die bunte Tier- und Pflanzenwelt, die zum Teil auf den Inseln, zum Teil aber auch im Wasser um sie herum zu finden ist – sogar „Whale Watching", also das Ausschauhalten nach Walen, ist möglich.

Alle Ziele im Park können einfach mit den **Island Packers Cruises** angesteuert werden, die Tagestrips ab etwa 60$ pro Person anbieten. Eine Fahrt dauert, abhängig von der gewählten Insel, zwischen gut 30 Minuten und 3 Stunden. Am einfachsten ist Anacapa Island zu erreichen, das nur gut 20 km vom Hafen in der Kleinstadt Oxnard entfernt liegt. Aber auch zur deutlich größeren Santa Cruz ist es nicht viel weiter.

Überall gibt es sehr schöne und weitgehend offen angelegte Wanderwege, die einige tolle Ausblicke auf die Felsenküste als auch auf Tiere und Pflanzen mit sich bringen. Um Erstere zu sehen, braucht man aber in vielen Fällen ein wenig Geduld, Ruhe und ein gewisses Fachwissen, während die Pracht Letzterer stark von der Jahreszeit abhängig ist: Im

Frühling trifft man hier auf wunderschöne, bunte Blumenwiesen, von denen aber schon im Sommer oft nicht mehr viel übrig ist.

Ausgangspunkt für Fahrten zu den Channel Islands sind entweder das schon angesprochene Oxnard oder das nicht viel größere Ventura nebenan, in beiden Städten befinden sich ausreichend Hotels – **Holiday Inn Express** in Ventura und **Hampton Inn** in Oxnard gehen mit Zimmern um die 150$ die Nacht in Ordnung.

Auf den Channel Islands stehen darüber hinaus mehrere sehr schöne Campingplätze zur Auswahl, für die man aber natürlich in einem Zelt übernachten muss. Vor allem der **Scorpion Campground** am Ostende von Santa Cruz ist gut erreichbar und ausreichend ausgestattet, Reservierungen sind online möglich, Plätze kosten 15$ die Nacht.

Zwischen Santa Barbara und Los Angeles

Im weiteren Verlauf von Highway 1 / 101 nach Santa Barbara halten sich die Pflichtstopps in Grenzen. Viele Urlauber ziehen das Ansteuern von **Malibu** in Erwägung, das allerdings außer seinem berühmten Namen nur wenig zu bieten hat. Hier lebt zwar tatsächlich recht viel Hollywood-Prominenz, die man aber natürlich unter normalen Umständen nicht zu Gesicht bekommt.

Zudem steht für die Weiterfahrt nun eine Entscheidung an: Wenn man Los Angeles nicht oder zumindest nicht zu diesem Zeitpunkt seiner Rundreise besuchen will, sollte man das Stadtgebiet aufgrund des hohen Verkehrsaufkommens naturgemäß möglichst meiden.

Als Übernachtungsmöglichkeit für eine Weiterfahrt Richtung Joshua Tree oder Las Vegas bietet sich dann ein Hotel entlang Highway 101 an. In **Thousand Oaks** beispielsweise befindet sich eine regelrechte „Gated Community" aus ganz brauchbaren Hotels, die sich gleichermaßen an Touristen wie Geschäftsleute richten, welche die hohen Hotelpreise in Los Angeles selbst umgehen wollen. In Ordnung geht zum Beispiel das **Palm Garden Hotel** mit Zimmern ab etwa 125$ die Nacht, auch über **Best Western** und **Hampton Inn** kann man nicht meckern.

Wer hingegen als nächstes Los Angeles ansteuert, fährt üblicherweise über die 101 bis Sherman Oaks und dann – je nach Lage des Hotels – über die Interstate 405 oder die 101-S in Richtung Downtown.

ABSTECHER VOM HIGHWAY 1

Vom Highway 1 aus bieten sich relativ wenige Abstecher ins Landesinnere an – im Grunde sind es nur ein oder zwei, die wirklich in Frage kommen: Von Monterey aus sind die gut 100 km über Highway 101 zum schönen wie ungewöhnlichen **Pinnacles National Park** denkbar und gut möglich, während von San Luis Obispo aus die etwa 150 km lange Fahrt zum vor allem im Frühling oft bunt blühenden **Carrizo Plain National Monument** eine Option wäre.

Beide Abstecher erfordern jeweils etwa einen Tag. Da die Blühzeit in Carrizo Plain aber recht kurz und ein Stück weit Glückssache ist, kann nur der Tagesausflug zum Pinnacles National Park im Rahmen einer typischen Rundreise wirklich als sinnvoll erachtet werden.

PINNACLES NATIONAL PARK

Highlights	Informationen	
	🕐	minimaler Zeitaufwand: ein Tag, mehr im Grunde nicht notwendig
** Balconies Cliffs - Cave Loop	📄	gut besuchbar von Frühling bis Herbst, Brutzeit der Fledermäuse beachten
** Old Pinnacles Trail	👓	kleine Felsnadeln, bunte Pflanzenwelt, spannende Trails durch Höhlen
** Juniper Canyon		
* Moses Springs - Rim Trail Loop	👣	schwierige Erreichbarkeit, Westen nur für PKW, zwei unverbundene Eingänge
	🚶	überwiegend große Anstrengung wegen Höhen, Höhlen und Temperaturen

Überblick & Orientierung

Pinnacles ist ein noch recht „junger" National Park, der erst im Frühjahr 2013 diesen Status erhalten hat, zuvor zählte er zu den National Monuments. Für seine tolle Natur, die von Felsformationen vulkanischen Ursprungs geprägt ist, gilt das junge Alter natürlich nicht.

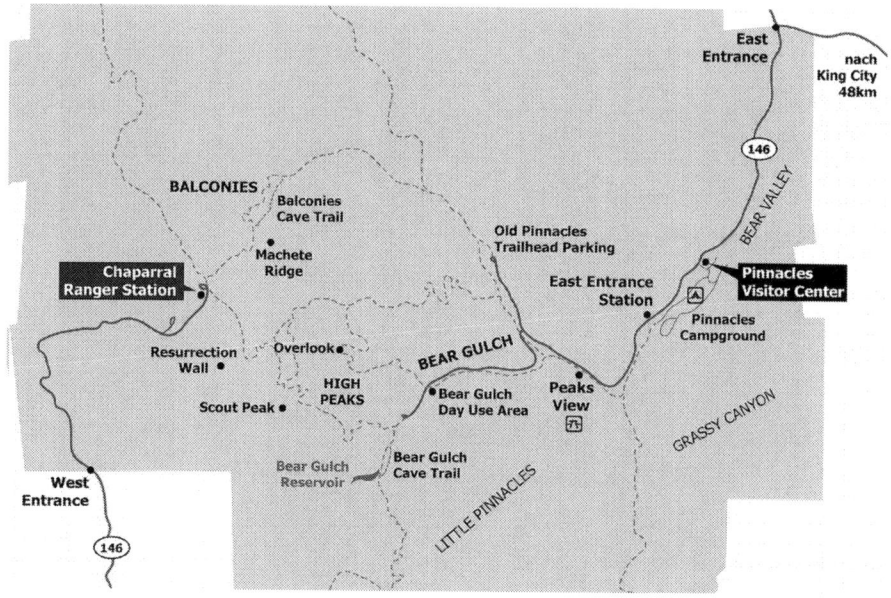

Neben den namensgebenden Felsnadeln begeistern im Park die bunte Flora sowie mehrere Höhlen. (Bei einer Suche im Internet ist der Park übrigens nicht mit dem gleichnamigen Park in Australien zu verwechseln, in dem die Felsnadeln auf gelbem Wüstenboden stehen – ganz so hoch und markant fallen sie hier nicht aus.)

Ähnlich wie Sequoia wird der Park häufig mit Missachtung gestraft, weil er sich abseits der üblichen Routen befindet: Wer eine Rundreise durch den Südwesten unternimmt, fährt meistens in eine Richtung den Highway 1 und wählt in die andere Richtung die Inlandsroute über Yosemite. Pinnacles liegt dazwischen, entlang der hier fast nie befahrenen 101, etwa 100 km südöstlich von Monterey oder 180 km nordöstlich von San Luis Obispo, was über die tatsächliche Länge der Anfahrt hinwegtäuscht, die durch eine karge Landschaft führt und sich zum Ende hin aufgrund schlechter Straßenverhältnisse zieht.

Im Park selbst tut sich das zweite Hindernis auf: Pinnacles verfügt über zwei verschiedene Einfahrten, die jedoch nicht mit Straßen miteinander verbunden sind. Sprich: Wer die Westeinfahrt wählt, verpasst ohne lange Wanderung den Ostteil des Parks, denn der Osten kann nur über Highway 25 angesteuert werden, was in der Regel einen noch etwas größeren Umweg darstellt.

Immerhin: Der einfacher zu erreichende Westteil des Parks verfügt zwar über kein Visitor Center (nur eine „Contact Station"), dafür aber über die schöneren Wanderwege, während sich der Ostteil, inklusive Visitor Center, vor allem zum Camping anbietet. Dort ist die Zufahrt mit Wohnmobilen problemlos möglich.

Darüber hinaus gestaltet sich der Ablauf, einmal im Park angekommen, recht einfach. Im Westen gibt es im Grunde nur eine Straße, die zum **Chaparral Trailhead Parking** führt, während sich die Road im Osten zum Ende hin in zwei Richtungen aufteilt (zu den **Old Pinnacles** im Norden und der **Bear Gulch Day Use Area** im Süden), die allerdings beide schnell erreicht werden können.

Zwei Dinge gilt es bei einem Besuch des Pinnacles National Park zu beachten: Zum einen ist das die enorme Hitze, die im Sommer herrscht; Temperaturen über 40° C sind von Juni bis August keine Seltenheit.

Sehenswerte Natur zwischen Felsnadeln, Büschen und Gräsern.

Zum anderen führen die schönsten Wanderwege durch **enge, dunkle Höhlen**, für die man nicht unter Klaustrophobie leiden darf und für die eine Taschenlampe Pflicht ist. Wer keine bei sich führt, hat am Visitor Center und an der Visitor Contact Station die Möglichkeit, eine zu kaufen. Nicht empfehlenswert ist es, ein Smartphone als Taschenlampe zu nutzen: Oft benötigt man beide Hände, um in die Höhlen hinabsteigen zu können – und dabei rutscht das Handy schnell aus der Hand.

Trails

** Balconies Cliffs-Cave Loop (3 km): Im Westen sollte der Balconies Cliffs-Cave Loop die erste Anlaufstelle darstellen, ein schöner Wanderweg, der – wie der Name schon andeutet – nicht nur tolle Ausblicke von den Bergen, sondern auch Einblicke in die Höhlen bietet.

Offiziell wird der Weg als „einfach" beschrieben, tatsächlich aber bedarf es schon einer gewissen Kondition, um zum einen die Steigungen bei hohen Temperaturen überwinden zu können und zum anderen die häufig engen, steilen und holprigen Abstiege in die Höhlen zu meistern.

* Juniper Canyon Loop (7 km): Ebenfalls sehr schön im Westen ist der Juniper Canyon Loop, der vor allem großartige Ausblicke auf die Pinnacles selbst mit sich bringt. Aufgrund mehr als 400 zu überwindender Höhenmeter und häufig unbefestigter Wege ist der Trail jedoch sehr anstrengend, unter drei Stunden kaum zu schaffen.

** Old Pinnacles Trail to Balconies Cave (8 km): Steuert man statt dem Westteil den Ostteil des Parks an, ist der Old Pinnacles Trail trotz einer Gesamtlänge von 8 Kilometern und dem damit verbundenen Aufwand von etwa vier Stunden erste Wahl, bietet er doch gleichermaßen tolle Ausblicke wie Einblicke in das Höhlensystem der Pinnacles.

Die Anstrengung der Auf- und Abstiege ist vergleichbar mit dem Balconies Cliff-Cave Loop, die enorme Länge macht ihn allerdings nur im Frühling und Herbst sowie in den Morgenstunden des Sommers gut erträglich. Teile der Höhlen können zur Brutzeit der dort lebenden Fledermäuse zudem gesperrt sein, häufig von Mitte Mai bis Mitte Juli.

* Moses Springs – Rim Trail Loop (3 km): Die einfachere Alternative zum Old Pinnacles Trail im Osten, ebenfalls mit schönen Ausblicken und Wanderungen durch die Höhlen. Auch hier sind Sperrungen möglich.

Letzter Ausblick in Pinnacles, bevor es in die Höhlen hinabgeht.

Übernachtungen

Der Pinnacles National Park bringt neben seiner Erreichbarkeit noch ein weiteres mittelschweres Problem mit sich: die Übernachtungen. Camper kommen lediglich im Ostteil auf dem einzigen Campground im Park mit etwa 30 Stellplätzen für 36$ die Nacht unter, Reservierungen sind sechs Monate im Voraus online möglich. Electrical Hookup ist vorhanden, Wasser, Duschen und Dump Station gibt es ebenfalls.

Wer nicht campen will, hat hingegen keine andere Wahl, als ein ganzes Stück nach Norden oder nach Süden weiterzufahren, um ein Motel oder Hotel zu finden. Die wenigen Optionen in King City sind zu meiden. Es bieten sich die schon zuvor genannten Städte am Highway 1 an: Monterey im Norden sowie San Luis Obispo und Umgebung im Süden.

Pinnacles – und dann?

Üblicherweise stellt der Pinnacles National Park nur einen Abstecher von Monterey aus dar, nach dem es zurück zum Highway 1 geht. Soll die Big-Sur-Region aufgrund schlechten Wetters oder Sperrungen jedoch ausgelassen werden, fährt man dann weiter über die 101 nach Süden, um ab San Luis Obispo den wieder weniger wetterabhängigen Teil der Küstenstraße anzusteuern.

194

LOS ANGELES

Highlights	Informationen
*** Getty Center & Villa *** Griffith Observatory *** Disneyland Anaheim ** Santa Monica ** Hollywood ** Venice Beach & Canals * Knott's Berry Farm * Exposition Park * La Brea Tar Pits	Zeitaufwand sehr variabel, meistens sind zwei bis drei Tage genug das ganze Jahr über gut besuchbar, nur kleine Einschränkungen im Sommer zahlreiche bekannte Filmlocations, schöne Ausblicke, Vergnügungsparks fast alle Ziele nur mit einem Fahrzeug erreichbar, enorm zäher Verkehr körperliche Anstrengungen sehr gering, Fahrten erfordern jedoch gute Nerven

Überblick

Kaum eine Stadt ruft **so unterschiedliche Reaktionen** hervor wie Los Angeles: Die einen bestaunen die Strände und Hügel, freuen sich über Hollywood und all das, was sie unzählige Male in Filmen und Serien gesehen haben, während die anderen von der Größe der Region mit ihren knapp 13 Millionen Einwohnern, dem furchtbaren Verkehr, dem Fehlen eines wirklichen Stadtzentrums sowie den zahlreichen weniger schönen Ecken schwer enttäuscht sind.

Und irgendwo kann man beide Seiten verstehen, denn Los Angeles ist keine einfache Stadt, nein, genau genommen ist es überhaupt keine Stadt. Los Angeles ist, als würde man die Gewerbegebiete von Duisburg, Dortmund und Gelsenkirchen mit den düstersten Ecken von Berlin, ein bisschen Strand, Partyleben und (Pop-)Kultur in einen Sack stecken, den Inhalt um den Faktor zehn vergrößern und dann über eine riesige und doch irgendwo zu kleine, viel zu trockene Fläche verstreuen.

Los Angeles ist, bei aller Liebe, eine weitgehend hässliche Metropolregion, aus der lediglich der Norden um Hollywood herum sowie der Westen mit Santa Monica oder auch Redondo Beach zumindest in Teilen ein wenig heraussticht. Dennoch ist eine realistische Erwartungshaltung hier so wichtig wie nirgendwo anders im Westen der USA – nicht einmal in Las Vegas –, denn der Verzicht auf ein wirkliches Stadtzentrum, der pure Konsum in den immer gleichen Shopping Centern sowie der schon erwähnte Verkehr können auch den sanftmütigsten Besucher vor den Kopf stoßen.

Wer in Los Angeles mit dem Auto unterwegs ist, muss damit rechnen, mindestens drei Viertel der Zeit zu stehen und auch für vermeintlich kurze Strecken von zwanzig Kilometern mal ein bis zwei Stunden zu brauchen – fast unabhängig von Uhrzeit und Wochentag.

Dem gegenüber stehen jedoch einige großartige Sehenswürdigkeiten und Ausblicke, zahlreiche Locations, an denen insbesondere Film-Fans auf ihre Kosten kommen, sowie das tolle, über weite Teile des Jahres sehr angenehme Klima: Die Höchsttemperaturen sinken im Schnitt in keinem Monat unter 18° C, übersteigen allerdings auch nie die 25° C, und die Niederschlagstage von Mai bis Oktober kann man üblicherweise an einer Hand abzählen. Von Frühling bis Herbst sind kurze Hose und Shirt meistens optimal, ohne dass man frieren oder – andersrum – enorm schwitzen müsste. Ausnahmen bestätigen natürlich die Regel.

Orientierung

Genau genommen handelt es sich bei den meisten Stadtteilen der Metropolregion Los Angeles um eigene Städte – da diese aber nahezu allesamt nahtlos ineinander übergehen, ist der Unterschied für Besucher letzten Endes minimal. Zur Orientierung lässt sich Los Angeles grob in etwa sieben Bereiche einteilen: Im Westen liegt, wie der Name schon sagt, die West Side, in der sich Santa Monica befindet, zu der aber auch noch Pacific Palisades, Beverly Hills und West Hollywood gezählt werden können. Östlich daran schließt das Stadtzentrum an, das vornehmlich aus Downtown und Hollywood besteht. Nördlich davon liegt das San Fernando Valley, oft auch als „The Valley" bezeichnet, wo heute die Filme und Serien gedreht werden.

Südlich an Downtown schließt South Central an, das aufgrund der hohen Gang-Kriminalität einen schlechten Ruf hat, der allerdings nur in Teilen bestätigt werden kann, befindet sich hier doch unter anderem auch das tolle California Science Center. Südwestlich davon findet man South Bay mit Redondo Beach und dem recht schönen und teilweise teuren Manhattan Beach, während im Südosten die Gateway Cities mit Long Beach anschließen, bevor es ins Orange County mit unter anderem Anaheim und Disneyland weitergeht.

Historie

Gegründet wurde Los Angeles etwa 240 Jahre nach der Entdeckung seiner heutigen Region in 1781 als „El Pueblo de la Reina de Los Ángeles" von Spaniern, wie der Name schon vermuten lässt, die sich hier in erster Linie zur Missionierung der Ungläubigen ansiedelten. Neben Spaniern ließen sich bald auch die ersten Siedler der neu gegründeten USA nieder, doch zunächst fiel Los Angeles im Zuge des Unabhängigkeitskrieges im Jahre 1821 an Mexiko, wo es 14 Jahre später sogar zur Hauptstadt der Region Alta California erklärt wurde, der auch San Diego angehörte.

Gerade rechtzeitig vor Beginn des Goldrausches kam es in den Jahren 1846 bis 1848 jedoch zum Mexikanisch-Amerikanischen Krieg, in Folge dessen Alta California in die USA eingegliedert wurde.

Geholfen haben Los Angeles kurz darauf, ab dem Jahre 1869, die erste Eisenbahnlinie mit der später folgenden Anbindung an den Rest des Landes, die hiesigen Anbaumöglichkeiten für allerlei Früchte wie etwa Orangen (daher auch Orange County) sowie die beginnende Kohle- und Erdölförderung. Als größtes Problem erwies sich schon damals die Wasserversorgung, sodass Wasser bereits im frühen 20. Jahrhundert aus mehreren hundert Kilometern Entfernung angeliefert werden musste.

Um 1910 herum entdeckte zudem die gerade aufkommende Filmindustrie Los Angeles als idealen Standort für sich und formte die Stadt – und vor allem natürlich Hollywood – zu dem, was sie heute ist. Der wirtschaftliche Aufschwung im Zuge des Zweiten Weltkriegs beschleunigte das Wachstum der Stadt, auch wenn es zynisch klingt, zudem enorm.

Gleichzeitig hatte Los Angeles aufgrund seiner Lage sowie seiner demographischen Zusammensetzung immer wieder mit Unruhen zwischen den verschiedenen Bevölkerungsgruppen zu kämpfen, mitunter leider im wahrsten Sinne des Worte: Zunächst waren es vorrangig Chinesen, die den Unmut der Weißen auf sich zogen, später folgten Konflikte mit sowie zwischen Schwarzen und Latinos, die auch über die Grenzen der USA hinaus für Schlagzeilen sorgten.

Negativer Höhepunkt waren zweifellos die Rassenunruhen im Jahre 1992, heute haben sich die Probleme stärker in den Bereich krimineller Banden (Gangs) verschoben. Zudem leidet Los Angeles aufgrund seiner unnatürlichen Struktur und schlechter öffentlicher Verkehrsmittel unter einem extrem hohen Verkehrsaufkommen und damit verbunden zum Teil noch immer recht starker Luftverschmutzung.

Sehenswürdigkeiten & Rundwege

Wirkliche Rundwege, die zu Fuß abgelaufen werden könnten, gibt es in Los Angeles kaum – ein Fahrzeug ist unverzichtbar, um von A nach B zu gelangen; die einzelnen Sehenswürdigkeiten liegen überwiegend etliche Kilometer voneinander entfernt. Die Planung eines Aufenthalts fällt aus diesem Grund recht schwer und ist sehr stark von eigenen Prioritäten sowie der Lage der Unterkunft abhängig.

Grundsätzlich lassen sich aber Santa Monica, Venice Beach und Getty Center / Villa recht gut verbinden, genauso wie ein (möglicher) Besuch von Downtown, dem Hollywood Walk of Fame und Griffith Park.

Typisch LA: Schnellstraße neben Pier und Strand.

** Santa Monica

Santa Monica stellt einen guten Einstieg in die Region dar, weil es die erste Station ist, wenn man von Westen kommt, aber auch, weil es sich um eine Art „Los Angeles Light" handelt: Ein wenig Strand (der **Santa Monica State Beach**), ein bisschen Unterhaltung und Filmkulisse (am historischen **Santa Monica Pier** aus dem Jahre 1909) und leider auch mehr als nur ein bisschen Armut, welche sich in den zahlreichen Obdachlosen widerspiegelt, die sich vor allem auf den Grünflächen nahe Strand und Pier aufhalten.

Als Bonus verfügt Santa Monica mit der **Third Street Promenade** unweit vom Pier über ein kleines Stadtzentrum, das mit einigen Geschäften, Imbissen und vielen Parkhäusern zum Bummeln einlädt. Ohnehin spielt sich beinahe das gesamte touristische Leben der Stadt im Umkreis von etwa fünf Straßen ab. Die fast ein wenig europäische Third Street Promenade, nahe der man auch **zahlreiche Parkhäuser** findet, verläuft parallel zum Strand und zum schönen **Ocean Front Walk**, der wiederum auf den Santa Monica Pier mit seinem **Pacific Park**, einem kleinen, etwa 20 Jahre alten Vergnügungspark, zusteuert.

Pier und Park kennen Sie zweifellos aus Kinofilmen (unter anderem „Das Netz", „Titanic", „Forest Gump", „Iron Man" und „Hancock"), was seinen guten Grund hat. Denn vor allem gegen Abend in der Halbdämmerung, wenn die Fahrgeschäfte bereits beleuchtet sind, das Meer aber noch erkennbar ist, sieht dieser Steg im Wasser mit Achterbahn und Riesenrad durchaus imposant aus. Bei Tag und aus der Nähe mag das Ganze ein wenig von seinem Reiz verlieren, ist den Besuch aber dennoch wert.

Am ehesten kann sich eine Fahrt mit dem das etwa 40 Meter hohen Pacific Wheel lohnen, da es bei gutem Wetter nette Ausblicke auf die Umgebung bietet. 5-10$ für Erwachsene und Kinder.

Die Venice Canals: Idyllischer als der exzentrische Strand.

* Venice Beach

Nicht weit südlich von Santa Monica, aber dennoch zu Fuß von dort aus nur schwierig zu erreichen, befindet sich **Venice Beach**, das man ebenfalls zweifellos aus zahlreichen Filmen und Reportagen kennt: Hier sind Skater, Basketballer und Bodybuilder zu Hause, die ihren Hobbys nachgehen und sich am Muscle Beach in der Sonne stählen. Unzählige kleine Geschäfte bieten unter anderem Wahrsagerei und Medical Marihuana an, zudem treiben sich viele hoffnungsvolle, recht verschrobene „Künstler" herum, die ihre Musik unters Volk bringen wollen.

Es ist schwierig, eine realistische Einschätzung von Venice Beach abzugeben, denn auch nach mehrmaligen Besuchen ist einem nie so ganz klar, was genau nun authentisch und was eher als touristischer Nepp zu betrachten ist. Ist Venice Beach ein Strand, an dem sich normale Bürger von Los Angeles erholen? Oder ist es eine Art Zirkus, an dem sich Exzentriker ausleben und an den man ausschließlich geht, um gesehen zu werden? Die Antwort muss jeder für sich selbst finden.

Zweifellos als schön einzuordnen sind hingegen die **Venice Canals**, etwa drei Straßen vom Strand entfernt: Kleine Kanäle, die sich durch die Häuserreihen ziehen und – Sie ahnen es bereits – ebenfalls des Öfteren als Filmkulisse dienten. Dieser „Historic District" wurde bereits im Jahre 1905 erbaut und sollte tatsächlich Venedig imitieren, allerdings hatte man die Rechnung damals noch ohne das Auto gemacht und so wurden im Laufe der nächsten 25 Jahre die meisten Kanäle zugeschüttet, um für neue Straßen Platz zu machen. Der Rest verfiel weitgehend, wurde erst im Jahre 1993 wieder eröffnet, erlangte dann aber schnell Kultstatus.

Gut zwei, maximal drei Stunden reichen aus, um sich ein eigenes Bild von Venice zu machen, am besten am Wochenende ab der Mittagszeit. Wenn ein Besuch nur wochentags möglich ist, dann am späten Nachmittag, da sich zuvor fast nur Touristen hierhin verirren.

* Hollywood Boulevard (Walk of Fame)

Am stärksten mit Los Angeles verbindet man nicht erst heutzutage wohl Hollywood, doch naturgemäß ist es schwierig, als Tourist wirklich etwas davon zu Gesicht zu bekommen oder gar hinter die Kulissen zu blicken. Wenn von einem Besuch von Hollywood die Rede ist, ist daher üblicherweise lediglich ein Stück des **Hollywood Boulevards** gemeint, von etwa Grauman's Chinese Theatre im Westen bis zum W Hotel im Osten, wo sich zugleich der bekannte **Walk of Fame** befindet.

Das architektonisch sehr interessante **Man's Chinese Theatre** wurde bereits im Jahre 1927 eröffnet, als die Filmindustrie noch in ihren Kinderschuhen steckte. Später durfte es etliche Male die Oscar-Verleihung beheimaten. Für Urlauber ist es aber natürlich vor allem aufgrund seines Innenhofes interessant, in dem sich unzählige Hollywood-Stars, von Humphrey Bogart bis Ben Stiller, mit Händen, Füßen und Unterschrift im Beton verewigt haben. Wer Lust hat, kann hier seinen persönlichen Favoriten suchen und die eigenen Füße und Hände mit denen des Stars vergleichen. Der Besuch des stets gut gefüllten Innenhofs ist kostenlos, eine kleine Führung durch das Gebäude kostet um die 20$ für Erwachsene. Der Innenhof ist jedoch das eigentliche Highlight.

Von Man's Chinese Theatre läuft man den Hollywood Boulevard gen Osten entlang und kommt unter anderem am **Dolby Theatre** (vormals Kodak Theatre) vorbei, in dem heute die Oscars verliehen werden. Wer mag, läuft einmal die Treppe hinauf, die auch von den Stars genommen wird – davon abgesehen gibt es aber nicht wirklich etwas zu bestaunen.

Interessanter ist da schon der bereits angesprochene **Walk of Fame**, die zahlreichen in den Bürgersteig eingelassenen Sterne, welche die Namen bekannter Schauspieler, Regisseure, TV-Moderatoren und Sänger tragen. Auch hier lässt sich ein wenig Zeit damit verbringen, den persönlichen Favoriten ausfindig zu machen und sich mit seinem oder ihrem Sternchen auf einem Foto abzulichten. Über 2000 Prominente wurden seit der Eröffnung im Jahre 1958 so verewigt, eine komplette Liste inklusive Positionsangabe findet man online. Dort kann man sich auch über bevorstehende Eröffnungszeremonien informieren; im Jahr 2017 durften sich unter anderem Gillian Anderson („Akte X"), Mark Hamill („Star Wars") und Jeff Goldblum („Jurassic Park") über ihren Stern freuen.

Darüber hinaus hoffen noch das **Hollywood Wax Museum** sowie **Ripley's Believe it or Not**, ein Kuriositätenkabinett, auf Besucher. Aber Ersteres erblasst im Vergleich zu jedem Madame Tussaud's, während Letzteres doch arg viel von einer Kirmes hat. Zumindest ein Foto wert ist hingegen das kreisrunde **Capitol Records Building**, ein aus vielen Filmen bekanntes Landmark, einen Block weiter nördlich in der Vine Street gelegen. Auch ins **Egyptian Theatre**, das ägyptische Gegenstück zum Chinese Theatre, könnte man kurz mal hineinschauen. Gut zwei bis drei Stunden reichen jedoch insgesamt für einen Besuch aus, bezahlbare **Parkplätze in den Seitenstraßen** oder unter dem Dolby Theatre.

Am Hollywood Boulevard begegnen einem übrigens auch zahlreiche Verkäufer, die Karten oder gar Rundfahrten zu den Villen der Stars anbieten. Mal abgesehen davon, dass das Ganze moralisch fragwürdig ist, gibt es auf solch einer Tour naturgemäß nur wenig zu sehen; alle Häuser verstecken sich hinter hohen Toren und Mauern, ihre Eigentümer bekommt man dabei nicht zu Gesicht.

(Grau)Man's Chinese Theatre: Ein historisches Kino.

** Hollywood & Umgebung

Wer einen grundsätzlichen Eindruck davon bekommen will, wie es sich in Nord-LA so lebt, fährt ein bisschen auf dem **Mulholland Drive** herum, von dem man zudem großartige Ausblicke aufs San Fernando Valley hat, aber auch der schöne **Sunset Boulevard** durch **Beverly Hills** ist eine kleine Runde wert. Der Mulholland Drive wurde übrigens nach einem Ingenieur benannt, der Anfang des 20. Jahrhunderts das schon zuvor angesprochene Trinkwasserproblem vorübergehend löste.

In dieser Ecke kann man auch das berühmte **Hollywood Sign** fotografieren, was sich allerdings als gar nicht so einfach erweist, denn wirklich freie Sicht hat man von der Straße aus nur selten. Der beste Fotospot befindet sich am **Lake Hollywood Park**, etwa 6 km südöstlich von den Universal Studios am Canyon Lake Drive.

Will man ein bisschen mehr von Hollywood als nur die bloße Fassade sehen, empfiehlt sich eine **Hollywood Studio Tour**, die unter anderem von Warner Bros., Sony und Paramount angeboten wird und zumindest einen kleinen Blick hinter die Kulissen ermöglicht: Für um die 60$ pro Person darf man gut zwei Stunden lang ein, zwei Sets von Fernsehserien besuchen, an denen gerade nicht gedreht wird, alte Requisiten bestaunen, sich im Friends-Café auf die legendäre Couch setzen oder das Wohnmobil aus Breaking Bad in Augenschein nehmen.

Zu hohe Erwartungen sollte man aber wiederum nicht mitbringen, denn letzten Endes halten sich die Eindrücke doch in Grenzen, da natürlich keine Dreharbeiten gestört werden dürfen. Außerdem ist das Filmen oft leider gänzlich und das Fotografieren zumindest in Teilen verboten, sodass man Bilder unter Umständen extra kaufen muss.

Die in mehreren Studios angebotene „VIP Tour" oder „Deluxe Tour", die etwa vier statt zwei Stunden dauert, lohnt sich in der Regel nicht, denn dabei wird die Zeit vorrangig durch ein zusätzliches Essen künstlich gestreckt, ohne deutlich mehr sehen zu dürfen.

** La Brea Tar Pits, The Grove & Farmers Market

An einen Besuch von Hollywood anknüpfend, ist eine Fahrt zu den für LA-Verhältnisse sehr nah gelegenen **La Brea Tar Pits** eine Überlegung wert: Im Hancock Park befinden sich die doch relativ ungewöhnlichen und deshalb interessanten Teergruben, die noch heute blubbern und zu archäologischen Forschungen genutzt werden.

Unter anderem wurden die Überreste von Mammuts und Säbelzahnkatzen in der Vergangenheit aus dem Teer gezogen, die Gesamtmenge beläuft sich auf sagenhafte 1,5 Millionen Knochen! Tiefere Einblicke gibt's auch im hiesigen The George C. Page Museum.

In unmittelbarer Nähe der Teergruben liegen das wieder einmal für etliche Filme als Kulisse eingesetzte **Los Angeles County Museum of Art** sowie **The Grove**, ein wirklich schönes Shopping Center, das unter anderem eine eigene, kleine Straßenbahn bietet.

Direkt daneben trifft man auf den bereits im Jahre 1934 eröffneten **Farmers Market**, der mit über 100 Marktständen, Shops und Imbissen einen Abstecher allein schon für einen Snack wert ist: Von Pizza über Sandwiches bis hin zu Brazilian BBQ findet man beinahe alles. Parken am besten in The Grove.

*** Getty Center

Während Santa Monica, Venice und Hollywood mehr oder weniger zum Pflichtprogramm eines LA-Besuchs zählen, kommen wir nun stärker in den optionalen Bereich: Für einen zweiten oder dritten Tag in Los Angeles bietet sich der Besuch eines Museums an, erste Wahl sollte das tolle **Getty Center** im Nordwesten von Los Angeles darstellen: Im Jahre 1997 eröffnet, besticht die 1,3 Milliarden Dollar teure Anlage zum einem mit ihrem riesigen J. Paul Getty Museum, zum anderen mit großartigen Ausblicken auf Los Angeles – und auch all die schön angelegten Gärten und die ungewöhnliche, moderne Architektur können sich wahrlich sehen lassen. Am besten vormittags kommen, wenn die Luft (noch) klar ist.

Das Museum besteht aus verschiedensten Bereichen, die allerlei Stilrichtungen der Malerei abdecken, zudem sorgen wechselnde moderne Ausstellungen, etwa aus dem Bereich der Fotografie, für Abwechslung. Finanziert wird das Ganze vom Getty Trust, Herr Getty selbst war als Ölmogul in den 50er- und 60er-Jahren einst der reichste Mann der USA und ein begeisterter Kunstsammler.

Der Eintritt ist daher kostenlos, lediglich für den Parkplatz unterhalb des Museums werden 15$ fällig, von dort aus geht es mit einer automatischen Bahn innerhalb weniger Minuten den Berg hinauf zum Center. Geöffnet von Dienstag bis Sonntag von 10 bis 17:30 Uhr, Samstags länger, Montags geschlossen.

Getty Center: Tolle Architektur, nicht minder schöne Ausblicke.

* Exposition Park

Wer auf Ausblicke sowie Architektur verzichten kann und es etwas praktischer mag, ist im **California Science Center** am besten aufgehoben. Das große Museum ist Teil des zentral gelegenen **Exposition Parks** und dürfte vor allem für Freunde der Luft- und Raumfahrt sehr interessant sein: Neben zahlreichen alten Flugzeugen kann man hier seit ein paar Jahren auch eine Soyuz-Kapsel sowie das originale **Space Shuttle Endeavour** bestaunen.

In weiteren Bereichen, die unter anderem die Klimazonen der Erde anschaulich (inklusive Eiswand und Sturzfluten!) erklären, kommen vor allem Kinder auf ihre Kosten. Der Eintritt ist bis auf Sonderausstellungen **kostenlos**, kleine Spenden werden aber gerne entgegengenommen.

Ebenfalls einen Besuch wert ist der **Rosengarten** des schön angelegten Exposition Parks. Wer viel Zeit mitbringt, könnte auch dem schon 1913 errichteten **Natural History Museum of Los Angeles County** einen Besuch abstatten, geöffnet täglich von 9:30 Uhr bis 17:00 Uhr, Erwachsene zahlen 12$, Kinder und Jugendliche 5-9$. Eher was für die seltenen Schlechtwettertage, aber ein, zwei Fotos von dem tollen Gebäude sollte man auf jeden Fall schießen!

*** Griffith Park

Ein letztes Mal in den Bereich eines Pflichtbesuchs stoßen wir mit dem großartigen **Griffith Observatory**, ein Stück nordöstlich von Hollywood im Griffith Park gelegen, das einen **perfekten Ausblick** auf die Stadt und die Hollywood Hills in unmittelbarer Nähe bietet. Am besten kommt man etwa zwei Stunden vor Sonnenuntergang, um den Ausblick erst bei Tageslicht und anschließend bei Dämmerung beziehungsweise Dunkelheit bewundern zu können.

Aufgrund des großen Andrangs kommt es rund ums Griffith schon seit Jahren zu Schwierigkeiten bei der Parkplatzsuche. 2017 hat sich die Stadt des Problems angenommen und die zuvor kostenlosen Parkplätze abgeschafft, stattdessen muss nun sowohl am Straßenrand als auch vor dem Observatorium bezahlt werden. Zudem wurde die Straßenführung verändert; dank Einbahnstraßen fließt der Verkehr nun immerhin deutlich flüssiger. Dennoch **nicht zu spät anfahren**!

Griffith Observatory: Nicht nur der Ausblick auf LA lohnt sich.

Neben dem Ausblick ist auch das im Jahre 1935 im Art-Deco-Stil erbaute und wieder einmal für zahlreiche Filme als Kulisse dienende Observatorium selbst äußerst sehenswert. Bis auf besondere Ausstellungen und Events ist der Eintritt **kostenlos**.

Wer Geld ausgeben möchte, der wird im schönen „Café at the End of the World" fündig, das natürlich mit seiner **tollen Aussichtsterrasse** punktet. Auch das Hollywood-Zeichen lässt sich vom Observatorium aus in der Ferne erkennen, zudem laden zahlreiche nette Wanderwege im Griffith Park zu einem längeren Aufenthalt ein. Viele Filmfans werden sich dort wiederum wie zu Hause fühlen, beispielsweise auf dem Bronson Canyon Trail, dessen Höhlen aus Filmen und Serien von Batman bis Raumschiff Enterprise bekannt sind.

* Downtown LA

Auch wenn man häufig sagt, Los Angeles habe kein echtes Stadtzentrum, ist das nicht ganz richtig, denn mit Downtown LA gibt es natürlich so etwas wie einen Mittelpunkt – der jedoch nicht das ist, was man sich unter einem Zentrum vorstellt: Jahrzehntelang befanden sich hier fast ausschließlich Büros, aber kaum gute Geschäfte, Imbisse, Restaurants oder gar „Fußgängerzonen", die man von einem Stadtzentrum erwartet. In den letzten Jahren hat Downtown begonnen, sich ein klein wenig zu wandeln, doch von einem typischen Stadtzentrum ist es weiterhin weit entfernt, viele Straßen wirken schlichtweg schäbig. Ein Besuch stellt daher bis heute kein Muss dar, auch wenn zumindest eine kleine, ein- bis zweistündige Runde durchaus möglich ist.

Diese Runde sollte sich vor allem auf die Wurzeln beziehungsweise die ethnisch geprägten Viertel von Downtown konzentrieren: An der **Olvera Street** etwa, dem historischen Zentrum LAs, befinden sich einige mexikanische Imbisse und Shops. Sie liegt nahe der **Union Station**, dem 1939 eröffneten und bis heute größten Bahnhof im Westen der USA, was man dem schönen, an eine Kirche oder Mission erinnernden Hauptgebäude kaum ansieht. Gleiches gilt für die nicht minder beeindruckende **Wartehalle** im Inneren, die nicht umsonst in vielen Filmen zu sehen war, im letzten „Batman" beispielsweise als Gerichtssaal.

Ebenfalls einen kurzen Blick wert sind das im Norden anschließende **Chinatown** sowie **Little Tokyo** im Süden, deren belebte und durchweg authentische Straßen zum „Bummeln" einladen. Noch fußläufig zu erreichen sind zudem die markante **Los Angeles City Hall** und die **Walt Disney Concert Hall** ein Stück westlich, die architektonisch stark an das Experience Music Project Museum in Seattle erinnert und mit ihrer metallisch schimmernden Fassade entweder verschreckt oder beeindruckt.

Ähnliches gilt für die **Cathedral of Our Lady of the Angels**, eine von innen wie außen „gewöhnungsbedürftige" Kirche, deren Markenzeichen ein riesiges Kreuz in einem Glaskonstrukt ist. Für Filmfans kann darüber hinaus noch das **Bradbury Building** einen Blick wert sein, unter anderem aus dem originalen „Blade Runner" bekannt. Der Eintritt in den imposanten Innenhof ist kostenlos möglich.

* Echo Park

Wenn man es schon bis Downtown schafft, könnte man den kurzen Abstecher zum Echo Park in Erwägung ziehen, knapp 5 km nördlich an Highway 101 gelegen. Die nette Parkanlage mit tollen Seerosen dient ebenfalls häufig als Kulisse für Filme und Serien, auch der Blick auf die Hochhäuser über den See hinweg ist schön. Der Besuch lohnt sich vor allem am späten Nachmittag oder am Wochenende, um ein wenig People Watching zu betreiben. Die Umgebung ist weniger berauschend, aber tagsüber unbedenklich. Parkplätze am Straßenrand.

Echo Park: Kleine, grüne Oase inmitten von LA.

** Vergnügungsparks

Drei große und äußerst bekannte Vergnügungsparks locken in der Los-Angeles-Region die Besucher an: Disneyland in Anaheim, Knott's Berry Farm nebenan sowie die Universal Studios in Hollywood. Ein gutes Stück nordwestlich, in Santa Clarita, hofft zudem Six Flags Magic Mountain auf nervenkitzelsuchende Touristen.

Aber der Reihe nach: **Disneyland** in Anaheim, das genau genommen schon in Orange County liegt, zählt ohne jeden Zweifel zu den schönsten und abwechslungsreichsten Vergnügungsparks der Welt. Auch wer gar keine Kindheitserinnerungen an Disney mitbringt, kommt hier mit verschiedensten Rides und Themengebieten auf seine Kosten, denn von Toon Town über Star Wars bis hin zu Indiana Jones und Fluch der Karibik werden nahezu alle Geschmäcker bedient. Einzig und allein wer wirklich atemberaubende Achterbahnen sucht, wäre ein wenig fehl am Platz, denn der Spaß für die ganze Familie steht klar im Vordergrund.

Größtes „Manko" des Parks, wenn man so will, ist aber der hohe Eintrittspreis, der sich im Laufe der letzten zehn Jahre sogar verdoppelt hat: Ein eintägiger Besuch kostet in der Hauptsaison derzeit meistens 125$, in der Nebensaison stellen 100$ das Minimum dar. Einen Parkplatz muss man extra bezahlen und für mäßige, jedoch im Grunde notwendige Snacks sowie Getränke im Park werden noch einmal locker 15 bis 30$ pro Person fällig. Das dürfte insbesondere für vier- bis fünfköpfige Familien dann doch verdammt happig sein.

Fahrender Dampfer im Disneyland: Die Atmosphäre überzeugt.

Wie so oft gilt: **Meiden Sie die Wochenenden** und kommen Sie früh, um die ersten ein, zwei Attraktionen ohne langes Warten besuchen zu können – spätestens eine Stunde nach Öffnung sind Wartezeiten von 30 bis 120 Minuten bei den beliebtesten Attraktionen keine Seltenheit. Lassen Sie sich zudem nicht von den tausenden Besuchern abschrecken, die schon vor der Öffnung an den Toren warten! Die Sicherheitskontrolle, inklusive Durchsuchung von Handtaschen und Rucksäcken, geht zum Glück recht schnell von statten.

Ein Tipp: Wenn die Wartezeiten ins Unerträgliche steigen, kann bei manchen Rides die etwas versteckte **Single Rider Line** eine Alternative darstellen. Hier stellen sich Einzelfahrer an, die als „Füllmaterial" in die Rides gesetzt werden: Kommen beispielsweise fünf Fahrer in einem Fahrzeug unter, stehen aber in der normalen Line gerade zwei Paare in der Schlange, wird der fünfte freie Platz mit einem Einzelfahrer, einem Single Rider, aufgefüllt. Das mag nicht jedermanns Sache sein, aber die Wartezeit kann sich im besten Fall **von 120 auf 10 Minuten** verkürzen! Single Rider Lines gibt es bei Indiana Jones and the Temple of the Forbidden Eye, den Matterhorn Bobsleds sowie Splash Mountain.

Knott's Berry Farm nebenan wird häufig als das kleine Gegenstück oder gar als Klon von Disneyland betrachtet, tatsächlich aber existiert der Park bereits seit 1920 und somit 35 Jahre länger als Disneyland. Auch in Hinblick auf die Größe und die Anzahl der Attraktionen geben sich die beiden Konkurrenten nicht viel; Knott's Berry Farm kann mit insgesamt 40 Rides aufwarten, davon 10 Achterbahnen und 2 Water Rides – wer auf Nervenkitzel steht, ist hier sogar deutlich besser aufgehoben als im zahmen Disneyland: Die Schussfahrt Montezooma's Revenge und der den Magen auf die Probe stellende Silver Bullet Rollercoaster suchen im Nachbarpark Ihresgleichen.

Wo Knott's Berry Farm ein wenig abfällt, ist bei der Gestaltung der Anlage, denn auch wenn die Themengebiete, wie etwa eine Geisterstadt, durchaus schön designt sind, hat das Disneyland hier im Detail klar die Nase vorn – und das nicht nur, weil es fast automatisch mit den Kindheitserinnerungen seiner Gäste spielt.

Großer Vorteil von Knott's Berry Farm sind dafür die geringeren Eintrittspreise: Tageskarten kosten für Erwachsene beim Onlinekauf 45-55$, abhängig vom genauen Termin, Kinder zahlen meistens ein paar Dollar weniger. Der reguläre Preis am Schalter liegt bei 75$ für Erwachsene und somit ein Drittel unter dem von Disneyland.

Mit anderen Worten: Wer Kinder beziehungsweise sich selbst davon überzeugen kann, dass so ein paar Disney-Figuren nicht 70$ pro Person extra wert sind, ist in Knott's Berry Farm bestens aufgehoben, findet auch hier Unterhaltung für die ganze Familie und sogar die abwechslungsreicheren, wenn auch nicht ganz so ansprechend gestalteten Rides. Zudem ist der Besucherandrang überschaubarer, sodass sich auch die Wartezeiten meistens angenehmer gestalten.

Knott's Berry Farm: Weniger Liebe zum Detail, dafür mehr Action.

Ebenfalls auf der Liste vieler Los-Angeles-Urlauber stehen die **Universal Studios Hollywood** im Norden der Stadt, bei denen man allerdings leicht zur Vorsicht raten muss: Der Eintritt bewegt sich mit 105-115$ pro Person auf dem gleichen Niveau wie Disneyland, doch im Vergleich dazu ist das Gebotene etwas dünner.

Auf lediglich zehn „echte" Rides kommt der Park derzeit, welche die enorm breite Filmpalette des Studios nur im Ansatz ausschöpfen. Warum beispielsweise die Waterworld-Show auch zwanzig Jahre nach dem gefloppten Film weiterhin existiert, ist schwer nachzuvollziehen.

Ganz amüsant sind dagegen der The Simpsons Simulator Ride, der Zurück in die Zukunft vor einigen Jahren abgelöst hat, und auch den recht langsamen Jurassic Park Ride (mit Spritzgefahr) kann man sich gut geben. Definitiv gelungen ist die im April 2016 eröffnete **Harry-Potter-Welt**, die mit ihrer schönen Kulisse sowie vier neuen Attraktionen den Park doch **deutlich aufgewertet** hat.

Angesichts der geringen Anzahl an Rides ist aber offensichtlich, dass die Universal Studios vor allem von ihrem großen Namen und dem vermeintlichen Einblick hinter die Kulissen leben, welcher im Rahmen der **Studio Tour** vorgeblich gewährt wird. Dabei sitzt man in einem von zahlreichen offenen Bussen und wird durch ein paar Filmkulissen gefahren, die sich bis auf ganz wenige Ausnahmen in den vergangenen zwanzig Jahren kaum geändert haben: Das Motel aus Psycho, der Weiße Hai, eine Erdbeben-Simulation in einer U-Bahn-Station sowie eine Sturzflut stehen unter anderem auf dem Programm. Der genaue Ablauf der 45-minütigen Tour kann hin und wieder variieren, falls auf dem Gelände mal gedreht wird, tatsächlich aber existiert fast alles nur noch zu Showzwecken, weil die Dreharbeiten längst andernorts stattfinden.

Das soll nicht bedeuten, dass man in den Universal Studios Hollywood (sowie auf dem daran anknüpfenden „Studio Walk" mit all seinen Souvenir-Shops und Imbissen) keinen Spaß haben kann, aber Anzahl, Gestaltung und Charme der Rides sind in Hinblick auf den Eintrittspreis ein bisschen enttäuschend – und wer gar einen Einblick hinter die Kulissen erwartet, ist mit einer „echten" Studio Tour besser bedient.

Um lange Wartezeiten zu vermeiden, sollte man auch hier früh vor Ort sein oder nach der Single Rider Line suchen. Wer mit dem Smartphone online ist, könnte die App der Universal Studios nutzen, welche stets die aktuellen Wartezeiten anzeigt – praktisch!

Six Flags Magic Mountain hingegen ist für Fans von schnellen, atemraubenden Rides auf jeden Fall sein Geld wert, auch wenn es ein wenig abseits der üblichen Ziele liegt (gut 50 km nördlich von Hollywood an der Interstate 5) und somit gesondert angesteuert werden muss.

Full Price Tickets für Erwachsene kosten derzeit 60-85$, Kinder kleiner als 1,22 Meter kommen für 60$ rein, können aber einige Rides nicht nutzen. Darüber hinaus gibt es – anders als bei Disneyland und den Universal Studios – häufig Angebote, die den Eintrittspreis deutlich senken. Am besten auf der offiziellen Website vorbeischauen!

Für die maximal 80$ erhält man Zugang zu insgesamt 44 Rides (davon 19 Rollercoaster), die auf vielsagende Namen wie Apocalypse: The Ride, Full Throttle oder Scream hören und auch entsprechend aussehen. Der Ruf, Six Flags sei nur etwas für Menschen, die das Abenteuer lieben, ist allerdings übertrieben, denn die Auswahl an „familienfreundlichen" Rides ist gar nicht mal so schlecht.

Im Gegenzug hapert es allerdings an der Gestaltung des Parks und der Attraktionen im Vergleich zu Disneyland und Knott's Berry Farm ein wenig, hier geht es eben wirklich vor allem um Aufregung und Tempo. Dagegen ist nichts einzuwenden, viele Besucher werden es sogar als positiv in Erinnerung behalten – man sollte nur im Voraus wissen, dass der Park zwar nett, aber eben nicht ganz so liebevoll und freundlich errichtet wurde wie die Konkurrenz.

Getty Villa: Vor allem die Gärten können sich sehen lassen.

** Abstecher zur Getty Villa

In Pacific Palisades bei Santa Monica befindet sich die **Getty Villa**, die andere Hälfte des J. Paul Getty Museums. Auch dieser Teil beeindruckt mit seiner Architektur, hier wurde das Hauptgebäude der antiken Stadt Herculaneum nachempfunden, die wie das viel bekanntere Pompeji einem Ausbruch des Vesuvs vor knapp 2000 Jahren zum Opfer fiel.

Dem Baustil angemessen, werden in ihm inzwischen fast ausschließlich Werke aus der griechischen sowie römischen Antike gezeigt, was sehenswert, wenn auch weniger abwechslungsreich als das größere Getty Center ist. Dennoch sind Gebäude und Gärten einen Umweg wert.

Anfahrt und Aufenthalt gestalten sich ähnlich wie beim Center: Der Eintritt ist kostenlos, Tickets müssen allerdings im Voraus für einen festen Termin online bestellt werden, damit sich nicht zu viele Besucher über das Gelände drängen. Zudem kostet auch hier der Parkplatz 15$ je

Fahrzeug. Anders als das Getty Center ist die Villa von Mittwoch bis Montag von 10 bis 17 Uhr geöffnet, Dienstags hingegen geschlossen.

Abstecher in die Santa Monica Mountains

Los Angeles ist ein Gebiet, das sich naturgemäß nicht unbedingt zum Wandern anbietet, doch zumindest in den Bergen, die sich ein paar Kilometer westlich von Santa Monica befinden, trifft man zum Beispiel im **Topanga State Park** auf zwei, drei interessante Trails.

Sehr schön ist der mit etwa 9 Kilometern allerdings recht lange Weg hinauf zum Parker Mesa Overlook, der einen großartigen Ausblick auf Santa Monica inklusive Strand und Pier bietet, aber auch der 4 km kurze und recht einfache Weg in den Solstice Canyon ist eine Überlegung wert, in dem man nach ausreichend Regen – zugegeben: selten – einen schönen, kleinen Wasserfall entdeckt.

Abstecher zur RMS Queen Mary

Eine Überlegung für einen Zwischenstopp auf dem Weg nach San Diego kann Long Beach sein, das neben dem unvermeidbaren Aquarium vor allem mit der dort dauerhaft vor Anker liegenden **RMS Queen Mary** die Besucher anlockt – ein Schiff, das auf eine sehr lange Geschichte zurückblicken kann, unter anderem im Zweiten Weltkrieg zum Einsatz kam und danach wieder zum Kreuzfahrtschiff umfunktioniert wurde.

Heute ist es gleichermaßen Hotel, Restaurant, Event-Center wie Museum und zumindest Letzteres ist nicht nur für Schiffsfreunde durchaus eine Überlegung wert, denn der tolle Art-Deco-Stil, in dem das Interieur gestaltet wurde, weiß zu beeindrucken. Auch in zahlreichen Serien und Filmen kam es als Kulisse zum Einsatz.

Einziges Manko der Tour ist die etwas lieblose Gestaltung. So wurden beispielsweise alte Kabinenausstattungen leider nicht in echte Kabinen integriert, sondern befinden sich in gläsernen Schaukästen – warum das so ist, wissen wohl nur die Betreiber.

Geöffnet täglich von 10 bis 18 Uhr. Erwachsene zahlen immerhin 27$, Kinder 15$, um Teile des Schiffs, Maschinenraum und Event-Säle auf eigene Faust besuchen zu können, der notwendige Zeitaufwand beträgt etwa zwei Stunden.

Abstecher nach Pasadena

Bei einer etwaigen Weiterfahrt gen Osten über Interstate 210 in Richtung Las Vegas oder Joshua Tree könnte Pasadena einen kurzen Stopp wert sein, dessen Altstadt „Old Pasadena" über 22 Blöcke hinweg eine recht schöne, hippe Einkaufsstraße mit über 200 weitgehend individuellen Shops und Imbissen bietet. Durchaus sehenswert, obwohl es sich auch bei Old Pasadena um keine Fußgängerzone handelt, man also ständig den vorbeirauschenden Verkehr im Ohr hat.

Für schlechtes Wetter

Schlechtes Wetter stellt in Los Angeles zwar die absolute Ausnahme dar und die sehr seltenen Regenschauer sind meistens nur von kurzer Dauer, aber falls es Sie doch in Ihrem Urlaub erwischt, bietet sich in erster Linie der Besuch eines Museums an, wie etwa der des **California Science Centers. Hollywood** ist mit Schirmen im Grunde ebenfalls machbar, auch wenn Straße und Palmen ohne Sonnenschein vielleicht ein klein wenig von ihrem Reiz verlieren.

Nicht empfehlenswert sind bei Regen hingegen vermeintlich naheliegende Besuche von Getty Center oder Griffith Observatory, da diese zu stark von ihrem Ausblick auf die Stadt leben, der dann getrübt wäre. Auch Disneyland ist bei Regen eher zu meiden; zwar gibt es zahlreiche In-Door-Rides, doch die langen Warteschlangen davor befinden sich fast allesamt draußen und sind nur teilweise überdacht.

Infrastruktur

Das bereits angesprochene katastrophale Verkehrsaufkommen in Los Angeles findet seine Ursache vorrangig in zwei Faktoren: Den enormen Ausmaßen der Region zum einen und der Abwesenheit eines brauchbaren öffentlichen Nahverkehrsnetzes zum anderen.

Die Stadt ist sich dieses Problems zwar bewusst und hat in den letzten Jahren damit begonnen, das Netz nach und nach zu verbessern, doch der Zustand lässt bis heute schwer zu wünschen übrig, sodass für Touristen die Nutzung der öffentlichen Verkehrsmittel in LA kaum in Frage kommt. Schneller oder entspannter als mit dem Auto fährt es sich weder mit dem Bus noch mit der U-Bahn.

Trotz sechs Spuren: Stop & Go ist das höchste der Gefühle.

Im Hinblick auf die bereits angesprochenen Verkehrsprobleme kann man leider kaum echte Tipps geben, außer dem obligatorischen „Meiden Sie die Rush Hour!", in der die Staus noch länger und stressiger sind als sonst. Allerdings meint Rush Hour in LA mehr oder weniger die Zeit von 7 bis 10 Uhr und von 15 bis 21 Uhr, das Zeitfenster außerhalb der Rush Hour ist also denkbar klein. Wenn möglich, sollte man darüber hinaus die Straßen meiden, die als notorischste Stauquellen gelten: 10-East, 405-North, 5-South, 101-North und alles mit „Santa Monica" im Namen.

Ganz brauchbar ist hingegen der **Los Angeles International Airport** (kurz: LAX), der trotz seiner enormen Größe mit neun Terminals in der Regel seine Reisenden vor keine allzu großen Probleme stellt. Fliegt man von Europa direkt nach LAX, kommt man üblicherweise entweder am Tom Bradley International Terminal (TBIT) oder an Terminal 2 an, wo sich auch jeweils die Immigration befindet. Die einzelnen Terminals können untereinander sowohl zu Fuß als auch mit einem Shuttle-Bus erreicht werden. Wenn man nach der Ankunft ein Auto von einem Mietwagenverleih abholt (oder seinen Mietwagen vor dem Abflug wieder abgibt), wird man in der Regel ebenfalls mit einem Shuttle-Bus zwischen dem Terminal und dem Verleih hin- und herbefördert.

Fliegen Sie von LAX ab, sollten Sie auf jeden Fall genug Zeit einplanen, denn den gesamten Tag über ist das Besucheraufkommen enorm hoch, sodass sich entsprechend **lange Schlangen vor den Schaltern** und an den Security Checkpoints bilden können. Eine Wartezeit von etwa einer Stunde ist keine Seltenheit – zweieinhalb Stunden vor Abflug den Flughafen zu erreichen, gilt daher als empfehlenswert.

Landen Sie hingegen auf LAX, ist es sinnvoll, sofort den Mietwagen abzuholen, da man ohne Auto in LA im Grunde aufgeschmissen ist. Ist das nicht möglich, weil Sie zum Beispiel mit dem Wohnmobil durch die USA fahren wollen, das Sie erst am nächsten Tag abholen dürfen, sollten Sie das Geld in ein Taxi (ab 50$ nach Downtown, dank hohen Verkehrsaufkommens aber oft teurer) investieren.

Wollen Sie den öffentlichen Nahverkehr nutzen, erreichen Sie mit Hilfe eines Shuttle-Busses die Green Line oder mit dem LAXFlyAway unter anderem Union Station und Westwood. Insbesondere mit Gepäck ist, nicht nur nach einem langen Flug, allerdings davon abzuraten.

Besondere Events

Los Angeles bietet naturgemäß unzählige Events und das im Grunde das ganze Jahr über. Sport-Fans kommen beim **Basketball** (Clippers und Lakers), beim **Eishockey** (Kings und Anaheim Ducks) sowie beim **Baseball** (Dodgers und Anaheim Angels) auf ihre Kosten. Auch zwei NFL-Teams gibt es nach zwanzigjähriger Abstinenz mit den **Rams** und den **Chargers** seit 2016 bzw. 2017 wieder.

Tickets erhält man, wie üblich, über die Websites der jeweiligen Ligen und Teams, beste Chancen hat man beim Baseball – das Stadion der Dodgers befindet sich ein Stück nördlich von Downtown.

Sehr sehenswert ist auch der **Hollywood Bowl,** eine Open-Air-Arena für Konzerte und andere Veranstaltungen, die über die Bühne hinweg einen großartigen Ausblick auf die Hollywood Hills sowie das Hollywood Sign bietet. Vor allem an den Wochenenden ist hier im Sommer fast immer etwas los, auch Feuerwerke und Filmvorführungen gibt es. Tickets können meistens zwei Monate im Voraus erworben werden. Auch an anderen Veranstaltungszentren gibt es nahezu das gesamte Jahr über jeden Abend Konzerte mit berühmten Künstlern.

Ebenfalls interessant ist im Sommer das **Cemetery Movie Screening**, abendliche Filmvorführungen mit Picknickatmosphäre auf dem Hollywood Forever Cemetery. Decken, Kissen, Kerzen und Getränke können beziehungsweise müssen selbst mitgebracht werden. Termine online zu finden, bei gutem Wetter auf jeden Fall ein Erlebnis, der Film an sich (meistens ältere Klassiker) steht dabei im Hintergrund.

Übernachten

Der Auswahl des Hotels kommt in Los Angeles eine größere Bedeutung zu als in vielen anderen Großstädten, denn die enormen Ausmaße der Metropole und das fehlende Stadtzentrum sorgen in Verbindung mit dem Verkehr dafür, dass es recht ungünstig ist, ein einziges Hotel als Ausgangspunkt für die gesamte Stadt zu wählen. So kann beispielsweise die etwa 20 km lange Strecke von Santa Monica bis Hollywood durchaus ein bis anderthalb Stunden Zeit in Anspruch nehmen, zu fast jeder Tageszeit. Mitunter ist es daher sinnvoller, trotz des Aufwands die Unterkunft bei einem längeren Besuch von LA einmal **zu wechseln**.

Will man das nicht, ist Hollywood die beste Gegend für ein Hotel, kann man von hier aus doch unter anderem die LaBrea Tar Pits, eine Hollywood Studio Tour sowie das Griffith Observatory gut erreichen und auch nach Santa Monica ist es theoretisch nicht weit, wenn man seinen Besuch auf die Mittagszeit oder auf den Abend legt. Sowohl in Santa Monica als auch in Hollywood sind Preise von 200$ und mehr die Nacht allerdings nicht unüblich.

Dringend zu einem zweiten Hotel ist zu raten, wenn man Disneyland besuchen will, das von Hollywood gut 50 km entfernt in Anaheim liegt. Außerdem ist es nicht verkehrt, vor dem Abflug ein Flughafenhotel zu wählen, um bei der Anfahrt zum Airport am nächsten Tag auf keine Probleme zu stoßen. Meistens spricht nichts dagegen, sein Auto am Vortag abzugeben und dann das kostenlose Shuttle der Hotels zu nutzen.

Empfehlenswerte Motels & Hotels in Santa Monica
* **Best Western Gateway:** Mit ab ca. 150$ die Nacht schon die günstigste brauchbare Option in Santa Monica. Ein gutes Stück vom Zentrum entfernt, aber fußläufig erreichbar. Auch ein Shuttle wird angeboten.

* Hampton Inn: Wesentlich besser gelegen, komfortabel, kaum als ein Kettenhotel zu erkennen. Ganz gutes Frühstück. Ab etwa 200$ die Nacht, die aufgrund der Lage gut investiert sind.

* Loews: Von all den teureren Hotels in Santa Monica eins, bei dem das Preis-Leistungsverhältnis am ehesten passt. Fast direkt am Pier gelegen, schöne Einrichtung, gehobener Standard. 250$ und aufwärts.

... in Hollywood & Downtown

* Coral Sands Motel: Wer mit wirklich kleinem Budget reist, aber auf ein Motel in bester Lage nicht verzichten will, wird im Coral Sands fündig. Mit niedrigen Ansprüchen für eine Nacht in Ordnung.

* Hollywood Celebrity Hotel: Der Name trügt, kleine Zimmer, aber sehr ordentlich und neu eingerichtet, in Toplage! Ab 175$ die Nacht.

* Magic Castle Hotel: Seit Jahren *der* „Geheimtipp" in der Nähe des Walk of Fame, recht große Zimmer, freundlich. Etwa 175$ die Nacht.

* Best Western Hollywood Hills: Recht bunter Vertreter der Kette, auch in guter Lage und mit ordentlichen Zimmer. Um die 200$ die Nacht.

... in Anaheim

* Ayres Orange: Freundliches, hell eingerichtetes Hotel, dank großer Zimmer auch für Familien geeignet. Bereits ab 100$ die Nacht.

* Hotel Indigo: Noch einen Tick moderner, ähnlich schöne Zimmer, außerdem mit für US-Verhältnisse sehr gutem Frühstück. Im besten Fall für 100-125$ die Nacht zu haben.

* Courtyard by Marriott: Gehobener Standard mit allerlei Extras in Hinblick auf Service und Ausstattung, preislich jedoch oft identisch.

... außerhalb, für Preisbewusste

Wer eine längere Anfahrt sowohl nach Hollywood als auch Santa Monica in Kauf nehmen will, um Geld zu sparen, wird am ehesten im Norden des Stadtgebiets fündig: Das **Howard Johnson Inn & Suites** in Reseda oder auch das **Best Western Woodland Hills** bieten ganz brauchbare Zimmer ab etwa 125$ die Nacht. Für die Anfahrt zu den wichtigsten Sehenswürdigkeiten sollte man dann aber jeweils eine gute Stunde extra einplanen, unter Umständen sogar mehr.

Unterkünfte fürs Vorbeifahren

Fährt man an LA nur vorbei (je nach Route sinnvoll), ist eine Unterkunft in **Thousand Oaks** in Hinblick auf Verkehr und Preis meistens eine gute Wahl. Mit **Best Western** (ab 120$), **Palm Garden Hotel** (ab 125$) oder **Hampton Inn** (ab 150$) macht man dort nichts verkehrt.

Flughafenhotels

Bei der Auswahl des Flughafenhotels muss man in Los Angeles etwas mehr Sorgfalt walten lassen als anderswo, weil Umgebung und Klientel mitunter doch zu wünschen übrig lassen. Definitiv meiden sollte man hier Super 8 & Co., aber auch La Quinta und Best Western erfüllen nicht die sonst von ihnen bekannten Standards. In Ordnung gehen **Wingate by Wyndham**, **Crowne Plaza** und **Courtyard by Marriott**, Zimmer in der Regel zwischen 125 und 175$.

Empfehlenswerte Campgrounds

Camping ist in Los Angeles noch etwas schwieriger als in San Francisco, weil die Größe der Stadt und der schlechte öffentliche Nahverkehr die ohnehin wenigen brauchbaren Campingplätze außerhalb nur sehr bedingt zu einer sinnvollen Option machen. Immerhin kommt man mit dem Wohnmobil auf LAs Straßen meistens besser zurecht als in dem etwas engeren San Francisco. Uneingeschränkt empfehlen kann man in der Stadt an sich allerdings kaum einen Campground.

Eigentlich ganz nett wäre der **Dockweiler RV Park** am Strand, jedoch direkt neben LAX, sodass nicht nur seine Umgebung nicht die allerbeste ist, sondern auch der Lärm der Flugzeuge stören kann. Stellplätze gibt's für 55-65$ die Nacht. Ebenfalls noch in Ordnung geht der **Balboa RV Park** in Reseda, knapp 25 km nördlich von Hollywood – kein besonders schöner Platz und mit ebenso 65$ die Nacht nicht billig, aber akzeptabel.

Wesentlich größer ist die Auswahl an Campingplätzen in Anaheim, das aufgrund seiner Entfernung und des üblichen Verkehrsaufkommens jedoch nicht als Ausgangspunkt für einen Besuch von Hollywood und Umgebung genutzt werden sollte, sondern wirklich fast nur für Disneyland in Frage kommt. Ordentlich ist zum Beispiel der **Anaheim Resort RV Park** mit Stellplätzen ab etwa 60$ inklusive Full Hookup.

Weitere Campingplätze findet man im Norden von Los Angeles, etwa den brauchbaren **Acton / Los Angeles North KOA.** Von dort aus sind es bis ins Stadtzentrum aber schon gut 70 Kilometer, was mit dem einzurechnenden Verkehr mindestens zwei Stunden Fahrzeit verschlingt.

Essen & Trinken

Los Angeles verfügt über zahlreiche teure und vornehme Restaurants, was angesichts des hiesigen Promiaufkommens wenig verwunderlich ist. Allein, als normalsterblicher Tourist in diese Restaurants hineinzukommen, erfordert Geduld und Aufwand. Selbst mit einer Reservierung muss man mitunter lange auf seinen Platz warten – von den Kosten des Essens ganz zu schweigen. Man findet die guten Restaurants vorrangig in West Hollywood und Beverly Hills, während Hollywood selbst in erster Linie der Club-Szene dient.

Unbedingt einmal (problemlos!) probieren sollte man einen der hier zunehmend populärer werdenden **Food Trucks**, die einst sowas wie die Currywurst-Buden der USA waren und Pommes oder Hot Dogs verkauften, sich über die letzten fünf bis zehn Jahre hinweg aber zunehmend zu so genannten „Gourmet Food Trucks" gewandelt haben. Sie stehen an den beliebtesten Straßen im Stadtgebiet, vorrangig dort, wo viele der besser betuchten Einwohner arbeiten – im Bankenviertel beispielsweise. Für vergleichsweise kleines Geld bekommt man dort oft großartiges Essen, von leckeren Sandwiches bis hin zu Hummer!

Einkaufen

Da es in Los Angeles kein klassisches Zentrum gibt, existiert hier auch – anders als in San Francisco oder Las Vegas – keine echte Einkaufsstraße. Stattdessen kauft man in LA bevorzugt in Shopping Malls und Shopping Centers ein, die sich entlang der großen Interstates und Highways an quasi jeder zweiten Ausfahrt befinden. Aber auch in der Innenstadt sind mit vor allem **The Grove**, nördlich der LaBrea Tar Pits, sowie dem nicht weit entfernten **Beverly Center** zwei Shopping Malls mit vielen großen Franchise-Geschäften und Imbissen ansässig.

Immerhin bringt der ungewöhnliche Aufbau der Stadt den großen Vorteil mit sich, dass man nicht erst das Stadtgebiet verlassen muss, um

„normale" Geschäfte zu finden: Große Supermärkte gibt es in LA an nahezu jeder Ecke, nur in Hollywood, Beverly Hills und Downtown muss man etwas länger suchen. Außerhalb dieser Gebiete jedoch sind die riesigen Walmarts, Ralphs, Safeways und Targets an den großen Straßen kaum zu verfehlen.

The Grove: Sympathisches Shopping-Center am Farmers Market.

Spartipps

Wie in San Francisco und San Diego gibt es auch hier ein unter Umständen lohnenswertes Kombiticket: die **Go Los Angeles Card** ab 85$ für einen Erwachsenen. Enthalten sind unter anderem Knott's Berry Farm, eine Warner Bros. Studio Tour, Madame Tussaud's in Hollywood, die Queen Mary, eine Sony Pictures Studio Tour, Six Flags Magic Mountain sowie Legoland California. An einem Tag ist aber nicht einmal ein Bruchteil dessen zu schaffen, weshalb ein 3-Tages-Ticket für 205$ sinnvoller ist, das dann sogar die Universal Studios Hollywood enthält. Ab einem Besuch von mindestens zwei Vergnügungsparks und zwei, drei weiteren Attraktionen ein recht überzeugendes Angebot.

In Verbindung mit einem Besuch von San Diego wäre zum anderen der **Southern California CityPass** eine Überlegung wert, der für 353$

drei Tage lang Zugang zum Disneyland in Anaheim, dem Legoland California sowie SeaWorld San Diego bietet, pro Person spart man so etwas mehr als 150$. Optional lässt sich auch der San Diego Zoo gegen den Aufpreis von 42$ hinzufügen. Sinnvoll ist der CityPass jedoch nur dann, wenn man alle (!) enthaltenen Attraktionen sehen möchte.

Risiken

Von den touristisch relevanten Großstädten ist Los Angeles mit Abstand die gefährlichste im Westen der USA, wobei „gefährlich" aber vielleicht schon die falsche Wortwahl ist, denn ein wirkliches Risiko stellt ein Besuch natürlich nicht dar. Selbst, wenn man sich mit dem Auto zufällig in eines der etwas fragwürdigeren Stadtviertel (etwa Inglewood nahe des Flughafens) verirrt, fällt man dort tagsüber nicht einmal auf – und auch nachts ist das Risiko gering. Zu Fuß würde man vermutlich Blicke auf sich ziehen, aber es ist aufgrund der Größe von LA unmöglich, von einer Touristenattraktion in eines der größten Problemviertel zu laufen.

Darüber hinaus gilt es, zwischen echten Problemvierteln und „weniger schönen Vierteln" zu unterscheiden: Die Gegend um die La Brea Tar Pits beispielsweise oder auch einige Ecken von Venice Beach sehen recht bescheiden aus, doch es ist keineswegs so, dass man hier am helllichten Tage überfallen würde. Nur nachts sollte man sie meiden und sich lieber an die typischen Touristenziele halten: Griffith Observatory und Hollywood beispielsweise.

Davon abgesehen gilt für LA im Wesentlichen das Gleiche wie für San Francisco: Die enorm vielen Obdachlosen fallen auf, stellen aber in der Regel keine Bedrohung dar, Taschendiebstähle und Autoeinbrüche kommen vor, aber auch nicht wesentlich häufiger als anderswo. Und auch die Gefahr eines schweren Erdbebens besteht, kleine Erdbeben sind sogar recht häufig, aber dass es ausgerechnet Sie in Ihrem Urlaub erwischt, ist sehr, sehr unwahrscheinlich.

Die tatsächlich größte Gefahr für die meisten Touristen geht in Los Angeles leider von den Stränden aus. Vor allem an Venice Beach, aber auch in Santa Monica und weiter im Süden, sollte man möglichst **nicht barfuß** über den Sand laufen: Herumliegende Spritzen und anderes Unappetitliches sind keine Seltenheit.

Los Angeles – und dann?

Von den großen Städten im Südwesten bietet Los Angeles die meisten Möglichkeiten für die Weiterfahrt an. Im Grunde gibt es gleich sechs durchaus sinnvolle Optionen, von denen keine als wirklich beste oder schlechteste bezeichnet werden kann: Über Highway 101 nach Santa Barbara, über Interstate 5 nach San Diego, über Interstate 15 nach Las Vegas, über Highway 14 ins Death Valley, über Interstate 10 nach Joshua Tree oder über Interstate 5 und Highway 99/65 nach Sequoia – alles ist denkbar. Über die Auswahl entscheiden letzten Endes nur die angestrebten Ziele sowie die Richtung der weiteren Rundfahrt.

Zu bedenken ist lediglich, dass Los Angeles für San Diego und Santa Barbara den besten Ausgangspunkt darstellt, während Death Valley, Sequoia und Las Vegas auch noch auf anderem Wege sinnvoll angesteuert werden können. Joshua Tree fällt dazwischen; er könnte ebenso nach einem Besuch von San Diego in die Route eingebunden werden. Die Wahl fällt daher meistens auf Santa Barbara, San Diego oder Las Vegas.

Von Los Angeles nach Las Vegas

Möchte man nicht über Joshua Tree, sondern von Los Angeles direkt nach Nevada, kann man im Grunde ohne jeglichen Stopp bis Las Vegas über die Interstate 15 durchfahren. Die etwa 450 Kilometer lange Strecke lässt sich in knapp vier Stunden bewältigen – abhängig vom Verkehr, der zu Beginn in Los Angeles herrscht. Spätestens ab Barstow hat man jedoch so gut wie immer freie Fahrt.

Der einzige häufig gewählte Halt zwischen Los Angeles und Las Vegas ist **Calico Ghost Town,** das sich auf nahezu exakt halber Strecke kurz hinter eben jenem Barstow befindet. Wie der Name schon sagt, handelt es sich bei Calico offiziell um eine Geisterstadt, die bereits im Jahre 1881 gegründet wurde – ausnahmsweise allerdings nicht, um Gold, sondern Silber aus den Felsen zu schlagen.

Bis zum Jahre 1890 hatte Calico sich auf knapp 3500 Einwohner vergrößert, bevor die Silberproduktion sich in den folgenden Jahren nicht mehr lohnte und acht Jahre später zunächst das Postamt und dann auch noch die Schule geschlossen wurde. 1907 schließlich, keine dreißig Jahre nach ihrer Gründung, galt Calico als beinahe gänzlich verlassen.

Calico Ghost Town: Western- statt Geisterstadt

Das klingt nach einer aufregenden Geschichte, von der in dem heutigen Calico jedoch so gut wie nichts mehr zu sehen ist: Nahezu alle originalen Gebäude wurden im Laufe der Zeit abgerissen und manche sogar ganz bewusst gegen neue, auf alt getrimmte Bauwerke ersetzt, welche die Besucher an klassische Western erinnern sollen.

Doch schon bei einem nur kurzen Blick hinter die Fassaden ist diese Trickserei auch für das ungeübte Auge zu erkennen. Zudem besteht ein großer Teil der Häuser lediglich, um den Besuchern Souvenirs sowie Snacks anzudrehen – und bei einem Ausblick auf die komplette „Ghost Town" fallen einem vor allem die zahlreichen Antennen und Klimaanlagen ins Auge. Dass das erste, was man bei der Anfahrt von Calico sieht, ein riesiger Busparkplatz ist, überrascht nicht: Anders als **Bodie**, westlich vom Death Valley, ist Calico reine Touristenattraktion, die etwas Western-, aber kaum Geisterstadt-Flair versprühen mag. Der Besuch ist dann eine Überlegung wert, wenn man mit Kindern unterwegs ist und denen das Ganze mehr als kleinen Vergnügungspark verkauft.

Geöffnet hat Calico täglich von 9 bis 17 Uhr, Besucher ab 16 Jahren zahlen 8$, Kinder von 6 bis 15 Jahren sind mit 5$ dabei. Einzelne Attraktionen wie die Rundfahrt mit einer kleinen Bahn kosten extra.

Von Los Angeles nach San Diego

Die Strecke Los Angeles – San Diego beträgt, abhängig vom genauen Startpunkt, etwa 200 km, was sich in zwei Stunden durchaus schaffen lässt, wenn man Los Angeles erst einmal hinter sich gelassen hat.

Der direkte Weg führt über die Interstate 5 (eventuell zunächst über die 405) nach Süden durch das nach seinen Orangenplantagen benannte **Orange County**. Unterwegs bieten sich nur wenige Ziele für einen Zwischenstopp an, was angesichts der zuvor so schönen Küste überraschen mag. Immerhin kann man das Meer von der Interstate vielfach sehen und, bei Bedarf, lädt auch die ein oder andere „Rest Area" mit Viewpoint zu einer kurzen Rast ein.

Bei Carlsbad findet man neben einem großen **Premium Outlet** auch das **Legoland California Resort**, das unter anderem zahlreiche Städte der USA (Las Vegas, San Francisco, New York und andere) mit sehr viel Liebe zum Detail nachgebaut hat sowie einige familienfreundliche Rides anbietet. Meistens von etwa 10 bis 17 Uhr geöffnet, Tickets sind mit gut 90$ für Erwachsene und 84$ für Kinder jedoch wiederum enorm teuer. Kombitickets gibt es in Verbindung mit den anderen beiden Lego-Parks: Dem Sea-Life-Aquarium sowie dem Legoland Water Park.

Mehr als eine Überlegung wert ist das kleine Städtchen **La Jolla**, das sich allerdings bereits beinahe auf Höhe von San Diego befindet und zu dessen Gemeinde zählt. Hier gestaltet sich die Küste wieder wesentlich schöner als auf den zweihundert Kilometern zuvor: La Jolla Shores zählt zu den besten Stränden im Südwesten der USA, aber auch die felsige Küste, an der man im Stadtzentrum entlangspazieren und oft Seelöwen und Nagetiere bestaunen kann, ist sehenswert. Außerdem sollte man einen Blick auf die architektonisch beeindruckende **Geisel Library** auf dem Campus der University of California werfen.

Wer etwas mehr Zeit mitbringt, könnte auch die **Torrey Pines State Reserve** besuchen, einen netten Küstenabschnitt, der zum Wandern einlädt und vor allem zahlreiche verschiedene Tierarten beheimatet. Nach einem Besuch des Highway 1 kein Muss, aber ein, zwei der kurzen und gut zu bewältigen Trails lohnen sich für Ausblicke auf Landschaft und Meer durchaus. Für den Eintritt wird eine Gebühr in Höhe von 10 bis 15$ pro Fahrzeug fällig, täglich geöffnet von 7:15 Uhr bis Sonnenuntergang.

SAN DIEGO

Highlights	Informationen
*** Balboa Park ** Gaslamp Quarter ** Old Town Historic SP ** USS Midway * Seaport Village * Coronado * Mission Beach * Point Loma & Cabrillo National Monument * San Diego Zoo	🕐 minimaler Zeitaufwand: zwei volle Tage, besser drei Tage 📖 ganzjährig gut besuchbar, angenehme Temperaturen zu fast jeder Jahreszeit 👓 US-untypische Architektur mit einem Schuss Historie, Parks und Strände 🚏 Downtown gut zu Fuß zugänglich, aber auch brauchbare Busse und Bahnen 🚶 Anstrengungen weitgehend gering, die Wege in der Innenstadt sind eher kurz

Überblick

Eigentlich kann man bei San Diego in puncto Erwartungshaltung nicht wirklich danebenliegen, sofern man nicht eine „typische" US-Stadt erwartet. San Diego ist wiederum etwas anders, sowohl optisch als auch in Hinblick auf sein Flair, es hat nicht die eine große Sehenswürdigkeit wie die Golden Gate Bridge, Hollywood oder den Strip, sondern viele schöne Ecken, deren Besuch sich lohnt: Vom historischen Old Town über das Gaslamp Quarter mit all seinen Kneipen, bis hin zur Halbinsel Point Loma, den Stränden am Pazifik und dem großartigen Balboa Park.

Dazu kommt das tolle Wetter, das nahezu das gesamte Jahr über in San Diego herrscht: Selbst im Winter sind Temperaturen von um die 20 Grad Celsius nicht ungewöhnlich, im Sommer wird es natürlich noch einen ganzen Tick wärmer, aber nur selten unangenehm heiß – dank der Lage am Meer lässt es sich hier fast immer ganz gut aushalten. Über das ganze Jahr hinweg gibt es im Schnitt zudem nur etwa 30 Regentage.

Einzig und allein das Meer an sich kann ein wenig enttäuschen, denn die Temperaturen des Pazifiks steigen selbst im Hochsommer selten deutlich über 20° C, baden ist höchstens im Juli oder August möglich, aufgrund des nicht immer ganz sauber wirkenden Wassers aber auch nicht unbedingt ein Muss.

Insgesamt jedoch ist San Diego eine ungewöhnliche wie faszinierende Stadt, die genügend Sehenswertes bietet, um problemlos drei volle Tage zu beanspruchen, zugleich mit ihrer etwas ruhigeren, fast ein wenig südeuropäischen Art eine angenehme Abwechslung zur Hektik und Lautstärke eines Los Angeles, San Francisco oder Las Vegas darstellt.

Allein, dass die Sehenswürdigkeiten nicht ganz so bekannt sind wie die der anderen genannten Großstädte, mag den ein oder anderen Besucher aufgrund des geringeren Wiedererkennungswerts stören.

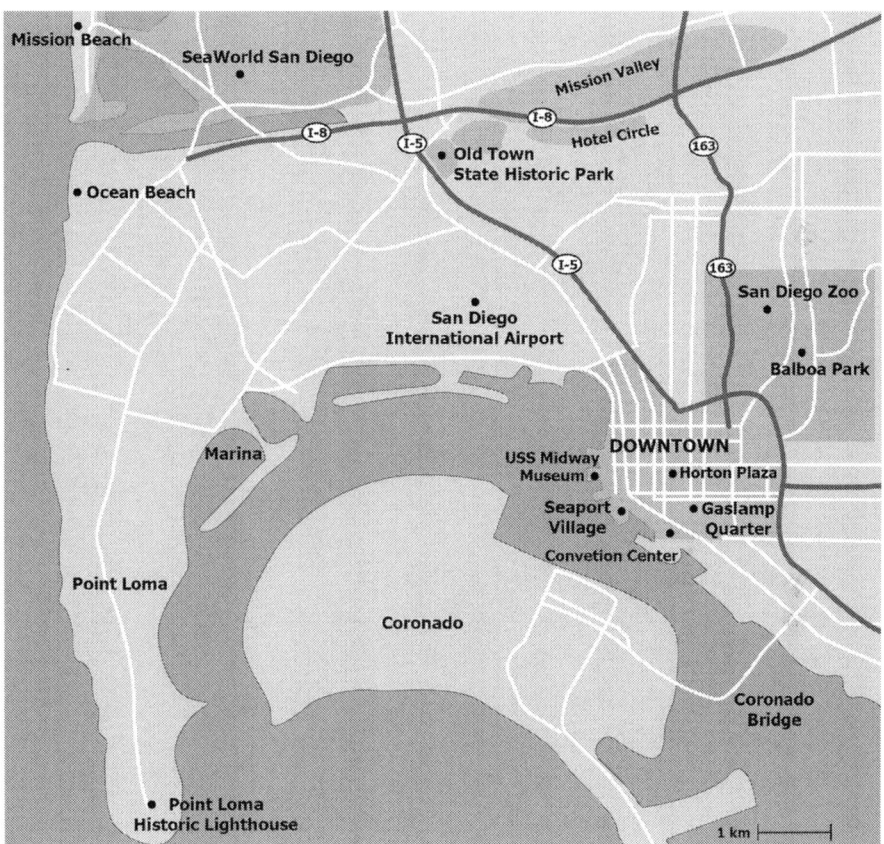

Orientierung

Ähnlich wie San Francisco bringt San Diego den großen Vorteil mit sich, dass es mit Downtown und dem darin befindlichen Gaslamp Quarter ein **echtes Stadtzentrum** gibt, in dem gleich mehrere Sehenswürdigkeiten und sehenswerte Ecken auf vergleichsweise engem Raum zusammenliegen, sodass sie problemlos zu Fuß erreicht werden können – mit dem Unterschied, dass der Verkehr sich in San Diego angenehmer gestaltet und Parkplätze in der Innenstadt keine teure Seltenheit darstellen.

Doch auch außerhalb von Downtown liegen die touristisch interessanten Gebiete und viele Attraktionen recht nah beisammen: Nördlich von Downtown findet man zunächst den Balboa Park inklusive des San Diego Zoos, noch ein Stück weiter nördlich grenzen Mission Valley, mit riesigen Shopping Centern, und das historische Old Town daran an.

Westlich davon liegen neben SeaWorld mit Pacific Beach, Mission Beach und Ocean Beach drei der größten und schönsten Strände, während im Südwesten die Halbinsel Point Loma mit tollen Ausblicken aufwartet. Gegenüber von Downtown, in der San Diego Bay, findet man schließlich mit Coronado eine weitere Halbinsel, die von der Stadt aus nur über eine lange, beeindruckende Brücke erreicht werden kann.

Historie

Beginnen wir unseren Blick auf San Diegos Geschichte mit einem Fakt, der wahrscheinlich nur den wenigsten Urlaubern bekannt sein dürfte: Nicht etwa San Francisco, San José im Silicon Valley oder die Hauptstadt Sacramento ist heute die zweitgrößte Stadt in Kalifornien, sondern eben jenes San Diego. Mit derzeit etwa 1,3 Millionen Einwohnern wird sie in puncto Größe nur von (natürlich) Los Angeles geschlagen.

Entdeckt wurde das Gebiet, in dem sich San Diego heute befindet, von dem Portugiesen Juan Rodríguez Cabrillo schon im Jahre 1542 – ein Ereignis, das Jahr für Jahr in der Stadt gefeiert wird, obwohl die Gründung einer ersten Siedlung noch erstaunliche knapp 230 Jahre auf sich warten lassen sollte.

Diese erfolgte im Jahre 1769, einmal mehr zunächst als spanische Mission, die sich mit um die 1400 Mitgliedern schnell zur größten in Kalifornien aufschwang. Ab 1821 gehörte San Diego zunächst zu Mexiko, bevor sie 1848 im Zuge des Mexikanisch-Amerikanischen Krieges mit ihren lediglich gut 650 Einwohnern an die USA fiel.

Wie auch in anderen Teilen Kaliforniens sorgten bald darauf einige Goldfunde für einen kleinen Wachstumsschub, auch wenn dieser im Falle von San Diego aufgrund geringer Mengen nur von kurzer Dauer war; die Stadt diente mehr als Zwischenstopp auf dem Weg in das ergiebigere, zentrale Kalifornien.

Doch mit dem Anschluss an das nationale Eisenbahnnetz blühte die Wirtschaft auf, im Rahmen mehrerer Ausstellungen, wie der Panama-California Exposition 1915-1916, wurden einige kulturelle Anreize geschaffen und aufgrund ihrer Lage ganz im Südwesten der USA gewann die Stadt auch politisch zunehmend an Bedeutung – nicht zuletzt in militärischer Hinsicht, verlegten die Vereinigten Staaten nach dem Angriff auf Pearl Harbor doch ihre Pazifikflotte hierher.

Bis heute ist die Navy einer der wichtigsten Arbeitgeber, auch wenn die Bedeutung mit dem Ende des Kalten Krieges abgenommen hat. Neue Arbeitsplätze wurden dafür unter anderem im Bereich der Bio-Technologie geschaffen.

San Diego Downtown

Ein guter Ausgangspunkt für eine Erkundung des Stadtzentrums von San Diego ist das in den 80er-Jahren erbaute **Horton Plaza**, ein recht schönes Open-Air-Einkaufscenter, das über fünf Stockwerke hinweg mit etwa zweihundert Geschäften, darunter die enorm großen Kaufhäuser Macy's und Nordstrom, die Besucher lockt.

Doch auch wer nicht einkaufen möchte, sollte Horton Plaza einen Besuch abstatten, denn in Hinblick auf Architektur und die Farbgebung des Gebäudekomplexes könnten sich andere Shopping Center, sowohl in den USA als auch in Europa, gerne eine Scheibe abschneiden. Bezüglich eines Stadtrundgangs ist Horton Plaza aber vor allem deshalb interessant, weil es zentral liegt und sich zahlreiche Parkplätze zu vertretbaren Preisen in der unmittelbaren Umgebung befinden.

** Gaslamp Quarter

Von Horton Plaza aus geht es direkt in das Gaslamp Quarter, Teil des historischen Stadtzentrums und einstiges Rotlicht- wie Vergnügungsviertel. Es war über die Jahre hinweg ein wenig heruntergekommen, wurde mittlerweile aber deutlich aufpoliert und wartet mit zahlreichen, sehr sehenswerten viktorianischen Gebäuden auf, die sich im Vorbeigehen auf eigene Faust bestaunen lassen.

Horton Grand Hotel: Typisches Haus im Gaslamp Quarter.

Grundsätzlich sind **zwei Besuche** des Gaslamp Quarters sinnvoll: Einer bei Tag, um die Architektur zu bewundern, sowie ein zweiter gegen Abend, um etwas von der Atmosphäre und dem Nachtleben San Diegos mitzubekommen. Denn da sich im Gaslamp Quarter überwiegend Restaurants und Bars befinden, ist hier tagsüber nicht allzu viel los – erst am späten Nachmittag wird es ein bisschen lebendiger und nach Anbruch der Dunkelheit ist vor allem am Wochenende wirklich „Action".

Am südlichen Ende des Gaslamp Quarters steht zudem das bekannte **San Diego Convention Center**, das unter anderem Comic-Freunden aufgrund der jährlichen San Diego Comic Con (eine riesige Messe nur für Comic- und Superhelden-Fans) ein Begriff sein mag.

* Seaport Village

Nur ein paar hundert Meter westlich vom Convention Center befindet sich **Seaport Village**, ein weiteres, ganz nettes Touristenzentrum, ebenfalls nahe des Meeresufers gelegen, das ein wenig an Pier 39 in San Francisco erinnert und mit circa siebzig relativ netten Geschäften und Imbissen aufwartet. Zwei Stündchen lassen sich hier mit Bummeln und einem kleinen Snack durchaus verbringen, auch wenn oder gerade weil der bunte Mix verschiedenster architektonischer Stile – von mexikanisch bis viktorianisch – nicht unbedingt ein einheitliches Bild abgibt.

** USS Midway

Ein kleines Stück nördlich von Seaport Village schließlich liegt die **USS Midway** vor Anker, ein alter Flugzeugträger aus dem Jahre 1945, damals das größte Schiff der Welt, 1992 aus dem Betrieb genommen und 2004 in ein Museum umfunktioniert. Vor allem im Vietnamkrieg, aber auch im ersten Golfkrieg noch kam es zum Einsatz – und selbst wenn man mit militärischen Schiffen nicht viel anfangen kann, so sind Ausmaße und Ausstattung des fast 300 Meter langen und über 4000 Besatzungsmitglieder fassenden Monstrums doch überaus beeindruckend. Neben den 60 zugänglichen Räumlichkeiten (Quartiere, Brücke, Maschinenraum und vieles mehr) gibt es auch 29 ausgemusterte Flugzeuge zu sehen.

Der Eintrittspreis ist mit 20$ für Erwachsene und 10-15$ für Kinder vergleichsweise gering. Täglich von 10 bis 17 Uhr geöffnet.

Gebäude des botanischen Gartens im Balboa Park.

*** Balboa Park

Höhepunkt von San Diego ist zweifellos der riesige und ganz großartig gestaltete **Balboa Park**, der mit zahlreichen tollen Gebäuden, verschiedensten Museen, tollen Gärten, großen Springbrunnen und vielem mehr aufwartet, das einen langen, umfangreichen Besuch rechtfertigt. Sogar für einen zweiten Besuch an einem weiteren Tag kann es, soll auch ein Museum besucht werden, durchaus Argumente geben.

Der fast 500 Hektar große Park, benannt nach dem spanischen Eroberer Vasco Núñez de Balboa, wurde in seinen Grundzügen bereits 1868 errichtet und später vor allem im Zuge der Panama-California Exposition sowie der California Pacific International Exposition in den Jahren 1915 und 1935 stetig erweitert.

Heute befinden sich neben dem Zoo unter anderem das **San Diego Air & Space Museum**, das **San Diego Museum of Art** und das **San Diego Natural History Museum** in den großartigen, spanisch-mexikanischen Gebäuden zwischen den das ganze Jahr über unglaublich gepflegten Gärten in unterschiedlichen Stilrichtungen: Mal botanisch, mal japanisch, hier mit Fokus auf Wüstenpflanzen, dort auf Kakteen.

Spanish Village: Weiterer Teil der tollen Kulisse im Balboa Park.

Was man davon von innen und zeitaufwendiger betrachten möchte, ist anhand der eigenen Interessen einzuordnen. Ein absolutes Muss ist aber auf jeden Fall das unübersehbare **The Botanical Building** im Art-Deco-Stil und auch beim britisch angehauchten **Old Globe Theatre** sollte man mal vorbeischauen. Mindestens ein Foto wert sind zudem das **Museum of Man**, mit seiner verzierten Fassade, sowie das **Casa de Balboa**.

Erwachsene zahlen in größeren Museen (zum Beispiel im Museum of Art oder in dem auch für Jüngere recht interessanten **Reuben H. Fleet Science Center, Air and Space Museum**) meistens zwischen 10 und 20$, Kinder sind von 5 bis 15$ mit von der Partie.

Sowohl bei schönem als auch bei dem ganz seltenen schlechten Wetter ist mindestens ein halber Tag im Balboa Park ein Muss, doch sogar ein ganzer Tag lässt sich problemlos hier verbringen.

* San Diego Zoo

Wenn man im Westen der USA einen Zoo besuchen möchte, ist zudem gleich nebenan der **San Diego Zoo** ohne Frage erste Wahl. Mit knapp 4000 Tieren aus 700 verschiedenen Spezies zählt der Zoo zu den größten des Landes und vor allem die Anzahl der in Zoos eher selten anzutreffenden Tierarten ist vergleichsweise groß. Besonders interessant sind die Pandas, die man möglichst früh am Morgen besuchen sollte, da sich vor ihrem Gehege spätestens ab der Mittagszeit doch recht lange Schlangen mit **Wartezeiten von über zwei Stunden** bilden können.

Allerdings sollte nicht verschwiegen werden, dass der Zoo durchaus amerikanisch angelegt ist, mit breiten Straßen, auf denen die nicht ganz so lauffreudigen Besucher mit Bussen von Gehege zu Gehege kutschiert und dabei lautstark beschallt werden.

Wer lieber zu Fuß unterwegs ist, muss die Busse nicht nutzen, jedoch gibt es keinen echten Rundweg, der einem den ganzen Zoo zeigen würde – und das Überqueren der Straßen sowie das recht laute Knattern der Busse kann hin und wieder ein wenig störend sein. Davon abgesehen sind der Zoo und seine Gehege allerdings schön und häufig ohne Gitter sowohl tier- als auch besucherfreundlich gestaltet, so lassen sich etwa die Nilpferde durch Glasfenster auch unter Wasser bestaunen.

Geöffnet üblicherweise von 9 bis 18 Uhr, Kinder zahlen 42$, alle über 12 Jahren 52$. Wer zu Fuß den kompletten Zoo erkunden will, braucht ohne Wartezeiten etwa **drei bis vier Stunden**.

San Diego SeaWorld

Die Alternative zum Zoo, wenn man so will, ist **San Diego SeaWorld**, das sich ganz auf Wassertiere spezialisiert hat. Anders als im Zoo steht hier allerdings die Unterhaltung klar im Vordergrund, gut zwanzig verschiedene Shows locken dieser Tage die Besucher. Außerdem verfügt der Park mittlerweile über etwa zehn Rides, davon zwei Achterbahnen und zwei Water Rides. Bei den Shows kommen unter anderem Delfine und Seelöwen zum Einsatz, was sich mehr noch als die übliche Tierhaltung in den Zoos und Aquarien durchaus **kritisch** sehen lässt.

Wer keine moralischen Bedanken hat, kann in SeaWorld aber zweifellos einen halben bis ganzen Tag lang Spaß haben, auch weil man Wale und Delfine eben doch wesentlich seltener in der Heimat bestaunen kann als die üblichen Zootiere. Geöffnet ist üblicherweise von 10 bis 17 Uhr, der Eintrittspreis kann sich allerdings sehen lassen; derzeit ab 70$ für Erwachsene und Kinder.

Mit Hilfe von **Kombipaketen** (SeaWorld, Zoo und Safari Park) lässt sich etwas Geld sparen, allerdings muss man dann schon sehr viel Zeit in den Parks verbringen, was der Stadt San Diego gegenüber fast ein wenig unfair wäre.

Schöne und – im Vergleich zu LA – ordentliche Strandpromenade.

* Strände

An einen Besuch von SeaWorld anschließend empfiehlt sich aufgrund der Lage ein Abstecher zu einem der größten Strände San Diegos: Sowohl **Ocean Beach** als auch **Mission Beach** und **Pacific Beach**, die nur ein Stück westlich von SeaWorld entfernt liegen, sind ganz nett.

Sehenswert ist hier neben der Strandpromenade vor allem der **Belmont Park**, ein typischer Amusement Park in Meeresnähe, der mit einer schönen, historischen Achterbahn sowie modernen Rides aufwartet – etwa vergleichbar mit dem Santa Cruz Boardwalk oder auch dem Santa Monica Pier. Darüber hinaus befinden sich zahlreiche kleine Geschäfte in der Umgebung, die – genauso wie das Strandpublikum – ein wenig an eine entschärfte Version von Venice Beach in Los Angeles erinnern.

* Point Loma

Was fehlt noch auf unserer Runde durch San Diego? Genau, ein toller Ausblick – und zu dem kommen wir jetzt: **Point Loma**, eine Halbinsel, ganz im Südwesten von San Diego gelegen, ist die Heimat des **Cabrillo National Monuments** zu Ehren des portugiesischen Entdeckers Juan Rodríguez Cabrillo, das in erster Linie mit dem **Point Loma Leuchtturm** aus den 1850er-Jahren an seiner Spitze die Besucher begeistert.

Neben ein bisschen Historie ist es aber vor allem der gute Blick auf Meer und Stadt, der hier in einer Höhe von etwa 130 Metern über dem Meeresspiegel interessiert. Voraussetzung dafür ist natürlich gutes Wetter. Geöffnet von 9 bis 17 Uhr, Eintritt kostenlos mit dem America the Beautiful Pass, sonst 10$ pro Fahrzeug. Wundern Sie sich nicht über die wenig einladend wirkende Einfahrt; Point Loma ist Militärgelände.

Ebenso in Point Loma befindet sich der **Sunset Cliffs Natural Park**. Wie der Name schon sagt, lohnt sich ein Besuch der Küste im Westen der Halbinsel vor allem gegen Abend, wenn man von den dortigen Klippen aus einen großartigen Blick auf den Sonnenuntergang im Pazifik erhält. Der ideale Abschluss eines Tages in San Diego.

** Old Town & Mission Valley

Ebenfalls sollte ein Besuch der historischen Wurzeln San Diegos nicht verpasst werden, die man in **Old Town** und **Mission Valley** findet. Ersteres bezeichnet sich heute offiziell als „Historic State Park" und siedelt sich zwischen (kostenlosem) Freilichtmuseum und Touristenattraktion an, schafft aber einmal mehr diesen Spagat überraschend gut.

Einige der Gebäude aus den 1820er-Jahren sind noch aus dieser Zeit erhalten oder wurden originalgetreu und mit großer Liebe zum Detail nachgebaut. In Geschäften stellt man Süßwaren wie im 19. Jahrhundert demonstrativ her, während konsumferne Gebäude wie Gericht, Ställe, Schulhaus und Gefängnis als reines Anschauungsmaterial dienen.

Exemplarisches Haus in San Diego Old Town: Schön gestaltet.

Natürlich dürfen auch hier Souvenirs, moderne Snacks und Restaurants nicht fehlen, schließlich sollen die Touristenströme ein bisschen Geld da lassen, aber insgesamt gewährt Old Town einen freundlichen Einblick in die Historie der Stadt, ohne dabei zu kommerziell oder zu belehrend zu wirken. Je nach Interesse und Ruhe lassen sich zwei bis vier Stunden durchaus unterhaltsam verbringen.

Mission Valley hingegen ist heute in erster Linie als Shopping-District ein Begriff, allerdings findet man dort auch die **Mission San Diego de Alcalá**, eine im Jahre 1769 gegründete Franziskaner-Mission und die erste spanische Ansiedlung auf dem heutigen Gebiet der Stadt. Zugleich genießt sie den doch ein wenig fragwürdigen Ruf, die erste öffentliche Hinrichtung der Region durchgeführt zu haben, dort liegt „California's First Christian Martyr" begraben.

Inzwischen geht es aber friedlicher zu, die Mission gilt als National Historic Landmark und ist täglich für Besucher geöffnet, allerdings werden hier tatsächlich noch Messen abgehalten, weshalb an Wochenenden und abends an Wochentagen Touristen nicht immer Zutritt haben. Zudem gestaltet sich die Anfahrt recht aufwendig; die Mission liegt an der Kreuzung von Interstate 8 und 15, etwa 10 km östlich von Old Town.

Bei großem Interesse lässt sich ein Besuch gut mit den Shopping-Centers im Mission Valley kombinieren, denn von dort aus ist es bis zur San Diego de Alcalá nicht mehr weit.

* Coronado

In die Kategorie „kann, aber muss nicht" fällt schließlich **Coronado**, südlich von Downtown. Eine schöne und teure Wohngegend, die einmal mehr mit einer sehenswerten Küste und einem langen, weißen Strand besticht, vor allem aber dank des **Hotel del Coronado** recht bekannt ist, das unter anderem als Kulisse im Film „Manche mögen's heiß" zum Einsatz kam – was, zugegeben, schon über 50 Jahre her ist.

Das viktorianische Äußere des Hotels in Verbindung mit dem Art-Deco-Stil im Inneren ist aber noch heute durchaus sehenswert und zählt als National Historic Landmark. Da der Zeitaufwand für einen Besuch nicht allzu groß und auch die Anfahrt über die lange Brücke von San Diego aus bereits interessant ist, durchaus eine Überlegung wert, wenn man es schon bis hierhin geschafft hat.

Abstecher nach Mexiko

Von San Diego aus bietet sich in der Theorie ein Abstecher über die Grenze nach Mexiko an, wo sich als erste große Stadt das bei US-amerikanischen Touristen sehr beliebte **Tijuana** befindet.

Mit seinen 1,3 Millionen Einwohnern ist Tijuana San Diego nicht ganz unähnlich. Die Stadt lebt vom Tourismus und ist – entgegen mancher anderslautender Meldungen – ihren Besuchern in der Regel sehr entgegenkommend. Mit Englisch kommt man problemlos durch.

Die häufigen Warnungen der Medien vor Entführungen in Mexiko sind hier für Touristen in etwa so realistisch, wie in Los Angeles in ein Gefecht zweier Gangs zu geraten: Die Wahrscheinlichkeit tendiert unter normalen Umständen gegen Null.

Dennoch stellt sich die Frage, ob der Abstecher nach Mexiko wirklich den sehr hohen Zeitaufwand wert ist, denn die Überquerung der Grenze ist vor allem auf dem Rückweg in die USA oft mit mehreren Stunden Wartezeit verbunden, zumal die meisten Mietwagenfirmen die Fahrt nach Mexiko vertraglich sogar verbieten. Hinzu kommt, dass Tijuana mit dem echten Mexiko nicht viel zu tun hat und vergleichsweise wenige Sehenswürdigkeiten bietet, gerade auch im Vergleich zu San Diego. Das Tijuana Cultural Center (CECUT) ist einen Blick wert und auf der **Avenida Revolución** kann man ein wenig shoppen, aber damit hört es im Grunde auch schon auf.

Tijuana ist bei jungen US-Amerikanern vor allem deshalb beliebt, weil hier das „Drinking Age" bei 18 statt bei 21 Jahren beginnt und man sich somit in den Semesterferien im Frühling, beim Spring Break, die Kante geben kann. Dann ist Tijuana tatsächlich zu meiden...

Für schlechtes Wetter

Das Potential für schlechtes Wetter ist in San Diego ähnlich gering wie in Los Angeles; über das gesamte Jahr hinweg kommt die Stadt im Schnitt zwar auf etwa 29 Regentage, von denen aber weniger als 3 (!) in den typischen Reisezeitraum von Mai bis September fallen.

Sollte man dennoch mal einen der seltenen Regentage erwischen, bietet sich neben den üblichen Optionen wie Shopping vor allem der Besuch eines oder mehrerer Museen im Balboa Park an. Hört der Regen dann irgendwann auf, kann man auch gleich ohne Fahrerei den Park weiter erkunden. Nicht empfehlenswert ist bei Regen hingegen ein Besuch des Zoos oder von SeaWorld, die nur wenig auf schlechtes Wetter ausgelegt sind.

Infrastruktur

Da die Innenstadt von San Diego gut mit dem Auto besucht werden kann, spielt die Infrastruktur für Touristen keine so große Rolle, obwohl die Stadt mit dem **San Diego Metropolitan Transit Service** (SDMTS) über ein ganz brauchbares Streckennetz verfügt, das aus Bussen und Straßenbahnen besteht. Erstere dienen, wie so oft, in erster Linie eher der Kurzstrecke, während man mit der Straßenbahn beispielsweise in kurzer Zeit längere Strecken wie etwa vom Gaslamp Quarter nach Old Town (sechs Stationen auf der Green Line) überwinden kann.

Einzelfahrten mit der Straßenbahn kosten pro Person 2,50$, außerdem werden einem günstige Tageskarten für 5$ angeboten, für die man allerdings zunächst eine „Compass Card" kaufen muss, die mit 2$ zu Buche schlägt. Sprich: Das Ganze lohnt sich erst ab drei Fahrten an einem Tag. Busse im Stadtgebiet kosten 2,25$.

San Diegos Flughafen, der **San Diego International Airport** (SAN), wird von Deutschland aus nicht direkt angeflogen und ist auch für US-Verhältnisse mit nur einer Start- und Landebahn recht klein. Die einzige Non-Stop-Verbindung von Europa nach San Diego besteht derzeit von London mit British Airways.

Für Touristen aus dem deutschsprachigen Raum ist der Flughafen daher in der Regel höchstens als Start oder Ziel für Flüge innerhalb der USA von Belang, wichtigste Fluggesellschaft ist die gute Southwest Airlines. Aufgrund seiner vergleichsweise geringen Größe befindet sich der Flughafen in unmittelbarer Nähe der Innenstadt, die in etwa zehn Minuten zu erreichen ist.

Besondere Events

Da sich die San Diego Chargers aus der NFL (Football) zur Saison 2017 nach Los Angeles verabschiedet haben, findet man derzeit nur noch ein großes Sportteam in San Diego: Die **Padres** aus der MLB (Baseball). Sie sind im Petco Park in Downtown zu Hause und spielen im Grunde den gesamten Sommer über alle paar Tage, Tickets stehen fast immer ausreichend zur Verfügung und beginnen preislich bei etwa 30$.

Im Juni ist darüber hinaus der **Rock 'n' Roll Marathon** durchaus interessant, der sich irgendwo zwischen Sport-Event und Party ansiedelt, dabei durch die halbe Stadt vom Balboa Park bis zu SeaWorld führt. Auch wer kein Interesse an langen Läufen hat, wird dank Live-Musik vielerorts bestens unterhalten. Zudem sind die **San Diego County Fair**, eine bunte Kirmes, sowie das **Annual La Jolla Festival of the Arts and Food Faire** im Juni einen Blick wert.

Mitte Juli findet üblicherweise die recht bekannte und bereits angesprochene San Diego Comic Con statt, eine riesige Messe für Fans von Comics und Superhelden, aber auch von Filmen und TV-Serien mit Sci-Fi-Thematik. Aufgrund des gewaltigen Besucheransturms können die Hotelzimmer dann knapp und teuer werden.

Im September schließlich könnte das **San Diego Festival of Beer** auch für europäische Touristen von Interesse sein, stellen hier doch die zahlreichen (Micro-)Breweries der Stadt in Downtown ihre Biere vor, dazu gibt's aber auch Essen und Live-Musik. 2017 konnte man 120 verschiedene Biersorten probieren, die meisten äußerst, nun, „exotisch".

Übernachten in San Diego

Die Anordnung der Hotels und Motels in San Diego mag bei einem ersten Blick auf eine Karte ein wenig überraschend sein, denn neben den üblichen, überwiegend eher teuren Hotels in Downtown befindet sich ein großer Teil der bekannten Ketten auf einem Fleck entlang der Interstate 8, nur ein kleines Stück östlich von Old Town und SeaWorld.

Hotel Circle nennt sich diese Gegend, in der unter anderem Howard Johnson, Ramada Plaza, Comfort Inn, Crown Plaza sowie Best Western liegen und über deren Qualität sich im Wesentlichen nicht meckern lässt. Lediglich die Nähe zu eben jener Interstate 8 kann als etwas störend empfunden werden, da der Verkehr im Grunde nie nachlässt. Auch der Flughafen ist nicht weit entfernt und mitunter hörbar, allerdings nicht so betriebsam, dass es enorm stören würde.

Die Lage der Unterkunft darf in San Diego gleichwohl eine kleinere Rolle spielen als in LA oder San Francisco, da man auch vom Hotel Circle oder von den verstreuten Motels in Point Loma sowohl mit dem Auto als auch mit dem öffentlichen Nahverkehr alle Sehenswürdigkeiten äußerst schnell ansteuern kann.

Nur, wer auch am Abend mal spontan ausgehen und zum Beispiel eine Runde durchs Gaslamp Quarter drehen will, ist mit einem Hotel in Downtown am besten bedient, muss dafür dann aber eben meistens auch deutlich mehr zahlen als ein Stück außerhalb.

Empfehlenswerte Motels & Hotels in Downtown

* **Horton Grand Hotel:** Von außen eines der schönsten Bauwerke im Zentrum, doch auch das Innere kann sich sehen lassen. Natürlich gewollt altmodisch, jedoch eine gute Unterkunft ab 150$ die Nacht.

* **Residence Inn:** An der Waterfront gelegen und deshalb teilweise mit netten Ausblicken, aber auch das restliche Ambiente stimmt. Schickes Hotel mit großen Zimmer und sogar gutem Pool. Ab ca. 175$ die Nacht.

* **Omni San Diego:** Erstaunlich modernes Hotel für das Stadtzentrum, am südlichen Ende des Gaslamp Quarters gelegen. Hell und freundlich eingerichtet, Zimmer ebenso ab etwa 200$ die Nacht. Kleiner Haken: Bei allen Hotels in Downtown **kosten Parkplätze 35-50$** die Nacht extra.

… am Hotel Circle

* **Kings Inn Hotel:** Sauberes, helles und freundliches Motel, mit teils erstaunlich großen Zimmern. Schon ab 100$ die Nacht, was in ganz San Diego für die gebotene Qualität unschlagbar ist.

* **Holiday Inn Express:** Ganz typisches Hotel der Kette. Kann man sicher langweilig finden, dafür weiß man aber, was man bekommt: Sehr gute Zimmer und ordentliches Ambiente. Ab 125$ die Nacht.

* **Hampton Inn Mission Valley:** Recht neu und leicht gehobene Ausstattung, dennoch nicht viel teurer als die Konkurrenz: Etwa 150$ die Nacht, das Preis-Leistungsverhältnis stimmt!

… in der Umgebung

* **Dolphin Motel:** Geheimtipp in Point Loma. Kleine, aber sehr saubere Zimmer, freundliche Betreiber und das ganze Jahr über enorm günstig, schon ab 90$ die Nacht.

* **The Pearl Hotel:** Tatsächlich eine kleine Perle, was vor allem den sehr hell, modern und individuell eingerichteten Zimmern zu verdanken ist. Ebenso in Point Loma, ab etwa 125$ die Nacht.

* **The Inn at Sunset Cliffs:** Der Name ist hier Programm, denn das auf der Westseite von Point Loma gelegene Hotel begeistert abends mit seinem Blick auf den Sonnenuntergang im Pazifik. Ausstattung der Zimmer erinnert an eine Ferienwohnung, aber sauber und für nur etwa 150$ die Nacht eine Überlegung wert.

Empfehlenswerte Campgrounds

Für Camper kommen im Grunde nur zwei Campingplätze in San Diego in Frage: In Mission Bay, nicht weit entfernt von SeaWorld, liegt das **Campland on the Bay**, ein relativ durchschnittlicher Campground, der aber aufgrund seiner guten Lage überzeugen kann, wenn man bereit ist, die doch recht hohen Preise zu zahlen: Etwa 85$ die Nacht werden für einen Stellplatz mit Full Hookup mindestens fällig.

Nicht billiger, aber insgesamt doch etwas besser, ist der **KOA San Diego Metro City**, der sich nur etwa 10 km südlich vom Stadtzentrum in Chula Vista befindet – wenn einen die Nähe zur Interstate 805 nicht stört, eine gute Wahl. Bloß der öffentliche Nahverkehr lässt hier zu wünschen übrig: Für die kurze Strecke bis zum Balboa Park etwa braucht man eine gute Stunde.

Alternativen in der Natur gibt es kaum; der **San Elijo State Beach** im Norden geht halbwegs in Ordnung, ist aber fast 50 km entfernt.

Essen & Trinken

Besonders gefällig ist in San Diego, wenig überraschend, das mexikanische Essen, bei dem allerdings eine kleine Warnung auszusprechen ist, denn mit „mexikanisch" ist hier meistens wirklich mexikanisch gemeint, nicht das in weiten Teilen der USA und teilweise auch in Europa bekanntere „Tex-Mex". Einzelne Gewürze kommen dabei wesentlich stärker zum Einsatz als in der für den Rest der Welt glattgebügelten Küche, was durchaus gewöhnungsbedürftig ist – nicht wenige, die sonst mexikanisches Essen mögen, können diesen Geschmack nicht leiden. Selbst ein einfaches Chili con Carne schmeckt hier völlig anders.

Meiden sollte man in Hinblick aufs Essen die Restaurants im und um den Balboa Park herum, die sich überwiegend an Touristen richten. Bessere Lokale findet man in Downtown sowie an den Stränden, Pacific Beach und Mission Beach.

Die besten Bars und Clubs sind im Gaslamp Quarter sowie seiner unmittelbaren Umgebung in Downtown anzutreffen, vor allem die häufig lokal gebrauten Biersorten sind hier einen Versuch wert, da San Diego über eine aktive Brauszene verfügt als so manche deutsche Bierstadt. „Microbreweries" lautet das Stichwort.

Einkaufen

Gut einkaufen lässt sich in San Diego ausnahmsweise tatsächlich im Stadtzentrum, dort findet man mit dem schon erwähnten Horton Plaza ein großes und durchaus schönes Einkaufscenter mit vielen Geschäften. Aber auch in dessen Umgebung, in Downtown und im Gaslamp Quarter, befinden sich zahlreiche weitere Läden, die nicht ausschließlich den großen Franchises angehören, welche das Land so dominieren. Für Souvenirs wird man hier ebenso fündig.

Horton Plaza: Schönes, buntes Einkaufscenter im Stadtzentrum.

Nicht weit östlich von Old Town befindet sich zudem mit dem **Fashion Valley** sowie **Westfield Mission Valley** ein weiteres riesiges Einkaufszentrum, das alles nur Erdenkliche bietet. Auf ein großes Outlet trifft man auf der Strecke von San Diego nach Los Angeles an der I-5, das schon erwähnte **Carlsbad Premium Outlet** mit vielen Markenshops, die ihre Waren zu reduzierten Preisen anbieten. Weitere Outlets befinden sich ganz im Süden San Diegos unmittelbar an der Grenze zu Mexiko.

Auch Supermärkte muss man in San Diego nicht lange suchen: Im Stadtgebiet sind vor allem Vons und Ralphs sehr verbreitet; man findet sie quasi an jeder größeren Straße und in der Nähe des Hotel Circles.

Spartipps

Bei einem Besuch von San Diego gibt es zwei Kombitickets, die sich anbieten. Zum einen die **Go San Diego Card**, die für einen Tag und einen Erwachsenen 89$ kostet und den Zugang zu 39 Attraktionen wie dem San Diegos Zoo, dem Midway Museum, Legoland in Carlsbad sowie Knott's Berry Farm in LA ermöglicht. Allerdings ist all das in 24 Stunden nicht zu schaffen, weshalb die bessere Wahl ein 3-Tages-Ticket wäre, das auch SeaWorld enthält und derzeit 194$ für einen Erwachsenen kostet.

In Verbindung mit einem Besuch von Los Angeles wäre zum anderen der **Southern California CityPass** eine Überlegung wert, der für 353$ drei Tage lang Zugang zum Disneyland in Anaheim, dem Legoland California sowie SeaWorld San Diego bietet, pro Person spart man so etwas mehr als 150$. Optional lässt sich auch der San Diego Zoo gegen einen Aufpreis hinzufügen. Sinnvoll ist der CityPass jedoch nur dann, wenn Sie alle enthaltenen Attraktionen sehen wollen – beim Verzicht auf eine egalisiert sich die Ersparnis.

Risiken

In Hinblick auf die Sicherheit ist San Diego eine typische Großstadt mit den unvermeidbaren Taschendiebstählen und vereinzelten Autoeinbrüchen, insgesamt ist man hier jedoch (sowohl subjektiv als auch objektiv) sicherer als in LA oder San Francisco. Einzig und allein die zahlreichen Obdachlosen fallen mal wieder ins Auge.

San Diego – und dann?

Von San Diego aus gibt es im Grunde nur zwei sinnvolle Ziele für die Weiterfahrt: Los Angeles über die Interstate 5 (siehe: „Zwischen Los Angeles und San Diego") oder den Joshua Tree National Park, entweder über Interstate 15 und 10 oder zunächst über Interstate 8 und dann mit einem Zwischenstopp in der Anza-Borrego-Wüste – mehr dazu gleich.

Zwischen San Diego und Joshua Tree

Für die Fahrt von San Diego zum sehr schönen Joshua Tree National Park gibt es zwei Möglichkeiten: Der schnellste Weg führt über die Interstate 15 / 215 nach Norden und dann über die Interstate 10 nach Osten –

die gut 250 km sind in zweieinhalb Stunden problemlos machbar, auch wenn die Strecke auf der Karte ein wenig umständlich aussehen mag, da man zunächst beinahe bis nach Los Angeles zurückfährt. Es handelt sich aber um die einfachste und meistens sinnvollste Variante.

Eine mögliche Alternative wäre es, von San Diego aus die Interstate 8 nach Osten zu nehmen und dann auf Highway 79 bzw. 78 nach Norden / Osten auszuweichen, die unter anderem am großen Anza-Borrego Desert State Park vorbeiführen, bevor man über Highway 86 den riesigen Salton Sea passiert.

Mit insgesamt gut 275 km ist diese Strecke nur unwesentlich länger, aufgrund schlechter ausgebauter und kurviger Straßen ist aber mit einer Fahrzeit von etwa dreieinhalb Stunden bis zum Eingang des Joshua Tree National Parks zu rechnen. Mit Zwischenstopp in diesem Teil der Wüste sogar noch deutlich länger.

Teilweise sehenswerte, aber recht karge Landschaft in Anza-Borrego.

Der **Anza-Borrego Desert State Park** ist kaum bekannt, dabei handelt es sich bei ihm um den größten State Park Kaliforniens und sogar um den zweitgrößten der gesamten USA. Die Anza-Borrego-Wüste erinnert optisch stark an Teile von Death Valley und Joshua Tree National Park, ihre häufig noch kargere Landschaft ist jedoch nicht gerade als spektakulär zu bezeichnen, weshalb am ehesten Wanderer dank zahlreicher langer, aufgrund der Temperaturen meistens jedoch äußerst anspruchsvoller Trails hier auf ihre Kosten kommen. Ausnahme: Im Frühling, vor allem zwei, drei Tage nach starken Niederschlägen, gibt die dann bunt blühende Pflanzenwelt ein für alle Besucher tolles Bild ab. Zufällig solch einen Tag zu erwischen, ist aber natürlich reine Glückssache.

Unter normalen Umständen sind drei bis vier Stunden Zeit ein guter Ansatz, um ein paar der leichter zu erreichenden Aussichtspunkte anzusteuern und vielleicht einen Trail, zum Beispiel den **Palm Canyon**, in Angriff zu nehmen. Auch wenn es auf den ersten Blick nicht immer den Anschein haben mag: Der Besuch kann sich durchaus interessant gestalten, ist jedoch angesichts des notwendigen Umwegs kein Muss, zumal viele Trailheads und Viewpoints nur über Dirt Roads zu erreichen sind.

Am einfachsten wird man in **Borrego Springs** fündig, dem Zentrum mit Visitor Center und Campground. Dort erhält man auch Karten und Tipps, welche Viewpoints und Trailheads derzeit gut zu erreichen sind. Für den Parkplatz wird am Wochenende eine Fee in Höhe von 10$ fällig.

Salton Sea

Ähnliches gilt für **Salton Sea**, mit einer Fläche von fast tausend Quadratkilometern der größte See Kaliforniens und – wie der Name bereits vermuten lässt – sehr salzhaltig. Interessanter als die Kulisse ist die Geschichte des Sees, denn Salton Sea ist nicht etwa natürlich entstanden, sondern Resultat eines Dammbruchs am Colorado River im Jahre 1905. Im Laufe des letzten Jahrhunderts wurde der See dann zunehmend touristisches Ausflugsziel. Doch die nachlassende Wasserqualität sorgt in Verbindung mit dem steigenden Salzgehalt und dem Einfluss von Giften aus der umliegenden Landwirtschaft seit etlichen Jahren für eine abnehmende Beliebtheit und die Schließung von Restaurants und Hotels.

Palm Springs

Schon eher einen Abstecher wert ist dann **Palm Springs**, das sich ein Stück südwestlich vom Joshua Tree National Park befindet und über den Highway 111 angesteuert werden muss.

Palm Springs genießt den Ruf, das Florida Kaliforniens zu sein, wenn man so will, sprich: Zu einem großen Teil von Ruheständlern bewohnt zu werden, die an ihrem Lebensabend noch einmal kräftig Sonne tanken wollen – denn die Temperaturen bewegen sich das ganze Jahr über auf einem sehr hohen Niveau, Regen ist die absolute Ausnahme.

Und bei einem Besuch der Stadt lässt sich dieser Eindruck nicht leugnen. Nicht nur aufgrund der subjektiv wahrgenommenen Bevölkerung, sondern auch aufgrund der hohen Anzahl an Ärzten und all der großen Kliniken, welche sich um die Stadt herum befinden: „Medical Center" hier, „Mobility Solutions" da.

* Indian Canyons

Palm Springs bietet als Stadt für sich genommen nicht viel, was wirklich eine Erwähnung wert wäre (wenn man von den tausenden Windrädern absieht, welche bei der An- und Abfahrt die Berge in der Umgebung zieren), doch zum Glück gibt es dort ja auch noch die Indian Canyons, die durchaus sehenswert sind und einen kleinen Vorgeschmack auf Joshua Tree bieten: Lange, von Palmen gesäumte Oasen in der Wüste, deren zahlreiche Trails einst von Indianern genutzt wurden und sogar kleine Handelsrouten darstellten.

Zum Wandern eignen sich die Indian Canyons bestens – nicht nur, weil Flora und Fauna (Kolibris!) so sehenswert sind, sondern weil sich **die meisten Wege vergleichsweise einfach** gestalten und somit auch von Kindern und älteren Menschen bewältigt werden können: Sogar Esel werden als Transportmittel angeboten. Allein die **enorme Hitze** kann im Sommer zum Problem werden.

Geöffnet von 8 bis 17 Uhr, täglich von Oktober bis Juni, zwischen Juli und September jedoch nur von Freitag bis Sonntag. Besucher bis 12 Jahre zahlen 5$, Erwachsene 9$, Senioren ab 62 Jahren dürfen für 7$ hinein. Beachten Sie vor einem Besuch etwaige Hinweise auf der offiziellen Website, denn hin und wieder kommt es in der Gegend zu starken Regengüssen, die die Canyons unzugänglich machen können!

Weiter geht es anschließend auf dieser Route in jedem Fall im tollen und großen Joshua Tree National Park, der sich östlich von Palm Springs über die Wüste erstreckt.

JOSHUA TREE NATIONAL PARK

Highlights	Informationen
*** Hidden Valley	🕐 optimaler Zeitaufwand: ein Tag
** Lost Horse Mine Trail	📖 fast das ganze Jahr gut besuchbar, im Sommer allerdings sehr heiß
** Barker Dam	
** Keys View	👓 schöne Joshua Trees, häufig einsame Wanderungen durch die Wüste
* 49 Palm Oasis	
* Skull Rock	⋮ Hauptgebiet problemlos erreichbar, jedoch einige Stichstraßen vorhanden
* Cholla Cactus Garden	
	🚶 Anstrengung von Mai bis Oktober zum Teil recht groß, da hohe Temperaturen

Überblick

Joshua Tree ist ein vergleichsweise junger National Park, erst 1994 vom National Monument zu einem eben solchen erhoben. Benannt nach den **Josua-Palmlilien**, welche die ansonsten recht karge Wüstenlandschaft zwischen Mojave- und Colorado-Wüste durchziehen, besticht das große Parkgebiet mit tollen Wanderwegen zwischen ungewöhnlichen Felsformationen sowie einer mitunter erstaunlich bunten Pflanzenwelt und einigen sehenswerten Ausblicken.

Das Anstrengende bei einem Besuch von Joshua Tree sind jedoch nur selten die Anstiege oder die beschwerlichen Wanderwege, sondern die vor allem in der Hauptsaison mitunter extrem hohen Temperaturen: Von Mai bis September knallt die Sonne mit 35 °C und mehr den Besuchern auf den Kopf, während es von Oktober bis April bei um die 15 bis 20 °C tagsüber meistens relativ erträglich ist – nachts kann es dann sogar gefrieren.

Die Sonne im Sommer ist allerdings auch deshalb so unangenehm, weil man, wie in einer Wüste zu erwarten, kaum Schatten findet. Abgesehen von ein paar Palmen zählen die schmalen und nicht besonders hohen Joshua Trees bereits zu den größten Pflanzen im Park – und spenden entsprechend wenig Schatten.

Obwohl Joshua Tree sich in einer kargen Landschaft befindet, war das Gebiet Mitte des 19. Jahrhunderts vorübergehend recht beliebt, weil im Zuge des Goldrausches hier auf Reichtümer gehofft wurde. Wahnwitzige 300 (!) Minen entstanden über einen kurzen Zeitraum hinweg, doch richtig ergiebig war keine von ihnen, weshalb die meisten Glücksuchenden die Gegend schnell wieder verließen. Dennoch befinden sich bis heute Überreste aus der Zeit auf dem Gelände.

Das Schöne am Park ist – neben seinen tollen Wanderwegen und der ungewöhnlichen, sehenswerten Natur – aber vor allem, dass es hier noch vergleichsweise ruhig zugeht. In der Hauptsaison trifft man zwar auch in Joshua Tree regelmäßig auf Besucher (mitunter sogar auf große Besuchergruppen, die mit Bussen angekarrt werden), doch im Vergleich zu Bryce, Arches, Yosemite oder dem Grand Canyon wirkt der Andrang noch gering. Auf manchen Wegen sieht man im besten Fall lange Zeit keine Menschenseele und kann die Natur in völliger Stille genießen.

Denken Sie bei einem Besuch an ausreichend Wasser, da man sich hier und da mangels klarer Kennzeichnung der Trails verlaufen kann. Achten Sie zudem auf Schlangen, die durchs Gebüsch kriechen – auch wenn sie sich normalerweise von Menschen fernhalten.

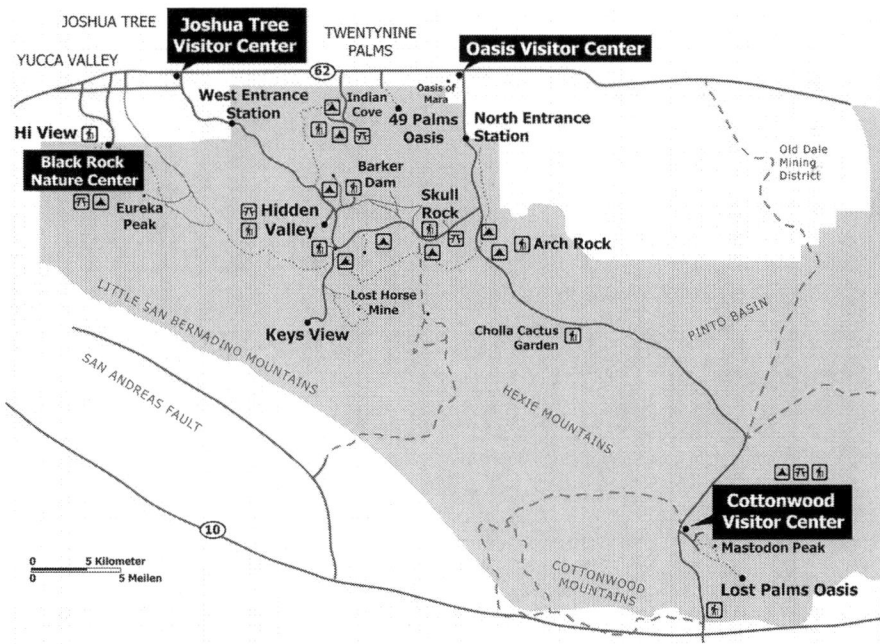

Orientierung

Joshua Tree ist ein großer Park, der insgesamt über drei echte Einfahrten verfügt, die auf das Hauptstraßennetz führen, sowie über mehrere Stichstraßen, die einen zu Wanderwegen und Viewpoints bringen. Zwei dieser Einfahrten – zugleich die beiden am häufigsten gebrauchten – befinden sich im Norden in den Kleinstädten **Joshua Tree** und **Twentynine Palms.** Eine weitere (und seltener genutzte) gibt es im Süden, die man von Highway 10 aus erreicht.

Wenn man den National Park über den zuvor erwähnten Umweg über den Anza-Borrego Desert State Park ansteuert, kann die südliche Einfahrt eine Option darstellen. In den meisten Fällen sind jedoch die nördlichen Einfahrten zu bevorzugen, da sich hier die meisten Wanderwege und Aussichtspunkte in der Nähe befinden. Alle drei Einfahrten verfügen über ein Visitor Center, an dem man sich über die aktuellen Straßenzustände und etwaige Wegsperrungen informieren kann.

Je nachdem, aus welcher Richtung man kommt und wo man am Ende des Tages übernachten will, kann es allerdings auch eine sinnvolle Option darstellen, beispielsweise in Joshua Tree in den Park zu fahren und ihn zum Schluss in Twentynine Palms wieder zu verlassen.

Das spart in der Regel Zeit und Strecke gegenüber der gleichen Ein- und Ausfahrt, weil sich die Wege im Park zu den einzelnen Trails und Viewpoints doch ein wenig ziehen. Von der Joshua-Tree-Einfahrt bis zu Keys View beispielsweise, einem der schönsten Ausblicke, benötigt man gut 40 Minuten – für eine Strecke, wohl bemerkt.

Die angesprochenen Informationen über den Parkzustand sind übrigens tatsächlich von Bedeutung, denn gerade im Spätsommer kommt es oft zu so **starken Unwettern**, bei denen literweise Regen auf trockenste Böden trifft, dass Wege und Straßen regelrecht weggespült werden.

Im Sommer 2011 und 2013 etwa waren mehrere Straßen, Viewpoints und Trails für mehrere Monate gesperrt, weshalb manche Ecken überhaupt nicht und andere nur über Umwege angesteuert werden konnten. Im Herbst 2014 wurden zudem Wege in der südlich gelegenen Cottonwood-Region geschlossen, weil Flash Floods gesundheitsgefährdende Schwermetalle der alten Minen an die Oberfläche gespült hatten. Also auch hier vor einem Besuch stets aktuelle Infos einholen!

Hidden Valley mit einzelnem Joshua Tree im Vordergrund.

Trails & Viewpoints

Im Gegensatz zu vielen anderen National Parks gibt es im Joshua Tree keine feste oder beste Abfolge, nach der man vorgehen sollte. Nicht verkehrt wäre es allerdings, zunächst in Joshua Tree (der Stadt) in den Park hineinzufahren, der Hauptstraße zu folgen und hier im westlichen Teil des Zentrums das **Hidden Valley**, in dem man ganz wunderbar wandern kann, den **Barker Dam**, der einen seltenen Blick auf Wasser in der Wüste erlaubt, sowie **Keys View**, einen tollen Ausblick, der im Sommer nur manchmal von der Luftverschmutzung der Umgebung getrübt wird, anzusteuern. Fährt man über die Hauptstraße weiter gen Osten, sind **Ryan Mountain, Scull Rock** und der ein wenig umständlicher zu erreichende **Cholla Cactus Garden** gute Optionen, bevor man in Twentynine Palms wieder aus dem Park hinausfährt. Auf einer etwaigen Rückfahrt nach Joshua Tree über Highway 62 könnte man dann noch die **49 Palms Oasis** als Abstecher ansteuern.

*** Hidden Valley Trail (1,5 km): Ein ganz einfacher und recht kurzer Rundweg, der durch ein von interessanten Gesteinsformationen umschlossenes Tal führt, das einst von Farmern genutzt wurde, um dort Vieh zu halten. Eine kleine, grüne Oase mit tollem Panorama.

** Lost Horse Mine Trail (6,4 km): Eigentlich ein „Pflichtweg", der zu einer alten, sehenswerten Mine führt, welche auf die Geschichte des Parkgebiets verweist. Teile sind gut erhalten. Das einzige, was einen von dem Trail abhalten könnte, ist die damit verbundene Anstrengung: Die zweistündige Strecke ist mit ihren Steigungen zumindest bei Temperaturen über 25° C in praller Sonne nicht gerade ohne.

** Barker Dam Trail (2,5 km): Ähnlich wie der Hidden Valley Trail ein recht einfacher und nicht besonders langer Rundweg, der seine Wanderer zu einem Wasserreservoir bringt, das ebenfalls einst von Farmern angelegt wurde. Mit der Natur hat das zwar nicht viel zu tun, aber der Anblick des Tümpels inmitten der trockenen Wüste ist als sehenswert einzustufen. Wer Glück hat, sichtet am Wasser sogar allerlei Getier.

** Keys View: Ein meistens toller Aussichtspunkt auf die San-Andreas-Verwerfung, an der die pazifische und die nordamerikanische Erdplatte aufeinandertreffen. Keine Wandermöglichkeit, der Parkplatz befindet sich quasi direkt am Viewpoint, außerdem kann hin und wieder die hohe Luftverschmutzung die Sicht selbst bei bestem Wetter arg vernebeln, wie sogar eine hier installierte Hinweistafel verrät.

* 49 Palm Oasis Trail (5 km): Einer der Wege, die sich nur über eine Stichstraße von Highway 62 aus (kurz vor der Stadt Twentynine Palms) erreichen lassen. Ein zunächst mäßig interessanter Weg, der jedoch in einer tollen Palmenoase endet, in der manchmal auch Wasser zu finden ist. Sowohl auf dem Hin- als auch auf dem Rückweg sind etwa hundert Höhenmeter zu überwinden, was den Trail mangels Schatten recht anstrengend macht. Hin und wieder können auch starke Winde, welche den Sand mitreißen, einen regelrecht quälen – in dem Fall unbedingt eine Sonnenbrille tragen, um die Augen zu schützen!

* Skull Rock Trail (2,5 km): Der „Schädelfels" mag seinem Namen nur mit einem gesunden Maß an Fantasie gerecht werden, der leichte Rundweg führt jedoch an so vielen anderen interessanten Felsformationen vorbei, dass sich dieses kleine Manko vernachlässigen lässt.

Begegnung mit einem Big Horn Sheep (Dickhornschaf) am Barker Dam.

Übernachtungen

Camper haben es, wie so oft in National Parks, recht einfach: Insgesamt neun verschiedene Campingplätze befinden sich direkt im Joshua Tree National Park, die größten sind **Jumbo Rocks, Indian Cove** und **Black Rock** mit jeweils über 100 Stellplätzen. Die Kosten pro Nacht belaufen sich auf 15 bis 20$. Fließendes Wasser und Dump Stations sind aber nur auf zwei Plätzen vorhanden: Black Rock und Cottonwood.

Von Juni bis September gilt „First-Come, First-Served", Reservierungen sind in diesem Zeitraum also nicht möglich, außerdem werden im Sommer mehrere Campgrounds geschlossen. Als Ausgangspunkt für die meisten Parkbesuche sind **Jumbo Rocks** und **Hidden Valley** optimal, die ebenfalls schönen Black Rock und Indian Cove hingegen befinden sich am Ende von Stichstraßen außerhalb des zentralen Parkgebiets.

Wer mit dem Mietwagen unterwegs ist und nicht campen möchte, steht allerdings ebenso vor keinem unlösbaren Problem, denn sowohl in Yucca Valley als auch in Twentynine Palms gibt es **zahlreiche gute und sehr günstige Motels.** Empfehlenswert sind in Letzterem unter anderem das einfache **Harmony Motel**, das typische **Holiday Inn Express** oder auch das gute **Fairfield Inn**, in denen Zimmer selbst in der Hauptsaison häufig für unter 100$ die Nacht zu haben sind. Dank eines großen Stater Bros. Supermarkts kann man zudem fast nebenan einkaufen.

Nutzt man die Südeinfahrt des National Parks, kann man in Indio sehr gut übernachten. Bestes Hotel ist dort das **Best Western Date Tree**, aber auch das **Fantasy Springs Resort** ist einwandfrei, beide günstig.

Joshua Tree – und dann?

Da sich im Osten des Joshua Tree National Parks nur wenig Sehenswertes befindet, wird er üblicherweise als Zwischenstopp auf der Fahrt von Los Angeles / San Diego nach Las Vegas (oder umgekehrt) angesteuert.

Zu den beiden Städten im Westen geht es über die Interstate 10, Las Vegas hingegen wird über kleinere Straßen erreicht, die durch die sehr trockene Mojave National Preserve führen.

Theoretisch denkbar wäre auch die Fahrt ins etwa 400 Kilometer entfernte Death Valley, was bei einer Rundreise – also mit dem gleichen Start- und Zielpunkt – aber in der Regel nicht als sinnvoll zu erachten ist.

Durch die Mojave National Preserve nach Las Vegas

Vom National Park aus kommend, führt die etwa 300 km lange Strecke mitten durch die **Mojave National Preserve**, die einen kurzen Aufenthalt wert sein kann. Das riesige Naturschutzgebiet erinnert auf den ersten Blick mit seiner weitgehend kargen Landschaft, vereinzelten Kakteen und den Überresten alter Minen recht stark an Joshua Tree, bietet jedoch auch Salzseen und Canyons, die gewisse Parallelen zum Death Valley aufweisen.

Sehenswert sind das Visitor Center im alten **Bahnhof von Kelso**, die **Kelso Dunes** gleich nebenan sowie der enorme Joshua-Tree-Wald, den man unter anderem um **Teutonia Peak** herum findet – er ist hier sogar dichter als im National Park. Kelso und Teutonia Peak können auf befestigten Straßen angesteuert werden, die Dünen und zahlreiche andere Ziele hingegen nur auf Dirt Roads. Bei langen Wanderungen die Hitze nicht unterschätzen, denn hier begegnet man auf den Trails wirklich nur ganz selten mal anderen Wanderern.

Nachdem man die Mojave National Preserve durchquert hat, geht es über die Interstate 15 direkt nach Las Vegas.

NEVADA

Im Vergleich zu Kalifornien, Arizona und Utah ist Nevada der wohl unscheinbarste Bundesstaat im Südwesten der USA. Mit einer Fläche von 286.000 km² ist er nicht ganz ein Drittel kleiner als Kalifornien, doch die Einwohnerzahl liegt statt bei 38 Millionen bei etwa 2,7 Millionen – von denen 1,8 Millionen bereits in Las Vegas sowie seiner unmittelbaren Umgebung wohnen.

Sprich: Nevada ist groß und leer, was auch in der stark von der Wüste geprägten Landschaft begründet liegt; ohne Las Vegas als doch reichlich künstliche Glücksspielmetropole gäbe es keine einzige große Stadt. Kein Wunder, dass von den 50er- bis 90er-Jahren über tausend Atomwaffentests in der Umgebung stattfanden, noch heute über ein Endlager für Atommüll nachgedacht wird und sich auch die ominöse Area 51 der US Air Force hier befindet. In Nevada ist man häufig so einsam wie in kaum einem zweiten Bundesstaat der USA und nicht umsonst findet man mit dem Highway 50 die „Loneliest Road in America" vor.

Tatsächlich ist Nevada auch historisch betrachtet nur in Hinblick auf Glücksspiel und Atomwaffentest wirklich bemerkenswert. Die wenigen Gold- und Silberfunde, vorrangig um das heute einer Geisterstadt gleichenden Virginia City herum, waren schon Ende des 19. Jahrhunderts nahezu versiegt, und so rettete der Staat die dünne Wirtschaft in erster Linie mit der Erlaubnis des Glücksspiels im Jahre 1931, das in anderen Bundesstaaten in diesen Ausmaßen nirgendwo anzutreffen ist.

Gleichwohl sind Glücksspiel und Las Vegas an sich bis heute bei Weitem nicht unumstritten, sorgt der enorme Energie- und Wasserverbrauch der Großstadt doch mit dafür, dass die zumindest in Teilen Nord-Nevadas noch vorhandenen Farmer unter Wassermangel leiden.

So oder so: Nevada taugt eher als Zwischenstopp auf der Weiterfahrt nach Utah, allein Las Vegas stellt hier ein „Muss" dar, was auch immer man von der Stadt letzten Endes halten mag. Üblicherweise wird der Bundesstaat auf den meisten Rundreisen daher nur in seinem Südteil angekratzt, während der Norden für Touristen kaum von Belang ist – weiter als bis zum Valley of Fire kommen nur die wenigsten.

LAS VEGAS

Highlights	Informationen
*** Bacchanal Buffet *** Bellagio & Fountains *** Cirque du Soleil Shows *** Caesars Palace Hotel *** Paris Hotel *** Venetian Hotel ** New York - New York * Flamingo Hotel * High Roller (Riesenrad) * Pinball Hall of Fame * Red Rock Canyon	zwei Tage Zeitaufwand für Strip und Hotels, drei bei sehr großem Interesse optimal im Frühling und Herbst, in der Hochsaison extrem voll und heiß Hotels im Stile eines Vergnügungsparks, Glücksspiel, Shows, Essen und Pools fast alles zu Fuß erreichbar, aber auch gute Busverbindungen vorhanden geringe Anstrengung, von der großen Hitze tagsüber im Sommer abgesehen

Überblick

Las Vegas ist eine Stadt wie keine zweite, irgendwo zwischen riesigem Vergnügungspark, Glücksspielmetropole und Hotel-Manhattan – zumindest, solange man als Besucher am Strip bleibt: An der großen Straße, an der sich das touristische Leben konzentriert und an der sich fast alle nennenswerten und namhaften Hotels befinden. Abseits davon könnte die Umgebung hingegen kaum öder und belangloser sein.

Las Vegas ist deshalb keine ganz einfache Stadt, mit ebenso viel Licht wie Schatten, die mit ihren tollen, vielfältigen und häufig sehr liebevoll gestalteten Hotels genauso wie mit ihren großartigen Buffets, Shows und Clubs besticht. Allerdings sollte man nicht mehr als diese Fassade von ihr erwarten: **Las Vegas lebt von und für den Fremdenverkehr**, nicht mehr und nicht weniger.

Es ist daher leicht, mit einer ungünstigen Erwartungshaltung nach Las Vegas zu fahren, denn vor allem bei Tag zeigt die Stadt doch ihre weniger schönen Seiten, es gibt abgesehen von den Hotels im Grunde keine Sehenswürdigkeiten und wirklich alles dreht sich um den Tourismus mit seinen über 40 Millionen Besuchern im Jahr. Von dem ständigen Lärm, der enormen Hitze im Sommer und den unaufhörlichen Angeboten der Promoter am Strip sollte man sich nicht nerven lassen.

Historie

Las Vegas ist die mit Abstand größte Stadt in Nevada, einem Bundesstaat, der überwiegend aus einer recht faden Wüstenlandschaft besteht, die es in Sachen Abwechslung nicht einmal ansatzweise mit der großartigen Natur von Utah und Arizona aufnehmen kann.

Mit nur gut einer halben Million Einwohnern ist selbst Las Vegas jedoch für US-Verhältnisse noch recht klein, inklusive Umland kommt man immerhin auf gut zwei Millionen Einwohner. Deutlich übertroffen wird diese Zahl von den schon erwähnten knapp 40 Millionen Touristen, welche die im Jahre 1905 gegründete Stadt im Jahr besuchen – und die Tendenz ist natürlich steigend.

Ursprünglich war Las Vegas jedoch nicht viel mehr als nur ein Zwischenstopp auf dem Weg nach Los Angeles, der für Händler und später auch die Eisenbahn interessant war – und das wäre wohl auch so geblieben, wenn im Jahre 1931 nicht der Bau des nicht weit entfernten Hoover Dams begonnen hätte und gleichzeitig hier das Glücksspiel legalisiert worden wäre.

So entstanden im Laufe der Jahre die ersten Hotels und Casinos, nahezu ausschließlich in der Hand von Gangstern, was auf Dauer nicht gutgehen konnte: Bis in die späten 80er-Jahre war Las Vegas alles andere als die doch recht saubere Touristenmetropole von heute und mangels aufregender Hotels gab es nicht einmal nennenswerte Sehenswürdigkeiten – zumindest bei Weitem nicht im aktuellen Umfang.

Das änderte sich erst im Jahre 1989 so richtig, mit der Eröffnung des Mirage-Hotels und dem Bestreben der Betreiber sowie der Stadt selbst, Las Vegas einen neuen, besseren Ruf zu verleihen. Mit Erfolg, wie wir heute wissen, auch wenn der Trend der 90er, immer neue Themenhotels zu errichten, inzwischen gestoppt wurde und das Augenmerk sich mittlerweile stärker auf den Luxustourismus richtet.

Sehenswürdigkeiten

Da es sich im Grunde bei allen Sehenswürdigkeiten in Las Vegas um Hotels handelt, die sich noch dazu quasi ausnahmslos am Strip befinden, entfallen hier die Rundwege – wenn man einmal bei Tag und einmal bei Nacht den Strip inklusive seiner Hotels abläuft, hat man so gut wie alles gesehen, was Las Vegas zu bieten hat. Allein über den dafür notwendigen Zeitaufwand lässt sich streiten: Vom Circus Circus bis zum Mandalay Bay im Süden sind es ca. 5 km, da aber natürlich beide Seiten abgelaufen werden wollen und zahlreiche Umwege durch die Hotels hinzukommen, landet man insgesamt eher bei 15 bis 20 km.

Ein **realistischer Zeitrahmen** dafür sind bei einem ersten Besuch von Las Vegas etwa zwei volle Tage, also drei Übernachtungen. Viel mehr sollten es allerdings nicht sein, denn spätestens am dritten Tag haben die meisten Besucher erfahrungsgemäß doch erst einmal genug von dem Trubel und der mutmaßlichen Hitze.

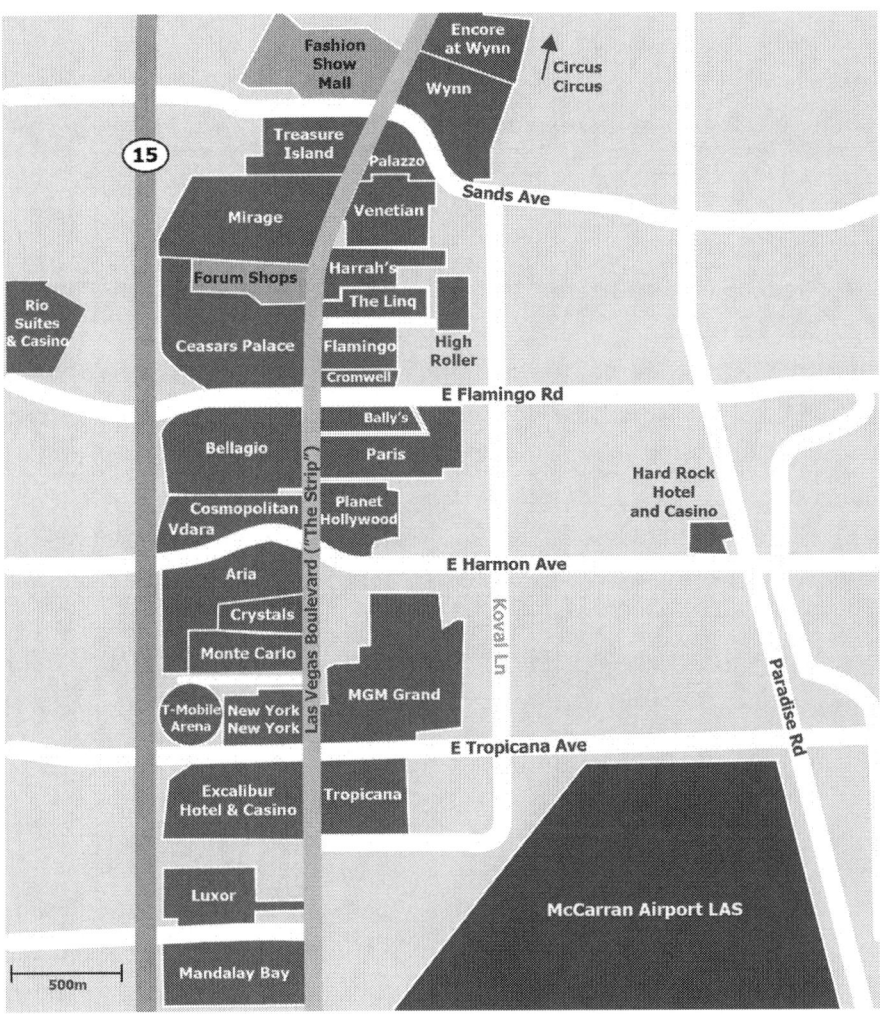

Die linke Strip-Seite

Der Einfachheit halber unterteilen wir den Strip hier in „linke" und „rechte" Seite, weil Sie so auch von Hotel zu Hotel ziehen werden; das häufige Überqueren des **stark befahrenen** Strips ist nicht sinnvoll. Der Übersicht halber gehen wir zudem vom Nord- bis zum Südende, was sich in der Realität nicht anbietet; man beginnt üblicherweise irgendwo in der Mitte bei seinem eigenen Hotel und arbeitet sich dann rundum vor.

* Circus Circus

Ganz im Norden der linken Stripseite befindet sich das **Circus Circus**, im Jahre 1968 erbaut und eines der ersten großen, modernen Themenhotels, die das neue Las Vegas mitbegründet haben. Wie der Name schon verrät, stehen Hotel und Casino gänzlich unter dem Thema Zirkus: Ein riesiges Zirkuszelt ziert den Eingang, innen werden bis heute Shows mit Artisten veranstaltet. Insgesamt jedoch ist dem Hotel sein Alter enorm anzumerken. Selbst der erst 1993 hinzugefügte **Adventuredome**, ein In-Door Theme Park mit zwei Achterbahnen, sieht heute in Teilen beinahe gespenstisch verlassen aus.

Neben dem hohen Alter des Gebäudekomplexes ist dafür natürlich auch seine Lage verantwortlich, da sich das Hotelgelände weit abseits vom heutigen Zentrum des Strips befindet. Das einst unmittelbar südlich vom Circus Circus liegende Stardust wurde nicht umsonst im Jahre 2007 abgerissen – und durch eine Bauruine ersetzt, da das dort geplante Echelon Place Hotel nie über den Rohbau hinauskam. Schlechter hätte es fürs Circus Circus kaum kommen können, auch wenn auf dem Grundstück nebenan ein zweiter Versuch für ein neues Hotel (Resorts World Las Vegas, mit China-Theme) gestartet wurde, das nach derzeitigem Stand im Jahre 2020 fertig werden soll.

Fashion Show

Südlich der Bauruine befindet sich Fashion Show, eine der unzähligen Shopping Malls des Strips, mit etwa 250 Shops aber eine der größten und günstigsten. Recht sehenswert ist hier die 2003 hinzugefügte **The Cloud**, eine Art fliegende Untertasse, die über der Shopping Mall „schwebt" und nachts als Projektionsfläche für Filme fungiert.

Treasure Island

Kurz danach beginnt der wahrscheinlich schönste Teil dieser Straßenseite mit dem Treasure Island, einst ganz im Piraten- und Schatzinsel-Look
gehalten und im Bauboom der 90er-Jahre entstanden, der das Las Vegas
von heute enorm geprägt hat. Leider wurden aber bereits im Jahre 2003
viele Elemente des Piraten-Themas fallengelassen und seit Oktober 2013
ist auch die zuvor abendlich abgehaltene, kostenlose Piratenshow („The
Sirens of TI") vor dem Eingang des Hotels Geschichte, um – Sie werden
es vielleicht erraten haben – für weitere Geschäfte Platz zu machen.

Gegen eine Runde durchs Innere spricht jedoch nichts und auch der
Haupteingang ist zumindest ein, zwei Fotos wert.

* Mirage

Weitaus interessanter präsentiert sich dennoch das im Jahre 1989 erbaute Mirage nebenan, das sich in erster Linie mit Siegfried & Roy und ihren
weißen Tigern einen Namen gemacht hat. Die Tiger gibt es bis heute
noch, sie können in den **Secret Gardens** besucht werden. Eintritt 22$ für
Erwachsene, 17$ für Kinder, täglich geöffnet von 10 bis 17:30 Uhr.

Nicht minder sehenswert, aber kostenlos, sind der lichtdurchflutete
Innenhof, das Atrium des Hotels mit seinen tollen Palmen, die Wasserfälle vor dem Eingang und natürlich **der Vulkan**, der allabendlich vor
dem Eingang des Hotels ausbricht. Wer beste Sicht auf die kleine, aber
durchaus liebevolle Show haben will, sollte etwa zwanzig Minuten im
Voraus vor Ort sein. Die genauen Show-Zeiten sind abhängig von der
Jahreszeit, in der Regel findet der Ausbruch aber mindestens um 20 und
um 21 Uhr statt, am Wochenende üblicherweise auch um 22 Uhr. Ausnahme: Schlechtes Wetter und starke Winde können die von Feuer und
Wasser dominierte Darbietung stören, dann entfällt die Show.

*** Caesars Palace

Unmittelbar südlich vom Mirage befindet sich das gewaltige Caesars Palace, das – im Jahre 1966 erbaut – sogar noch zwei Jahre älter ist als das
Circus Circus. Dank unzähliger Renovierungen und Erweiterungen kann
man das hohe Alter jedoch höchstens erahnen; die Lage im heutigen
Zentrum des Strips machte es möglich.

Im Inneren der Forum Shops neben dem Caesars Palace: Sehr sehenswert.

Eigentliches Highlight des riesigen Gebäudekomplexes ist hier ausnahmsweise nicht das (aber auch äußerst beeindruckende) Casino-Hotel selbst, sondern es sind die im römischen Stil gehaltenen **Forum Shops**. Eine Shopping Mall, die mit einem beeindruckenden Ambiente inklusive ständigem **Tag- und Nachtwechsel** besticht. An dem tollen Brunnen vor dem Eingang könnte man sich einen Moment lang wirklich in Rom wähnen, wenn denn nicht alles etwas zu glatt und sauber wäre.

Ebenfalls sehenswert ist The Colosseum, ein mehr als 4000 Besucher fassendes Theater, in dem einige der größten Namen der jüngeren Musikgeschichte über Jahre hinweg regelmäßig auftraten und noch heute auftreten, von Celine Dion über Elton John bis Rod Stewart. Tickets gibt es in der Regel ab etwa 100$.

*** Bellagio

Nächste Sehenswürdigkeit ist das Bellagio, vor allem für seine großartigen **Fontänen** bekannt, die an Wochentagen von 15 Uhr bis 24 Uhr, an Wochenenden sogar von 12 Uhr bis 24 Uhr zu unterschiedlichen Musikstücken ihre beeindruckende Choreografie darbieten – bis 20 Uhr jede halbe Stunde, danach alle fünfzehn Minuten.

Fontänen-Show vor dem Bellagio. Längst ein Klassiker.

Das Ganze ist dank Straßenlage kostenlos und aufgrund der Anzahl der Darbietungen finden sich immer gute Plätze, lediglich bei schlechtem Wetter und starkem Wind findet auch diese Show nicht statt. **Tipp:** Der Blick vom Bellagio aus rüber zum Paris kann sogar spannender sein als der typische Blick von der Straße aufs Hotel.

Vielleicht noch einen Tick schöner als die Fountains ist jedoch der Innenhof des Bellagio, **Conservatory and Botanical Gardens** genannt. Hier werden passend zur jeweiligen Jahreszeit recht liebevolle Tier- und Pflanzenarrangements zwischen den Lärm des Casinos und die Düfte der Restaurants gezaubert; mal trifft man auf bunte Frühlingsblumen und Schmetterlinge, mal auf eine herbstliche Kulisse mit Windmühlen und Kürbissen. Bei einem Besuch im Mai oder September kann man sogar in den Genuss von zwei Arrangements kommen. Pflichtbesuch!

Cosmopolitan, City Center & Aria
An das Bellagio knüpft das moderne Las Vegas an, über das man durchaus geteilter Meinung sein darf: The Cosmopolitan ist ein luxuriöser, aber unscheinbarer Hotelklotz, der überall in der Welt stehen könnte, für das Aria dahinter gilt das Gleiche.

Botanischer Garten des Bellagios, hier im Herbst.

Dazwischen befindet sich im selbst ernannten City Center eine weitere, enorm hochpreisige Shopping Mall im gleichen, glatten Stil. Es ist die vorläufige, aber doch eindeutige Abkehr von den Themenhotels, die Las Vegas zuvor so geprägt haben.

Monte Carlo

Weiter geht es mit dem Monte Carlo, bei dem vor allem seine Fassade einen kurzen Blick wert ist. Außerdem tritt hier die schon etwas in Vergessenheit geratene Blue Man Group auf.

** New York-New York

Interessanter und wesentlich detailreicher jedoch ist das folgende New York-New York, das sowohl in seinem Inneren als auch im noch sehenswerteren Äußeren ganz im Stile der Ostküstenmetropole gestaltet wurde, inklusive Brooklyn Bridge und Freiheitsstatue.

Bei Tag wirkt die erst kürzlich deutlich erweiterte und um neue Geschäfte angereicherte Fassade reichlich künstlich, doch mit Anbruch der Dunkelheit wandelt sich der Eindruck gänzlich. Was, zugegeben, für vieles in Las Vegas gilt.

Spielautomaten überall: Auf dem Weg durchs Hotel unvermeidbar.

Hinter beziehungsweise zwischen New York-New York und Monte Carlo findet man seit kurzem zudem die große T-Mobile Arena, eine Eventhalle, in der auch das neue NHL-Team (Eishockey) der Stadt spielt. Der Weg dorthin, vorbei am ebenfalls neuen Park Theater und „The Park", wurde schön gestaltet. Ebenfalls bekannt ist das 1997 erbaute Hotel für seine Achterbahn, selbstbewusst als **The Roller Coaster** bezeichnet, der außen um die Häuserfassade herum rast. Einzeltickets kosten 15$, meistens geöffnet von 11 Uhr morgens bis (kurz vor) Mitternacht.

* Excalibur & Luxor
Hinter New York befinden sich Märchenschloss und ägyptische Pyramide, Excalibur und Luxor, beide Anfang der 90er erbaut. Beim Excalibur reicht ein Foto von außen im Grunde bereits aus, das Luxor ist jedoch auch von innen unbedingt einen Blick wert, um die architektonisch interessante Gestaltung der **Pyramide** als Hotel zu bestaunen.

* Mandalay Bay
Ganz am südlichen Ende des Strips schließlich befindet sich das zuletzt aus weniger schönen Schlagzeilen bekannte Mandalay Bay, dem es nach

außen hin so ein klein wenig an Thematik und Attraktionen mangelt. Lediglich das **Shark Reef**, ein Aquarium, ist für Besucher eine Erwähnung wert. Hotelgäste hingegen schätzen vor allem die große Pool-Landschaft, die nicht zuletzt mit einem künstlichen **Strand** in Form einer Lagune auch Familien begeistert.

* Welcome to Fabulous Las Vegas

Noch eine Ecke weiter südlich befindet sich das weltbekannte „Welcome to Fabulous Las Vegas"-Schild in der Straßenmitte, an dem sich täglich tausende Touristen einfinden, um ein eigenes Foto mit sich im Vordergrund zu schießen. Ob das allein den weiten Weg dorthin rechtfertigt, muss jeder für sich selbst entscheiden – wenn man sich allerdings schon bis zum Mandalay Bay vorkämpft, spricht nicht viel dagegen, die letzten paar hundert Meter auch noch in Angriff zu nehmen.

Die rechte Strip-Seite

Der interessante Teil der östlichen Strip-Seite beginnt ein ganzes Stück weiter südlich als gegenüber mit dem Wynn – zumindest, wenn man das Fontainebleau Resort, eine weitere **Bauruine**, ausklammert. Dort wurde zwar der ganze Hotelturm bereits im Jahre 2008 fertiggestellt, doch nach der Pleite des Eigentümers hat sich seitdem nichts mehr getan. Letzten Berichten zufolge soll das Gebäude nun komplett abgerissen werden, um einem neuen Versuch Platz zu machen. Vermutlich fasst kaum etwas Las Vegas besser zusammen als das.

** Wynn

Aber zurück zum Wynn: Im Jahr 2005 erbaut, zählt das Hotel schon zum heutigen Las Vegas. Schick und luxuriös, aber weniger verspielt als seine Vorgänger; ein asiatisches Thema wird nur angedeutet. Dennoch lohnt sich ein Rundgang durch die schönen, mit viel Wasser und bunten Blumen **verzierten Gänge** und Grünanlagen, zudem ist die Auswahl an großartigen, mehrfach ausgezeichneten und natürlich enorm hochpreisigen Restaurants nirgendwo so groß wie im Wynn. Unmittelbar hinter dem Hotel befindet sich zudem ein riesiger Golfplatz, der ebenfalls zur Anlage gehört – das bisschen Komfort muss schon sein.

Fast so dichtes Gedränge wie auf dem echten Markusplatz.

*** Venetian

Weiter geht es mit dem tollen Venetian, bei dem man – von Norden aus kommend – zwar auch zunächst die obligatorische Shopping Mall durchqueren muss, doch das zusammen mit dem Paris (beide aus dem Jahre 1999) als vorerst vielleicht **letztes großes Themenhotel** der Stadt mit einer beeindruckenden Kulisse aufwartet: Der Dogenpalast, die Piazza San Marco und die Rialto-Brücke sind nur einige der Elemente, die aufwendig dem originalen Venedig nachempfunden wurden. Auch **Gondeln** und Gondoliere gibt es, die enorm teure Fahrt (116$ für zwei Personen alleine!) lohnt sich ehrlicherweise aber kaum, zumal die Kanäle innen und außen nicht einmal miteinander verbunden sind.

Vor dem Venetian befindet sich die Las-Vegas-Filiale von **Madame Tussauds**, das berühmte Wachsfigurenkabinett, das – wenn man es nicht schon aus London, Berlin oder einer anderen Stadt kennt – durchaus als sehenswert zu bezeichnen ist. Den Figuren dienen natürlich vor allem amerikanische Stars als Vorbild: Von Sandra Bullock über Rihanna bis Muhammad Ali, aber auch „Las-Vegas-Legenden" wie Criss Angel sind vertreten. Tickets gibt es online ab etwa 25$ für Erwachsene und 17$ für Kinder. Täglich von 10 Uhr bis 20-21 Uhr geöffnet.

* The Linq & High Roller

Das Casino Royale (inzwischen ein Best Western) und das Harrah's (mit Karnevals-Thematik) im Anschluss sind zu vernachlässigen. Es gilt als wahrscheinlich, dass beide Hotels über kurz oder lang auch aufgrund ihrer zentralen Lage weiteren Neubauten Platz machen werden.

Anders sieht es mittlerweile beim The Linq Hotel & Casino nebenan aus, das lange Zeit ebenfalls als Abrisskandidat galt und mehrfach umbenannt wurde: Vom Flamingo Capri erst ins Imperial Palace, dann ins Quad Resort und schließlich eben in The Linq. Mit den letzten beiden Umbenennungen ging jedoch auch eine komplette Renovierung einher, sodass es – auch aufgrund neuer Attraktionen um das Hotel herum – vorerst wohl nicht zum Abriss kommen wird.

Hinter dem The Linq befindet sich nämlich, fast ein wenig versteckt, Las Vegas' jüngste Errungenschaft: der **High Roller**. Ein fast 170 Meter hohes Riesenrad, das – natürlich – zugleich das derzeit höchste der Welt ist und nachts dank seiner Beleuchtung einen durchaus bleibenden Eindruck hinterlässt, vor allem aber mit seinen Ausblicken auf den Strip und die Umgebung punktet.

Die 28 Kabinen tragen bis zu 40 Personen, was im „Optimalfall" sagenhafte 1120 Fahrgäste bedeuten kann. Eine Runde dauert 30 Minuten, Tickets kosten 22$ am Tag und 33$ nach Anbruch der Dunkelheit (genauer gesagt: immer ab 18 Uhr), eigentlich lohnt sich nur Letzteres. Zum High Roller führt eine „**Fußgängerzone**", in der man ohne Autolärm von Geschäft zu Geschäft schlendern kann. Sehr angenehm!

* Flamingo

Wesentlich interessanter als das Linq Hotel an sich ist dann schon wieder das bereits 1946 erbaute Flamingo, das sich optisch irgendwo zwischen Miami Vice sowie Art Deco ansiedelt und trotz seines erkennbar hohen Alters noch viel Charme versprüht.

Besondere Attraktion sind die Flamingos im kostenlosen Innengarten, aber auch die Geschichte des Hotels, das seine Wurzeln noch in der Zeit findet, als Las Vegas ein von der Mafia kontrollierter Fleck mitten im Nirgendwo war, ist durchaus spannend – auch wenn das Hotel selbst sie leider bisher nicht erzählen mag.

The Cromwell & Bally's

Im Anschluss an das Flamingo befindet sich mit The Cromwell ein weiterer Umbau einer alten Spielhalle, der im Frühling 2014 fertiggestellt wurde. The Cromwell bezeichnet sich selbst als „Boutique Hotel", was sich in erster Linie in seinen modern designten Zimmern niederschlägt, während für den Durchgangsverkehr nicht viel geboten wird. Ähnliches gilt für das alternde Bally's nebenan, ebenfalls ein Umbaukandidat.

*** Paris

Ganz anders ist das darauf folgende Paris, im Grunde das französische Pendant zu The Venetian, mit Eiffelturm, Montgolfier-Ballon, Triumphbogen und allem, was für einen typischen US-Amerikaner eben noch so Paris bzw. Frankreich ausmacht. Doch die Liebe zum Detail überzeugt außen wie innen in der obligatorischen, aber – vergleichbar mit Caesars Palace – sehr schönen Shopping Mall. Zudem wurde der **Eiffelturm** nicht umsonst im Verhältnis 2:1 gebaut: Der bei Nacht beleuchtete Tower ist selbstverständlich besuchbar, in ihm befindet sich ein Restaurant mit Aussicht. Tickets für die Aussichtsplattform kosten in der Woche und vor Anbruch der Dunkelheit 17$ für Erwachsene und 14$ für Kinder, abends und am Wochenende werden 22$ bzw. 17$ fällig.

Paris: Neben dem Venetian das vorerst letzte große Themenhotel.

Planet Hollywood

Weniger sehenswert, aber wiederum mit bewegter Geschichte, ist das Planet Hollywood nebenan. Es öffnete im Jahre 1963 als Tally-Ho, wurde jedoch schon 1964 aufgrund ausbleibenden Erfolgs in King's Crown und 1966 in Aladdin umbenannt. 1998 riss man das originale Gebäude ab, um den Neubau zwei Jahre später erneut als Aladdin zu eröffnen. 2003 folgte der nächste Bankrott und 2007 dann die Umbenennung in Planet Hollywood. Teile des Aladdin-Themes sind im Casino und in der arabisch angehauchten Shopping-Mall noch zu erkennen.

M&M's World

Als nächstes trifft man auf ein noch erstaunlich verschwendet wirkendes Gebiet mit mehreren kleinen, zum Teil sogar recht schäbig erscheinenden Läden. Sehenswert ist hier die M&M's World, ein mehrstöckiges Geschäft, das all die bunten Schokotabletten sowie allerlei Merchandising anbietet. Ein Foto wert: Die mit wohl allen M&M-Farben gefüllten Röhren, die sich in einer Reihe an einer Wand befinden.

MGM Grand & Tropicana

Weiter geht es ein Stück weiter südlich mit dem MGM Grand, ein Hotel mit großem Namen, das heute aber ein wenig düster und altmodisch wirkt. Sehenswert ist die große **Löwenstatue** vor dem mehrfach umgebauten Eingang, das lange Zeit sehr beliebte Löwengehege im Inneren wurde hingegen im Jahre 2012 ersatzlos geschlossen.

Hinter dem MGM Grand findet man das im Jahre 1957 erbaute Tropicana, dort ist vor allem das Glasdach im Inneren des Casinos einen Blick wert. Das war's dann aber auch schon auf dieser Seite: Die Hotels enden einen Tick früher als gegenüber, weil sich unmittelbar südlich der Flughafen von Las Vegas befindet.

* Stratosphere

Die Attraktionen und Sehenswürdigkeiten abseits des Strips halten sich in Grenzen. Genau genommen noch auf dem Strip, aber so weit nördlich, dass sie zu Fuß nicht mehr sinnvoll zu erreichen ist, befindet sich die Stratosphere. Ein 350 Meter hoher Turm, Jahrgang 1996, der auch

Hotel, Casino und Shopping bietet, vor allem jedoch dem Ausblick auf den Strip und dem Amüsement dient. Wer den Nervenkitzel liebt, kann sich in die sich um die Spitze des Turms herum windende **Achterbahn** wagen, aber auch ein **Bungie-Sprung** aus etwa 260 Metern Höhe ist natürlich im Angebot.

Der Ausblick auf die Stadt ist vor allem nach Anbruch der Dunkelheit lohnenswert, tagsüber sieht man zu viel grau und braun, um die nachts so farbenfrohe Kulisse wirklich würdigen zu können. Die Fahrt auf das Observation Deck kostet für Erwachsene 20$, Kinder zahlen 12$, die normalen Rides sind für gut 15$ pro Person zu haben, lediglich der Bungie-Sprung kostet „etwas" mehr: ab 120$ pro Person. Geöffnet von 10 Uhr morgens bis mindestens 1 Uhr nachts.

Fremont Street Experience

Als **das alte Las Vegas** wird heutzutage die Fremont Street Experience vermarktet, die sich knapp drei Kilometer nördlich von der Stratosphere nahe der Kreuzung von Interstate 15 und Highway 95 in Downtown Las Vegas befindet. Bei ihr handelt es sich um eine etwa 500 Meter lange Mall, in der die Ursprünge von Las Vegas noch zu erkennen sind – das 1946 erbaute Golden Nugget Hotel & Casino beispielsweise. Das allererste Hotel wurde sogar bereits im Jahre 1906 hier eröffnet, sodass man tatsächlich von einem Hauch Geschichte sprechen kann.

Durchaus sehenswert ist zudem das 2012 eröffnete Mob Museum, das einen kleinen Einblick in die interessante Entwicklung der Stadt erlaubt. Dort wird sowohl die Geschichte der Mafia als auch der Polizei erzählt und anhand verschiedener Ausstellungsstücke sowie nicht immer angenehmer Fotos belegt. Eintritt 21$ für Erwachsene, 14$ für Kinder.

Dennoch entspricht die Bezeichnung „das alte Las Vegas" nur bedingt der Wahrheit. Es ist vielmehr so, dass Fremont Street lange das öffentliche Bild der Stadt geprägt hat, weil **vor allem Film & Fernsehen** die Location bevorzugt für ihre Aufnahmen aussuchten, da hier der häufig gewünschte Kompromiss zwischen buntem Farbenspiel der Neon-Reklame und einem etwas düsterem, dreckigen Look der Umgebung gefunden wurde – und dieser Kompromiss ist es, mit dem die Fremont Street Experience heute seinen Besuchern gefallen möchte.

Authentizität hin oder her: Wenn man sich in Las Vegas mal ein paar Schritte vom Strip entfernen will, ist die Fremont Street Experience **nach Anbruch der Dunkelheit** (nicht davor!) einen Besuch durchaus wert. Erreichbar mit Bussen der Deuce- und SDX-Linien.

Pinball Hall of Fame

Ein kleiner Geheimtipp ist die Pinball Hall of Fame, die den Charme einer Lagerhalle versprüht, aber mit über **150 Flippertischen** der 50er- bis 90er-Jahre aufwartet, die sich allesamt in sehr gutem Zustand befinden – darunter Klassiker wie Indiana Jones, Adams Family und Star Trek: The Next Generation. Ein Spiel kostet zwischen 25 Cent und 1$. Die Pinball Hall of Fame liegt in der Tropicana Avenue, ein Stück hinter der University of Las Vegas. Am besten mit dem Auto zu erreichen, Parkplätze vor der Tür zahlreich vorhanden. Geöffnet täglich von 11 Uhr bis 23 Uhr.

Markante Felsen in Red Rock Canyon.

Red Rock Canyon

Wenn Sie die Stadt mal verlassen wollen, ohne zu weit zu fahren, dann ist das nur ein paar Kilometer vom Stadtgebiet entfernte Red Rock Canyon eine Option. Dessen rot leuchtende Berge erinnern entfernt an das

Valley of Fire, das nördlich von Las Vegas liegt, ohne jedoch so ganz dessen Strahlkraft zu erreichen. Das Abfahren des 21 km langen **Scenic Drive** sowie ein, zwei Wanderwege können sich aber durchaus lohnen, um dem Trubel der Stadt für drei, vier Stunden zu entkommen, auch nicht zu anspruchsvolle Kletterer kommen auf ihre Kosten.

Geöffnet üblicherweise ab 6 Uhr morgens, Schließung abhängig von der Jahreszeit, von April bis September gegen 21 Uhr. Eintritt 7$ je Fahrzeug oder mit America the Beautiful Pass. Am Wochende oft sehr voll.

The Gun Store

Vor allem bei Amerikanern ist zudem The Gun Store sehr beliebt, eine Shooting Range, die sich damit rühmt, auch Ausländer und Anfänger willkommen zu heißen. Keine Lizenz notwendig, sogar Kinder dürfen in Begleitung eines Erziehungsberechtigten zur Waffe greifen. Vom alten Colt über moderne Maschinenpistolen und Maschinengewehre bis hin zur „Sniper Rifle" stehen dutzende Waffen zur Auswahl. Die billigsten Tickets kosten um die 100$, wer mag, kann aber bis zu 1000$ investieren. Safety Instructor erfreulicherweise inklusive...

Las Vegas mit Kindern

Eine Besonderheit gilt es beim Besuch von Las Vegas mit Kindern zu bedenken, denen das Spielen („Gambling") naturgemäß untersagt ist. Anders als in Deutschland dürfen Kinder das Casino zwar betreten (anders wäre ein Besuch von Las Vegas auch nicht möglich), aber zwischen den Spielautomaten nicht stehenbleiben; sie müssen den Bereich auf dem schnellstmöglichen Weg durchqueren. Dank der unzähligen Kameras, die sich überall an der Decke befinden, wird die Regel auch zügig umgesetzt. Gambling an sich ist erst **ab 21 Jahren** erlaubt, Erwachsene von 18 bis 20 Jahren dürfen in der Regel daher nicht einmal ohne eine „volljährige" Begleitperson in Hotels übernachten.

Da sich der Großteil des Lebens in Las Vegas im Casino und nach Anbruch der Dämmerung abspielt, unterliegt man beim Reisen mit Kindern gewissen Einschränkungen, die zwar auf keinen Fall den Spaß an der Stadt nehmen, aber eben doch mehr limitieren als in anderen Regionen der USA. Auch die enorme Hitze und der ständige Wechsel zwischen bis zu 40° C Außentemperatur und häufig nur gut 20° C im klimatisierten Hotel können Kindern noch etwas mehr aufs Gemüt schlagen als dem typischen Erwachsenen.

Auf der anderen Seite stehen da natürlich all diese kunterbunten Hotels, die mit ihren unzähligen Attraktionen, an Vergnügungsparks erinnernd, für Kinder prädestiniert sind. Hier gilt es also, Kompromisse zu finden. Ein paar Hotels bieten Kinderbetreuung an, um den Eltern einen freien Nachmittag oder Abend zu ermöglichen, allerdings sind deutschsprachige „Babysitter" kaum zu finden.

Allabendliche Show am Mirage, auch für Kinder beeindruckend.

Gambling

Ein paar Worte zum Gambling an sich: Das klassische und am stärksten verbreitete Spielen am Automaten hat sich in den letzten zehn, fünfzehn Jahren äußerst stark gewandelt. Wo früher die Rollen in den Automaten ratterten und die Quarters stolz klimpernd jeden Gewinn verkündeten, kommen heute fast ausschließlich digitale Maschinen mit Bildschirmen zum Einsatz – und statt Echtgeld verwendet man Tickets mit Strichcode, die am Ende gegen Bargeld eingetauscht werden können. Das hat dem Spielen am Automaten doch einen Teil seines Flairs genommen.

Nach den Automaten sind die typischen Casino-Spiele am stärksten verbreitet: Roulette, Blackjack und Craps. Wer mit wenig Geld möglichst lange spielen will, ist am besten beim Roulette aufgehoben, bei dem die Gewinnchancen (abhängig von der Spielweise) knapp unter 50% liegen. Der Mindesteinsatz für Wetten mit hohen Gewinnchancen (so genannte Outside Bets, also bei Roulette beispielsweise nur auf Rot oder Schwarz) beträgt in den meisten Fällen 5-10$.

Eine „angenehme" Besonderheit ist, dass sichtbar aktive Spieler kostenlose Drinks erhalten – kein Wunder, spielt es sich mit dem richtigen Alkoholpegel doch gleich doppelt so mutig! Wer mehr als einen Cocktail abgreifen will, sollte nicht zur Hochbetriebszeit spielen, außerdem ist das Tipping der Bedienung dann Pflicht; ein bis zwei Dollar pro Drink.

Heiraten in Las Vegas

Die Eheschließungen in Las Vegas belaufen sich Jahr für Jahr auf eine sechsstellige Zahl und die Einheimischen machen nur einen Bruchteil dieser aus – tatsächlich sind es vor allem Touristen aus dem In- und Ausland, die sich hier trauen lassen, auch wenn die Anzahl der Deutschen nicht ganz so groß ist, wie es manchmal erscheint: Üblicherweise wird jährlich knapp der vierstellige Bereich erreicht.

Der Ablauf einer Hochzeit in Las Vegas ist im Grunde recht einfach: Zunächst geht es ins Marriage Bureau (201 Clark Avenue), wo man für 60$ die Marriage License erhält. Vorzeigen muss man für diese lediglich seine Reisepässe. Die Lizenz ist üblicherweise innerhalb weniger Minuten erstellt und auch die Öffnungszeiten sind sehr besucherfreundlich: Täglich von 8 bis 24 Uhr, ein Termin ist nicht erforderlich. Online kann man zudem bereits einen Vorabantrag stellen, um sich unter Umständen die Wartezeit, vor allem am Wochenende, zu ersparen.

Anschließend (oder ein paar Tage später) geht es weiter zur Hochzeit. Die ist theoretisch sogar im örtlichen Standesamt möglich, doch wer in Las Vegas heiraten will, möchte vermutlich eher das Angebot einer der zahlreichen Kapellen nutzen, die unzählige Komplettpakete anbieten: Trauung, Anzug und Kleid, Fahrt zur Kirche mit einer Limousine, Blumensträuße, Musik, Ringe, Trauzeugen, Dinner, Honeymoon Suite in einem Hotel und vieles mehr können enthalten sein.

Preislich beginnen diese Pakete üblicherweise bei ein paar hundert Dollar, aber auch einen mittleren vierstelligen Betrag kann man ohne Probleme ausgeben – zum Beispiel, wenn man gar nicht in Las Vegas heiraten, sondern lieber mal schnell mit dem Hubschrauber zum Grand Canyon fliegen will, um sich dort das Ja-Wort zu geben. Vorzeigen muss man hier lediglich seine Marriage License, anschließend erhält man ein rein symbolisches Marriage Certificate.

Dieses Zertifikat reicht für die Anerkennung der Hochzeit in der Heimat allerdings noch nicht aus. Für die benötigt man zum einen noch eine beglaubigte Kopie seines Trauscheins, die man über das Recorder's Office in Las Vegas erhält, zum anderen eine so genannte Apostille, die einem das Secretary of State in Carson City gegen Bezahlung zuschickt. Mit diesen Unterlagen geht man in Deutschland und Österreich dann zum Standesamt, um die Ehe auch hier für gültig erklären zu lassen. In der Schweiz wird außerdem üblicherweise noch eine beglaubigte Übersetzung der Unterlagen verlangt, was die Kosten etwa verdoppelt.

All das mag kompliziert klingen, der tatsächliche Aufwand ist jedoch gering, da man lediglich einige wenige Online-Formulare ausfüllen und zwei Briefe verschicken muss. Lediglich etwas Geduld benötigt man: Zwei bis drei Monate können zwischen Trauung und Erhalt der Apostille durchaus vergehen.

Für schlechtes Wetter

Las Vegas kommt über das gesamte Jahr hinweg auf nicht einmal zwanzig Regentage, wovon nur etwa sechs in die absolute Hauptsaison von Mai bis September fallen. Sprich: Die Chancen, dass es im Urlaub hier mal regnet, sind äußerst gering.

Falls Sie trotzdem einen Regentag (oder sogar gleich mehrere in Folge) erwischen, ist das allerdings kein großes Problem, denn viele Hotels sind direkt miteinander verbunden, sodass man einen großen Teil des Strips zumindest theoretisch auch überdacht ablaufen kann – nur die Fassaden der Hotels verpasst man dann natürlich ein Stück weit. Allerdings hält der Regen selten so lange an, dass man sich nicht ein paar Stunden später wieder ins Freie trauen könnte. Meiden sollte man bei Regen lediglich das kaum überdachte Outlet im Norden der Stadt.

Verkehr in Las Vegas am frühen Morgen – nahe des Strips.

Infrastruktur

Grundsätzlich lässt sich der gesamte Strip problemlos zu Fuß erkunden, wenn man ein Hotel wählt, das sich in einer guten Lage befindet. Will man jedoch in kurzer Zeit größere Strecken überwinden, stehen einem mehrere Optionen zur Verfügung: Das ordentliche Bussystem hört auf den Namen **RTC Transit**, am Strip sind **Deuce** und **Strip & Downtown Express (SDX)** die beste Option.

Ersterer fährt rund um die Uhr, Letzterer von 9 Uhr morgens bis Mitternacht, beide im Takt von etwa 10 bis 15 Minuten. 2-Stunden-Tickets für den Strip und die unmittelbare Umgebung („Strip & All Access Passes") kosten 6$, die bessere Option sind jedoch meistens Tageskarten für 8$, auch 3-Tages-Karten für 20$ gibt es. Etwas günstiger sind die normalen Residential Routes (RTC), die 2$ pro Fahrt kosten.

Auf der östlichen Strip-Seite steht darüber hinaus eine **Monorail** zur Verfügung, die allerdings wenig beliebt ist, weil die Preise zu hoch sind und die Stationen unpraktisch liegen, außerdem fehlt eine Verbindung zum Flughafen. Einzelfahrten kosten 5$, Tageskarten gibt es für 12$.

Immer zu vermeiden ist es, mit dem Auto über den Strip zu fahren, denn das extrem hohe Verkehrsaufkommen von etwa acht Uhr morgens bis Mitternacht sorgt dafür, dass es zum ständigen Stop & Go kommt und selbst kurze Fahrten eine halbe Ewigkeit in Anspruch nehmen können. Abseits des Strips ist nur der Rush Hour auszuweichen.

Wenn Sie zum ersten Mal in die Stadt hineinfahren und Ihr Hotel ansteuern, ist es daher sinnvoll, die Seitenstraßen zu nutzen. Das ist kein Problem, denn die Parkhäuser der Hotels befinden sich (bis auf wenige Ausnahmen) parallel zum Strip, direkt hinter den Hotels. Bis 2016 konnten sie allesamt kostenlos genutzt werden, mittlerweile jedoch wird fast überall eine Parkgebühr in Höhe von 10-15$ pro Tag fällig. Nur die erste Stunde für den Check-In ist hier und da kostenlos. Achten Sie darauf, den **Self-Parking-Schildern** zu folgen, nicht Valet Parking!

Der Flughafen von Las Vegas ist der **McCarran International** (kurz: LAS), ein im Großen und Ganzen äußerst angenehmer, moderner und angesichts der lauten Stadt überraschend ruhiger Airport – obwohl auch hier natürlich die Spielautomaten nicht fehlen dürfen, um vor dem Abflug noch die letzten Dollar zu verbraten.

Trotz vier Start- und Landebahnen, von denen eine auch für größte Flugzeuge geeignet ist, und seiner drei Terminals wird Las Vegas derzeit von Deutschland aus nur von zwei Fluggesellschaften (SunExpress unter dem Eurowings-Label und Condor) saisonal direkt angeflogen, weshalb ein Non-Stop-Flug in den meisten Fällen keine Option darstellt.

Mit einem Zwischenstopp erreicht man Las Vegas aber relativ problemlos, entweder mit einem Umstieg in den USA oder aber von London aus mit British Airways. Größte Fluggesellschaft für nationale Flüge ist hier wiederum Southwest Airlines.

Eine Bahnverbindung vom Flughafen zum Strip gibt es leider nicht, doch da die Entfernung nicht allzu groß ist, können sowohl Taxis als auch Busse eine ganz brauchbare Option darstellen. Ein Taxi vom Flughafen zu einem Strip-Hotel ist für etwa 20 bis 25$ zu haben, während mit einem Linienbus (#108/#109 und Deuce) 6$ pro Person fällig sind. Auch Shuttle-Busse direkt zu den Hotels können für ebenfalls etwa 6$ eine Option darstellen.

Falls Sie mit dem Taxi fahren, weisen Sie den Taxifahrer darauf hin, nicht „den Tunnel" (auf Interstate 215) auf dem Weg zum Strip zu nutzen – das ist eine beliebte Masche, um den Passagieren 5-10$ extra aus der Tasche zu ziehen.

Besondere Events

Die für Urlauber wichtigsten Events sind in Las Vegas interessanterweise die, mit denen sie nichts zu tun haben: die **Conventions**. Mehrmals im Jahr finden in Las Vegas große Messen statt, zu denen über 100.000 Besucher in die Stadt strömen können, was natürlich dafür sorgt, dass viele Hotels weit im Voraus nahezu oder gar komplett ausgebucht sind und die Preise dadurch ins Unermessliche steigen.

Wenn Sie Ihre Reise planen, werfen Sie daher eventuell einen Blick auf einen Veranstaltungsplan! Zu den größten Messen zählen die Consumer Electronics Show (CES) im Januar mit über 150.000 Besuchern, die Automotive Aftermarket Industry Week im November mit über 140.000 Besuchern und die National Association of Broadcasters Show im April mit knapp 100.000 Besuchern, aber auch von Mai bis September finden Jahr für Jahr mehrere Messen mit jeweils um die 50.000 Besuchern statt, die für hohe Hotelpreise sorgen.

Übernachten

Äußerst empfehlenswert bei einem Besuch von Las Vegas ist ein zentral gelegenes **Hotel am Strip**. Da sich so gut wie alles an eben jener Straße abspielt, fallen selbst ein paar hundert Meter extra über zwei, drei Tage hinweg durchaus ins Gewicht. Zudem ist die Auswahl an Hotels in Las Vegas so riesig, dass (ohne große Veranstaltungen) die Übernachtungspreise meistens auch in bester Lage **vergleichsweise gering** sind: Was in San Francisco 400$ kostet, gibt es hier oft für 100$ die Nacht.

Optimaler Ausgangspunkt, weil nahezu mittig am Strip gelegen, sind sämtliche Hotels um das Bellagio herum: Paris, Planet Hollywood, Cosmopolitan, Flamingo, The Linq oder Caesar's Palace, aber auch mit dem Mirage macht man nichts falsch. Eher abzuraten ist von den Hotels ganz am Ende des Strips; Mandalay Bay etwa, weil es recht weit entfernt ist, Circus Circus, Luxor und Excalibur, da sie doch ein wenig in die Jahre gekommen sind und heutzutage nicht mehr allzu attraktiv wirken.

Wer **gut und recht günstig** unterkommen will, ist bestens im The Linq aufgehoben, das zwar nicht den Charme anderer Hotels versprüht, aber ordentliche Zimmer zu sehr fairen Preisen für oft deutlich unter 100$ die Nacht anbietet.

Ähnliches gilt für das Flamingo, äußerlich zwar ebenfalls ein wenig gealtert, doch ein großer Teil der Zimmer wurde vor kurzem renoviert. Vorteil des Flamingos ist zudem der schönere Pool, der sich im The Linq leider in einer Betonwüste auf einem Dach befindet.

Einen **guten Mittelweg** zwischen Luxus und Preis stellen in der Regel Paris, Mirage, New York-New York und vielleicht noch Treasure Island dar. Dort kosten die übrigens immer erstaunlich großen Doppelzimmer im Schnitt etwa 150$ die Nacht, gerade im New York-New York sind sie aber auch oft schon für weniger Geld zu haben. Das Mirage bietet zudem eine **sehr schöne Pool-Anlage**, wenn auch nicht ganz so riesig wie die Laguna im Mandalay Bay, dessen größter Pluspunkt.

Wenn Geld schließlich keine große Rolle spielt, ist man im Wynn, Bellagio, Cosmopolitan oder auch im Aria bestens aufgehoben, in denen Zimmer in der Regel zwar 200$ und (deutlich) aufwärts kosten, diese dafür in Hinblick auf Ausstattung und Service aber auch klar der Konkurrenz überlegen sind.

Keine Rolle sollte bei der Auswahl des Hotels das Essen spielen, da die tollen Buffets nur in den seltensten Fällen im Rahmen von Angeboten im Preis enthalten sind – und man ohnehin meistens möglichst viele verschiedene Buffets und Restaurants probieren will, um das großartige Essen in Las Vegas so richtig genießen zu können. Fast jedes Hotel in Las Vegas bietet neben den normalen Preisen übrigens über weite Teile des Jahres auch mitunter sehr großzügige Angebote, welche den Übernachtungspreis nicht selten um bis zu 50% senken.

Bei der Online-Buchung ist zu beachten, dass auf den zunächst angegebenen Zimmerpreis bei fast allen Hotels noch eine so genannte **Resort Fee** aufgeschlagen wird, die meistens unumgänglich ist und „Extras" wie Wi-Fi-Nutzung oder den Zugang zum Pool enthält. Letzten Endes ist die „Resort Fee" also nichts anderes als eine Schönung des Preises, ihre Höhe bewegt sich zwischen 25 und 50$ die Nacht.

Empfehlenswerte Motels & Hotels am Strip

* **Flamingo:** Eines der ältesten Hotels, Räume jedoch vor nicht allzu langer Zeit renoviert und mit Flair. Insgesamt eher einfach, aber in bester Lage, großer Pool, Zimmer oft unter 100$ die Nacht!

* The Linq: Weniger Flair, jedoch ebenfalls in Top-Lage und im Zuge der Umbenennung jüngst renoviert, unter anderem mit einem neuen Pool. Eher junges Publikum, ebenfalls häufig unter 100$ die Nacht.

* The Mirage: Ein weiterer Klassiker, recht geräumige und auch modern eingerichtete Zimmer, tolle, große Pools. Ab 125-150$ die Nacht.

* Aria: Eines der neuesten Hotels im Strip-Zentrum, zählt qualitativ zur Oberklasse, was sich häufig in Preisen um 250$ niederschlägt, manchmal aber auch für etwa 175$ zu haben – dann ein echter Tipp!

* Wynn: Steht noch eine Stufe darüber, begeistert durchweg mit seiner Ausstattung und guter Lage. Im besten Fall ab ca. 250$ die Nacht, was als Schnäppchen zu werten ist, aber auch für 350$ noch sein Geld wert.

* Paris, Planet Hollywood, Treasure Island, New York-New York: Allesamt gut, wenn die Preise um die 100-150$ pro Nacht liegen.

... abseits vom Strip

Ein Hotel abseits des Strips kann dann sinnvoll sein, wenn man Las Vegas nur einen Tag oder maximal zwei Tage besucht, in wenigen Fällen auch vor dem Abflug oder wenn man wenig Geld ausgeben, dafür aber viel bekommen will. In letztere Kategorie fällt das tolle **M Resort Spa & Casino**, knapp 20 Autominuten vom Strip entfernt, das es in etwa mit dem Aria aufnehmen kann, Zimmer aber oft schon ab 125$ die Nacht bietet, weil es so weit außerhalb liegt. Am Flughafen sind das **La Quinta Inn & Suites** und das **Best Western** mit Zimmern um 100$ in Ordnung.

Empfehlenswerte Campingplätze

Camper haben es in Las Vegas, wie in allen anderen Großstädten auch, ein wenig schwerer. Die einst beste Wahl, der **KOA** am Circus Circus Hotel, wurde leider im Herbst 2014 nach über 35 Jahren geschlossen, um auf dem Grundstück einen Festivalplatz zu errichten. KOA selbst bietet als Alternative einen neuen Campingplatz, der sich jedoch etwa 11 km östlich des Strips befindet. Kaum zu empfehlen, denn der große Vorteil des KOA am Circus Circus war es ja, den Strip sogar zu Fuß vom Campingplatz aus erreichen zu können.

Beste Option ist daher derzeit das **Oasis Las Vegas RV Resort**, das sich ein Stück südlich vom Flughafen und damit auch abseits des Strips befindet, diesen allerdings mit Bussen gut erreichbar macht. Stellplätze kosten im Sommer zwischen 47 und 67$ pro Nacht, eine Reservierung ist dringend zu empfehlen.

Eine von sicher 50 Stationen an einem typischen Büffet.

Essen & Trinken

Fast nirgendwo in den USA kann man so toll so billig essen und trinken wie in Las Vegas. Zu verdanken ist das in erster Linie den zahlreichen **„All you can Eat"-Buffets,** die von beinahe jedem Hotel zu Frühstück, Lunch und Dinner angeboten werden – nicht selten, ohne auch nur eine Minute Unterbrechung zwischen den einzelnen Menüs. Zwar sind die Preise in den letzten fünfzehn Jahren fast überall um den Faktor drei bis vier gestiegen, doch Auswahl und Qualität haben ebenfalls angezogen.

In Hinblick auf Lunch und Dinner ist derzeit das **Bacchanal Buffet** im Caesars Palace erste Wahl, in dem man eine unglaubliche Auswahl an Meerestieren, frisch gebratenem Fleisch, asiatischer und italienischer Küche, zig Gemüsesorten und dutzenden Süßspeisen findet. Und im Gegensatz zu typischen Buffets wird hier fast alles liebevoll auf kleinen Tellern oder in Schälchen angerichtet, wie man es sonst nur aus den teuersten Restaurants kennt.

Ebenfalls sehr gut sind das **Cosmopolitan** und das abseits des Strips gelegene **Studio B** (sehr billig, Bier & Wein inklusive!), aber auch Aria und **Wynn** können sich sehen lassen. Insbesondere Letzteres hat in den vergangenen Jahren deutlich an Qualität gewonnen.

Beim Frühstück gelten im Wesentlichen die gleichen Empfehlungen, auch wenn hier die Unterschiede naturgemäß etwas kleiner sind: Frisches Brot und Baguettes, Süßspeisen, Eier, Speck, Bohnen, Würstchen, Obst und Cerealien gibt es fast überall. Das ein oder andere Buffet tut sich lediglich dadurch hervor, Omelettes oder Crepes frisch und gemäß den Wünschen des Gastes zuzubereiten – Paris und Caesars etwa.

Preislich werden fürs Frühstück in der Regel 15-25$, für Lunch 30-40$ und für Dinner 40-60$ pro Person fällig; das großartige Caesars Palace ist zugleich das teuerste. Zudem wird auch hier ein Trinkgeld in Höhe von etwa 15% für den Kellner erwartet.

Etwas günstiger kommt man bei manchen Hotels hinein, wenn man sich eine kostenlose „Player's Card" holt. Zudem bietet die Hotelgruppe, zu der Caesars, Paris und Planet Hollywood gehören, einen Pass (**Buffet of Buffets**) für 60-75$ an, der 24 Stunden lang Zutritt zu all ihren Buffets gewährt. Holt man sich den Pass gegen Abend, kann man im besten Fall Dinner – Frühstück – Lunch – Dinner mitnehmen. Für das Buffet im Caesars wird leider bei jedem Besuch ein hoher Aufpreis fällig.

Auch in Hinblick aufs Trinken – oder sagen wir besser: aufs Nachtleben – ist die Auswahl größer als in nahezu jeder anderen Stadt der USA, allerdings entscheiden hier wieder einmal vor allem die persönlichen Ansprüche und Vorstellungen darüber, wo man am besten die Nacht verbringt. Von **Megaclubs wie dem Hakkasan** im MGM Grand über **Pool-Partys wie im Encore Beach Club** bis hin zu **Topless Revues wie „Fantasy" im Luxor** gibt es nichts, was es nicht gibt.

Klassische Partyclubs wie Hakkasan, XS im Wynn oder Light im Mandalay Bay sprechen fast ausnahmslos ein junges Publikum an, während andere sich zum Beispiel in der Piano Bar im Harrah's wohler fühlen dürften. Aber auch die Bar at Times Square oder Brad Garrett's Comedy Club sind einen Besuch wert. Bei den Clubs werden üblicherweise Eintrittspreise von 20 bis 50$ fällig, ein Bier kostet um die 10$, Cocktails gibt's für etwa 15$. Wie immer: plus Trinkgeld.

Premium Outlet North: Ähnlich gut ist nur das Gegenstück nahe Palm Springs.

Einkaufen

Das Stadtzentrum von Las Vegas ist, wie bereits erwähnt, von Shopping Malls regelrecht durchzogen, die allerdings überwiegend hochpreisige Geschäfte behausen. Grundsätzlich gilt: Je schicker die Shopping Mall und das Hotel, desto teurer selbstverständlich auch die Geschäfte – mit Abstand am teuersten sind die Crystals Shops im City Center.

Wer billiger einkaufen will, ist in einem Outlet am besten aufgehoben, von denen Las Vegas gleich zwei große bietet; ein **Premium Outlet** im Norden und ein weiteres im Süden der Stadt. Das Outlet im Norden ist dabei klar zu bevorzugen, da es sich schön gestaltet an der frischen Luft befindet, während das südliche Outlet mit einem Lagerhallen-ähn- lichen Ambiente daherkommt.

In Hinblick auf die vertretenen Firmen geben sich die beiden Outlets nicht viel; von Calvin Klein über Levi's, Puma und Reebok bis hin zu Tommy Hilfiger sind hier etliche bekannte Markennamen vertreten, die ihre Produkte tatsächlich häufig zu deutlich günstigeren Preisen als in normalen Geschäften anbieten. Lediglich der Food Court lässt ein wenig zu wünschen übrig. Parken im angrenzenden Parkhaus ist kostenlos, geöffnet üblicherweise von 9 Uhr bis 21 Uhr.

Shows

Das Angebot an Shows in Las Vegas ist riesig und die Auswahl einer Show natürlich stark von dem eigenen Geschmack abhängig: Von Comedy über Musik und Magie bis hin zu Artistik wird alles nur Denkbare geboten. Gerade die Comedy und Music Acts wechseln allerdings recht häufig beziehungsweise spielen nur unregelmäßig, zumal sie in vielen Fällen nicht „Las-Vegas-exklusiv" sind.

Deshalb dürfte für die meisten Besucher die Artistik von größtem Interesse sein, für die auch der gewaltigste Aufwand hinter den Kulissen betrieben wird. Empfehlen lassen sich dabei im Grunde alle Shows des **Cirque du Soleil**, die in verschiedenen Hotels dauerhaft und (bis auf wenige Ausnahmen) täglich vertreten sind.

Welche Show die beste ist, lässt sich kaum beantworten: KÀ, Mystère und O sind typische, aber enorm aufwendige und atemraubende Cirque-du-Soleil-Shows, wie man sie vielleicht aus dem Fernsehen kennt und sich vorstellt. ONE hingegen dreht sich um die Musik von Michael Jackson, LOVE um die der Beatles und bei Zumanity geht es aufreizender zu. Vor allem mit Mystère im Treasure Island, LOVE im Mirage und KÀ im MGM Grand kann man eigentlich nicht viel falsch machen, wenn die Erwartungshaltung stimmt.

Tickets gibt es sowohl online als auch vor Ort, sie werden einem an nahezu jeder Ecke förmlich aufgedrängt, fast immer mit einer gewissen Ermäßigung oder in einem Combo Package. Die besten Plätze kosten ohne Ermäßigung bis zu 200$ für Erwachsene, für die niedrigste Kategorie wird etwa ein Drittel fällig. Gute Plätze sind in der Regel ab etwa 125$ zu haben, manchmal für weniger. Aufgrund der großen Anzahl an Vorstellungen erhält man üblicherweise auch spontan Tickets.

Spartipps

Erst seit kurzem gibt es auch in Las Vegas die **Go Card**, für die man hier aber mindestens 129$ investieren muss. Zwei Tage lang stehen dafür 27 Attraktionen zur Wahl, darunter der High Roller, der Eiffel Tower und das Mob Museum. Mit einem 3-Tages-Ticket für 239$ kann man auch die Blue Man Group besuchen oder sich einer Bustour zum Grand Canyon anschließen. Kein besonders guter Deal.

Einen Tick besser ist der **Las Vegas Power Pass**, der ab 85$ erhältlich ist. Er erlaubt unter anderem eine Fahrt mit dem High Roller, den Besuch des Eiffel Towers und der Stratosphere, die Gallery of Fine Arts im Bellagio, die Secret Gardens im Mirage und The Rollercoaster am New York-New York. Wenn man all das sehen will, ein ordentliches Angebot.

Las Vegas – und dann?

Ähnlich wie Los Angeles bietet Las Vegas recht viele Möglichkeiten für die Weiterfahrt an und die Entscheidung ist nicht zuletzt davon abhängig, ob man eine kleine oder eine große Runde durch den Südwesten bis in den Osten Utahs fährt.

In Westrichtung geht es über I-15 nach Los Angeles oder über Highway 160 ins Death Valley weiter, während man bei einer Runde durch Arizona und Utah die Wahl zwischen Interstate 15 sowie Valley of Fire bzw. Zion National Park im Norden und Grand Canyon South Rim über Highway 93 und Interstate 40 im Osten hat. Die Fahrtrichtung (im oder gegen den Uhrzeigersinn) spielt bei einer Rundfahrt keine große Rolle, man kann sie von der eigenen Planung abhängig machen.

** Valley of Fire State Park

Das Valley of Fire, der älteste State Park in Nevada, trägt seinen Namen nicht zu Unrecht – jedoch nicht etwa, weil es hier so heiß wäre (was es mit Temperaturen von 40 bis 45° C im Sommer durchaus ist), sondern aufgrund seiner besonderen Farbgebung: Große Teile der Felslandschaft erstrahlen in einem knalligen Rot, beinahe so, als ständen sie in Flammen. Zentrales Element des Parks ist die etwa 17 km lange Valley of Fire Road, die vom Highway 169 durch den Park zurück auf die Interstate 15 führt und dabei etliche Gelegenheiten für Fotostopps und kleine Wanderungen bietet.

Neben der besonderen Farbe sind es jedoch auch die interessanten Strukturen, welche die Sandsteinlandschaft des Valley of Fire zu etwas Besonderem machen: Der **Elephant Rock** etwa erinnert tatsächlich an einen Elefanten, aber auch die **Seven Sisters** (sieben Felsen in einer Reihe), der **Balancing Rock**, die **Beehives** und der **Arch Rock** versprechen mit ihren Bezeichnungen nicht zuviel.

Petroglyphs auf Felsen im Valley of Fire.

Sehr lohnenswert sind außerdem der kurze **White Domes Loop** (1,5 km) im nördlichen Teil des Parks, in dem zur roten Farbe auch mal ein paar weiße Streifen hinzukommen, oder der mit etwa 8 km Länge aber recht anstrengende **Prospect Trail**.

Nicht verpassen sollte man zudem den **Fire Canyon**, etwa auf halber Strecke der White Domes Road, und die **Petroglyphs**, alte Malereien an den Felsen, die allerdings in Teilen leider dem Vandalismus zum Opfer gefallen sind. Für einen ersten Eindruck vom Tal genügen zwei bis drei Stunden. Mit Wanderungen wäre auch ein halber Tag gut möglich, wenn die Temperaturen es zulassen.

Darüber hinaus verfügt das Valley of Fire über **zwei wirklich groß-artige Campingplätze** für alle, die bei einer etwaigen Weiterfahrt gen Süden nicht in dem dann doch eher Camping-unfreundlichen Las Vegas stoppen wollen. 72 Stellplätze gibt es, neuerdings zum Teil sogar auch mit Hookup, außerdem stehen Picknickplätze, WCs und Duschen zur Verfügung. Es gilt „First-Come, First-Served", eine Nacht schlägt mit 20$ ohne und 30$ inklusive Hookup zu Buche. Der Parkeintritt kostet derweil üblicherweise 10$ pro Fahrzeug, die an einer Entrance Station bezahlt oder aber an einer **Self-Pay-Station** hinterlegt werden müssen.

Self-Pay bedeutet hier: Man steckt den geforderten Betrag in einen bereitliegenden Briefumschlag, notiert das Datum sowie das Kennzeichen seines Fahrzeugs und wirft das Ganze dann in eine Art Briefkasten ein. Ein paar kleine Scheine sind daher unter Umständen notwendig, um bei der Einfahrt zahlen zu können.

Darüber hinaus gilt es zu beachten, dass das Valley of Fire in den letzten Jahren zu einem äußerst beliebten Ziel für **Tagesausflüge von Las Vegas** geworden ist. Da eine gewisse Einsamkeit jedoch einen großen Teil seines Charmes ausmacht, sollte man, wenn möglich, recht früh am Morgen kommen und die Wochenenden meiden.

Eine einsame Straße schlängelt sich durch die Felslandschaft.

Abstecher in Nevada

Abgesehen von Las Vegas und dem Valley of Fire halten sich die Sehenswürdigkeiten in Nevada angesichts der **kargen Wüste** arg in Grenzen. Der Great Basin National Park im Norden ist den riesigen Umweg nicht wert; er liegt abseits jeglicher Routen und bietet für Touristen nichts, was man nicht in Yosemite, Sequoia oder Lassen besser und vielfältiger sehen könnte. Üblicherweise durchquert man Nevada daher recht zügig, um die spannenderen Ziele in Arizona und Utah anzusteuern.

Lake Mead National Recreation Area

Bei großem Interesse könnte man von Las Vegas aus oder auf dem Weg zum Grand Canyon South Rim die **Lake Mead National Recreation Area** ansteuern. Ein gewaltiges Wasserreservoir des Colorado Rivers, das von dem riesigen **Hoover Dam** zurückgehalten wird, etwa 40 km östlich von Las Vegas' Zentrum an der Grenze zu Arizona.

Wie so häufig im Südwesten ist auch hier der Wasserspiegel über die vergangenen Jahre hinweg deutlich gesunken, was der ohnehin nur bedingt sehenswerten Landschaft zusätzlich an Reiz nimmt. Die bessere Option stellt in der Regel der ähnliche, aber vielseitigere **Glen Canyon** in Page dar, das ohnehin häufig auf dem Programm steht.

Cathedral Gorge: Erinnert an eine Filmkulisse.

* Cathedral Gorge State Park

Etwa 275 km nördlich von Las Vegas stößt man im Osten Nevadas auf den Cathedral Gorge State Park, der sich mit seinen erodierten Sandsteinformationen irgendwo zwischen Bryce Canyon und Capitol Reef ansiedelt: Die Struktur des Gesteins ist dem erstgenannten Park nicht unähnlich, doch man blickt nicht nur hinein, sondern es türmt sich auch vor und über einem auf.

Toll sind einige der Wanderwege, die sich hier durch die Canyons schlängeln, zudem wirkt die Natur- und Pflanzenwelt relativ unberührt. Vom kurzen **Nature Loop** im Zentrum aus kann man einen guten Eindruck vom Park gewinnen. Wer mehr Zeit hat, steigt zum **Eagle Point** hinauf, knapp 2,5 km vom Parkplatz und zurück.

Camper finden einen schönen Campground mit 22 Stellplätzen und neuerdings auch Electrical Hookup vor, „First-Come, First-Served". Möchte man Cathedral Gorge in seine Route einbauen, schafft man das am besten auf der Strecke von Las Vegas nach Zion / Bryce Canyon.

Reno & Lake Tahoe

Ob sich der Besuch von Reno und / oder Lake Tahoe lohnt, ist hingegen diskussionswürdig. Bei **Reno** handelt es sich zwar immerhin um die viertgrößte Stadt im Bundesstaat Nevada, allerdings kann man sich dort des Eindrucks nicht erwehren, es mit einem Abklatsch von Las Vegas zu tun zu haben. Der Slogan „The Biggest Little City in the World" bestätigt diese Vermutung; auch hier gibt es Circus Circus und Harrah's, während das neueste größere Casino-Hotel, das schon 1995 erbaute **Silver Legacy**, einen auf Silbermine macht. Kein Muss.

Ähnliches gilt für den halb in Kalifornien, halb in Nevada gelegenen **Lake Tahoe**, der bei Amerikanern ein beliebtes Urlaubsziel darstellt und dank seiner hohen Berge ein populäres Skifahrergebiet ist. Die touristische Infrastruktur ist entsprechend stark ausgebaut, die Schönheit der Natur kann es im Sommer jedoch nicht mit der Umgebung aufnehmen. Highlight ist der, zugegeben, tolle Ausblick auf **Emerald Bay**.

Wer hier stoppen will, kommt am besten in **South Lake Tahoe** unter, dem touristischen Zentrum. Außerhalb der Hauptsaison, die dort in den Winter fällt, ist die Stadt mitunter recht ausgestorben, sehr gute Zimmer gibt es mit Glück bereits für unter 100$ die Nacht.

Im Osten von Lake Tahoe befindet sich zudem **Carson City**, die mit lediglich gut 50.000 Einwohnern geradezu winzige Hauptstadt Nevadas, die neben den üblichen Government Buildings und Museen (wie dem Nevada State Museum und dem Nevada State Railroad Museum) aber weder in Hinblick auf Shopping noch auf Hotels und Casinos punkten kann. Die Zeit investiert man besser andernorts.

ARIZONA

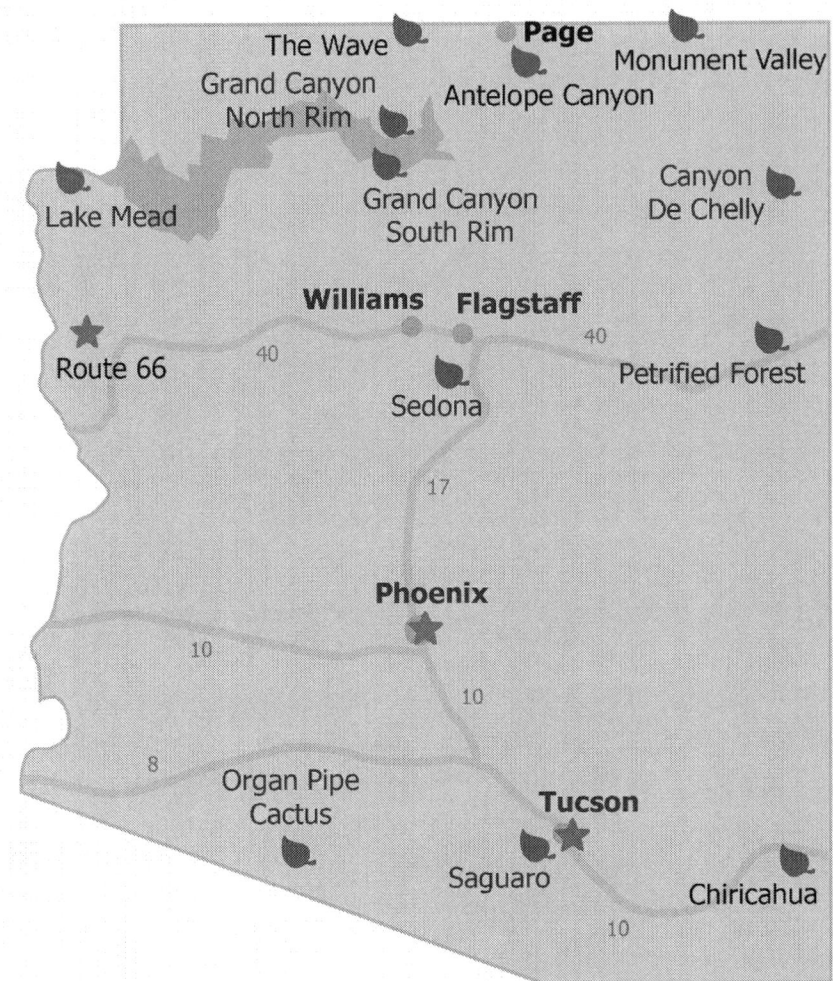

Arizona ist auch als der „Grand Canyon State" bekannt, was schon recht viel über den Staat und sein Selbstverständnis aussagt: Nicht die Hauptstadt Phoenix oder die lange Grenze zu Mexiko ist es, die ihn prägt, sondern **der große National Park am Nordrand**. Doch vermutlich ist diese Einschätzung einfach nur realistisch, denn die meisten Besucher zieht es in genau diesen Nordteil, obwohl sich in Arizonas Osten und Süden ebenfalls überaus sehenswerte Natur befindet.

Wie auch Nevada besteht Arizona beinahe vollständig aus Wüste, ist jedoch dennoch etwas dichter besiedelt und nicht ganz so karg und verlassen wie der Bundesstaat im Nordwesten. Nur etwa 6,5 Millionen Einwohner auf gut 300.000 km² Fläche sind aber trotzdem verdammt wenig, angesichts von selbst im Winter durchschnittlichen Tagestemperaturen von um die 20° C in Phoenix jedoch nicht verwunderlich: Die Trockenheit verhinderte lange eine Bewirtschaftung des Landes, die für Ansiedlungen aber elementar war.

Größte Stadt von Arizona ist eben jenes Phoenix mit ca. 1,5 Millionen Einwohnern, aber auch die recht unbekannten Tucson und Mesa sind mit jeweils etwa einer halben Million Einwohnern durchaus bemerkenswert. Ersteres ist auch aufgrund der Nähe zum Saguaro National Park mit seinen großartigen Kakteen für Besucher interessant. Dazu kommen einige National Monuments und State Parks, die ebenfalls mit spannenden Wanderungen und Ausblicken begeistern.

VON LAS VEGAS ZUM GRAND CANYON

Die Fahrt zwischen Las Vegas und Grand Canyon (South Rim) führt über eine etwa 450 Kilometer lange Strecke, die vier bis fünf Stunden Fahrzeit in Anspruch nimmt. Der häufig gehörte Vorschlag, man könne von Las Vegas aus doch einen Tagestrip zum Grand Canyon unternehmen, ist daher mit dem Auto **nicht realistisch**; bei insgesamt zehn Stunden Fahrzeit (exklusive etwaiger Fahrzeit am Grand Canyon!) bleibt selbst Frühaufstehern kaum Zeit für den National Park.

Leider gibt es auf der Route zum Grand Canyon nur wenige Möglichkeiten für sinnvolle Zwischenstopps. Üblicherweise wird daher von Las Vegas aus die direkte Route über Highway 95 und 93 bis Kingman gewählt, von wo aus es über die Interstate 40 weitergeht.

Route 66
Von Kingman aus besteht immerhin die Möglichkeit, statt über die gut ausgebaute I-40 zunächst über die Route 66 weiterzufahren, was nicht zuletzt aufgrund der schlechten Qualität der Straße allerdings ein bis zwei Stunden extra in Anspruch nimmt.

Route 66, hier in Arizona: Freiheit oder Einsamkeit?

Bei der Route 66 handelt es sich um eine **historische Straße**, die von 1926 bis 1985 über knapp 4000 Kilometer durch mehr als das halbe Land führte, von Chicago bis Santa Monica. Im Zuge des Ausbaus der großen Interstates nahm ihre Bedeutung aber bereits ab Mitte der 50er-Jahre ab, was dann auch die Aufhebung der offiziellen Bezeichnung „Route 66" im Jahre 1985 erklärt.

Etwas schwerer fällt es, die heutige Verklärung der Straße als großes Synonym für Freiheit nachzuvollziehen, denn ihr Charme lässt im Südwesten über weite Strecken doch zu wünschen übrig. Sie zeichnet sich dieser Tage vorrangig durch ihren schlechten Zustand aus, der nur ein deutlich niedrigeres Tempo als auf den häufig fast parallel verlaufenden Interstates zulässt. **Kingman** und **Seligman** bezeichnen sich heute als „The Heart of Historic Route 66", was zumindest ein Stück weit zu erkennen ist. Wer die vereinzelten sehenswerten Gebäude (die Santa Fe Train Station, alte Wassertürme und Tankstellen sowie das ein oder vergammelte Motel oder Diner) suchen will, muss etwas Zeit mitbringen. Praktische Karten erhält man für wenige Dollar an jeder Ecke.

Auch abseits von Kingman findet man entlang der Route 66 hier und da noch ein paar Überreste aus vergangenen Tagen, die aber eher selten sind. Einzig und alleine die **unzähligen Briefkästen**, die immer wieder mitten im Nichts am Straßenrand zu stehen scheinen, sind durchaus ein Foto wert – doch diese gibt es nicht nur an der Route 66, sondern auch in vielen anderen Teilen von Arizona und Utah.

Oatman

Bei großem Interesse kann ein Abstecher nach Oatman eine Überlegung wert sein, der von Kingman aus eine etwa einstündige Anfahrt durch die Berge erfordert. Oatman lebte einst, wie so oft, von seinen Minen, wurde in den 50ern allerdings beinahe komplett aufgegeben, bevor die Stadt für den Tourismus wieder entdeckt wurde. Heute befinden sich zahlreiche Souvenirgeschäfte sowie ein paar Bars in Oatman, das vor allem aber für seine Esel („Burros") bekannt ist, die sich im Stadtgebiet aufhalten.

Letzter Stopp vor dem Grand Canyon

Unabhängig davon, ob man über die Route 66 fährt oder nicht, biegt man bei Williams nach Norden auf Highway 64 ab, der einen zum Grand Canyon Village bringt. Williams ist abgesehen von Flagstaff im Osten zugleich der letzte Ort mit guten Einkaufsmöglichkeiten in der Umgebung. Wer anschließend nach Utah fährt, könnte hier bei Safeway stoppen.

GRAND CANYON NATIONAL PARK

Highlights	Informationen
Am South Rim: *** Grandview Point *** Hopi Point *** Mather Point *** Moran Point *** Yavapai Point ** Desert View * Lipan Point	jeweils ein Tag Zeitaufwand für South Rim und den (optionalen) North Rim
	gut besuchbar von Frühling bis Herbst, weniger Besucher am North Rim
	grandiose Ausblicke auf die Canyons und den Colorado River
	South Rim problemlos zugänglich, North Rim aufwendiger, aber machbar
	fast keine Anstrengung, sofern man nicht in den Canyon hinabwandert

Überblick

Der Grand Canyon ist vermutlich der bekannteste National Park der Welt und wenn man eine x-beliebige Person fragt, was ihr spontan zum Südwesten der USA einfällt, ist der Grand Canyon mit Sicherheit dabei. Das spiegelt sich auch in der Realität wieder, denn kein anderer Park in den USA kommt einem so gut besucht vor wie dieser: Über fünf Millionen Touristen verschlägt es Jahr für Jahr an seinen Rand und, mangels machbarer Wanderwege, ballen diese sich auch genau dort.

Großer Beliebtheit erfreut sich der vom Colorado River über Millionen Jahre hinweg ins Gestein gefurchte Grand Canyon gleichwohl schon seit dem 19. Jahrhundert. Zu Beginn des 20. wurde er, im Jahre 1919, offiziell zum National Park erklärt, lediglich drei Jahre nach Gründung des National Park Services.

Da sich die gewaltigen Schluchten mit bis zu 1800 Metern Tiefe über 450 Kilometer vorwiegend in West-Ost-Richtung ausbreiten, spricht man üblicherweise von North Rim und South Rim (Nordrand und Südrand).

Das größte und am häufigsten angesteuerte Gebiet befindet sich am South Rim. Die höhere Besucherzahl liegt allerdings in erster Linie in der leichteren Erreichbarkeit begründet, denn die Ausblicke im Norden sind nicht minder sehenswert, die Trails sogar besser. Doch die größere Entfernung zu den typischen Touristenzielen sowie die weitere Anfahrt über eine von Herbst bis Frühling nahezu durchgängig gesperrte Straße sorgen dafür, dass der North Rim für viele keine Option darstellt.

Orientierung & Viewpoints am South Rim

Der National Park am South Rim verfügt über **zwei Einfahrten**: Von Westen kommend, biegt man von der I-40 bei der Kleinstadt Williams nach Norden ab und erreicht über die Straßen 64 und 180 das **Grand Canyon Village**, das Zentrum des Parks. In dem befinden sich viele Übernachtungsmöglichkeiten, Museen, Imbisse und Restaurants, auch Parkplätze gibt es in der Regel zur Genüge.

Die 64 verläuft dann **parallel zum Grand Canyon** gen Osten weiter und führt hinter der Osteinfahrt auf Highway 89, der im Süden nach Flagstaff und im Norden nach Page sowie in den Südosten Utahs führt, die am häufigsten gewählte Route.

Aber zurück zum Grand Canyon Village, in dessen Umgebung man bei einem Besuch des South Rims üblicherweise den Großteil seiner Zeit verbringt, trifft man hier doch neben der Infrastruktur auch auf etliche Viewpoints, die sich entlang des asphaltierten **Rim Trails** befinden. **Mather Point** und **Yavapai Point** sind dabei in erster Linie zu nennen.

Gen Westen geht es schon seit einiger Zeit (außer von Dezember bis Februar) nur noch zu Fuß oder per Shuttle-Bus weiter, um unter anderem **Hopi Point**, **Mohave Point**, **Pima Point** und schließlich **Hermits Rest** zu erreichen. Hopi und Pima sind auch für den sehr sehenswerten **Sonnenuntergang** erste Wahl.

Da die Strecke zu Fuß relativ weit ist und sich die Wegführung nicht allzu interessant gestaltet, ist der Shuttle-Bus in der Regel klar zu bevorzugen. Je nach Besucheraufkommen werden die Haltestellen im Takt von fünf bis fünfzehn Minuten angesteuert, allerdings bilden sich gerade in den Sommermonaten oft sehr lange Schlangen, häufig auch ohne die Möglichkeit, sich im Schatten unterzustellen. Kopfbedeckung, mehrere Liter Wasser und Sonnencreme sind einmal mehr empfehlenswert.

Auf dem Weg gen Osten darf und muss man hingegen zum Fahrzeug greifen, die gut asphaltierte Straße führt in angemessenem Abstand am Rim entlang. Hier lohnen sich unter anderem der tolle **Grandview Point** sowie **Moran Point**. Auch **Lipan Point** und **Desert View** inklusive des vielleicht aus Dokumentationen bekannten **Watchtowers** (der allerdings nie als Wachturm diente, sondern schon immer touristisch ausgelegt war) sind einen kurzen Stopp wert.

Der Grand Canyon kann nahezu das gesamte Jahr über problemlos besucht werden, wobei im Hinblick auf das Wetter – wie so oft in dieser Gegend – die Widersprüche zwischen Wüsten- und Höhenlage zu bedenken sind: Von Juni bis September erreichen die Temperaturen am Tag häufig um die 30° C, doch nachts kann das Thermometer selbst im Sommer unter den Nullpunkt sinken, was es vor allem beim Camping und bei Besuchen bei Sonnenaufgang zu bedenken gilt.

Im Mai und Oktober kann es auch tagsüber so kühl sein, dass man zumindest etwas Langärmeliges braucht. Besonders groß sind die Unterschiede im Winter: Um die 15° C tagsüber stehen dann oft um die -15° C nachts gegenüber.

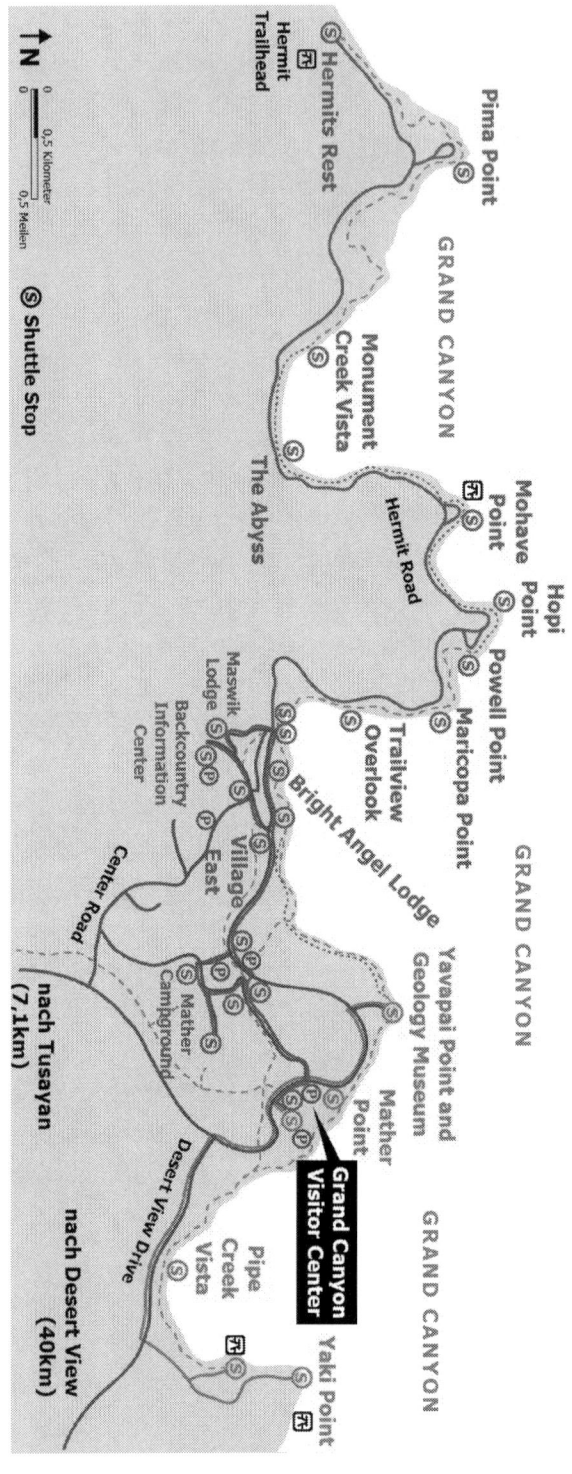

South Rim: Beeindruckende Ausblicke, nur wenige Wanderwege.

Trails am South Rim

Da sich nahezu der gesamte National Park im Süden entlang nur einer Straße befindet, gestaltet sich der Besuch des Grand Canyons recht gradlinig; die wichtigsten Viewpoints sind bereits genannt. Leider, und das ist neben dem hohen Besucheraufkommen vielleicht die kleine „Schwäche" des South Rims, existieren darüber hinaus jedoch **kaum machbare Trails**, die eine Erwähnung wert wären, da es letzten Endes nur zwei Möglichkeiten für Wanderungen gibt: Entweder man geht am Rim entlang, was bei Besuchen der Viewpoints automatisch geschieht. Oder man steigt in den Grand Canyon hinab, was mit enormer Anstrengung verbunden ist und im Grunde zwei Tagesmärsche bedeutet: An einem Tag sowohl hinab als auch wieder hinauf zu gehen, ist nicht empfehlenswert, da die Anstrengungen nahezu jeden Wanderer überfordern – und das nicht nur in den heißen Sommermonaten, in denen Jahr für Jahr zahlreiche Urlauber gerettet werden müssen.

Einzige überlegenswerte Alternative ist es, nur einen kleinen Teil eines Trails in den Grand Canyon hinab zu gehen. Der sehr beliebte und im Vergleich zu anderen Trails auch nicht ganz so steile **Bright Angel Trail** beispielsweise bietet die Möglichkeit, an dem ersten Raststopp mit

frischem Wasser nach etwa 2,5 km umzukehren, was also eine Gesamt-
strecke von gut 5 km bedeuten würde, die angesichts von circa 350 zu
überwindenden Höhenmetern jedoch nicht zu verachten ist. Doch der
Eindruck vom Weg hinab lohnt sich!

Wer sich dennoch weiter hinab wagen will, findet nach etwa 5 km
und 650 Höhenmetern einen weiteren Rastpunkt. Komplett bis zum Colorado River herunter sind es etwa 13 km Wegstrecke sowie sage und
schreibe 1300 Höhenmeter – one way, wohl bemerkt!

Zu erahnen: Der Colorado River in hunderten Metern Tiefe.

Rafting & Rundflüge

Wer den Nervenkitzel liebt, der findet im Colorado River an vielen Stellen die Möglichkeit, sich in ein Kanu zu setzen und Whitewater Rafting
zu betreiben. Zahlreiche Firmen bieten solche Unternehmungen an,
häufig werden bevorzugt mehrtägige Trips verkauft, die dann auch Cam-
ping-Übernachtungen einschließen.

Ebenfalls sehr beliebt sind alle Rundflüge mit Kleinflugzeugen oder
Hubschraubern, die auch schon in Las Vegas an jeder Ecke angeboten
werden. Empfehlenswert sind hierfür unter anderem die Grand Canyon
Airlines sowie Grand Canyon Helicopters. Eine 45- bis 60-minütige Ein-
stiegstour kostet zwischen 250 und 350$ pro Person.

Übernachtungen am South Rim

Direkt in Grand Canyon Village befinden sich gleich mehrere Hotels für Mietwagenreisende. Besonders populär ist die 1935 erbaute **Bright Angel Lodge**, die sowohl Zimmer als auch Cabins anbietet. Doppelzimmer ohne ein eigenes Bad beginnen preislich bei noch erschwinglichen 100$, während eine eigene Cabin mit 150-225$ zu Buche schlägt.

Rechtzeitiges Reservieren ist Pflicht, schon im frühen Winter können nahezu alle Cabins für den folgenden Sommer ausgebucht sein. Ähnliches gilt für alle weiteren Unterkünfte im Grand Canyon Village (unter anderem das **El Tovar Hotel** und die **Kachina Lodge**), die zum Teil etwas besser ausgestattet, dafür allerdings auch teurer sind: 250$ und aufwärts!

Sind sämtliche Zimmer bereits vergeben, lohnt ein Blick nach **Tusayan**, unmittelbar vor dem Eingang des Parks, in dem sich unter anderem ein **Best Western** und ein **Holiday Inn Express** befinden, die qualitativ gut, mit Preisen ab 200$ die Nacht aber auch alles andere als billig sind.

Günstiger geht es nur in dem erwähnten, kleinen **Williams** und im recht schönen **Flagstaff**, für die man jedoch viel längere Fahrten in Kauf nehmen müsste. Dafür kommt man in Williams von **Days Inn** bis **Best Western** sowie in Flagstaff von **Sleep Inn** über **Comfort Inn** bis **Hampton Inn** bestens unter.

Camper haben es wie immer in National Parks zumindest theoretisch einfacher: Der sehr große **Mather Campground** im Westen und der kleinere **Desert View Campground** im Osten (Letzterer von etwa Mitte April bis Oktober geöffnet) bieten schöne Plätze zu sehr niedrigen Preisen – 12 bis 18$ werden pro Nacht für einen Stellplatz fällig. Hookup gibt es nicht, dafür jedoch fließendes Wasser und Toiletten. Für Mather Campground sind Reservierungen online möglich und notwendig, in Desert View gilt „First-Come, First-Served".

Grand Canyon North Rim

Ein Besuch des North Rims bietet sich an, wenn man nicht die große Runde bis Moab fährt, sondern die später angesprochene Abkürzung über Page wählt. Anstatt von dort über Highway 89 wieder gen Westen zu fahren, müsste dann Highway 89A genommen werden, der parallel verläuft und über Highway 67 den Abstecher in den Park ermöglicht.

Am North Rim: Etwas andere Ansichten.

Der große Vorteil des im Vergleich zum South Rim etwa 300 Meter höher gelegenen North Rims besteht darin, dass der Touristenansturm **deutlich geringer** ist: Tourbusse sind im Norden derzeit verboten, außerdem gestalten sich Anfahrt und Zugänglichkeit etwas schwieriger.

Hinter der Entrance Station trifft man auf das Visitor Center, eine Lodge mit etlichen Cabins und einen Campground, auch eine Tankstelle sowie ein Store finden sich hier. Die Einrichtungen sind von Mitte Mai bis Mitte Oktober geöffnet. Davor ist der Besuch **nicht möglich**, aber auch nach der offiziellen Öffnung um den 15. Mai herum kommt es hin und wieder noch zu so starken Schneefällen, dass Highway 67 mit Mietfahrzeugen nicht befahren werden kann. Bis Mitte Juni daher unbedingt vorab **aktuelle Informationen** einholen!

Zu den schönsten Viewpoints im Norden zählen **Bright Angel Point**, **Cape Royal** und **Point Imperial**. Ersterer befindet sich in unmittelbarer Nähe des Visitor Centers, die anderen können über eine gen Osten führende Straße erreicht werden. Unter den Wanderwegen ist der **North Kaibab Trail** in den Canyon hinab erste Wahl, nach 1,2 oder 3,2 km kann man umkehren. Wer's einfacher mag, wählt den **Transept Trail**, 2,5 km von der Lodge zum Campground am Rim entlang.

Übernachtungen sind am North Rim in der **Grand Canyon Lodge** sowie auf dem **North Rim Campground** möglich, die Ausstattung ist jeweils National-Park-typisch, Reservierungen sind online möglich und notwendig – die Lodge ist **weit im Voraus** ausgebucht. Wer kein Zimmer erwischt, kann nur spontan darauf hoffen, dass ein anderer Gast seine Reservierung storniert. Ein Stellplatz für ein Wohnmobil kostet 18-25$ die Nacht, Zimmer sind ab 130$ zu haben, Cabins beginnen bei 150$.

Außerhalb des National Parks gibt es am Nordrand noch einen weiteren Punkt, den man mit viel Zeit und sehr großem Interesse ansteuern könnte: Den **Toroweap Overlook** in der Tuweep Area, ein großartiger Aussichtspunkt, der einen weiten Ausblick auf den Colorado River ermöglicht und aufgrund seiner steilen Klippen beeindruckt, zu dem sich die Anfahrt aber enorm schwierig gestaltet: Wohnmobile sind gänzlich verboten, aber auch normale Mietwagen können den Weg über die Dirt Roads mitunter nicht schaffen, ein „High Clearance Vehicle" wie ein Jeep ist vor allem für das letzte Stück Pflicht.

Zumindest das kann alternativ allerdings auch gelaufen werden, vom Parkplatz bis zum Overlook sind es dann gut 5 km. Bei viel Zeit und Interesse äußerst lohnenswert, aber eher etwas für eine zweite oder dritte Reise in die Region.

Grand Canyon West

Vielleicht vermissen Sie in der Beschreibung noch den **Grand Canyon Skywalk**, die vielen aus dem Fernsehen bekannte „gläserne" Aussichtsplattform. Diese befindet sich jedoch weder am South Rim noch am North Rim, sondern in der **Hualapai Reservation** im Westen. Sie kann am einfachsten von Las Vegas aus über Highway 93 in gut zweieinhalb Stunden mit dem Auto erreicht werden.

Die Viewpoints (Eagle Point und Guano Point) sind hier allerdings weniger beeindruckend als die meisten Aussichtspunkte am South und North Rim, zudem **wirken die Preise äußerst befremdlich**: 82$ pro Person werden für einen Besuch der Viewpoints sowie des Skywalks fällig, eigene Fotos sind dabei nicht erlaubt, sondern müssen für 30$ und mehr gekauft werden. Angesichts dessen kann man von einem Besuch derzeit eigentlich nur abraten.

Grand Canyon – und dann?

Die Weiterfahrt vom South Rim aus bedarf etwas mehr Überlegung als die von den meisten anderen National Parks, da die vielen hier zur Verfügung stehenden Optionen deutlich über den weiteren Verlauf der Rundfahrt sowie ihre Länge entscheiden.

Die gängigste Route führt über den Ostausgang bis kurz vor **Tuba City**, das eine Erwähnung wert ist, weil es sich mit gut 8.500 Einwohnern um die **größte Stadt der Navajo Nation** handelt. In ihrer Nähe findet man Dinosaurier-Spuren, vor allem aber ist das Painted Desert in der Umgebung spannend. So sind zum Beispiel der ein Stück südwestlich an Highway 264 gelegenen Coal Mine Canyon und Hahonohgeh Canyon aufgrund ihrer farbenfrohen Felsen durchaus einen Abstecher wert – bevorzugt gegen Abend oder am frühen Morgen, wenn die grelle Sonne ihnen nicht ihre Farbe nimmt. Wer die Einheimischen ein bisschen unterstützen und hier übernachten will, kommt im **Moenkopi Legacy Inn & Suites** einigermaßen gut unter (das allerdings den Hopi statt den Navajo gehört), alle andere Hotels sind hingegen leider bestenfalls mäßig bis abschreckend.

In Tuba City gilt es zudem, eine Entscheidung zu treffen: Wenn man nur eine „kleine" Runde durch den Südwesten fährt, bleibt man auf der 89 und steuert **Page** am Lake Powell an. Wählt man hingegen die große Runde, geht es über die 160 nach Nordosten weiter.

Steht noch mehr Zeit zur Verfügung, ist darüber hinaus ein Abstecher ins südliche Arizona denkbar. Über Phoenix könnten Tucson und der Saguaro National Park angefahren werden – aber auch ein Stopp im Petrified Forest National Park im Osten ist möglich. Im Folgenden spielen wir die Optionen vom South Rim der Reihe nach durch.

Am North Rim hingegen hat man keine Wahl: Über Highway 67 und 89A geht es entweder weiter gen Westen nach Kanab oder gen Osten nach Page. Kanab wiederum ist Ausgangspunkt für viele mögliche Ziele, sinnvoll wäre die Weiterfahrt zum Zion oder zum Bryce Canyon National Park. Hat man die zwei bereits gesehen oder steht einem nur noch sehr wenig Zeit zur Verfügung, fährt man üblicherweise in Richtung Las Vegas weiter, das sich südwestlich befindet und in drei bis vier Stunden problemlos zu erreichen ist.

ÜBER PAGE IN UTAHS WESTEN

Die Route über Page in den Westen Utahs wird häufig, auch hier, als eine Abkürzung bezeichnet, wenn die zur Verfügung stehende Reisezeit nicht für die große Runde durch Utah über Arches ausreicht. Doch eigentlich wird dieser Begriff der Strecke nicht gerecht, da sie bei einer genaueren Betrachtung sogar **mehr bietet** als die vorige Parallelstrecke am South Rim des Grand Canyons vorbei.

Eine selten gewählte, aber gar nicht mal so schlechte Option wäre es daher, bei einer großen Runde durch den Südwesten von Las Vegas aus über Zion und Bryce durch das Capitol Reef bis Moab zu fahren, auf der Rückfahrt jedoch die „Abkürzung" über Page zu wählen und von dort aus den ruhigeren North Rim des Grand Canyons anzusteuern.

Page

Page, ganz zentral im nördlichen Arizona an der Grenze zu Utah gelegen, ist jedoch weitaus mehr als eine Stadt des Zwischenstopps: In ihrer Umgebung findet man eine ganze Reihe großartiger Sehenswürdigkeiten in der Natur, für die man zwei Übernachtungen einplanen könnte.

Page selbst ist keine besonders schöne Stadt, was der trockenen Wüstenlage, dem unschönen Kohlekraftwerk nebenan sowie dem enormen Besucheraufkommen geschuldet ist. Allein die Straße, in der gut ein Dutzend Kirchen nebeneinander stehen, mag einen Blick wert sein. (Auf der anderen Straßenseite findet man übrigens die örtliche High School, deren Football-Team auf den Namen „Devils", also Teufel, hört...)

Die Auswahl an Hotels ist groß, allerdings lassen sich die Unterkünfte die praktische Lage **extrem gut bezahlen**: Comfort Inn, Holiday Inn & Co. verlangen in der Hauptsaison 200-300$ pro Nacht und sogar in einem sonst so preiswerten Days Inn kommt man oft nicht für unter 200$ unter, was in etwa dem Preisniveau von San Franciscos Downtown entspricht. Einziger Preistipp ist das einfache, aber ordentliche **Red Rock Motel**.

Etwas billiger übernachten Camper, beispielsweise auf dem ganz netten **Wahweap Marina Campground**, der über etwa 140 Stellplätze mit Full Hookup verfügt und von dem aus Lake Powell zu Fuß erreicht werden kann. Schöne Ausblicke, ab etwa 42$ die Nacht.

Lake Powell: Ungewöhnlicher Anblick, merkwürdige Atmosphäre.

Lake Powell

Erstaunlicherweise zieht Page jedoch nicht nur Touristen auf Rundreise
an, sondern vor allem von Juni bis September auch massenhaft Einheimische, die sich insbesondere nebenan auf dem Lake Powell austoben,
einem Stausee in den Canyons. Was auf den ersten Blick sehr interessant
klingt, stellt sich bei einem Besuch aber als doch etwas durchwachsen
heraus: Die Strände sind extrem hart, das Wasser wird zum Motorboot-
und Jet-Ski-Fahren genutzt, zudem sorgt die stetige Wasserknappheit im
Südwesten dafür, dass der Wasserpegel Jahr für Jahr sinkt. Wer viel Zeit
mitbringt, kann aber natürlich selbst ein Boot mieten, um die Canyons
zur Abwechslung mal vom Wasser aus zu erkunden.

* Glen Canyon Dam

Deutlich interessanter gestaltet sich der beeindruckende Glen Canyon
Dam, der Staudamm, welcher die Wassermassen im Lake Powell zurück-
hält. Der 1966 eröffnete Damm ist 480 Meter lang und irrwitzige 220
Meter hoch, sein Fundament verfügt über eine Breite von gut 90 Metern
– unvorstellbare Zahlen. Am Visitor Center kann man sich über Bau und
Technik informieren, auch geführte Touren für 5$ gibt es.

Spannendes Lichtspiel im Antelope Canyon.

*** Antelope Canyons

Eigentliches Highlight von Page sind jedoch die Antelope Canyons, die bekanntesten und am häufigsten besuchten Slot Canyons im Südwesten. Man unterscheidet zwischen Upper und Lower Canyon, beide können nur gegen Gebühr mit Guide besucht werden. Sie faszinieren mit ihren von Wasser geschliffenen Felswänden und dem farbenfrohen Licht- und Schattenspiel, wenn die Sonne in den Slot (also „Schlitz") hineinfällt.

Der Lower Canyon stellt **die deutlich bessere Wahl** dar: Die Führer nehmen sich mehr Zeit, Fotos sind jederzeit erlaubt und die Touren noch dazu billiger – inklusive Navajo Fee etwa 35$ pro Person. Tickets erhält man direkt am Eingang, am besten bei Ken's. Reservierungen sind online möglich, aber in der Regel nicht erforderlich; trotz des Andrangs muss man selten länger als eine halbe Stunde auf eine Tour warten.

Zu beachten ist, dass der Begriff des Tourstarts hier recht eigenwillig ausgelegt wird, denn tatsächlich geht man zum angegebenen Zeitpunkt mit seiner Gruppe (meistens um die 20 Personen) nur ein paar Schritte in Richtung Canyon-Einstieg, wo man im schlechtesten Fall noch bis zu zwei Stunden in der Hitze stehen muss. Seit 2017 gibt es ein bisschen Sonnenschutz, trotzdem an reichlich Wasser denken!

Der Einstieg in den Lower Canyon erfolgt über eine recht schmale Treppe, unten ist es allerdings bei Weitem **nicht so eng**, wie es auf Fotos den Eindruck erweckt, sodass die Kulisse auch mit leichter bis mittlerer Klaustrophobie zu genießen ist. Dank der verschlungenen Felswände verteilen sich die Besuchermassen im Canyon ganz gut, zumal sich die Tour Guides in der Regel große Mühe geben, alle Kunden zufriedenzustellen – im Gegenzug erwartet man zum Ende hin allerdings auch ein Trinkgeld in Höhe von 5-10$ pro Person.

Die Tour dauert, exklusive Wartezeit, 60 bis 90 Minuten. Neben einer brauchbaren Kamera sollten Besucher gutes Wetter mitbringen: Bei Regen und Flash-Flood-Gefahr können die Canyons geschlossen sein.

** Horseshoe Bend

Ebenfalls einen Blick wert ist der Horseshoe Bend, ein Aussichtspunkt auf eine hufeisenförmige Biegung des Colorado River, die ein wenig an den Gooseneck State Park oder Dead Horse Point in Utah erinnert. Der Horseshoe Bend kann über einen etwa 1 km langen Wanderweg von einem Parkplatz an Highway 89 aus erreicht werden. Für den besten Blick und die schönsten Fotos muss man bis zur Felskante krabbeln.

Horseshoe Bend: Für gute Fotos braucht es etwas Mut.

** Rainbow Bridge National Monument

Großartig ist schließlich auch das Rainbow Bridge National Monument, ein wundervoller Felsbogen aus Sandstein, der sogar den ein oder anderen Bogen aus dem Arches National Park übertrifft. Die Anfahrt ist allerdings ausschließlich mit einer zweistündigen Bootsfahrt über den Lake Powell möglich, an den ein etwa 3 km langer Trail zur natürlichen Brücke anschließt. Sprich: Unter sechs Stunden geht es nicht. Eintrittsgebühren gibt es keine, doch für den Bootstrip von Wahweap Marina aus werden 125$ für Erwachsene und 90$ für Kinder fällig.

Toadstool Hoodoos: An Pilze erinnernde Gesteinsformationen.

* Toadstool Hoodoos & Co.

Fährt man von Page über Highway 89 gen Westen nach Kanab, passiert man den südlichen Teil von Grand Staircase-Escalante (mehr dazu im Kapitel über die SR-12 in Utah). Nett sind hier die **Toadstool Hoodoos**, rote „Steinpilze", die ans Goblin Valley erinnern. Der Parkplatz befindet sich direkt an der Straße, die Wanderung zu den Toadstool Hoodoos ist in gut 15 Minuten zu schaffen.

Entlang Highway 89 findet man einige weitere Naturattraktionen: die **Wahweap Hoodos** etwa, weiße Steinpilze. Die Wanderung dorthin führt einen jedoch gut zwei Stunden lang je Richtung durch ein sehr steiniges Flussbett ohne jeglichen Schatten, weshalb Aufwand und Belohnung in keinem guten Verhältnis zueinander stehen. Will man es dennoch wagen, sollte man im Sommer unbedingt **früh am Morgen** starten.

Für die Anfahrt zu den Wahweap Hoodos und zu weiteren Zielen an Highway 89 ist darüber hinaus ein Auto mit „High Clearance" sinnvoll oder gar Pflicht, weshalb man unbedingt vor Ort weitere Informationen einholen sollte: Im **BLM Visitor Center** in der Kleinstadt Big Water, 30 km westlich von Page auf Highway 89.

* The Wave
Auf halber Strecke in Richtung Kanab kommt man an der Coyote Buttes Permit Area vorbei, in deren Nordteil sich die berühmte The Wave befindet, eine Felsformation mit wellenförmiger Struktur, die nicht nur beeindruckend aussieht, sondern auch „exklusiv" ist. Für einen Besuch bedarf es nämlich einer Genehmigung, eines Permits, von dem **nur 20 (!) pro Tag** vergeben werden: 10 über eine Online-Lotterie und 10 vor Ort im Visitor Center in der Kleinstadt Kanab. Die Chancen, solch ein Ticket zu erhalten, liegen in der Hauptsaison leider bei unter fünf Prozent.

Die Teilnahme an der Lottery ist jeweils gut vier Monate im Voraus möglich – für den Juli beispielsweise vom 1. bis zum 31. März. Dabei kann man drei verschiedene Termine angeben, um seine Chancen zu erhöhen, für die Teilnahme wird eine Gebühr in Höhe von 5$ fällig. Am Ersten des nächsten Monats erhält man dann eine E-Mail, ob man zu den Glücklichen zählt oder nicht. Ist das der Fall, muss man innerhalb von 14 Tagen eine Fee (derzeit 7$ pro Person) per Kreditkarte online zahlen. Den Permit bekommt man ein paar Wochen später ebenfalls per E-Mail, alternativ lässt er sich am Visitor Center in Kanab abholen.

Erhält man online keinen Permit, kann man eben jenes Visitor Center in der Hoffnung auf einen der zehn **Walk-In Permits** zwischen 8:30 Uhr und 9 Uhr ansteuern. Bei mehr als zehn Besuchern findet auch hier eine Lotterie statt, die anschließend vergebenen Tickets gelten **für den nächsten Tag**. Aus einer Gruppe darf immer nur ein Mitglied an der Lotterie teilnehmen; mehrere Teilnehmer führen zur Disqualifikation. Die Teilnahmegebühr entfällt dabei, bezahlt werden muss der Permit allerdings natürlich trotzdem und in bar. Mittelfristig sollen übrigens alle Permits online vergeben werden, Walk-In könnte in naher Zukunft also entfallen.

The Wave selbst erreicht man dann in Coyote Buttes North vom Wire Pass Trailhead aus über einen etwa 5 km langen, nicht ausgeschilderten Weg, der mitten durch die Wüste führt. Am Eingang erhält man inzwischen aber immerhin einen kleinen Guide, der ein paar Anhaltspunkte bereithält, um die Welle zu finden. Am einfachsten geht es normalerweise mit einem GPS-fähigen Handy.

Unverzichtbar sind von Mai bis September ausreichend Wasser sowie eine frühe Startzeit, denn schon am späten Vormittag wird die 30°-C-Marke im Sommer häufig überschritten. Schatten gibt es kaum und auch erfahrene Wanderer sollten für die 10 km (plus eventuelles Suchen und den Aufenthalt) **mindestens vier bis fünf Stunden** einplanen.

Wichtig: Auch Coyote Buttes und damit der Trailhead für The Wave sind nur über eine Dirt Road zu erreichen, die House Rock Valley Road, welche von Highway 89 nach Süden führt. Bei gutem Wetter lässt sich die Straße in der Regel problemlos befahren, doch bei oder nach starken Regenfällen kann sie für Autos ohne Allradantrieb schwer bis überhaupt nicht passierbar sein.

Coral Pink Sand Dunes State Park

In der Kleinstadt **Kanab** zweigt Highway 89 nach Norden ab und bringt einen zu Bryce Canyon sowie Zion National Park. Zuvor ist jedoch noch der Abstecher über Highway 43 (nur aus Nordost-Richtung!) in den **Coral Pink Sand Dunes State Park** denkbar, in dem sich auf einer Höhe von etwa 1800 Metern über die letzten 10.000 bis 15.000 Jahre hinweg der erodierte Sandstein aus der Umgebung zu den namensgebenden Dünen angesammelt hat, wie man sie im Südwesten der USA nur selten sieht.

Insbesondere aufgrund dieser Seltenheit ist der State Park einen kurzen Besuch wert, auch wenn die unvermeidbaren ATVs, die hier zum Teil über die Dünen brettern, doch ein wenig stören können. Mit einem Ausblick ist es im Grunde aber ohnehin getan. 8$ Eintritt für Erwachsene, auch ein Campground mit Stellplätzen für derzeit um die 20$ die Nacht steht zur Verfügung.

ARIZONAS SÜDEN

Ebenfalls noch zum Südwesten zählt natürlich das südliche Arizona, das allerdings bei den meisten Rundreisen keine Rolle spielt – was in erster Linie daran liegt, dass es nur sehr, sehr schwierig in eine sinnvolle Route eingebunden werden kann. Sehenswert ist hier vor allem der Saguaro National Park bei Tucson mit seinen unzähligen Kakteen, die man so in den USA sonst kaum noch findet, doch auf dem Weg dorthin gibt es nur wenige sinnvolle Zwischenstopps.

Üblicherweise fährt man nach einem Besuch des Grand Canyons von Flagstaff aus über Highway 89A zunächst in das nur 50 km entfernte Sedona, das stark touristisch geprägt ist, was angesichts der gebotenen Kulisse jedoch seine Berechtigung hat.

Weiter geht es gut 200 km über Interstate 17 in die Landeshauptstadt Phoenix, die gleichwohl nur sehr bedingt einen Besuch wert ist und eher als Übernachtung auf dem Weg nach Tucson angesehen werden sollte, das man nach weiteren 200 km auf Interstate 10 erreicht. Von dort aus bieten sich neben dem Saguaro National Park weitere Abstecher in die Umgebung an, etwa zum Organ Pipe Cactus National Monument.

Auf dem Rückweg nach Norden schließlich gibt es nur wenig Sehenswertes, hier könnte der Petrified Forest National Park als nächstes Ziel gewählt werden – zu dem mehr in der nächsten Route.

* Sedona

Das 10.000 Einwohner kleine Sedona, zwischen Flagstaff und Phoenix gelegen, ist die Stadt der roten Felsen: Nicht umsonst befindet sich vor den Toren der Stadt der **Red Rock State Park**, selbst eine Kirche ist hier mit der **Chapel of the Holy Cross** in die rot strahlenden Felsen gebaut!

Doch nicht nur der Red Rock State Park ist einen Besuch wert, auch den **Slide Rock State Park, Boynton Canyon, Bell Rock, Cathedral Rock** (ausnahmslos rote Berge und Canyons) und **Devil's Bridge** (ein natürlicher Bogen) darf man eigentlich nicht verpassen. Die Anzahl lässt es schon erahnen: Sedona kann nicht nur einen kurzen Zwischenstopp auf der Reise darstellen, sondern einen Aufenthalt von ein oder sogar zwei Übernachtungen rechtfertigen.

Sedona: Einmal mehr rote Felsen.

Alle Trails und Viewpoints befinden sich im Umkreis von etwa 20 Kilometern der Stadt. Die meisten Wege sind recht einfach zu begehen und nur wenige Kilometer lang, lediglich der 6-Kilometer-Trail zum Bell Rock ist ein wenig aufwendiger. Allerdings können die für die Gegend typischen Temperaturen von bis zu 40° C in der Hauptsaison vor allem in der Mittagszeit das Wandern doch erschweren.

Sind die Anstrengungen zu groß, sollte man zumindest den **Red Rock Scenic Byway**, die State Route 179 in Richtung Interstate 17, abfahren, an der sich zahlreiche tolle Aussichtspunkte auf eben jene rote Felsen befinden, ohne sich dafür selbst bewegen zu müssen.

Weil Sedona touristisch sehr beliebt ist, befindet sich eine enorme Anzahl an Hotels, Motels und auch Campgrounds in der Umgebung, die Preise liegen vor allem von Juni bis August dennoch deutlich über dem Schnitt. Gut und bezahlbar ist das **Desert Quail Inn**, auch **The Views Inn** und **Wildflower Inn** gehen für ein, zwei Nächte absolut in Ordnung, Zimmer jeweils etwa 125$ die Nacht.

Camper finden mit **Cave Springs** und **Pine Flat Campground** zwei recht große, schöne Campingplätze für 22$ die Nacht, Reservierungen sind online möglich. Wer es etwas ruhiger mag, kommt auch im kleineren **Manzanita Campground** nebenan bestens unter.

Phoenix: Wolkenkratzer inmitten der Wüste.

Phoenix

Mit gut 1,5 Millionen Einwohnern im Stadtgebiet und etwa 4 Millionen in der Metropolregion ist Arizonas Hauptstadt Phoenix zugleich die größte Stadt des Bundesstaats, die sich trotz Wüstenlage meistens gut besucht anfühlt. Gleichwohl ist Phoenix in Hinblick auf Sehenswürdigkeiten recht dürftig ausgestattet, was auch in der recht belanglosen Historie begründet liegen mag: Die Wirtschaft wurde seit der Stadtgründung im Jahre 1881 vornehmlich von den **„Five Cs"** bestimmt, die Cotton, Cattle, Citrus, Climate und Copper heißen. Baumwolle, Vieh, Zitrusfrüchte, Klima und Kupfer also, was im Vergleich zu den Küstenstädten oder auch dem eigenwilligen Las Vegas doch ein wenig langweilig erscheint.

Durchaus diskussionswürdig ist, ob ein Besuch des von Bürogebäuden geprägten Downtowns überhaupt eine Überlegung darstellen sollte. Nicht umsonst wird die Innenstadt selbst bei Einheimischen oft als Ghost Town bezeichnet, weil hier nach Feierabend und an Wochenenden die Straßen oft völlig leergefegt sind. Sinnvoller wäre es, gezielt die einzelnen interessanten Ziele im Stadtgebiet anzusteuern.

Dazu zählt der vor allem im Frühling sehr schöne **Desert Botanical Garden** östlich des Flughafens. Besucher treffen hier auf eine so große Vielfalt unterschiedlichster Wüstenpflanzen wie fast nirgendwo anders,

auch allerlei Tiere durchstreifen den Garten. Täglich von 8 bis 20 Uhr ge-
öffnet und nicht zuletzt gegen Abend sehenswert, wenn die Berge in der
Umgebung in ein angenehmes Licht getaucht werden. Eintritt 25$ für
Erwachsene und 11$ für Kinder.

Ebenfalls ganz nett ist das **Arizona Science Center** im Stadtzentrum,
vergleichbar mit dem California Science Center in Los Angeles, ein
Museum zum Anfassen. Der Schwerpunkt liegt auf Physik und Naturgewalten, die digitale Zukunft wird ebenso näher beleuchtet. Täglich von
10 bis 17 Uhr geöffnet, Erwachsene zahlen 18$, Kinder 13$.

Ganz anders präsentiert sich das sehr interessante **Heard Museum**
ein Stück nördlich von Downtown, das sich der „American Indian Art &
History" verschrieben hat, der Kunst und Kultur der amerikanischen Ureinwohner, vor allem aus dem Raum Arizona und New Mexico. Geöffnet
von 9:30 (Sonntags ab 11) bis 17 Uhr, Erwachsene 18$, Kinder 7,50$.

Als kleiner Geheimtipp gilt darüber hinaus das **Musical Instrument
Museum** ganz im Norden des Stadtgebiets, in dem es – wie der Name
schon sagt – ganz um Historie und Entwicklung von Musikinstrumenten
geht, beides wird anhand zahlreicher Ausstellungsstücke sehr anschaulich erzählt. Täglich von 9 bis 17 Uhr, Erwachsene 20$, Kinder 10-15$.

Im Hinblick auf Natur bietet sich ein Besuch von **Echo Canyon** im
Nordosten von Phoenix bei Scottsdale an, Trails durch den Canyon oder
auch auf den Camelback Mountain laden zum Wandern ein und begeistern mit tollen Ein- und Ausblicken. Am besten am frühen Vormittag
oder späten Nachmittag, gute Kondition ist Pflicht. Gleiches gilt für den
ähnlichen **South Mountain Park** im Süden von Phoenix. Einfacher geht
es im Osten im **Papago Park** zu, der an eine Oase erinnert und vor allem
in den Abendstunden schöne Ausblicke auf die Umgebung bereithält.

Realistisch betrachtet, reichen zwei Übernachtungen in Phoenix aber
vollkommen aus. Am ersten Abend könnte man einen **Sonnenuntergang** im South Mountain Park genießen, am nächsten Morgen in Echo
Canyon wandern, der Mittagshitze in einem Museum aus dem Weg gehen und gegen Abend noch den Desert Botanical Garden besuchen.

Sport-Fans könnten alternativ einem der vier großen Teams der Stadt
einen Besuch abstatten: den Diamondbacks (Baseball), Suns (Basketball), Coyotes (Eishockey!) oder Cardinals (Football).

In Hinblick auf Übernachtungen ist die Auswahl an Hotels in Arizona naturgemäß groß, die Preise sind stark von der Lage abhängig. Für das ordentliche **La Quinta Inn & Suites** in Phoenix Chandler beispielsweise zahlt man nur um die 100$ die Nacht, befindet sich allerdings auch gut 25 km außerhalb des Stadtzentrums. Besser sind in diesem Fall die zentralen Flughafenhotels, die es ab ca. 125$ die Nacht gibt: **Hampton Inn, Country Inn & Suites** oder **Radisson** – die üblichen Verdächtigen also – gehen alle in Ordnung. Billiger schläft man im Stadtzentrum auf diesem Niveau nirgendwo.

Camper kommen in Phoenix erstaunlich gut unter, in knapp 25 km Entfernung zum Stadtzentrum befinden sich etliche Campgrounds. Das **Desert Shadows RV Resort** oder auch **Desert's Edge RV** im Norden beispielsweise sind für Stadtverhältnisse sehr ordentlich, mit 45 bis 65$ pro Nacht allerdings nicht ganz billig.

Infrastruktur

Wie jede Stadt in den USA, die etwas auf sich hält, verfügt auch Phoenix natürlich über einen großen, internationalen Flughafen, fast poetisch als „Sky Harbor" bezeichnet. Non-Stop-Flüge gibt es von Europa aus jedoch nur mit British Airways via London–Heathrow.

Tonto National Monument

Etwa 160 km östlich von Phoenix findet man das nur schwer zu erreichende Tonto National Monument, eine kleinere Variante des Mesa Verde National Parks, wenn man so will. Im hiesigen Tonto Basin treffen Besucher auf noch verhältnismäßig gut erhaltene **Klippenbauten** der Salado-Indianer aus dem 13. bis 15. Jahrhundert. Was die Indianer einst dazu bewogen hat, aus dem Tal in die Klippen hinaufzuziehen, ist genauso wie in Mesa Verde erstaunlicherweise unbekannt.

Zwei kurze Trails bieten sich an: Der asphaltierte **Lower Cliff Dwelling Trail** zu den Überresten eines Hauses mit 20 Räumen sowie der unasphaltierte **Upper Cliff Dwelling Trail** zu einem Gebäude mit einst 40 Räumen. Beide lassen sich in jeweils gut einer Stunde problemlos und ohne große Anstrengungen schaffen. Eintritt 5$ pro Person oder mit dem America the Beautiful Pass.

SAGUARO NATIONAL PARK

Highlights	Informationen	
*** Cactus Forest Drive	🕐	minimaler Zeitaufwand: ein halber Tag, für beide Parkabschnitte: ein ganzer Tag
** Scenic Bajada Loop Drive	📖	fast das ganze Jahr über gut besuchbar, am besten von März bis Juni
* Cactus Forest Trail	🔭	unzählige Kakteen, wie man sie sich in der Wüste meistens vorstellt
* Valley View Overlook Trail	👣	weitgehend problemlos zugänglich, aber in zwei Abschnitte unterteilt
* King Canyon Trail	🚶	Anstrengung weitgehend gering, hohe Temperaturen können jedoch schlauchen

Überblick & Orientierung

Wer im Südwesten der USA „typische" Kakteen sucht, wird enttäuscht sein. Denn obwohl es sich bei weiten Teilen dieser Region um Wüsten handelt, ist von den aus Filmen und Fotos so bekannten, großen Säulenkakteen nur wenig zu sehen. Tatsächlich muss man bis in den Süden Arizonas fahren, fast bis an die mexikanische Grenze, um mehr als nur ein paar vereinzelte Exemplare zu entdecken – im Saguaro National Park bei **Tucson** gibt es dafür dann aber auch gleich ganze Kakteenfelder, die komplette Berge und Täler überziehen.

Der Saguaro National Park besteht aus zwei voneinander unabhängigen Abschnitten, dem **Saguaro West-Tucson Mountain District** sowie dem **Saguaro East-Rincon Mountain District**. Beide Bereiche können vom Zentrum des erstaunlich großen Tucsons aus in knapp einer halben Stunde erreicht werden. Ersterer über die Interstate 10 und die Gates Pass Road, Letzterer über mehrere kleine Straßen sowie am Ende den Old Spanish Trail.

Sowohl West- als auch Ost-Gebiet sind sehr schön, auch wenn es eigentlich nicht erforderlich ist, beide anzusteuern, da sich die Unterschiede zwischen den beiden Abschnitten letzten Endes doch in Grenzen halten, den zusätzlichen Zeitaufwand also kaum rechtfertigen.

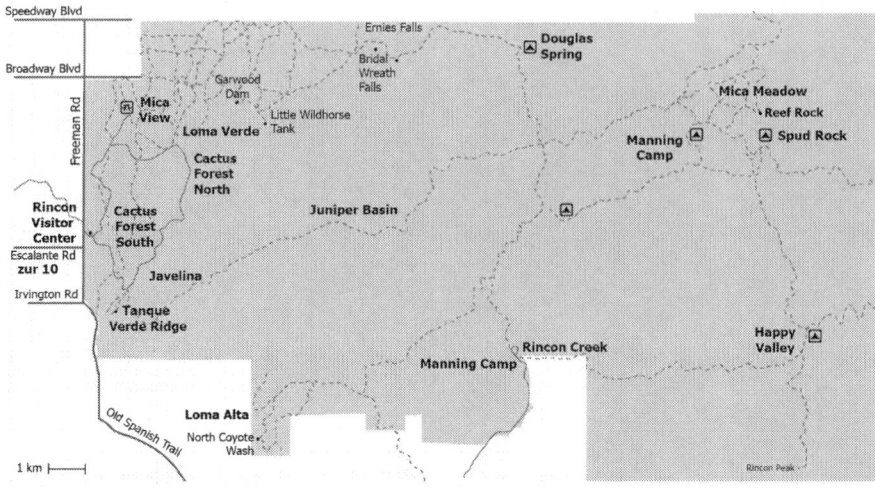

Der größere, hier dargestellte Ostteil ist der interessantere, da er über die besseren Wandermöglichkeiten verfügt. Dort empfiehlt es sich, als erstes das Visitor Center anzusteuern, um eine Karte der Trails zu erhalten und dann den **Cactus Forest Drive** abzufahren: Eine Scenic Route, die bereits zahlreiche schöne Ausblicke bietet und an der sich etliche Trailheads befinden – denn deutlich weiter in den Park hineinfahren kann man nicht. Auch im Westen steuert man zunächst das Visitor Center an und trifft danach auf den etwas kürzeren **Scenic Bajada Loop Drive**, ebenso mit Ausblicken sowie Trailheads.

Trails & Viewpoints

Das einzige wirkliche Muss ist das Abfahren der Scenic Roads inklusive einiger Stopps, um die beeindruckenden Ausblicke auf die Kakteenfelder zu genießen. Im Westteil des Parks findet man am Ende des kurzen **Valley View Overlook Trails** (1,2 km) einen der besten Viewpoints, aber auch der ebenfalls in kürzester Zeit zu erreichende **Signal Hill** (1 km) ist einen Blick wert und bietet zudem ein paar Picknickbänke.

Im Ostteil des Parks bestehen, ebenso entlang der Scenic Road, etwas mehr Möglichkeiten. So ist es beispielsweise denkbar, auf dem **Cactus Forest Trail** (bis zu 8 km) mitten durch das Kakteenfeld zu gehen, was allerdings viel Zeit in Anspruch nimmt. Nicht minder schön, jedoch kürzer, sind **Mica View Loop** (3 km) sowie **Loma Verde Loop** (6 km).

Säulenkakteen wie man sie sich vorstellt.

Insgesamt aber lässt sich Saguaro an einem Tag problemlos „schaffen", da die Anblicke der gewaltigen Kakteenwälder zwar beeindruckend sind, der Park davon abgesehen aber recht wenig Zeitaufwändiges bietet. Angesichts der mindestens von April bis Oktober enormen Hitze (selbst in März und November sind Temperaturen um die 30 Grad noch möglich) lässt es sich hier ohnehin kaum viel länger aushalten: Auf nahezu jedem Trail geht es ordentlich bergauf und bergab.

Übernachtungen
Im Park selbst existieren weder Lodges noch Campgrounds. Ein Stück südlich des Westteils, im **Tucson Mountain County Park**, ist allerdings der schöne **Gilbert Ray Campground** mit 130 Stellplätzen gelegen, einige davon auch mit Electrical Hookup, „First-Come, First-Served".

Mietwagenreisende kommen hingegen am besten in **Tucson** selbst unter, die Auswahl ist riesig. Die besten billigen Unterkünfte befinden sich in der hier recht gut gelegenen Airport-Gegend, neben den üblichen Ketten wie **Best Western Plus**, **Hampton Inn** und **La Quinta** sind auch das **Hacienda Del Sol Guest Ranch Resort** (ab 100$) und das **Arizona Inn** (ab 150$) eine Empfehlung wert.

Tucson

Von ihrem einmaligen National Park abgesehen, ist Tucson keine besonders bemerkenswerte, obgleich angenehme Großstadt: Das Zentrum (wie so oft kann man nur eingeschränkt von einem solchen sprechen) gestaltet sich bei der Durchfahrt recht freundlich, gleiches gilt üblicherweise für den Verkehr und Preis/Leistung der Hotels.

Unbedingt einen Besuch wert ist zudem das **Arizona-Sonora Desert Museum**, das bei Weitem nicht so trocken daherkommt, wie sein Name vermuten lässt: Die riesige, schön gestaltete Anlage bietet neben einem Museum auch einen kleinen Zoo sowie einen großen botanischen Garten inklusive Wanderweg, sodass man als Besucher ein großartiges Gesamtpaket mit Wissens- und Sehenswertem über eben jene Wüste geschnürt bekommt. Für Kinder und Erwachsene gleichermaßen interessant und so schön präsentiert wie kaum ein anderes „Museum"!

Praktisch: Die Anlage befindet sich in unmittelbarer Nähe des Saguaro National Parks im Nordwesten von Tucson, man kommt auf dem Weg zum Saguaro West-Tucson Mountain District daher automatisch an ihr vorbei. Erwachsene zahlen etwa 22$ Eintritt, Kinder 9$, in der Hauptsaison täglich von 7:30 Uhr bis mindestens 17 Uhr geöffnet. Drei Stunden sollte man einplanen.

Ebenfalls in dieser Ecke trifft man darüber hinaus auf die **Old Tucson Studios**, eine ursprünglich schon 1938 errichtete Filmkulisse, die zunächst das alte Tucson des 19. Jahrhunderts im Film „Arizona" darstellte, über die Jahre hinweg aber auch in zahlreichen anderen Streifen und in verschiedenen Funktionen zum Einsatz kam.

Heute ist Old Tucson irgendetwas zwischen Filmstudio und durchaus interessantem Freizeitpark – mit dem kleinen Haken, dass (ähnlich wie in Calico Ghost Town etwa) etliche „originale" Bauwerke vor gut zwanzig Jahren einem Feuer zum Opfer gefallen sind, was den historischen Charakter der Kulissen zumindest leicht schmälert.

Dennoch: Ein gewisses Interesse an Western vorausgesetzt, lohnt sich der kleine Abstecher. Eintritt derzeit 19$ für Erwachsene und 11$ für Kinder, die Öffnungstage sind hier allerdings **sehr variabel**: In der Hauptsaison beispielsweise manchmal nur am Wochenende. Unbedingt im Vorfeld online Infos einholen!

Mount Lemmon

Nordwestlich von Tucson befindet sich auch Mount Lemmon, ein 2800 Meter hoher Berg im Coronado National Forest, der entlang der steilen und kurvigen Auffahrt über den Catalina Highway (auch als „Sky Island Parkway" bekannt) großartige Ausblicke bietet. Die knapp 50 Kilometer von Tucson aus nehmen inklusive Fotostopps etwa zwei Stunden in Anspruch. Unterwegs sind zudem viele Wanderungen möglich, auch einige Picknicktische stehen an nahezu jedem Ausblick zur Verfügung. Schön ist zum Beispiel der **Wilderness of Rocks Trail** durch eine sehr felsige, trockene Waldlandschaft. Abseits der üblichen Touristenrouten, bei Einheimischen aber sehr beliebt und am Wochenende entsprechend voll.

Tombstone

Etwa 110 km südöstlich von Tucson liegt Tombstone, eine bis heute zum Teil stark im Stile des Wilden Westens gehaltene Stadt, die aufgrund der dortigen Silberminen von 1879 bis 1890 auf etwa 14.000 Einwohner anwuchs, gut 100 Saloons und über ein Dutzend Spielhallen beheimatete, bevor innerhalb kurzer Zeit nahezu die gesamte Bevölkerung das Weite suchte. Neben den versiegenden Minen spielten hierbei auch Konflikte zwischen den verschiedenen Bevölkerungsschichten, die Grenzkriminalität und die Vorläufer von Bandenkriegen eine Rolle.

Heute leben nur noch etwas mehr als 1.000 Menschen in Tombstone und doch fallen Jahr für Jahr **eine halbe Million Besucher** in die Stadt ein, was vor allem ihrem Historic District zu verdanken ist, der auch in etlichen Filmen und TV-Serien als Kulisse zum Einsatz kam, bei dem aber erneut getrickst wird: Viele der historischen Häuser wurden abgerissen und durch moderne, aber auf alt getrimmte Gebäude ersetzt, um die hohen Kosten einer Renovierung und Sanierung zu vermeiden.

Auch wenn die kleinen Läden, Restaurants und Saloons durchaus authentisch aussehen, hat man es also eher mit einer Art Filmset auf historischem Grund zu tun, jedoch nicht immer auch mit tatsächlich historischen Gebäuden. Den meisten Besuchern aber scheint das die Freude nicht zu nehmen und wer ohne große Erwartungen mal eine lebendige Western-Stadt sehen möchte, kann den halbtägigen Abstecher von Tucson durchaus in Erwägung ziehen.

** Organ Pipe Cactus National Monument

Abseits jeglicher Zivilisation liegt das Organ Pipe Cactus National Monument an der Grenze zu Mexiko, über 200 km im Westen von Tucson. Ein Tagesausflug also, den die fast nur noch hier zu findenden **Orgelpfeifenkakteen** allerdings wert sind.

Neben einigen Wanderungen – wie dem schönem **Palo Verde Trail** oder dem **Desert View Trail** – empfehlen sich vor allem die beiden **Scenic Drives**: Der 35 km lange Ajo Mountain Drive (Dirt Road, für RVs über 24 Fuß verboten) sowie der 8 km lange Puerto Blanco Drive, beide mit sehenswerten Ausblicken, vor allem in Frühling und Frühsommer, wenn die Pflanzen blühen. Tipps zu besonders schönen, nicht ausgeschilderten oder befestigten Trails erhält man am Visitor Center, das sich wie die beiden Scenic Drives am südlichen Ende des National Monuments befindet, nahe der Grenze zu Mexiko.

Wohnmobilreisende kommen auf dem **Twin Peaks Campground** im Park für 16$ die Nacht unter, „First-Come, First-Served". Wer hingegen ein Hotel sucht, findet höchstens in der Kleinstadt Ajo nordwestlich des Parks etwas. Die Auswahl ist jedoch äußerst dürftig und die Weiterfahrt nach Tucson im Osten oder Yuma im Westen empfehlenswerter.

Blick auf die seltenen Orgelpfeifenkakteen.

** Chiricahua National Monument

Ebenfalls fernab nahezu jeglicher Zivilisation liegt ganz im Südosten von Arizona schließlich das Chiricahua National Monument, häufig als „Wonderland of Rocks" beschrieben, das sich vermutlich (genau wissen das nicht einmal die Geologen) in Folge eines Vulkanausbruchs vor 27 Millionen Jahren gebildet hat.

Die hohe Anzahl und Dichte der zum Teil enorm unterschiedlich und fantasieanregend geformten Felsen ist beeindruckend; einige von ihnen tragen sogar eigene, malerische Namen wie „Duck on a Rock" oder „Turtle Rock". Das Ganze ist überaus lohnenswert, auch wenn der Rundgang zu den Felsen hinab und vor allem danach wieder hinauf aufgrund von Temperaturen und Höhenlage kraftzehrend sein kann.

Meistens durchaus gut machbar und ein akzeptabler Kompromiss zwischen Sehenswertem und Anstrengung ist der knapp 6 km lange, als „moderat" eingestufte **Echo Canyon Loop**: Schweißtreibend, ja, aber auch mit Höhenangst zu schaffen – nur nicht vergessen, dass es am Ende noch wieder bergauf geht! Bis Ende Mai und ab Oktober üblicherweise kein Problem, in den Sommermonaten sollte man sich hingegen seiner körperlichen Verfassung einigermaßen sicher sein, auch weil hier im Vergleich zu anderen Parks und Monuments fast nie etwas los ist.

Das einzige Problem des Chiricahua National Monuments (und damit auch Erklärung des geringen Besucheraufkommens und Bekanntheitsgrads) ist die umständliche Anfahrt. Sofern man nicht nach New Mexico weiterfährt, ist es im Grunde nur als **Abstecher von Tucson** anzusteuern. Für die 200 km pro Richtung sind gut zweieinhalb Stunden Fahrzeit notwendig, in Chiricahua selbst benötigt man für eine Wanderung und zwei, drei Viewpoints etwa fünf Stunden.

Alles in allem ein machbarer Tagesausflug also, den man – wenn man es schon bis Tucson schafft – unbedingt in Erwägung ziehen sollte, denn die An- und Ausblicke im Wonderland of Rocks sind äußerst spannend. Zumal man hier ausnahmsweise wirklich behaupten darf, sich abseits der ausgetretenen Pfade zu bewegen.

Camper könnten zudem eine Übernachtung auf dem urigen **Bonita Canyon Campground** in Erwägung ziehen, 12-18$ die Nacht, kein Hookup, Reservierungen online möglich.

Eine von zahlreichen ungewöhnlichen Felsformationen in Chiricahua.

Border Patrol

Ein Hinweis: Wer den Süden von Arizona (oder auch weiter östlich das südliche New Mexico) besuchen will, muss damit rechnen, auf allen Interstates und Highways **regelmäßig** von der Border Patrol gestoppt zu werden, die hier nach illegalen Einwanderern aus Mexiko fahndet.

Der Begriff der Border, also der Grenze, wird dabei recht eigenwillig interpretiert, denn die Checkpoints befinden sich häufig mehrere hundert Kilometer von der wirklichen Landesgrenze entfernt. An einem solchen Checkpoint müssen sämtliche Fahrzeuge anhalten und sich den Fragen der Beamten stellen, die üblicherweise mit einem recht forschen „Are you a US citizen?" beginnen.

Wer sich in der Gegend herumtreibt, sollte daher stets seine Reisepässe griffbereit haben und sich auf ein paar Fragen zur eigenen Person sowie dem Aufenthaltsgrund gefasst machen: Wie immer kann man es sowohl mit freundlichen als auch mit äußerst misstrauischen Beamten zu tun bekommen, die ganz genau wissen wollen, was man hier treibt, wo man als nächstes übernachtet und wie lange man bleibt. Auch wenn die Kontrollen in den USA rechtlich umstritten sind, kommt man stets am schnellsten weiter, wenn man alles freundlich beantwortet.

ARIZONAS OSTEN

Im Anschluss an die vorige Route durch Arizonas Süden oder auf dem Weg vom Grand Canyon in den Südosten Utahs bietet sich ein Abstecher ins östliche Arizona an, in dem vor allem der Petrified Forest National Park und Canyon de Chelly auf Besucher hoffen.

* Meteor Crater
Östlich von Flagstaff trifft man etwa 30 km vor der Kleinstadt Winslow an Interstate 40 zunächst auf eine Abzweigung, die ein Stück nach Süden zum Meteor Crater führt. Hier schlug vor rund 50.000 Jahren ein Meteorit mit einem Durchmesser von etwa 1,2 Kilometern ein, der einen entsprechenden Abdruck mit bis zu 170 Metern Tiefe in der Landschaft hinterlassen hat. Drei Viewing Decks erlauben beeindruckende Ausblicke und nicht minder faszinierende Fotos.

Weil sich der Krater auf Privatgelände befindet, ist der Eintrittspreis mit 18$ für Erwachsene und 9$ für Kinder recht sportlich, im Preis ist immerhin auch eine geführte Rim Tour enthalten. Ein Campingplatz steht ebenfalls zur Verfügung, der aber zu den weniger schönen im Südwesten zählt.

PETRIFIED FOREST NATIONAL PARK

Highlights	Informationen
** Painted Desert	⏱ minimaler Zeitaufwand: ein halber Tag, mehr ist in der Regel nicht notwendig
* Blue Mesa	📖 gut besuchbar von Frühling bis Herbst, auch im Hochsommer recht problemlos
* Crystal Forest	
* Giant Logs	🔭 bunt gemusterte Felsen in der Wüste, versteinerter Wald, Felsmalereien
* Jasper Forest	👣 Zugänglichkeit weitgehend problemlos, Straße führt durch den Park hindurch
	🚶 nur kurze Wege, daher Anstrengung auch bei hohen Temperaturen gering

Überblick

Der Petrified Forest ist Teil des bunten **Painted Deserts**, auch wenn sich sein Name – der versteinerte Wald – auf etwas anderes bezieht: Fossiles Holz, vorrangig kleine Teile dicker Baumstämme, die dank eingedrungener Kieselsäure bis zu 230 Millionen Jahre (!) alt sind. Zu einer Zeit, als sich der Park aufgrund der Verschiebung der Erdplatten nahe des Äquators in einer feuchten, subtropischen Region befand. Ein beim besten Willen unvorstellbarer Zeitraum, dessen Bedeutung man als Besucher kaum zu schätzen wissen kann, auch weil man den versteinerten Baumstämmen ihr Alter nicht wirklich ansieht.

Sehenswerter ist daher das Painted Desert, ebenso über 200 Millionen Jahre alt, das sich aus **verschiedenfarbigen Sand- und Tonsteinschichten** zusammensetzt, die sich im Querschnitt an vielen Felsen wunderbar erkennen lassen.

Orientierung

Auf der Habenseite verbucht der Petrified Forest zudem, dass sich die Anfahrt zu ihm recht einfach gestaltet: Man erreicht den Park entweder über die große Interstate 40 im Norden oder über Highway 180 im Süden. Beide Einfahrten sind miteinander verbunden, sodass es möglich und häufig sinnvoll ist, im Norden in den Park hineinzufahren und im Süden wieder hinaus – oder andersrum. Im Norden stößt man noch vor der Entrance Station auf das **Painted Desert Visitor Center**, das neben den üblichen Einrichtungen auch über eine Tankstelle verfügt. Dahinter führt die Straße zunächst in einem Halbkreis durch das Painted Desert, zahlreiche Viewpoints laden zu großartigen Ausblicken auf die vor allem morgens bunt leuchtenden Felsen ein.

Nach diesem kleinen Bogen führt die Straße weiter gen Süden und in den eigentlichen Petrified Forest hinein. Entlang der insgesamt gut 45 km trifft man auf weitere farbenfrohe Felsen sowie auf Aussichtspunkte und Wanderwege, die Blicke auf die versteinerten Baumstämme mit sich bringen. Sie liegen überwiegend fast direkt an der Hauptstraße, lediglich zum schönen **Blue Mesa** muss man eine kurze Stichstraße gen Osten fahren. Am Ende der Straße erreicht man das **Rainbow Forest Museum**, das dabei helfen kann, das zuvor Gesehene einzuordnen.

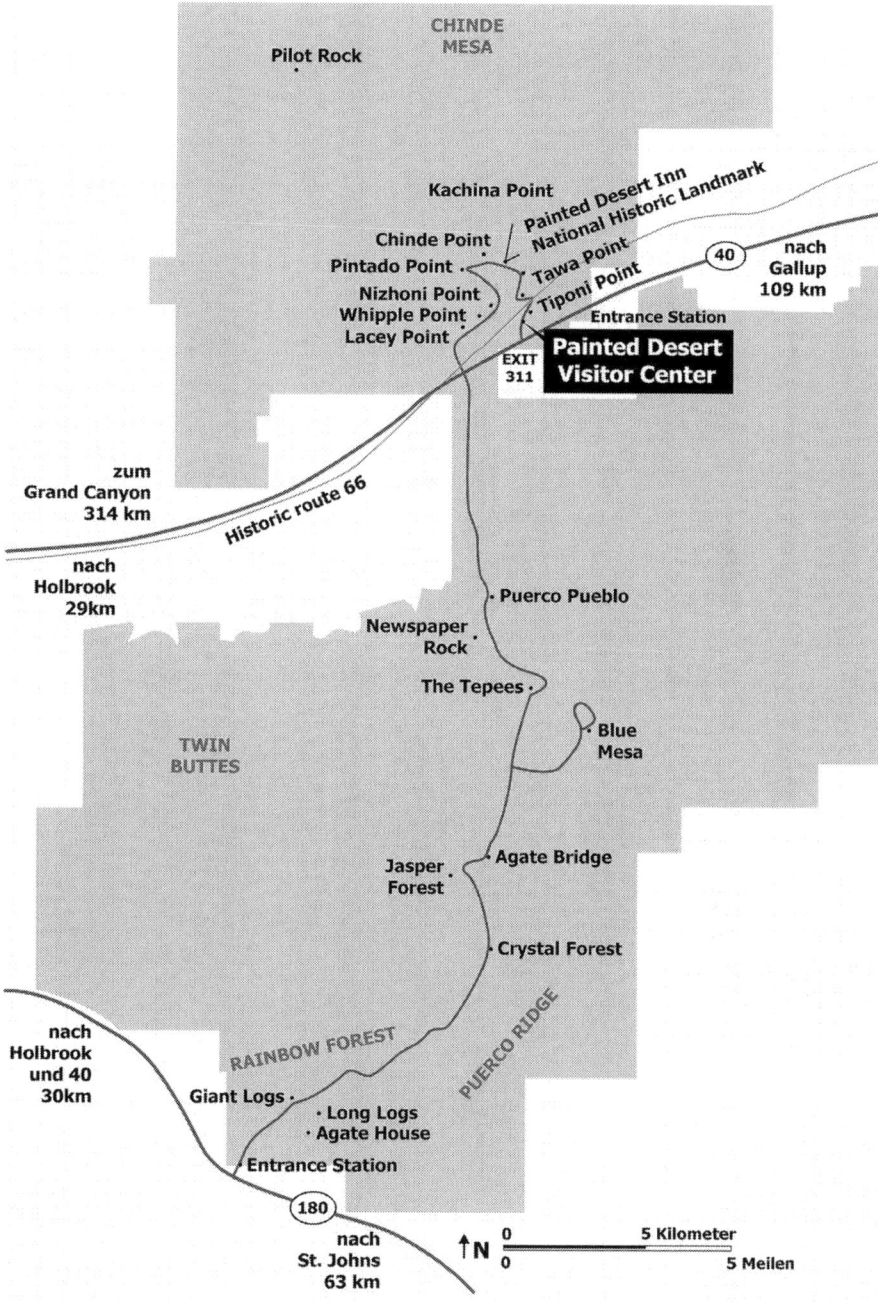

CHINDE MESA

Pilot Rock

Kachina Point

Painted Desert Inn
National Historic Landmark

Chinde Point
Pintado Point
Tawa Point
Nizhoni Point
Whipple Point
Lacey Point
Tiponi Point

40

nach
Gallup
109 km

Entrance Station

EXIT
311

**Painted Desert
Visitor Center**

zum
Grand Canyon
314 km

Historic route 66

nach
Holbrook
29km

Puerco Pueblo

Newspaper
Rock

The Tepees

Blue
Mesa

TWIN
BUTTES

Agate Bridge

Jasper
Forest

Crystal Forest

PUERCO RIDGE

nach
Holbrook
und 40
30km

RAINBOW FOREST

Giant Logs

Long Logs
Agate House

Entrance Station

180

nach
St. Johns
63 km

↑N

0   5 Kilometer
0   5 Meilen

Wie in Arizona üblich, kann es auch hier im Sommer extrem heiß werden, vor allem von Juni bis August sind Temperaturen um die 35° C hier keine Seltenheit und Schatten ist im Forest und Desert so gut wie gar nicht vorzufinden. Mai und September sind ebenfalls noch heiß, April und Oktober gestalten sich erträglicher. Da sich im Petrified Forest allerdings nur recht wenige und eher kurze Wanderungen anbieten, sind die hohen Temperaturen nicht ganz so tragisch wie andernorts. An ausreichend Wasser, Kopfbedeckung und Sonnencreme ist aber natürlich trotzdem zu denken.

Zudem sind die Lichtverhältnisse zu beachten: Vor allem das Painted Desert ist **sowohl am Morgen als auch gegen Abend** wirklich beeindruckend, verliert im Sommer aber in den Mittagsstunden enorm von seinem Reiz, da die steil stehende, grelle Sonne den Felsen doch viel von ihrem Charme nimmt. Da auch die Temperaturen in der Mittagszeit natürlich am wenigsten erträglich sind, empfiehlt sich der Besuch des Painted Desert entweder am Morgen oder am späten Nachmittag.

Beim Petrified Forest selbst im Süden sind die Auswirkungen nicht ganz so stark, aber auch hier gelingen Fotos in der Mittagszeit deutlich schlechter als davor oder danach.

Painted Desert im Petrified Forest: Heimliches Highlight.

Trails & Viewpoints

**** Painted Desert (Viewpoints):** Im Painted Desert ganz im Norden ist nahezu jeder Viewpoint (Tawa Point, Kachina Point, Chinde Point) einen Stopp wert, lange Wanderungen sind weder erforderlich noch möglich – lediglich der Painted Desert Rim Trail von Tawa Point zu Kachina Point kann eine Überlegung wert sein, um nicht nur von Viewpoint zu Viewpoint zu fahren. Er ist mit einer Gesamtlänge von 1,5 Kilometern jedoch in etwa einer halben Stunde problemlos machbar und stellt seine Besucher vor keine nennenswerten Herausforderungen. Ansonsten ist es mit kurzen Fotostopps im Grunde getan.

*** Blue Mesa (1,5 km):** Einen weiteren schönen Ausblick auf die bunte Wüste erhält man dann bei Blue Mesa, dessen Hügel zwar mehr grau als blau sind, das jedoch einen ganz netten, wenn auch kurzen Rundweg anbietet. Den sollte man allein schon deshalb abgehen, um sich nach der vorigen Fahrerei durch das Painted Desert jetzt mal wieder die Beine ein wenig zu vertreten.

Puerco Pueblo (0,5 km): Südlich vom Painted Desert stellt für amerikanische Besucher zumeist Puerco Pueblo den ersten Stopp dar, dort findet man die Ruinen eines 800 Jahre alten Bauwerks, das einst bis zu 1200 Bewohner beherbergt haben soll. Auf Europäer wirken die spärlichen Überreste zwar in der Regel eher belanglos, dafür können sich die Petroglyphs sehen lassen. Da keine wirkliche Wanderung nötig ist, mag man hier durchaus stoppen. Ähnliches gilt für den Newspaper Rock ein Stück südlich, an dem sich ebenfalls alte Felsmalereien befinden, wie man sie im Südwesten des Öfteren sieht.

*** Petrified Forest:** Danach schließlich trifft man endlich auf den Petrified Forest an sich mit seinen versteinerten Baumresten, vor allem sind **Jasper Forest, Crystal Forest** und **Giant Logs** sowie die **Long Logs** am bereits erwähnten Museum einen Besuch wert. Von wirklichen Trails kann man auch hier nicht sprechen, nur der ganz nette **Long Logs Loop** (2,5 km) übersteigt eine Länge von ein paar hundert Metern vom Parkplatz zum Ziel.

Teile eines versteinerten Baumstamms. Alter nur zu erahnen.

Übernachtungen

Campingplätze und Lodges gibt es keine. Der National Park Service legt Campern die Plätze im Canyon de Chelly National Monument und im El Morro National Monument nahe, die sich allerdings 100 bis 150 km entfernt befinden. Meistens besser und vor allem näher kommt man im etwa 30 km westlich liegenden **Holbrook** unter, das über viele bezahlbare Hotels, aber auch einen **KOA Campground** verfügt. Eine gute Wahl sind das **Arizonian Inn** sowie die äußerst schöne **Globetrotter Lodge**, Zimmer ganzjährig schon für unter 100$ zu haben, was dem geringen Besucheraufkommen in der Umgebung zu verdanken ist. Allein die arg lauten Züge können, wie fast überall in dieser Region, nachts stören.

Je nach weiterem Reiseverlauf kann es allerdings auch sinnvoll sein, gar nicht in der Nähe zu übernachten, da ein Aufenthalt im Petrified Forest üblicherweise keinen vollen Tag in Anspruch nimmt: Ein halber ist im Grunde ausreichend.

Steuert man als nächstes den Grand Canyon an, ist das recht schöne Flagstaff, 150 km westlich, ein möglicher Zwischenstopp. Fährt man hingegen in Richtung Norden weiter, stellt der Canyon de Chelly tatsächlich keine so schlechte Wahl dar.

** Canyon de Chelly National Monument

Ein wenig abseits der ausgetretensten Pfade liegt das Canyon de Chelly National Monument im Nordosten Arizonas an Highway 191, der vom Petrified Forest National Park nach Utah führt. Der Canyon de Chelly befindet sich in der Navajo Nation, was ihn durchaus zu etwas Besonderem macht, denn zwischen den gewaltigen Felsen leben seit etwa 5000 Jahren und bis heute amerikanische Ureinwohner; es ist eines der am längsten durchgängig bewohnten Gebiete Nordamerikas.

Nach der Ankunft im Park teilt sich die Straße hinter dem Visitor Center in **North und South Rim Drive** auf. Üblicherweise empfiehlt es sich, bei Ankunft am Morgen zuerst den North Rim Drive abzufahren, da die Sonne für Fotos dort vormittags besser steht – nachmittags hingegen hat man freie Wahl.

Sehenswert sind im Norden vor allem der **Antelope House Overlook** sowie **Mummy** und auch **Massacre Cave Overlook**, die über zwei Stichstraßen zu erreichen sind. Bei allen handelt es sich um die Ruinen von Klippenhäusern in teils atemberaubender Lage, die an den Mesa Verde National Park in Colorado erinnern. (Mehr dazu im nächsten Kapitel als Abstecher vom Südosten Utahs aus.)

Ausblick im Canyon de Chelly.

Nach einem Besuch von Mummy und Massacre Cave kehrt man dann wieder um, um als nächstes den South Rim Drive anzusteuern. Hier finden sich weitere sieben Overlooks, die allerdings mehr auf die Natur als Historie abzielen.

Großartig ist der **Tunnel Overlook**, ein Ausblick auf eine vor allem in Frühling und Frühsommer sehr grüne „Oase", die sich zwischen zwei roten Felsen auftut, aber auch **Tsegi Overlook** (ein Ausblick auf eine Flussbiegung des Chinle Wash) und **Spider Rock Overlook** (ein Ausblick auf eine gewaltige Felsnadel) können sich sehen lassen.

Wer nach all den Ausblicken zur Abwechslung mal wieder ein wenig wandern will, wird auf dem **White House Trail** fündig, der zu weiteren Ruinen führt – vom Parkplatz aus hinab sind es etwa 200 Höhenmeter, die zurück natürlich auch wieder erklommen werden müssen, der Weg an sich ist aber nicht allzu weit und insgesamt in etwa anderthalb Stunden gut machbar. Für einen Besuch aller Viewpoints sowie des Trails sollte man einen halben Tag einplanen.

Recht gut geeignet für eine Übernachtung ist **Chinle** direkt vor dem Eingang. Hier findet man sowohl ein **Holiday Inn** als auch ein **Best Western**, die einfach wie einwandfrei sind, Zimmer meist ab etwa 125$ die Nacht anbieten, an Wochenenden in der Hauptsaison jedoch etwas teurer oder gar ausgebucht sein können. Noch besser ist die kürzlich renovierte **Thunderbird Loge**, die sich fast direkt am Canyon auf dem Gelände des National Monuments in bester Lage befindet.

Campen ist, wie schon angesprochen, ebenfalls möglich, etwa auf dem **Spider Rock Campground** (16$). Angesichts des nicht allzu großen Zeitaufwands ist aber auch noch eine längere Weiterfahrt in Nord- oder Südrichtung denkbar.

Soll als nächstes der Südosten Utahs angesteuert werden, zu dem wir in diesem Reiseführer nun kommen, fährt man üblicherweise zunächst ein Stück über Highway 191 nach Norden, biegt dann aber auf die kleine Indian Route 7 nach Westen ab, um anschließend über Highway 160 und 163 das Monument Valley anzusteuern.

Auf dem Weg dorthin sollten vor allem Wohnmobilreisende einen Stopp in **Kayenta** einlegen, das – je nach Route – die letzten brauchbaren Einkaufsmöglichkeiten für die nächsten Tage bieten kann.

UTAHS SÜDEN

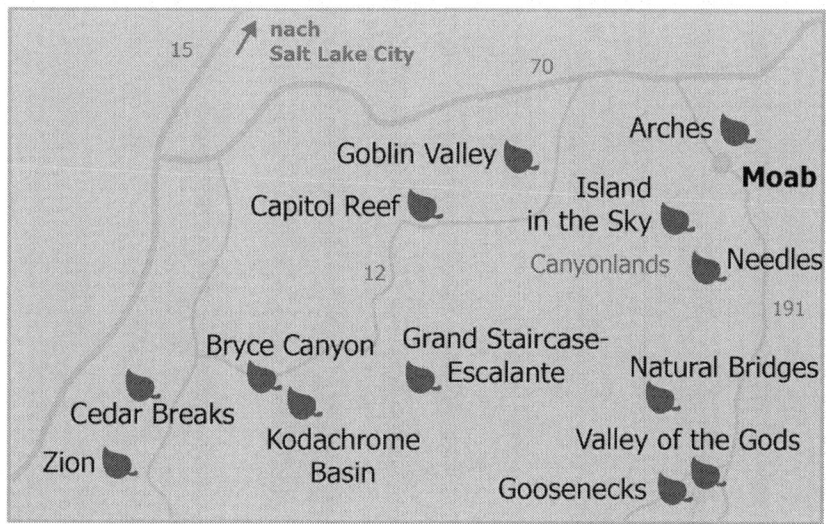

Mit sage und schreibe fünf National Parks, sechs National Monuments und Teilen des Monument Valleys ist Utah in Hinblick auf seine Natur neben Kalifornien der wohl mit Abstand interessanteste Bundesstaat der USA – und das nicht nur im Südwesten. Der große Unterschied zu Kalifornien: Echte Städte sucht man hier weitgehend vergeblich. Keine 3 Millionen Einwohner zählt Utah, was angesichts einer Fläche von immerhin 220.000 km² verschwindend wenig ist.

Allerdings verteilen sich diese 3 Millionen anders als in dem in Hinblick auf die Größe vergleichbaren Nevada deutlich stärker über den Staat. Salt Lake City, die größte Stadt und zugleich Hauptstadt Utahs, kommt lediglich auf 190.000 Einwohner, wenn auch immerhin auf 1,1 Millionen in seiner Metropolregion. Die nächstgrößte Stadt außerhalb der Region hört auf den Namen Provo und wenn Sie das noch nie gehört haben, keine Sorge, so geht es auch vielen Amerikanern.

Mit anderen Worten: Wie schon Arizona besticht Utah nahezu ausschließlich mit seiner großartigen, über Millionen Jahre geformten Natur, obwohl der Bundesstaat durchaus auf eine interessante und etwas andere Geschichte zurückblicken kann, ist er doch zugleich die heutige Heimat der meisten Mormonen, die fast zwei Drittel der Bevölkerung ausmachen. Die erst im frühen 19. Jahrhundert ins Leben gerufene Religion wurde um 1850 herum zunehmend von ihren Anhängern nach Utah getragen, die Salt Lake City zu ihrem Zentrum erklärten.

Bis heute finden sich zahlreiche Verweise auf die Religion in der Verfassung des Staates, der Verkauf von Alkohol in Supermärkten unterliegt starken Beschränkungen und auch die Bevölkerung wirkt insgesamt wesentlich konservativer und stärker auf religiöse Werte bedacht – seien es nun mormonische oder christliche – als in Nevada oder Arizona.

Gleichwohl ist es nicht so, dass man als Besucher hier das Gefühl hätte, es mit einer anderen Welt zu tun zu bekommen: Utah lebt schließlich stark von seinem Tourismus, hat das trockene Land außer ein paar Bodenschätzen doch eher schlechte Standortbedingungen.

UTAHS SÜDOSTEN

Auch wenn sich die größten und schönsten National Parks Utahs ein Stück weiter nördlich sowie im Südwesten befinden, hat auch der Südosten Utahs für seine Besucher einiges zu bieten: Neben dem Monument Valley sind das mehrere kleine, zum Teil etwas schwerer erreichbare, jedoch nicht minder beeindruckende Naturdenkmäler. Aber auch der Abstecher nach Colorado zum Mesa Verde National Park ist denkbar, bevor es vorbei am Needles District der Canyonlands nach Moab geht, wo man auf den Arches National Park trifft.

Four Corners Monument
Das Four Corners Monument liegt an dem Punkt, an dem Arizona, Utah, Colorado und New Mexico aufeinandertreffen. Es ist das einzige Vierländereck unter den Bundesstaaten der USA – wer sich auf der hiesigen Steinplattform breit macht, kann also in vier Staaten auf einmal stehen.

** Monument Valley
Erste Anlaufstelle an der Grenze zwischen Arizona und Utah ist jedoch üblicherweise das Monument Valley. Von Highway 163 geht es kurz hinter der Grenze zu Utah nach rechts ins Tal hinein, das natürlich kaum zu verpassen ist.

Monument Valley: Der bekannte Ausblick.

Bereits auf dem Weg dorthin wird die Straße von zahlreichen kleinen Ständen gesäumt, die Souvenirs verkaufen und darauf hinweisen, dass man sich hier im Gebiet der Navajos befindet. Das Monument Valley ist daher auch kein National oder State Park, sondern ein **Tribal Park**, der von den Navajo-Indianern betrieben wird, die nicht zuletzt von den Einnahmen der Touristen leben.

Die aus unzähligen Filmen (wie etwa „Spiel mir das Lied vom Tod") bekannten Tafelberge sind bereits während der Anfahrt aus der Ferne zu erkennen, auch weil sie sich in weitgehend platter und karger Landschaft befinden, sodass sie umso mehr hervorstechen. Am Ende der Straße zum Monument Valley erreicht man einen riesigen Parkplatz, an dem sich ein Visitor Center befindet, in dem man darüber hinaus auf ein Restaurant sowie einen Souvenir-Shop trifft. Von einer Aussichtsplattform aus hat man bereits einen großartigen Blick auf die Tafelberge, die bei jedem Wetter ein beeindruckendes Bild abgeben. Der Eintritt kostet 20$ für bis zu vier Personen, jeder weitere Mitfahrer zahlt 10$ extra. Der National Park Pass ist hier, im Tribal Park, nicht gültig.

Grundsätzlich reicht der Ausblick vom Visitor Center auch schon, um das Wesentliche vom Monument Valley gesehen zu haben. Eine Überlegung wert ist dennoch das Abfahren der **Loop Road** durch das Tal. Die gut 30 km lange Rundfahrt nimmt etwa zwei Stunden reine Fahrzeit in Anspruch – es handelt sich um eine gut zu befahrende Dirt Road.

Die bessere Alternative mag daher der 5 km lange **Wildcat Trail** sein, der einzige Trail im gesamten Tal, der ohne einen Führer begangen werden darf. Die Wanderung führt um einen der Tafelberge herum, bringt einige sehenswerte Anblicke mit sich und ist die knapp zwei Stunden Zeit durchaus wert. Der Schwierigkeitsgrad kann im Wesentlichen als einfach bezeichnet werden, lediglich für das letzte Stück bergauf muss man seine Energiereserven mobilisieren.

Auf dem Parkplatz und am Visitor Center des Monument Valleys werden Besuchern zudem geführte Touren durch das Tal angeboten, deren Zeitrahmen von ein paar Stunden bis zu mehreren Tagen reicht, inklusive Zelten und Wildwasserfahren, auch Rundflüge mit einem Ballon sind möglich. Über deren Wert mag man sich aber streiten, denn der Abwechslungsreichtum des Valleys hält sich doch in Grenzen und den meisten Besuchern ist der großartige, aus Film und Fernsehen bekannte Ausblick genug. Will man etwas Geld hierlassen, kann man über einen Besuch des **The View Restaurants** nachdenken.

Wer übernachten möchte, ist zudem im noch relativ neuen **The View Hotel** bestens aufgehoben, das knapp hundert Räume mit einem hervorragenden Ausblick auf das Tal bietet, zu entsprechenden Preisen: Die Zimmer kosten sogar in der Nebensaison 200 bis 300$ die Nacht und viele Kategorien sind über ein halbes Jahr im Voraus ausgebucht.

Bessere Chancen haben alle Wohnmobilreisenden auf dem **The View Campground**, dessen Preise deutlich erträglicher sind: Stellplatz ab 42$ pro Nacht, Reservierungen sind ebenfalls angebracht, jedoch meistens kurzfristiger möglich.

Grundsätzlich gibt es jedoch keinen zwingenden Grund, hier zu übernachten. Meist sinnvoller ist die Weiterfahrt bis entweder **Mexican Hat** (30 km nördlich) oder bis **Monticello** (160 km, viel größere Auswahl), je nach Planung: Wer als nächstes den Needles-District des Canyonlands National Parks besucht, ist mit Monticello besser beraten, wer zunächst das Valley of the Gods, die Natural Bridges oder den Goosenecks State Park sehen will, hat kaum eine andere Wahl als Mexican Hat.

Kleiner Eindruck vom Valley of the Gods – auch hier Felsnadeln und Balanced Rocks.

* Valley of the Gods

Das Valley of the Gods stellt die erste Möglichkeit für einen Zwischen-stopp auf dem Weg nach Moab im Norden dar. Für die Anfahrt geht es vom Monument Valley zurück auf Highway 163 weiter nach Norden. An der Abzweigung zur 261 bleibt man dann auf der 163, auf der sich nach ein paar Kilometern die Abzweigung zu eben jenem Tal der Götter auftut. Die Kulisse ähnelt leicht der des Monument Valleys, die Tafel-berge sind kleiner, dafür aber etwas zahlreicher, was der Gegend doch einen etwas anderen Anstrich verpasst.

Das Valley of the Gods ist kein offizieller Park, weshalb keine Gebüh-ren für einen Besuch fällig werden, zugleich spiegelt sich das jedoch in der Infrastruktur wider: Die knapp 30 km lange, tolle Runde durch das Gelände führt über eine Gravel Road, also eine unasphaltierte, holprige Straße, die bei den vor allem in Frühling und Herbst nicht seltenen star-ken Regenfällen unpassierbar wird. Ein Blick aufs Wetter ist Pflicht.

Tipp: Auf die Straße gelangt man sowohl von der 163 im Süden als auch von der 261 im Westen, die meistens schwierigste Passage befindet sich kurz hinter der Südeinfahrt. Wer diese meiden will, könnte auch nur die Westeinfahrt nutzen und auf etwa halber Strecke umdrehen.

Schlangenartige Wendungen im Goosenecks State Park.

* Goosenecks State Park

Deutlich einfacher ist der **Goosenecks State Park** zu besuchen: Kurz nach der Abfahrt auf Highway 261 (hat man den Abstecher zum Valley of the Gods unternommen, muss man zuerst über die 163 ein Stück zurück nach Süden), tut sich auf der linken Seite die kurze Ausfahrt zu ihm auf, an dessen Ende einen ein großartiger Ausblick auf drei enge Wendungen des schlanken **San Juan Rivers** durch das dunkle Felsgestein erwartet. Einer der besten Fotospots, die man auf einer Rundreise durch die USA nur finden kann, und dank Picknickbänken zugleich ein toller Ort für eine Verschnaufpause. Entrance Fee 5$ pro Fahrzeug, RV-Stellplatz auf dem schönen, einfachen Campground 10$ die Nacht.

** Natural Bridges National Monument

Weiter ginge es bei dieser Runde zurück auf Highway 261 nach Norden, der sich in seinem weiteren Verlauf zum Teil enorm windet und daher entsprechend viel Zeit in Anspruch nimmt. An seinem Ende trifft man auf Highway 95, der einen im Osten nach Moab führt, während man im Westen nach kurzer Strecke die Natural Bridges erreicht, die eine Art Vorgeschmack auf den großartigen Arches National Park gewähren.

Betreten der Brücke verboten – zum Glück!

Statt roter Felsbögen sind es hier allerdings weiße, von Flüssen geformte Felsbrücken, welche atemraubende Anblicke darbieten. Der National-Park-Pass ist gültig, ansonsten 10$ Eintritt pro Fahrzeug.

Pflicht ist eine Runde auf dem 15 km langen und asphaltierten **Scenic Drive**, von dem aus man zu Fuß tolle Viewpoints auf die drei schönsten Brücken erreicht: Sipapu, Kachina und Owachomo. Weite Wanderungen sind dafür nicht notwendig, die Aussichtspunkte befinden sich jeweils nur ein Stück von den Parkplätzen entfernt. Zumindest ein Weg zu einer der drei Brücken hinunter lohnt sich jedoch durchaus, die Länge der Trails bewegt sich zwischen 0,8 und 2,5 km, wobei aber zahlreiche Höhenmeter überwunden werden wollen. **Am einfachsten ist der Weg zur Owachomo Bridge**, der dritten Brücke auf dem Scenic Drive.

Im Vergleich zu den letzten beiden Naturattraktionen ist hier zudem die Infrastruktur wieder besser, es gibt ein Visitor Center, an dem man seine Wasservorräte aufstocken kann, außerdem steht ein **gemütlicher Campingplatz** mit Grills und Picknickbänken zur Verfügung. Ein Stellplatz kostet faire 10$ die Nacht, „First-Come, First-Served".

Nach einem etwaigen Besuch der National Bridges geht es zurück auf die Straße 95 nach Osten, bis man die wieder etwas besser ausgebaute

191 erreicht, die einen nach Norden führt. Bei **Monticello** gibt es eine Entscheidung zu treffen: Will man den Needles District des Canyonlands National Park ansteuern und ist mit dem Mietwagen unterwegs, stellt das Dorf die letzte Gelegenheit für eine Übernachtung dar. Das **Inn at the Canyons, The Monticello Inn** und das **Blue Mountain Horsehead Inn** gehen für 100$ die Nacht allesamt einigermaßen in Ordnung, hohe Ansprüche darf man jedoch nicht stellen.

Wer mit dem Wohnmobil unterwegs ist, kann auch direkt bis in den Needles District weiterfahren und dort auf einem Campingplatz unterkommen. Soll der Needles District hingegen ausgelassen werden, gibt es (bis auf die Preise) eigentlich keinen guten Grund, hier zu übernachten, denn Moab ist nur noch knapp 100 km entfernt.

Abstecher nach Colorado

Vom Südosten Utahs aus bietet sich ein Abstecher ins östlich gelegene Colorado an; zumindest der schöne und nicht weit entfernte Mesa Verde National Park ist den etwa zwei volle Tage verschlingenden Umweg durchaus wert, weil er sich doch deutlich von den National Parks in Kalifornien, Arizona und Utah unterscheidet.

MESA VERDE NATIONAL PARK

Highlights	Informationen	
	🕐	minimaler Zeitaufwand: ein voller Tag, optimal: anderthalb Tage für alle Touren
*** Balcony House Tour	📄	gut besuchbar von Mai bis September, von Juni bis August oft großer Andrang
*** Cliff Palace Tour		
** Long House Tour	🔭	ungewöhnliche Klippenhäuser, spannende Ausblicke und Wanderungen
* Petroglyph Point Trail		
* Point Lookout Trail	👣	Ostteil problemlos zugänglich, Westteil nur mit PKW und kleinen RVs
* Spruce Canyon Trail		
	🚶	überwiegend eher kurze Wege, für die es teilweise aber Mut und Kraft benötigt

Überblick

Mesa Verde ist ein für die USA sehr untypischer National Park, steht hier doch nicht die Natur im Vordergrund, sondern mal das von Menschenhand Geschaffene: Die Ruinen so genannter **Klippenhäuser** zeichnen die Landschaft aus. Sie wurden um das Jahr 1200 herum in den Felsspalten erbaut, als die Anasazi-Indianer von typischen Grubenhäusern aus bis heute ungeklärten Gründen auf eben jene höher gelegene Behausungen umstiegen. Die naheliegende Erklärung – die bessere Verteidigung gegen Feinde – wird abgelehnt, da nur ein Teil der Siedler in die neuen Häuser umzog. Auch über das Ende der Siedlung, das bereits um 1300 erfolgte, gibt es keine klaren Erkenntnisse, eine Rolle dabei mag eine lange Dürreperiode gespielt haben. Wie auch immer: Die Ruinen sind so sehenswert wie außergewöhnlich.

Dass Mesa Verde ein National Park wie kein zweiter in den USA ist, wirkt sich natürlich auch auf einen etwaigen Besuch aus, denn die Ballung des Touristenaufkommens ist hier an den zentralen Punkten noch ein wenig stärker, zudem können einige Ausgrabungsstätten zum Schutze der Kultur und Besucher nur im Rahmen einer „Guided Tour", also einem von Rangern geführten Rundgang, besucht werden. Diese Touren finden in der Hauptsaison bei normalen Wetterverhältnissen täglich statt, aber sie erfordern den Kauf eines Tickets – wofür man im Sommer früh morgens eintreffen sollte, um schnell einen Platz zu ergattern.

Anstehen muss man aber selbst unter besten Voraussetzungen nicht selten eine halbe Stunde, zudem ist es nur möglich, **eine der beiden beliebtesten Touren** (Cliff Palace und Balcony House) an einem Tag zu absolvieren. Lediglich die dritte, nicht ganz so populäre Tour zum Long House darf mit Cliff Palace oder Balcony House kombiniert werden. Hinsichtlich der Planung bedeutet das, dass für einen „kompletten" Besuch von Mesa Verde mindestens anderthalb Tage einzukalkulieren wären. Realistisch betrachtet, reichen eine Tour und ein, zwei Wanderwege jedoch aus, um einen guten Eindruck zu gewinnen.

Orientierung

Der Reihe nach: Die einzige Einfahrt in den National Park befindet sich an Highway 160, etwa 15 km östlich der Kleinstadt **Cortez**, die üblicherweise als Ausgangspunkt für einen Besuch genutzt wird. Noch vor der offiziellen Park Entrance Station zweigt links eine Straße zum **Visitor and Research Center** ab, an dem man die Tickets für die drei besagten Touren erhält.

Im Jahr 2017 hatte das Visitor Center vom 26. Mai bis 4. September täglich von 7:30 Uhr bis 19 Uhr geöffnet, in der Nebensaison etwas kürzer. Die Zeiten für 2018 waren zur Veröffentlichung dieses Reiseführers noch nicht bekannt, sie sind allerdings spätestens im Frühling 2018 auf der Park-Website zu finden und sollten sich nicht wesentlich von den Vorjahreszeiten unterscheiden.

Taucht man bereits zur Öffnung am Visitor Center auf, ist einem auch in der Hauptsaison ein Ticket quasi sicher, zudem gestalten sich die Schlangen um diese Zeit üblicherweise noch erträglich. Zwischen 9 und 10 Uhr morgens werden sie dann jedoch länger und länger.

Hinter dem Visitor Center führt eine lange und kurvige Stichstraße ins Mesa Verde hinein, die recht viel Zeit verschlingt. Bis zur **Far View Area**, dem ersten großen Viewpoint mit stark ausgebauter Infrastruktur (Lodge, Café, WCs etc.), sind es etwa 25 km, für die auch ohne Stopps durchaus eine Dreiviertelstunde draufgehen kann.

Kurz dahinter teilt sich die Straße auf: Aus Fahrersicht nach rechts, in Richtung Wetherill Mesa, geht es zunächst ein Stück nach Westen und dann weiter nach Süden, vorbei an etlichen Viewpoints, bis man nach etwa 15 Kilometern Step House und Long House erreicht. Hier stellt man sein Auto auf einem großen Parkplatz ab und fährt vom **Wetherill Mesa Informationen Center** mit einer Tram (Abfahrt ab 10 Uhr morgens im 30-Minuten-Takt) zu mehreren Viewpoints wie dem **Kodak House**.

Wichtig: Diese Straße, die Wetherill Mesa Road, ist lediglich von Ende Mai bis Anfang September geöffnet, sie ist also nur in der absoluten Hauptsaison befahrbar. Außerdem sind Fahrzeuge mit einer Länge von mehr als 25 Fuß hier verboten – große Wohnmobile dürfen diese Straße nicht nutzen. Erlaubt sind sie hingegen auf der von Far View aus nach Süden führenden Straße, die vorbei an den **Far View Points** nach knapp 10 km das größte und schönste Gebiet von Mesa Verde erreicht, Chapin Mesa. Hier findet man unter anderem den **Cliff Palace**, **Balcony House** und den **Spruce Canyon Trail**.

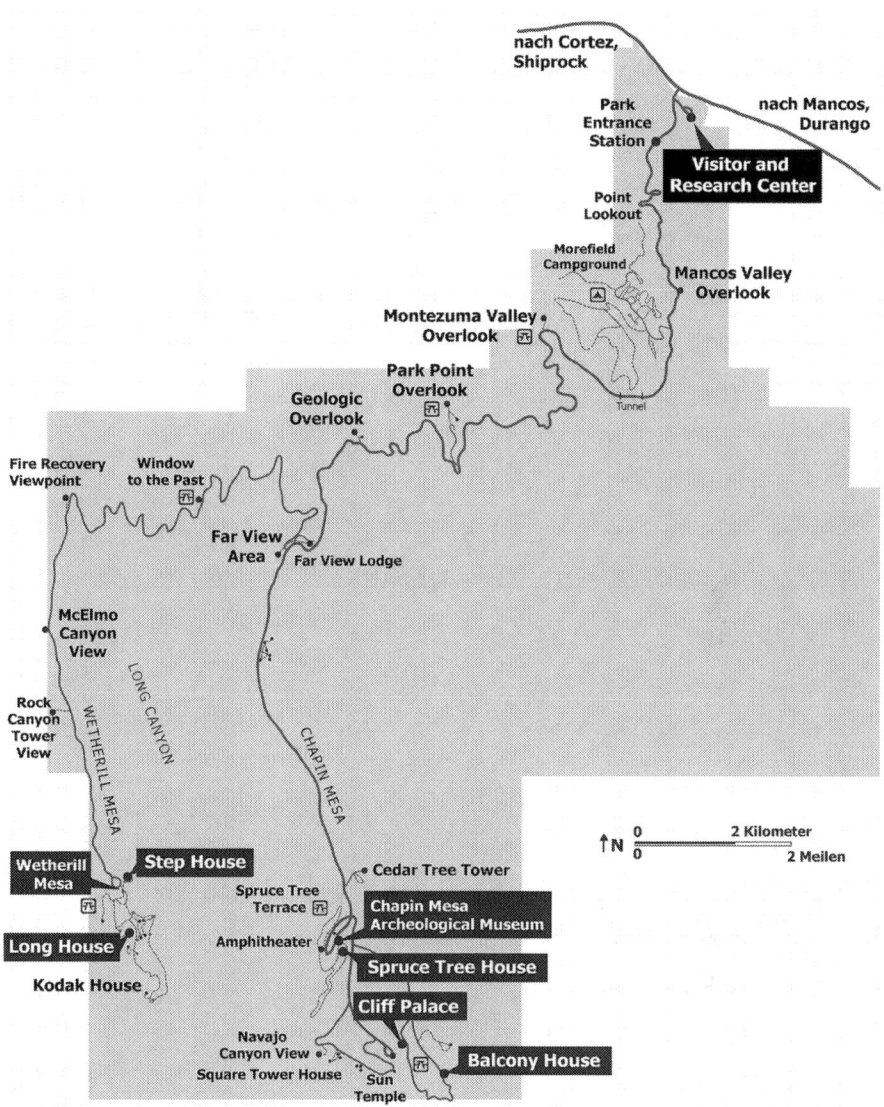

Auch an dieser Stelle unterteilt sich die Straße noch einmal: Der **Mesa Top Loop** im Westen ist etwa 10 km lang und führt zu zahlreichen Viewpoints, die selbst besucht werden dürfen, während der ebenfalls 10 km lange **Cliff Palace Loop** im Osten einen zu eben jenem Cliff Palace, aber auch zum Balcony House bringt. Zu den beiden Touren also, die nur mit Rangern absolviert werden können.

Cliff Palace: Überreste eines Klippenhauses im Mesa Verde.

Vielleicht klingt all das komplizierter, als es tatsächlich ist, denn letzten Endes gestaltet sich ein Besuch von Mesa Verde recht einfach: Am ersten Tag kauft man morgens ein Ticket für entweder Cliff Palace oder Balcony House sowie eventuell Long House und besucht diese, am zweiten Tag absolviert man bei sehr großem Interesse die zweite Ranger Tour und könnte dem Mesa Top Loop einen Besuch abstatten. Den meisten dürfte ein Tag allerdings genügen; lediglich einen Vormittag sollte man stets einplanen, um auf jeden Fall eine Tour mitzunehmen.

Geführte Touren
*** Cliff Palace (1 h): Wenn Sie schon einmal ein Bild von Mesa Verde gesehen haben, dann war es wahrscheinlich eines von Cliff Palace, dem größten und mit Abstand bekanntesten Klippenhaus. Die etwa einstündige Tour erlaubt tolle Ausblicke sowie Fotos aus Ferne und Nähe, der Weg zum Haus hinab ist im Grunde nicht anstrengend, allerdings muss man mehrere Holzleitern hinunter- und hinaufklettern. Da diese nicht viel höher als zwei, drei Meter sind, sollte das Menschen mit durchschnittlicher Konstitution vor keine Probleme stellen. Auch Kinder ab etwa 6 bis 8 Jahren kommen in der Regel gut zurecht.

Leiter auf der Balcony House Tour: Bei Höhenangst keine gute Wahl.

*** Balcony House (1 h): Auf den ersten Blick nicht ganz so beeindruckend ist die Tour zum Balcony House, das diesen Eindruck jedoch schon auf dem abenteuerlichen Weg und erst recht bei der Ankunft dank seiner atemberaubenden Lage schnell revidiert. Um das Haus zu erreichen, ist allerdings ein gewisser Aufwand von Nöten: Eine **10 Meter hohe Holzleiter** gilt es zu überwinden, außerdem muss man **durch einen kleinen, recht engen Tunnel krabbeln** sowie eine **steile Felstreppe** mit mäßiger Befestigung erklimmen.

Da auch diese Tour nur etwa eine Stunde dauert, ist die Belohnung des Anblicks die Anstrengung zweifellos wert. Wer unter starker Höhenangst oder großer Klaustrophobie leidet, kann hier unter Umständen auf Probleme stoßen. Kinder tun sich übrigens oft leichter als Erwachsene; sie mag der Rundgang an einen Abenteuerspielplatz erinnern.

** Long House (1,5 h): Ähnliches gilt für die Tour zum ebenfalls recht schönen Long House. Sie nimmt etwa 90 Minuten Zeit in Anspruch, siedelt sich in puncto Schwierigkeitsgrad aber zwischen Cliff Palace und Balcony House an. Auch hier gibt es mehrere Holzleitern, die allerdings nur etwa 5 Meter Höhe erreichen. Falls Balcony House zu anstrengend erscheint, stellt die Kombination aus Cliff Palace und Long House eine gute Alternative dar, die an einem Tag problemlos zu schaffen ist.

Weitere Trails und Viewpoints

Neben den Guided Tours gibt es im Mesa Verde viele weitere schöne Wege, die auf eigene Faust besucht werden können, aber keinen echten „Muss"-Trail. Sehr schön ist in Chapin Mesa, im Ostteil, zum Beispiel der 4 km lange **Spruce Canyon Trail**, der weniger einen Blick auf die Kultur als vielmehr auf die hiesige Flora und Fauna erlaubt.

Eine Anmeldung ist teilweise Pflicht, genauso beim nicht minder sehenswerten **Petroglyph Point Trail** nebenan, ebenso 4 km lang, der durch recht enge Felsgassen zu alten Felsmalereien führt. (Die Anmeldepflicht liegt vorrangig in der Angst vor Vandalismus begründet. Die Wege an sich sind nicht so gefährlich oder anstrengend, dass deswegen eine Registrierung notwendig wäre – im Gegenteil, hier gibt es sogar recht viel Schatten.)

In Wetherill Mesa im Westen lohnt sich vor allem der **Nordenskiöld Site No. 16 Trail**, 3 km lang, der zu einem schönen Viewpoint auf eine Ausgrabung aus dem Jahre 1891 führt, und auch der **Badger House Community Trail** ist, schon mal hier, eine Überlegung wert.

Nahe des Parkeingangs findet man zudem am Morefield Campground den **Point Lookout Trail**, etwa 4 Kilometer lang, der einen großartigen Ausblick auf Montezuma und Mancos Valley sowie die Berge von Mesa Verde bereithält. Zahlreiche weitere Viewpoints befinden sich entlang der Straßen, hier reicht in der Regel ein kurzer (Foto-)Stopp aus.

Übernachtungen

Im National Park selbst gibt es zwei Möglichkeiten für Übernachtungen: Camper kommen mit ihrem RV von Mai bis Oktober gut im **Morefield Campground** unter, der nicht weit vom Parkeingang entfernt liegt und mit seinen 267 Stellplätzen zu den größten zählt. Picknickbänke, Grills, Wasser, Dump Station, Duschen und Laundry sind vorhanden, auch eine Tankstelle, ein kleiner Shop sowie ein Café befinden sich nebenan – viel besser kann die Ausstattung kaum sein. Lediglich Full Hookup gibt es bisher nur an 15 Stellplätzen, die noch dazu reserviert werden müssen, was mit ein bisschen Glück aber möglich ist. Ein normaler Stellplatz kostet üblicherweise 30$ die Nacht, Full Hookup ist für 40$ zu haben. Reservierungen sind hier bereits ein Jahr im Voraus möglich.

Mietwagenfahrer finden im Mesa Verde 150 Zimmer in der nur in der Hauptsaison geöffneten **Far View Lodge**, die allerdings schon ein wenig in die Jahre gekommen ist. Zudem sind Preise von 150$ bis 200$ doch als sportlich zu bezeichnen, wenn auch in National Parks nicht unüblich. Reservierungen sind ebenfalls ein Jahr im Voraus online möglich.

Trotz der damit verbundenen Anfahrt ist für Mietwagenfahrer häufig das bereits erwähnte Städtchen **Cortez** vor dem Eingang von Mesa Verde die bessere Wahl, hier findet man über ein Dutzend bezahlbare Hotels und Motels: Das **The White Eagle Inn** und die **Tomahawk Lodge** bieten recht einfache Zimmer zum Teil schon ab 80$. Wer etwas höhere Ansprüche hat, wählt **Hampton Inn** oder **Holiday Inn** ab etwa 125$.

Zudem befinden sich in dem gerade mal 8000 Einwohner großen Städtchen neben den üblichen Fast-Food-Restaurants auch ein großer Safeway sowie ein riesiger Walmart-Supermarkt – die im Umkreis von mehreren hundert Kilometern mit Abstand beste Möglichkeit, um die Vorräte mal wieder aufzufüllen.

Mesa Verde – und dann?

Von Mesa Verde aus geht es in der Regel zurück nach Utah und damit zurück auf die Runde durch eben jenen Bundesstaat, lediglich ein Halt im Canyon of the Ancients wäre bei der Fahrt gen Westen noch denkbar. Wer hingegen einen längeren Aufenthalt in Colorado plant, beginnt nun die Route Black-Canyon-of-the-Gunnison – Denver / Rocky Mountains – Great Sand Dunes, die entweder im Norden mit dem Black Canyon oder im Osten mit den Great Sand Dunes eröffnet werden kann, jedoch nicht mehr zum Südwesten zählt.

Canyon of the Ancients

Nicht weit entfernt vom Mesa Verde liegt der **Canyon of the Ancients**, zu erreichen über Highway 491, der zurück nach Utah führt – von der Kleinstadt Cortez aus sind es etwa 50 km, abhängig davon, welches der zahlreichen, nur über mehrere Stichstraßen zu erreichenden Ziele man ansteuert. Wie der Name bereits andeutet, handelt es sich hierbei vorrangig um eine archäologische Ausgrabungsstätte oder, genauer gesagt, um mehr als 6000 (!) verschiedene Ausgrabungen. Sie erlauben Einblicke in die Geschichte des Landes, die hier zu findenden Überreste einzelner Indianersiedlungen gehen mehrere tausend Jahre zurück.

Ein Besuch des Canyons sowie des umschließenden **Hovenweep National Monuments** ist daher historisch durchaus interessant, aber nicht ganz einfach, da viele verschiedene Straßen – in der Regel Dirt Roads – befahren werden müssen und etliche Ausgrabungen nicht über erkennbare Trails zu erreichen oder nicht einmal ausgeschildert sind. Offiziell wird das Monument daher auch als ein Outdoor-Museum beschrieben, das seine Besucher selbständig erforschen sollen.

Ein paar Informationen und Maps erhält man immerhin am Anasazi Heritage Center, das daher bei einem Besuch auch die erste Anlaufstelle darstellen sollte, von März bis Oktober täglich von 9 bis 17 Uhr geöffnet. Hier finden sich auch ein paar kleine Ausstellungen sowie zwei Ausgrabungsstätten, die einen kleinen Vorgeschmack auf das bieten, was man in dem weiten Gelände findet.

MOAB & UMGEBUNG

Mit lediglich 5000 Einwohnern ist Moab bestenfalls als Dorf zu bezeichnen, doch da es im Umkreis von mehreren hundert Kilometern fast das einzige nennenswerte Dorf ist und der Tourismus die Stadt über weite Teile des Jahres um ein Vielfaches vergrößert, gibt es dort so gut wie alles, was man zum Leben braucht. Kein Wunder, ist Moab doch der ideale Ausgangspunkt für Besuche des Arches National Parks sowie des Island in the Sky Districts des Canyonlands National Parks – zwei bis drei Übernachtungen sind bei einer Rundfahrt daher beinahe Pflicht.

Größter Supermarkt, der als einziger in der Region im Grunde alles bietet, was man so braucht, ist der **City Market** nahe der Grand County Highschool an Highway 191, der mitten durch Moab führt. An dem befinden sich auch etliche Imbisse wie Wendy's, Burger King, Pizza Hut, Subway und Denny's. Auch das ganz nette Downtown bietet einige gute Lokale, etwa das Desert Bistro, Jeffrey's Steakhouse und das Moab Diner.

Übernachten in Moab

Weil üblicherweise zwei, drei Nächte in Moab verbracht werden, ist die Auswahl eines guten Hotels oder Campingplatzes hier etwas wichtiger als unterwegs, wenn die Unterkunft nur für eine Nacht taugen muss. Zudem gestalten sich die Preise der Hotels aufgrund des Besucheraufkommens von Mai bis September deutlich höher als im Umland: Auch die sonst eher durchschnittliche Preise verlangenden Ketten fordern in Moab gerne 200 bis 250$ die Nacht.

Wer weniger zahlen möchte, ohne deutliche Abstriche bei der Qualität in Kauf zu nehmen, hat die Wahl zwischen **Inca Inn** und **Adventure Inn**, zwei ordentlichen Motels, die noch dazu direkt nebeneinander liegen. Sie zeichnen sich durch einfache, aber ordentliche Zimmer aus, die in der Hauptsaison für etwa 130$ die Nacht zu haben sind. Das Inca Inn ist einen Tick schöner eingerichtet, das Adventure Inn wirkt dafür einen Hauch moderner und bietet freundlicherweise „Early Bird Coffee" - was man zu schätzen weiß, wenn man im Sommer früh am Morgen in den Arches National Park aufbricht.

Da die Zimmer sehr begehrt sind, muss man für Inca und Adventure Inn einigermaßen weit im Voraus buchen. Einzige nennenswerte Alternative in dem Preissegment ist das **Bowen Motel**. Gibt das Budget etwas mehr her, kommt man am besten bei den üblichen Verdächtigen unter: **Hampton Inn, Fairfield Inn, Best Western** und **Holiday Inn Express** sind allesamt sehr gut.

Auch Camper kommen in Moab gut unter, obwohl ebenso zu etwas höheren Preisen, als man es aus der Region gewohnt ist. Der ordentliche, allerdings ein wenig enge **KOA** etwa verlangt um die 65$ pro Nacht für einen normalen Stellplatz mit Full Hookup. Etwas besser und schöner ist das **Canyonlands RV Resort**, mit knapp 55$ pro Nacht jedoch ebenso nicht ganz billig. In Ordnung gehen auch das **Archview RV Resort**, der **Spanish Trail RV Park** sowie das **Moab Valley RV Resort**, die sich in Hinblick auf Preise und Ausstattung allesamt nicht viel geben.

Größtes Problem nahezu aller Campingplätze in Moab ist die Nähe zur 191, die vor allem tagsüber doch sehr laut ist, aber auch am Abend zum Teil noch einigermaßen stark befahren wird, was der schönen Gegend ein wenig von ihrem Reiz nehmen kann.

CANYONLANDS NATIONAL PARK

Highlights	Informationen
*** Chesler Park Trail	🕐 etwa ein Tag im Island in the Sky District, evtl. ein Tag in den Needles
*** Grand View Point	📄 gut besuchbar von Mai bis Oktober, auch im Sommer problemlos
*** Mesa Arch Trail	
** Green River Overlook	👓 großartige Ausblicke, etwas kleiner, aber abwechslungsreicher als Grand Canyon
** Needles Overlook	
** Shafer Canyon	👣 Island in the Sky problemlos mit PKW und RV erreichbar, Needles schwieriger
* Upheaval Dome	🚶 mittlere Anstrengung in Island in the Sky, hohe Anstrengung in Needles

Überblick

In den 1964 zum National Park erklärten Canyonlands ist der Name wirklich Programm: Großartige Ausblicke auf verschiedenste, überwiegend äußerst faszinierend verschlungene Canyons tun sich in ihm auf, die in erster Linie dem Colorado River (wie auch am Grand Canyon) sowie dem Green River zu verdanken sind: Über zig Millionen Jahre hinweg haben sich die beiden Flüsse in die Felsen hineingefressen und so viele der heutigen, grandiosen Ausblicke erschaffen.

Und obwohl es manch ein Ausblick hier durchaus mit dem Grand Canyon aufnehmen kann oder diesen aufgrund der größeren Abwechslung für manche vielleicht sogar übertrifft, ist das Besucheraufkommen in den Canyonlands bis heute vergleichsweise gering. Knapp eine halbe Million Besucher verschlägt es derzeit jährlich in den Park, was weniger als die Hälfte von Arches direkt nebenan ist.

Mit anderen Worten: Wer es auch in der Hochsaison hin und wieder mal etwas ruhiger angehen, auf ein paar Trails alleine sein und Viewpoints in aller Stille genießen können möchte, der ist in diesem National Park meist bestens aufgehoben – doch das ist natürlich bei Weitem nicht der einzige Grund, der für einen Besuch spricht!

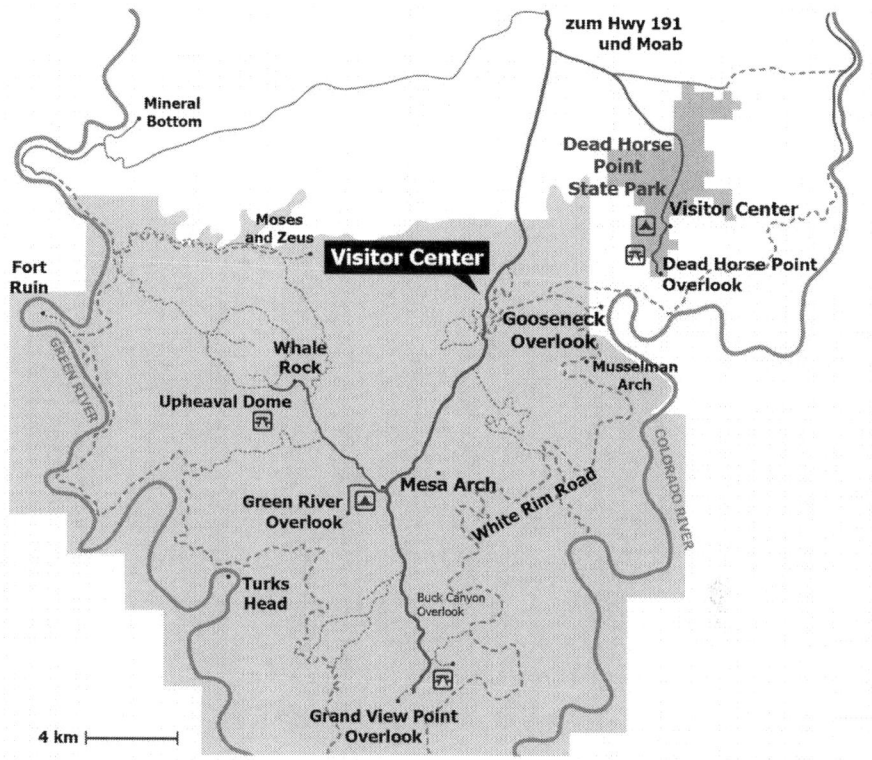

Orientierung

Canyonlands ist ein schöner, aber zugleich etwas schwieriger National Park, weil er sich in drei verschiedene Abschnitte (Needles, Island in the Sky und The Maze) unterteilt, die alle über eigene Zufahrten verfügen, welche für sich bereits eine gewisse Zeit in Anspruch nehmen.

Doch die äußerst unterschiedliche Landschaft ist es wert: Island in the Sky (auf der Karte abgebildet) brilliert mit großartigen Ausblicken, nicht zuletzt auf den Colorado River, während Needles und Maze mit einzigartigen Felsstrukturen, aber auch mit großartigen Wanderwegen, punkten. Der Maze District ist für Touristen kaum zu erreichen, er zählt zu den abgelegensten Gebieten im Südwesten, doch da allein für Island in the Sky und Needles jeweils durchaus ein voller Tag eingeplant werden kann, ist das zu verschmerzen.

Der im Süden gelegene **Needles District** ist nur über eine etwa 50 km lange Stichstraße von Highway 191 aus anzusteuern. Die bereits sehenswerte Anfahrt nimmt knapp eine Stunde Zeit in Anspruch.

Die Straße führt zunächst zu einem Visitor Center, an dem es die obligatorischen und hier aufgrund langer, schwieriger Wege durchaus sinnvollen Informationsmöglichkeiten gibt, außer im Winter täglich von 8 bis 18 Uhr geöffnet. Von dort aus geht es auf einer Stichstraße zu mehreren sehr schönen Viewpoints und Trails, einige davon sind allerdings nur mit Autos mit Allradantrieb und High Clearance ansteuerbar.

Den **Island in the Sky District** erreicht man ebenso über eine Stichstraße, die ein Stück nördlich von Moab von der 191 aus nach Westen abzweigt. Auch hier ist die Anfahrt mit etwas Zeitaufwand verbunden, der inklusive Fahrt von Moab etwa 45 Minuten beträgt. Vor dessen Eingang zweigt zudem eine weitere Straße zum **Dead Horse Point State Park** ab (dazu gleich mehr), bevor man kurz nach dem Parkeingang das hiesige Visitor Center ansteuert. Es gelten die gleichen Öffnungszeiten wie im Needles-District, die Infrastruktur ist hier jedoch deutlich besser.

Nach weiteren 10 km erreicht man dann erneut eine Abzweigung, die nach Norden unter anderem zu **Green River Overlook**, **Whale Rock** und **Upheaval Dome** führt, während im Süden der **Grand View Point Overlook** wartet. Die jeweils etwa 10 km langen Stichstraßen sind beide recht gut befahrbar und lohnenswert.

Kleiner Ausblick auf die Needles bei Chesler Park.

Ganz andere Aussicht im Island in the Sky District.

Trails & Viewpoints in Island in the Sky

*** Grand View Point (bis zu 3 km): Wie der Name schon sagt, ein großartiger Ausblick auf die Canyons, auch bei Sonnenauf- und Sonnenuntergang eine Überlegung wert, ganz im Süden des Island in the Sky Districts gelegen. Der optionale, aber sehr schöne Trail läuft etwa 1,5 km an der Kante des Canyons entlang – einfach wie sehenswert.

*** Mesa Arch (1 km): Der erste kleine Rundweg führt zu einem ganz ansehnlichen Bogen, der sich doch recht deutlich von denen des Arches National Parks unterscheidet, vor allem aber aufgrund des Ausblicks hindurch sehenswert ist – hinter ihm geht es steil ins Tal hinab.

** Green River Overlook (Viewpoint): Ein toller Überblick aus etwa 1800 Metern Höhe. Vor allem **bei Dämmerung** grandios schattiert.

** Shafer Canyon Overlook (Viewpoint): Der erste große Ausblick direkt am Visitor Center bringt einen guten Vorgeschmack auf das, was einen in den Canyonlands erwartet. Hier kann man häufig auch den Ausführungen der Ranger lauschen, die den Park erklären.

** **Aztec Butte (3 km):** Ein schöner, aber nicht ganz einfacher Wanderweg zu einem beeindruckenden Ausblick auf Taylor Canyon. In etwas mehr als einer Stunde aber zu schaffen, lediglich die steilen Anstiege können auf die Knie und Waden gehen.

* **Upheavel Dome (3 km):** Ein interessanter Krater in Verbindung mit einem kurzen, aber recht anstrengenden Wanderweg. Es gibt mehrere Viewpoints, beim ersten kann man umkehren.

Trails & Viewpoints im Needles District
*** **Needles Overlooks:** Großartiger Ausblick auf die Needles, beeindruckende Felsnadeln, deren unterschiedliche Gesteinsschichten sich farblich bestens erkennen lassen. Abfahrt nördlich des Needles Districts von Highway 191.

*** **Chesler Park Trail (18 km):** Der Trail zum atemberaubenden Chesler Park sei hier nur beispielhaft für all die großartigen, aber sehr, sehr aufwendigen Trails im Needles District erwähnt – er zählt sogar noch zu den leichteren. Tolle Ausblicke und Fotomotive, für die aber unbefestigte Wege und viele anstrengende Steigungen überwunden werden müssen. Wer will, kann auch am Viewpoint auf den Chesler Park umkehren, dann sind's „nur" 12 km. Machbar!

** **Big Spring Canyon Overlook (Viewpoint):** Etwa 15 km vom Visitor Center entfernt befindet sich der Big Spring Canyon Overlook, einer der am einfachsten zu erreichenden Ausblicke des Districts – und zugleich einer der sehenswertesten, wesentlich zerklüfteter als das doch eher glatte Island in the Sky.

Übernachtungen
Sowohl im Island in the Sky als auch im Needles District existiert jeweils ein recht schöner Campingplatz. Ersterer befindet sich in der Nähe des Green River Overlooks, während der Campground in den Needles in der Nähe des Druid Archs zu finden ist. Beide Campgrounds sind allerdings fast immer komplett gefüllt, da sie nur über 27 bzw. 12 Stellplätze ver-

fügen. Hat man doch das Glück, einen der begehrten Plätze zu ergattern, werden 20 bzw. 15$ pro Nacht fällig. Picknickplätze etc. sind vorhanden, Wasser jedoch nur im Needles District.

Gleich neben den Canyonlands: Dead Horse Point.

** Dead Horse Point State Park

Kurz vor der Einfahrt zum Island in the Sky District führt eine Abzweigung zum Dead Horse Point State Park, der einmal mehr wunderbare Ausblicke auf den sich hier durch die Canyons schlängelnden **Colorado River** bereithält – entfernt vergleichbar mit dem zuvor bereits erwähnten Goosenecks State Park ein Stück weiter südlich.

Das Ganze ist ein kurzes Vergnügen, jedoch **sehr sehenswert**. Allein die Tatsache, dass Dead Horse Point nicht zu den Canyonlands direkt nebenan zählt, sondern ein eigener State Park ist, mag den ein oder anderen Besucher ein wenig irritieren, denn es bedeutet natürlich, dass hier extra Eintritt fällig wird: 15$ pro Fahrzeug. Der Besuch ist von 6 bis 22 Uhr möglich, das Visitor Center hat im Sommer üblicherweise von 8 bis 18 Uhr geöffnet. Fantastisch ist neben dem Ausblick auch der kleine **Campground** im Park, Wasser und Dump Station sind vorhanden, ein Stellplatz (35$) ist Glückssache, aber online reservierbar.

ARCHES NATIONAL PARK

Highlights	Informationen
*** Devil's Garden	🕐 optimaler Zeitaufwand: ein Tag
*** Delicate Arch	📄 gut besuchbar von April bis Oktober, am besten außerhalb der Hauptsaison
** Fiery Furnace	
** Double Arch	📖 grandiose, rot leuchtende Bögen in verschiedensten Formen und Größen
* Balanced Rock	
* The Windows	👣 Erreichbarkeit sowohl mit PKW als auch mit RV problemlos
* Tower Arch	
	🚶 mittlere bis große Anstrengung auf den schönsten Trails

Überblick

Arches ist, wie der Name verrät, der National Park der Bögen: Über 2000 Steinbögen wurden auf dem etwa 300 Quadratkilometer großen Parkgebiet bereits gefunden, auch wenn nur gut zwei Dutzend eine solche Größe erreichen, wie sie von Fotos bekannt ist. Sie sind über die Jahrtausende hinweg durch Erosion und Verwitterungseffekte entstanden.

Arches liegt auf dem Colorado-Plateau in durchschnittlich etwa 1500 Metern Höhe, was aber nicht darüber hinwegtäuschen darf, dass man sich hier inmitten der Wüste befindet. Tagsüber wird es heiß, nachts kann es im Gegenzug auch im Mai und September schon richtig kalt werden; Frost ist dann zwar selten, aber nicht ausgeschlossen. Recht konstant sind hingegen die Niederschläge, die das ganze Jahr über minimal ausfallen. Nur mit Gewittern ist im Sommer zu rechnen.

Der Park wurde schon im Jahre 1929 zum Naturschutzgebiet bzw. zum National Monument erklärt – damals vorrangig, um sein Gebiet vor dem Ausbau der Eisenbahn zu schützen. Über die folgenden vierzig Jahre hinweg wurden seine Grenzen auch durch die ständige Entdeckung neuer Bögen stetig erweitert, bis es (erst) im Jahre 1971 schließlich zur Aufwertung zum National Park kam, womit dann auch endgültig der touristische Ausbau begann.

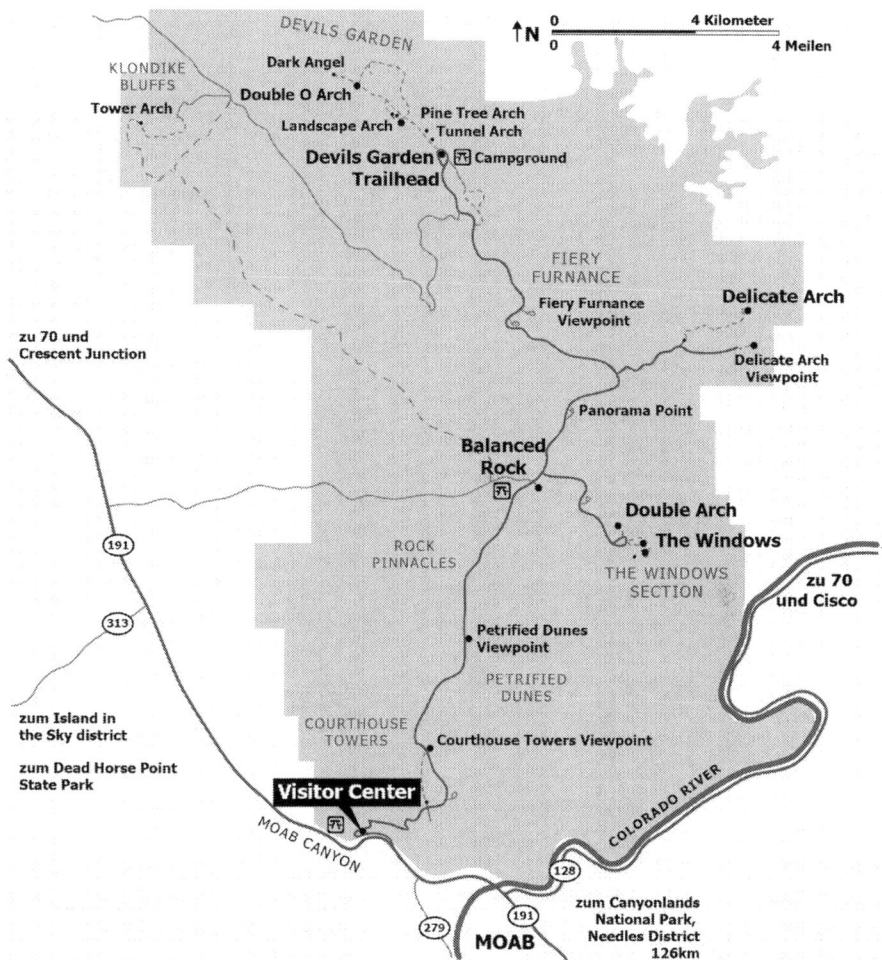

Orientierung

Der einzige Eingang zum Arches National Park befindet sich ein paar Kilometer nördlich von Moab direkt an Highway 191, er ist nicht zu verfehlen. Kurz hinter der Einfahrt steht das Visitor Center, bevor eine knapp 30 km lange und recht zeitaufwändige Stichstraße zu den einzelnen Wanderwegen und Aussichtspunkten führt.

Neben einigen Viewpoints und Trails direkt an der Straße gibt es vier Gebiete, deren Besuch sich lohnt: Die erste Abzweigung von der Hauptstraße nach etwa 15 km führt zu **The Windows** und dem **Double Arch**, die ohne lange Wanderung bestaunt werden können. Die zweite Abzweigung, weitere 4 km später, bringt einen zum **Delicate Arch**, der nur mit langer Wanderung oder aus großer Ferne betrachtet werden kann. Folgt man der Hauptstraße weiter, kommt man zunächst am **Fiery Furnace** vorbei, einem anspruchsvollen Gebiet, das nur mit Rangern oder Permit besucht werden darf, bevor man am Ende der Straße den **Devils Garden** erreicht. In dem befinden sich die meisten, abwechslungsreichsten und schönsten Arches, für die es ebenso einer recht langen, aber machbaren Wanderung bedarf. Sie stellt aufgrund ihrer überwältigenden Kulisse den absoluten **Höhepunkt des Parks** dar.

Anstrengend, aber lohnenswert: Der Rundweg durch den Devils Garden.

Der bestmögliche Ablauf ist umstritten. Insbesondere im Sommer ist es jedoch empfehlenswert, den Devils Garden morgens und den Delicate Arch gegen Abend anzusteuern. Neben der Hitze stellen in der Mittagszeit die Parkplätze ein Problem dar. Der National Park Service warnt inzwischen sogar offiziell, dass alle **Parking Areas von März bis Oktober von 10 bis 16 Uhr überfüllt** sein können und zählt täglich **mehrere hundert Besucher** allein bei Sonnenuntergang am Delicate Arch.

Das hohe Besucheraufkommen – mehr als eine Million Reisende strömen mittlerweile Jahr für Jahr in den Park – sorgt auch dafür, dass man auf Trails nie alleine ist und es mitunter unmöglich sein kann, einen der

Bögen ohne andere Besucher abzulichten. Damit lässt sich umgehen, es sollte bei den Erwartungen jedoch im Hinterkopf behalten werden: Arches ist genauso touristische Attraktion wie Naturschutzgebiet.

Trails & Viewpoints

*** Devils Garden Primitive Loop (11 km): Der mit Abstand schönste Trail des Parks führt zu acht großartigen Bögen, darunter der tolle, breite und so zerbrechlich wirkende **Landscape Arch**. Obwohl es sich um einen Rundweg handelt, ist zu unterscheiden zwischen dem Main Trail im Westen und dem unbefestigten Primitive Trail im Osten, bei dem ein paar An- und Abstiege nur auf allen Vieren zu schaffen sind.

Wer darauf verzichten möchte, kann sich mit dem halben Trail begnügen und so den Zeitaufwand von etwa fünf auf drei Stunden senken. **Tipp:** Der Primitive Trail mit seinen enormen Schrägen ist **gegen den Uhrzeigersinn** einen Tick einfacher zu bewältigen!

Delicate Arch: Nicht nur bei Sonnenuntergang eines der Highlights im Park.

*** Delicate Arch (5 km): Der Delicate Arch ist in Arches die Anlaufstelle schlechthin, um einen Sonnenuntergang im Park zu beobachten – doch auch tagsüber laufen Besucher in Scharen die 2,5 km zum Bogen hinauf.

Im Gegensatz zum Devils Garden hat der Weg an sich nicht allzu viel zu bieten; es geht auf weitgehend offenem, holprigen Gelände nach ein paar anfänglichen Wendungen mehr oder weniger schnurstracks geradeaus den Felsen hinauf. Das Mittelstück des Weges ist nicht befestigt, jedoch recht gut begehbar, wenn auch anstrengend: Im Sommer muss man sich doch ganz schön zusammenreißen, denn Schatten sucht man bis kurz vor Schluss vergeblich. Belohnung der Mühen ist der im Hinblick auf seine Maße und Form wohl **schönste Bogen des Parks.**

Wer die Anstrengungen scheut, kann den Delicate Arch auch von unten von einem Viewpoint aus betrachten, was ihm aufgrund der großen Entfernung allerdings kaum gerecht wird. Lediglich bei Regen oder gar Gewitter sollte man den Weg meiden; die glatten Felsen sind schnell rutschig und es gibt keine Möglichkeiten, sich unterzustellen.

Für den Sonnenuntergang nicht zu spät kommen, denn die Parkplätze sind enorm begehrt, obwohl einigermaßen zahlreich vorhanden!

** Fiery Furnace (3 h): Ein beeindruckendes Gebiet mit an den Needles District der Canyonlands erinnernden, roten Felsnadeln. Der Besuch ist nur mit einem Permit oder im Rahmen einer von Rangern geführten, dreistündigen Tour möglich. Letzteres ist für Erstbesucher empfohlen, weil keine Trails existieren und ein GPS häufig den Dienst verweigert.

Eine Runde durch die sehr sehenswerte und einigermaßen exklusive Region erfordert eine gute Konstitution und brauchbare Wanderschuhe, über ausgeprägte Höhenangst sollte man aufgrund recht schmaler Trittflächen unmittelbar am „Abgrund" nicht verfügen.

Touren kosten 16$ für Erwachsene, 8$ mit National Park Pass. Die Vormittagstouren müssen Monate im Voraus online reserviert werden, Tickets für Nachmittagstouren gibt es nur am Visitor Center, allerdings so gut wie nie spontan für denselben Tag.

** Windows & Double Arch (1 km): Aufgrund des minimalen Aufwands im Grunde auch ein Muss sind die Windows und der Double Arch. Während die Windows recht unspektakulär wirken (sie brauchen noch viele tausend Jahre, um zu echten Arches zu werden), gibt der Double Arch, ein doppelter Bogen, ein beeindruckendes Bild ab.

Double Arch: Nur zwei der großartigen Bögen des Parks.

* Balanced Rock (0,5 km): Fast direkt an der Hauptstraße befindet sich der von zahlreichen Fotos bekannte Balanced Rock, ein Felsbrocken, der auf einem schmalen Felsen zu balancieren scheint.

* Tower Arch (4 km): Der einzige Trail in Arches, auf dem man nur wenige andere Besucher sieht. „Schuld" daran ist die Anfahrt über die Salt Valley Road, eine Dirt Road, die kurz vor Devils Garden nach Westen abzweigt. Bei gutem Wetter ist sie, nicht erst seit den umfangreichen Bauarbeiten im Jahr 2017, jedoch problemlos befahrbar.

Übernachtungen

Mietwagenreisende müssen sich hier mit dem Verweis auf das schon zuvor erwähnte Moab begnügen, denn im Park selbst gibt es keinerlei Lodges oder andere Übernachtungsmöglichkeiten, die über das obligatorische Zelten hinausgingen. Doch auch Camper finden überraschend wenig vor, denn im gesamten Park existiert lediglich ein einziger Campingplatz, der **Devils Garden Campground,** der sich ganz am Ende der Stichstraße in den Park hinein befindet und mit 51 Stellplätzen eher in die Kategorie „mittelgroß" fällt. Übernachtungen kosten 25$, inzwischen stehen sämtliche Stellplätze sechs Monate im Voraus für Reservierungen bereit, dabei wird eine zusätzliche Reservierungsgebühr in Höhe von 9$ fällig. Toiletten, Wasser und Picknickplätze sind vorhanden, Duschen, Dump Stations und Hookup hingegen nicht.

Moab – und dann?
Von Moab aus geht es entweder weiter nach Westen, wo die sehr schönen State Routes 12 und 24 sowie der häufig missachtete Capitol Reef National Park warten, während man im Süden auf den Needles-District der Canyonlands sowie unter anderem das Monument Valley trifft.

ZENTRALES UTAH

Die Verbindung zwischen dem mittleren bis südlichen Osten Utahs mit Arches und den Canyonlands sowie dem mittleren bis südlichen Westen Utahs mit Bryce Canyon und dem Zion National Park stellen die **State Routes 24 und 12** her, die durch einen grandiosen, aber häufig etwas vernachlässigten Teil des Bundesstaats führen, der mit vielen atemraubenden Ausblicken entlang der Straße, aber auch mit großartigen Wandergelegenheiten aufwartet. Der geringe Bekanntheitsgrad hat jedoch natürlich seinen Grund, denn viele Ziele entlang der Straßen sind nur über lange Dirt Roads zu erreichen, für die meistens ein 4WD, also ein Auto mit Allradantrieb, benötigt wird.

Zumindest dem **Capitol Reef National Park** kann und sollte aber jeder, der es in diese Region schafft, einen Besuch abstatten – wer mehr Zeit, Mut und eben auch ein besseres Fahrzeug hat, findet zudem im **Grand Staircase-Escalante** recht unbekannte Ecken, in denen man stunden- oder sogar tagelang fast ganz für sich sein kann.

Von Moab aus fährt man zunächst die 191-North, bis diese auf die I-70 trifft, welche nun ein Stück gen Westen befahren wird. Sie führt unter anderem am **Green River State Park** vorbei, der allerdings im Vergleich zu den anderen Parks der Region vernachlässigbar ist. An der Abzweigung zur Straße 24 geht es dann wieder nach Süden. Hier ist ein Ausflug zum ungewöhnlichen Goblin Valley State Park denkbar, der seine etwas aufwendige Anfahrt mit einmaligen Bildern und Anblicken belohnt.

Goblin Valley: Das Tal der Kobolde.

** Goblin Valley State Park

Eine etwa 20 km lange Stichstraße (Fahrzeit 30-45 Minuten) führt zu dem kleinen State Park, der mit einer Felslandschaft aufwartet, die tatsächlich wie eine Ansammlung kleiner Kobolde wirkt: Sowohl der Ausblick auf das gesamte Tal als auch eine Runde zwischen den Goblins hindurch lohnen sich überaus, allein schon für die Fotos von dem noch relativ wenig besuchten Park. Der Zeitaufwand hält sich mangels Wanderwegen in Grenzen; wer einmal über das gesamte Tal hinwegblickt und ein paar Goblins aus der Nähe betrachtet, hat alles gesehen.

Geöffnet von 6 bis 22 Uhr, Eintritt 10$ pro Fahrzeug, darüber hinaus ist ein toller **Campground** vorhanden, Stellplatz 23$ die Nacht. Auch Picknickbänke gibt es für diejenigen, die nur eine Rast einlegen wollen.

Das Einzige, was gegen den Besuch von Goblin Valley sprechen kann, ist die sich doch arg ziehende Anfahrt. Da es zwischen Moab und dem Capitol Reef ansonsten nicht viel Sehenswertes gibt, lohnt sich der kleine Abstecher jedoch in der Regel. Anschließend geht es wieder zurück auf Highway 24, dem man nun zum Capitol Reef folgt. Bis Hanksville bleibt die Straße bestens befahrbar, danach wird sie ein wenig holpriger, doch länger als anderthalb Stunden benötigt man nicht.

CAPITOL REEF NATIONAL PARK

Highlights	Informationen
*** Scenic Drive	🕐 minimaler Zeitaufwand: ein halber Tag, optimal: anderthalb bis zwei Tage
*** Cohab Canyon Trail	📖 gut von Mai bis Oktober zu besuchen, auch im Hochsommer problemlos
*** Rim Overlook Trail	
** Hickman Bridge Trail	👓 zahlreiche Wanderwege und Ausblicke in nahezu völliger Stille
** Capitol Gorge Trail	
** Cassidy Arch Trail	👣 dank Scenic Drive und Trailheads in Straßennähe problemlos zugänglich
* Fruita Historic District	
	🚶 geringe Anstrengungen für Viewpoints, einige Trails sehr lang, aber machbar

Überblick & Orientierung

Capitol Reef ist ein ungewöhnlicher, etwas schwieriger und deshalb sehr häufig ausgelassener oder nur kurz besuchter National Park, obwohl seine Schönheit der von Zion beispielsweise in Nichts nachsteht. Lassen Sie sich von dem fehlenden Eingang und den etwas subtiler und versteckter wirkenden Sehenswürdigkeiten und Wegen nicht abschrecken: All die Canyons, Klippen und Verwerfungen mit ihren farblich bestens erkennbaren und sehr unterschiedlichen Gesteinsschichten lohnen sich nicht weniger als die Umgebung!

Als Ausgangspunkt für einen Besuch des im Jahre 1971 zum National Park erklärten Capitol Reef dient fast immer der **Scenic Drive**, der von Highway 24 nahe der Kleinstadt **Torrey** gen Süden abzweigt und über seine 16 Kilometer hinweg zu zahlreichen Trails und Viewpoints führt, auf denen man zur Abwechslung mal ganz für sich alleine sein mag.

Zwischen den Bergen des Capitol Reefs hört man mitunter tatsächlich keine Menschenseele, kein Flugzeug, kein Auto, nicht einmal den Wind oder das Zwitschern eines Vogels – was erholsam ist, auf den ein oder anderen aber vielleicht auch beängstigend wirken kann. Doch keine Sorge: Zwei, drei Mal in der Stunde trifft man dann meistens doch noch andere Wanderer.

Der Scenic Drive beginnt mit dem Visitor Center, üblicherweise von 8 bis etwa 16 Uhr geöffnet, führt durch den **Fruita Historic District**, inklusive eines alten Farmhauses, an dem noch heute Pferde grasen, und endet schließlich am **Capitol Gorge**, an dem man wieder umkehren und die Strecke zurückfahren muss.

Weitere Viewpoints und Trails befinden sich entlang Highway 24 und sind auch ohne National Park Pass kostenlos zugänglich, unter anderem die doch recht sehenswerte **Hickman Bridge** sowie der **Chimney Rock** und **Twin Rocks**.

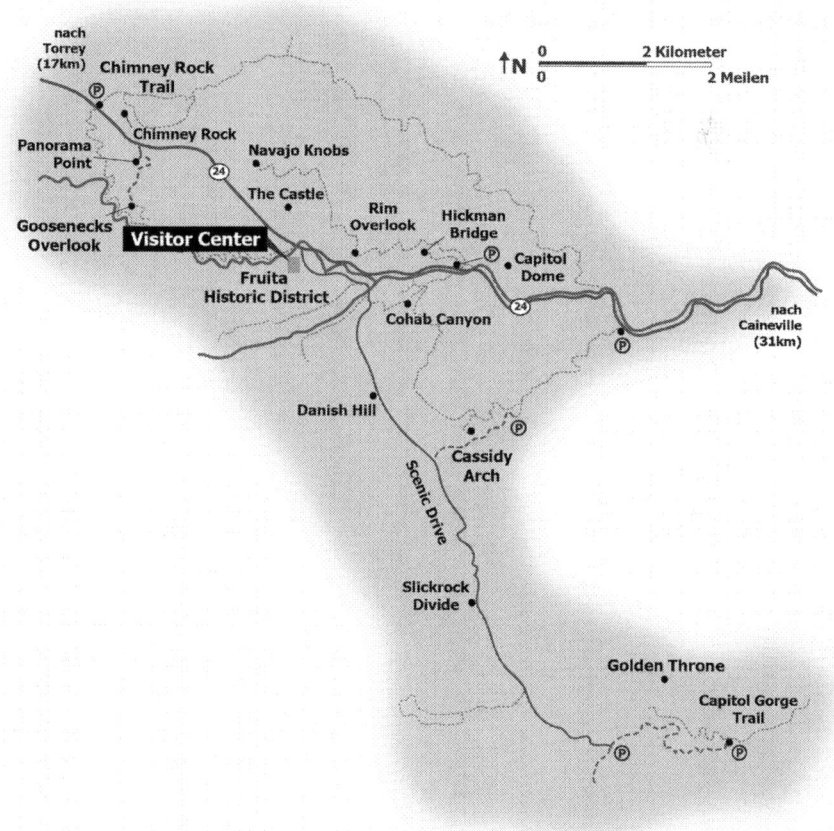

Capitol Reef bei Fruita: Schwer in Worte zu fassen, aber sehr sehenswert.

Trails & Viewpoints

*** Cohab Canyon (5 km): Der Cohab Canyon Trail, Startpunkt nahe Fruita, führt in versteckte, einsame Canyons und bietet einige tolle Ausblicke auf die Umgebung. Wie nahezu alle Trails im Capitol Reef zum Glück nicht asphaltiert, aber üblicherweise gut befestigt und mit 130 zu überwindenden Höhenmetern in der Regel zu schaffen.

*** Rim Overlook (7 km): Großartige Ausblicke auf Fruita und Waterpocket Fold erhält man auf dem Rim Overlook Trail, der allerdings schon in die Kategorie „anspruchsvoll" fällt: Etwa 350 zu überwindende Höhenmeter, zum Teil an recht steilen Abhängen – vermutlich nichts für Menschen mit ausgeprägter Höhenangst, dafür tolle Impressionen und Fotogelegenheiten. Trailhead an Highway 24.

** Hickman Bridge (3 km): Häufig ein wenig verkannt ist der kurze Trail zur Hickman Bridge, ein recht einfacher Weg zu einer natürlichen Brücke, der auch großartige Ausblicke auf Capitol Dome mit sich bringt. In Verbindung mit Rim Overlook oder den Navajo Knobs möglich, Trailhead ein paar Kilometer östlich vom Visitor Center an Highway 24.

Immer wieder neue Gesteinsformationen, die ein Foto wert sind.

** Navajo Knobs (15 km): Wer richtig viel Zeit und Lust mitbringt, kann die Navajo Knobs angehen, eine Fortsetzung des Rim Overlook Trails. Der Aufstieg (500 zu überwindende Höhenmeter!) wird mit einem 360-Grad-Rundumblick belohnt – wunderbar, aber verdammt anstrengend.

** Capitol Gorge (3 km): Einfacher Trail zwischen den Canyons am Ende des Scenic Drives. Pflicht für alle, denen Cohab Canyon und Rim Overlook zu anstrengend sind, um zumindest einen kleinen Eindruck von der Schönheit der Natur zu gewinnen.

** Cassidy Arch (5 km): Wer von Bögen nach Arches & Co. noch nicht genug hat, kann den Weg zum Cassidy Arch in Erwägung ziehen: Einer breiten, natürlichen Brücke, die entfernt an die Windows in Arches erinnert. Schöne Ausblicke, zum Teil allerdings auch recht steil.

** Cathedral Valley (Loop Drive): Abseits der ausgetretenen Pfade bewegt man sich im Cathedral Valley, das im Norden des Parkgebiets liegt. Das weite Tal erinnert an ein grüneres Valley of the Gods und bietet vor allem in den Morgen- und Abendstunden ein grandioses Panorama.

Spannende Ausblicke im Cathedral Valley, aber sehr schwierige Straße...

Mehr noch als anderswo der Haken: Durchs Valley geht es nur über ein ohne sehr gute Karte **verwirrendes Netz aus Dirt Roads**. Der National Park Service ist der Meinung, in der Regel brauche es nur ein Fahrzeug mit High Clearance, aber keinen Allradantrieb, doch in der Praxis muss das Wetter dann schon perfekt sein. Unbedingt die Straßenbedingungen vor Ort erfragen!

Einfahrt ins Valley entweder bei Caineville über die Caineville Wash Road / Cathedral Road oder über die Hartnet Road, dort ist ein Fluss zu durchqueren. Sprich: Will man den ganzen Loop fahren, beginnt man mit der Hartnet Road, um das Schlimmste hinter sich zu haben.

* Viewpoints: Weitere Aussichtspunkte befinden sich in unmittelbarer Nähe der Straße und sollten daher nicht ausgelassen werden. Dazu zählen beispielsweise die Goosenecks und Sunset Point.

Übernachtungen

Camper kommen direkt am Scenic Drive unter, in **Fruita** befindet sich ein **Campingplatz**, der etwa 70 Stellplätze bietet und angesichts der geringen Besucherzahl meist ein paar Plätze frei hat. Die Ausstattung geht in Ordnung: Dump Station, frisches Trinkwasser und Toiletten mit fließendem Wasser gibt es, jedoch keine Duschen. 20$ die Nacht, „First-Come, First-Served". Zwei weitere staatliche Campingplätze befinden sich ebenfalls in der Umgebung, sind aufgrund einer schweren Anfahrt und nicht-existenter Ausstattung (kein fließendes Wasser) jedoch mehr als Alternative für den Notfall zu empfehlen.

Mietwagenreisende kommen am besten in der Kleinstadt **Torrey** unter, ein Stück westlich vom Scenic Drive gelegen. **Red Sands Hotel** oder auch das **Broken Spur Inn** gehen für eine Nacht völlig in Ordnung, ein Doppelzimmer kostet um die 100$. Viel sollte man hier allerdings nicht erwarten; der kleine General Store führt zwar das Nötigste, davon abgesehen gibt es aber nur eine Tankstelle mit Mini-Mart und Subway.

*** Utah SR-12

Für die Fahrt vom Capitol Reef zum Bryce Canyon spucken Routenplaner gerne den Weg über Highway 24 und dann über 62 und 22 aus, da es sich dabei um die schnellste Route handelt. Diese Strecke zu wählen, wäre jedoch ein grober Fehler, denn die wesentlich schönere führt über **Highway 12**, nicht umsonst „A Journey Through Time Scenic Byway" genannt, der bei Torrey gen Süden abzweigt.

Lassen Sie sich nicht davon täuschen, dass auf vielen Karten hier keine Parks oder andere Sehenswürdigkeiten eingezeichnet sind – das Sehenswerte ist die Straße oder befindet sich ein wenig versteckt in ihrer Umgebung. Dazu zählt vor allem das kaum in Worte zu fassende und auf viele Besucher zuerst abstrakt wirkende **Grand Staircase-Escalante National Monument**, das sich vor allem zwischen den Städten **Boulder** und **Escalante** sowie an der dazwischen südlich verlaufenden **Hole-in-the-Rock Road** bestaunen lässt. Es zeichnet sich durch seine farbenfrohe und abwechslungsreiche Landschaft mit zahlreichen Flüssen und Tälern, bunten Bergen und weiten Überblicken aus.

Der Haken an Grand Staircase-Escalante ist, dass nahezu alle Stichstraßen, die zu den sehenswerten Trails und Viewpoints führen, nicht asphaltiert sind und somit für Wohnmobile oft gänzlich ausfallen, aber auch mit dem Mietwagen nicht immer zu befahren sind. Wer die Gegend näher erkunden will, sollte in Torrey oder Escalante einen Jeep mieten.

Calf Creek Falls: Einer der schönsten Wanderwege im Südwesten.

*** Lower Calf Creek Falls

Wer keinen allzu großen Aufwand betreiben will – ein Jeep ist wohl eher etwas für eine zweite Runde durch den Südwesten –, findet aber auch so genügend Sehenswertes entlang der Straße. Dazu zählt vor allem die etwa 10 km lange Wanderung zu den Calf Creek Falls und zurück, die zu den schönsten zählt, die man in der gesamten Reiseregion nur machen kann: Nicht nur der etwa 40 Meter hohe Wasserfall am Ende des Weges begeistert, auch die Strecke dorthin überzeugt mit einem enormen Abwechslungsreichtum und immer wieder neuen Eindrücken.

Der Trailhead befindet sich am **Calf Creek Campground**, ein Stück südlich der Kleinstadt Boulder, fast direkt an Highway 12, sodass die Anfahrt kein Problem darstellt. Die Wanderung an sich ist trotz ihrer Länge als einfach zu bewerten, auch wenn Teile des Weges recht sandig sind.

** Hole-in-the-Rock Road

Noch ein Stück weiter südlich, kurz vor Escalante, zweigt dann die historische Hole-in-the-Rock Road gen Süden ab, die bis in die Glen Canyon Area führt. Entlang der Dirt Road findet man mehrere Slot Canyons und allerlei sehenswerte Felsformationen.

Devil's Garden an der Hole-in-the-Rock Road. Mit einem guten Auto erreichbar.

Zumindest die ersten 20 km können bei gutem Wetter auch ohne Allrad-antrieb befahren werden, High Clearance kann allerdings sinnvoll sein. Vor allem der frei und ohne großen Aufwand zu erkundende **Devil's Gar-den** nach eben jenen 20 Kilometern bietet spannende Felsformationen, doch auch der aufwendigere **Zebra Slot Canyon** ist einen Blick wert.

Wer die Hole-in-the-Rock Road befahren will, sollte sich aber sicher sein, was er tut, und jemanden im Voraus über seine Pläne informieren. Im Devil's Garden trifft man zwar noch hin und wieder auf andere Urlau-ber (dort gibt es erstaunlicherweise sogar ein einfaches WC), doch auf dem Weg zum Zebra Canyon und anderen Zielen kann man ganz alleine sein und sich verlaufen, denn Schilder gibt es kaum bis gar nicht.

Escalante

Möchte man Grand Staircase-Escalante näher in Augenschein nehmen, empfiehlt sich eine Übernachtung im Dorf Escalante, das den besten Ausgangspunkt darstellt und über ein, zwei einigermaßen akzeptable Motels verfügt. Beste Wahl derzeit ist das **Circle D Motel**, dessen Ein-richtung arg in die Jahre gekommen, allerdings sauber und ordentlich ist. Preis dennoch üblicherweise bei etwa 100$ die Nacht.

Einer von unzähligen Ausblicken entlang der Straße.

* Kodachrome Basin State Park

Im weiteren Verlauf von Highway 12 sind es dann vor allem die Ausblicke an der Straße, die einen Stopp wert sind. Schilder wie „Vista Point" weisen auf sie hin und führen einen zu kleinen Haltebuchen.

Am westlichen Ende von Highway 12, schon kurz vor Bryce Canyon, stößt man bei Cannonville noch auf den Kodachrome Basin State Park, in dem die Felsen einmal mehr in verschiedensten Farben erstrahlen und darüber hinaus mit ihren unterschiedlichen Formen beeindrucken: Einige erinnern an die eher groben Klötze des Capitol Reefs, andere an die Spitzen von Bryce Canyon. Wer etwas Zeit mitbringt, der gewinnt auf dem **Panorama Trail** den besten Eindruck. Täglich geöffnet von 6 bis 22 Uhr, Eintritt 8$ pro Fahrzeug.

Im Park findet sich übrigens auch ein schöner, gut ausgebauter Campingplatz mit ca. 25 Stellplätzen (30$), der eine ruhigere Alternative zum Bryce Canyon darstellen kann. So wäre es denkbar, vom Capitol Reef aus kommend, hier zunächst eine Nacht zu schlafen, am nächsten Morgen nach Bryce Canyon weiterzufahren, dort den Tag zu verbringen und dann auf dem Weg zum Zion National Park erneut zu übernachten, um dem ganz großen Trubel ein wenig aus dem Weg zu gehen.

Willis Creek Slot Canyon: Schneller, einfacher „Geheimtipp".

** Willis Creek Slot Canyon

Zwischen Cannonville und Kodachrome besteht die Möglichkeit, auf die **Skutumpah Road** abzubiegen, eine weitere historische Straße, der Hole-in-the-Rock Road nicht unähnlich. Sehenswert und einfach zu erreichen ist hier vor allem der Willis Creek Slot Canyon, für den man nur eine gut 20-minütige Anfahrt in Kauf nehmen muss – die Wanderung selbst ist kaum der Rede wert. Wie immer gilt: Straßenbedingungen beachten, denn während man auf anderen Dirt Roads bei Nässe leicht stecken-bleibt, wird es hier schnell rutschig...

* Grosvenor Arch

Letzte machbare Sehenswürdigkeit in dieser Region ist schließlich der hohe, recht klobige Grosvenor Arch, der optisch schon recht stark auf den bald zu erreichenden Bryce Canyon hinweist. Um ihn zu erreichen, fährt man zunächst in Richtung Kodachrome Basin State Park, bleibt dann jedoch auf der **Cottonwood Canyon Road** und folgt ihr noch etwa 15 km weiter geradeaus. Meistens auch mit einem normalen PKW mach-bar, am Ende winkt dann allerdings „nur" der Ausblick, eine Wanderung ist nicht notwendig.

UTAHS SÜDWESTEN

Der Südwesten Utahs wird von seinen beiden großen National Parks bestimmt, Bryce Canyon und Zion, von denen vor allem Ersterer einmalige An- und Ausblicke bietet, die man so kein zweites Mal findet – aber auch Zion begeistert, nicht zuletzt mit seinen großartigen Wanderwegen.

BRYCE CANYON NATIONAL PARK

Highlights	Informationen
*** Navajo & Queen's Garden Loop	🕐 minimaler Zeitaufwand: ein Tag, optimal: etwa anderthalb Tage
*** Bryce Point	📖 gut besuchbar von Mai bis Oktober, auch im Hochsommer problemlos
*** Inspiration Point	
*** Sunset Point	🔭 einmalige, von Wind und Witterung geschaffene Felsformationen
*** Sonnenaufgang	
** Fairyland Loop	👣 Erreichbarkeit sowohl mit PKW als auch mit RV problemlos
** Peek-a-Boo Loop	
* Mossy Cave Trail	🚶 geringe Anstrengung am Rim, mittlere bis hohe Anstrengung im Canyon

Überblick

Der Bryce Canyon National Park ist Heimat eines gewaltigen Irrtums: Genau genommen handelt es sich bei ihm gar nicht um einen Canyon, denn seine ungewöhnlichen wie sehenswerten Felspyramiden, die so genannten „Hoodoos", sind im Zuge der Erosion (durch Wind und Niederschläge) des hiesigen Paunsaugunt-Plateaus entstanden, nicht jedoch durch einen Fluss, was das Wort Canyon eigentlich beschreibt.

Der großartigen Umgebung tun Wortklaubereien aber keinen Abbruch und so zählt der etwa 150 Quadratkilometer große Park mit über einer Million Besuchern im Jahr zu den beliebtesten der USA und zugleich zu den ältesten: Nach der Ernennung zum National Monument im Jahre 1924 folgte schon vier Jahre später vollkommen zu Recht die Aufwertung zum National Park.

Hoodoos in Bryce Canyon: Unbeschreibliche Ausblicke.

Viele Urlauber bezeichnen Bryce Canyon im Nachhinein sogar als **den schönsten National Park** ihrer Reise. Das ist nachvollziehbar, denn seine Ausblicke und Wanderwege sind so ungewöhnlich wie atemraubend, allerdings mag die Einschätzung auch ein klein wenig der eigenen Erwartungshaltung geschuldet sein: Unter dem Grand Canyon, Arches oder dem Death Valley kann sich so gut wie jeder etwas vorstellen, doch Bryce Canyon ist für die meisten Europäer bis heute eher nichtssagend.

Daraus sollte man jedoch nicht schlussfolgern, dass es hier ruhig zuginge, ganz im Gegenteil: Vor allem an Wochenenden fallen von Mai bis Oktober wahre Menschenmassen ein, aber auch in der Woche wird es im Sommer nicht viel ruhiger. Dennoch ist die Situation noch nicht ganz so bedenklich wie in den zuvor genannten Parks; Parkplätze stehen bisher meistens genügend zur Verfügung und wer einen längeren Trail wählt, stößt auch auf ruhigere Ecken. Gerade auf den kurzen Wegen, die steil ins Tal hinabführen, erinnert das Bild hin und wieder aber schon an lange Schlangen wie in einem Supermarkt vor Weihnachten.

In der Hauptsaison, von Mai bis Oktober, ist es aufgrund des großen Andrangs auch möglich, das Auto vor dem Eingang des Parks abzustellen und für den Besuch dann einen **kostenlosen Shuttle-Bus** zu nutzen.

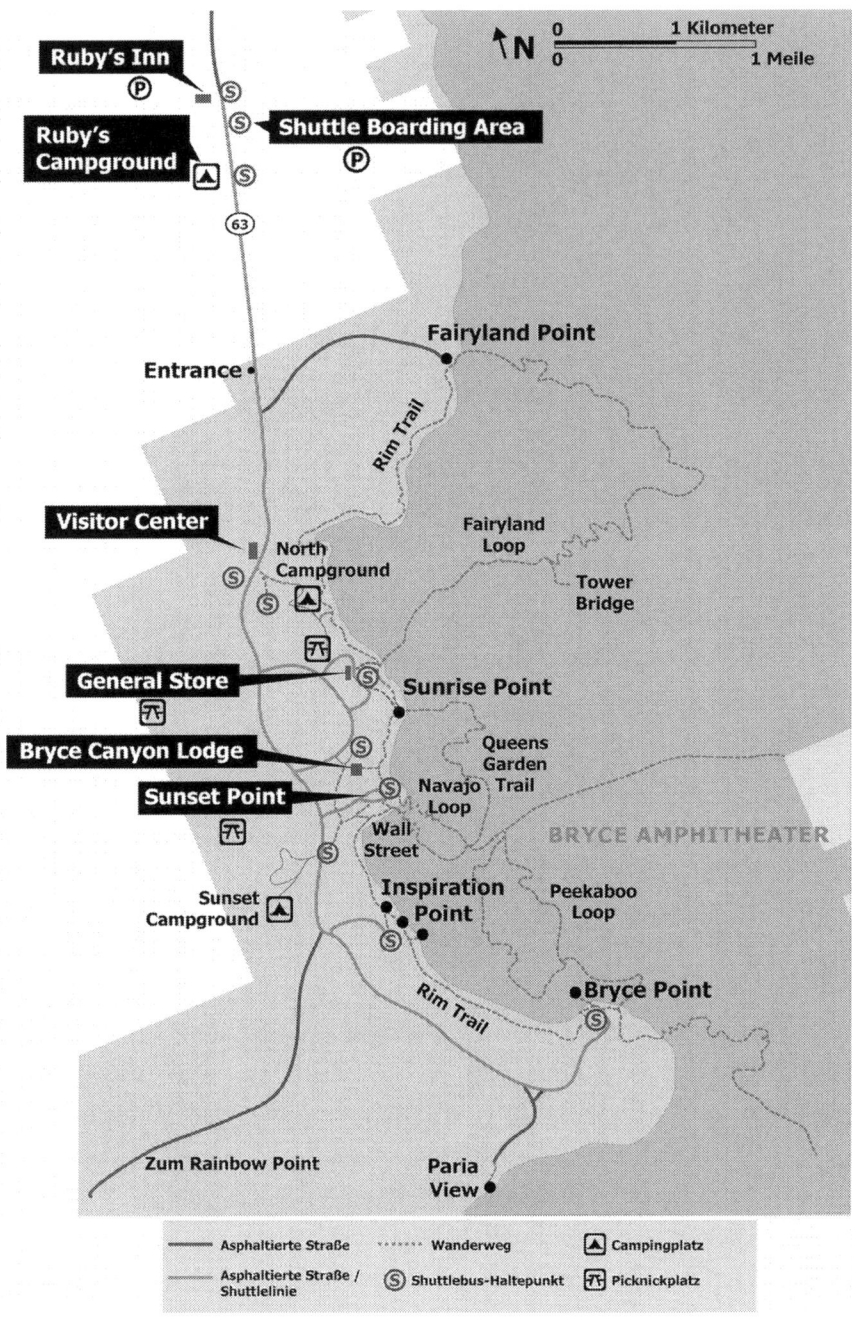

Apropos „steil": Die meisten Wege in Bryce Canyon sind heutzutage gut ausgebaut, mehr oder weniger befestigt und auch für Menschen mit Höhenangst durchaus machbar. Bis vor einigen Jahren war das noch anders, es gab kaum Geländer und zwischen dem steilen Abhang auf der einen Seite und der Felswand auf der anderen Seite lagen nicht viel mehr als dreißig Zentimeter. Doch seitdem hat sich einiges getan, was den Park denen zugänglich gemacht hat, die etwas weniger sicher und gut zu Fuß unterwegs sind. Allzu starke Höhenangst sollte man auf dem ein oder anderen Trail auch heute nicht haben, aber im Großen und Ganzen ist Bryce nicht viel anspruchsvoller als beispielsweise Arches.

Orientierung

Von Highway 12 aus führt Straße 63 gen Süden in den National Park hinein. Kurz hinter der Abzweigung, aber vor Ruby's Inn und Ruby's Campground, trifft man auf die bisher noch optionale Shuttle Parking & Boarding Area, an der man sein Auto oder Wohnmobil abstellen und in das kostenlose Shuttle umsteigen kann.

Im Sommer fährt das Shuttle üblicherweise von 8 bis 20 Uhr, in den Morgen- und Abendstunden alle 20 Minuten, von 10 bis 17 Uhr alle 10-15 Minuten, und hält an allen wichtigen Stationen. **Achtung:** RVs dürfen am Visitor Center sowie den beliebtesten Viewpoints nicht mehr parken, Shuttlenutzung ist für sie Pflicht!

Erste und zentrale Anlaufstelle für einen Besuch von Bryce Canyon ist üblicherweise das Gebiet knapp hinter dem Visitor Center, an dem sich die meisten Trails und Viewpoints befinden: **Sunrise** und **Sunset Point**, der **Rim Trail** sowie **Navajo** und **Queen's Garden Loop**.

Hinter diesem Gebiet geht es allerdings noch etwa 25 km tiefer in den Park hinein und zu weiteren Aussichtspunkten sowie Wanderwegen – unter anderem **Farview Point** und **Natural Bridge** –, bis die Straße am **Rainbow Point** endet. Picknickbänke sind an fast allen Aussichtspunkten vorhanden, auch WCs stehen in unregelmäßigen Abständen bereit.

Trails & Viewpoints

*** Rim Trail (bis zu 16 km): Theoretisch ist es möglich, den gesamten Rand des „Canyons" um das Visitor Center herum abzulaufen, von Fairyland Point im Norden über Sunrise, Sunset und Inspiration Point bis hin zu Bryce Point im Süden. Mit etwas mehr als 8 km (eine Strecke!) dürfte das den meisten allerdings einen Tick zu lang sein. Sinnvoller ist es daher, etwa auf Höhe des Visitor Centers zu beginnen, bis Bryce Point im Süden (4 km) zu gehen und dann das Shuttle zurück zu nehmen, um die großartigen Ausblicke genießen zu können, ohne sich hier bereits völlig zu verausgaben. Der Weg ist über weite Strecken asphaltiert und bringt keine besonderen Herausforderungen mit sich. Wie die Namen von Sunrise und Sunset Point verraten, gibt es einige der schönsten Ausblicke bei **Sonnenaufgang und Sonnenuntergang**. Im Sommer ist Letzterer meistens einfacher zu erwischen, neben Sunset Point bietet sich auch Inspiration Point dafür an.

Wanderung durch den Queens Garden: Trail nur zu erahnen.

*** **Navajo & Queen's Garden Loop (5 km):** Ein Besuch von Bryce Canyon wäre nicht komplett, wenn man neben den Ausblicken nicht auch zumindest ein Stück weit in seine Tiefen hinabsteigen würde. Zahlreiche Wege kommen in Frage, toll und einsteigerfreundlich ist vor allem die **Kombination aus Navajo und Queen's Garden Loop**, die vom Sunrise zum Sunset Point führt und sich somit prima mit dem Rim Trail verbinden lässt.

Der Weg läuft an markanten Punkten wie dem Bryce Amphitheater sowie Thor's Hammer vorbei und führt außerdem durch die populäre Wall Street, einen Beinahe-Tunnel, aus dem trotzdem ein paar Bäume zig Meter hoch emporragen. Zu beachten ist, dass der Trail sich vor allem im Sommer ab Temperaturen von etwa 25° C wesentlich beschwerlicher gestaltet, als die Länge von 5 km vermuten lässt.

Neben den zu überwindenden Höhenmetern sind es vor allem die sich aufheizenden und die Sonne reflektierenden Felsen, die Besucher vor eine Herausforderung stellen, auch wenn es hier und da Schatten gibt. Gut drei Stunden sind für die Strecke nicht zu hoch angesetzt.

** Fairyland Loop (13 km) oder Peek-a-Boo Loop (9 km): Der Fairyland Loop führt unter anderem an der Tower Bridge (siehe unten) sowie an der tatsächlich an eine Felsmauer erinnernden China Wall vorbei, während sich der Peek-a-Boo-Loop auf das **Bryce Amphitheater** mit der größten und abwechslungsreichsten Ansammlung an Hoodoos konzentriert. Beide Wege laden in das Herz von Bryce Canyon ein und sind viel weniger überlaufen als die erstgenannten Trails, allerdings auch mit großen Anstrengungen verbunden, die sich in der Kilometerzahl erneut nicht gänzlich widerspiegeln – denn es handelt sich im Grunde um halbe Tagesmärsche! Zudem sind die Wege zum Teil weniger gut befestigt und die Abhänge etwas steiler.

* Mossy Cave Trail (1,5 km): Ein vergleichsweise kurzer Weg, der mit etwas Grün und einem kleinen Wasserfall beweist, dass Bryce Canyon nicht immer so trocken ist, wie man es in der Sommerhitze vielleicht vermuten mag. Trailhead östlich der Parkeinfahrt an Highway 12.

* Tower Bridge Trail (5 km): Ein schöner Weg, der zu zwei Felsen führt, die mit einer Brücke verbunden sind, entfernt erinnernd an die Petronas Towers in Kuala Lumpur beispielsweise. Sehenswert, nur leider handelt es sich hierbei um keinen Rundweg; man geht zunächst 300 Meter bergab und dann die gleiche Strecke wieder bergauf, was zwei bis drei Stunden in Anspruch nehmen kann. Trailhead am Sunset Point. Wer den Fairlyand Loop läuft, kommt hier automatisch vorbei.

Auf Wanderungen sieht man die Hoodoos aus der Nähe.

Übernachtungen

Die Übernachtungssituation ist am Bryce Canyon dem Besucherandrang gemäß nicht ganz einfach. Mietwagenfahrer kommen im Park selbst in der **Bryce Canyon Lodge** (geöffnet von April bis Oktober) unter, vor dem Eingang des Parks befindet sich zudem unter anderem das alte **Ruby's Inn**, heute ein Best Western. Die Ausstattung ist in beiden Unterkünften eigentlich recht ordentlich, allerdings kosten selbst Economy Rooms in der Lodge meist knapp 200$ die Nacht, während man im Ruby's Inn ab gut 150$ die Nacht unterkommt, wenn man rechtzeitig bucht. Im Sommer heißt das meistens: mindestens drei Monate im Voraus.

Alternativen zur so genannten **Bryce Canyon City** vor dem Parkeingang gibt es kaum: Tropic und Cannonville im Osten bieten nur eine geringe Anzahl äußerst mittelmäßiger Motels, Panguitch im Westen ist nicht viel besser und noch dazu recht weit entfernt. Insbesondere, wer den sehr lohnenswerten Sonnenaufgang sehen will, braucht im Grunde ein Hotel direkt am Park.

Camper haben es wie immer einfacher: Im Park selbst befinden sich zwei Campingplätze mit etwa 200 Stellplätzen. Der ganzjährig geöffnete **North Campground** muss in der Hauptsaison online reserviert werden, ein Stellplatz kostet 30$ die Nacht. Für den **Sunset Campground** gilt in Hinblick auf Kosten und Reservierungen neuerdings genau das Gleiche, einziger Unterschied: Er schließt im Winter.

Wer keinen Platz direkt im Park bekommt, wird ebenfalls unmittelbar vor dem Eingang fündig: Der große **Ruby's Inn Campground** ist ganz nett und bietet – anders als die Plätze im Park – allen erdenklichen Komfort. Ein Stellplatz mit Full Hookup ist für etwa 50$ die Nacht zu haben, auch hier sind Reservierungen dringend empfohlen.

Bryce Canyon – und dann?

Bryce Canyon bietet wieder zahlreiche Optionen für die Weiterfahrt: Im Osten warten die zuvor erwähnte State Route 12 sowie das Capitol Reef. Von dort aus kommend, wird die Route in der Regel im Zion National Park im Südwesten fortgesetzt.

Zwischen Bryce und Zion

Von Bryce Canyon aus geht es zurück auf Highway 12 nach Westen, wo man dann auf den nun wieder deutlich besser ausgebauten Highway 89 stößt, der nach Süden führt.

Auch wenn ein Teil der Straße erneut den **Dixie National Forest** ankratzt, halten sich die Attraktionen in Grenzen, lediglich der Red Canyon (zum Beispiel auf dem kurzen Birdseye Trail) könnte einen Abstecher darstellen. Grundsätzlich jedoch ist die knapp 125 km lange Etappe in unter zwei Stunden zu bewältigen, dann erreicht man zunächst den Osteingang von Zion. Die folgende Straße führt bereits durch einen großen Teil des Parks, auch wenn sich das eigentliche Zentrum erst an ihrem Ende an der Südeinfahrt bei Springdale befindet.

Als Alternative zur Fahrt über Highway 89 ließe sich der (allerdings mehrstündige) Umweg über Panguitch und die 143 in Erwägung ziehen, bei dem man dem **Cedar Breaks National Monument** ab etwa Mitte Mai einen kurzen Besuch abstatten könnte. An- und Ausblicke auf die dortigen Hangabbrüche erinnern recht stark an Bryce Canyon, lediglich das überwiegend dunklere Gestein beschert einen etwas anderen „Look".

Aufgrund der Ähnlichkeit kein Muss, auch wenn sich der Aufenthalt im Parkgebiet selbst einfach gestaltet: Eine Scenic Route führt von Norden nach Süden durch Cedar Breaks hindurch und an den wichtigsten Aussichtspunkten vorbei, lange Wanderungen sind unterwegs also nicht notwendig. Eintritt 6$ für Erwachsene oder mit dem America the Beautiful Pass, auch einen kleinen Campground gibt es, 20$ die Nacht.

ZION NATIONAL PARK

Highlights	Informationen
*** Canyon Overlook *** The Narrows ** Kolob Canyon ** Court of the Patriarchs ** Emerald Pools ** Weeping Rock * Checkerboard Mesa * Hidden Canyon * Riverside Walk	Zeitaufwand: ein Tag für den Westteil, ein halber Tag für den Ostteil von Frühling bis Herbst gut besuchbar, am besten jedoch in Mai und Juni tolle Wanderungen und Ausblicke auf Canyons, Flüsse und Berge leichte Zugänglichkeit dank Shuttle, Straße führt durch den Park hindurch breite Auswahl an Trails, daher äußerst variable Anstrengung: niedrig bis extrem

Überblick & Orientierung

Zion, ganz im Südwesten Utahs, ist ein sehr schöner, wenn auch ein wenig schwer zu definierender National Park: Seine Landschaft ist stark geprägt von Schluchten und Canyons, aber auch von dichten Wäldern, einigen Wasserfällen und manchmal reißenden Flüssen. Es gibt – anders als in Arches oder am Grand Canyon – nicht „das Eine", das Zion auszeichnet und einmalig macht, sondern es ist das beeindruckende und auf manche gar beklemmend wirkende Gesamtbild.

Der National Park besteht aus zwei verschiedenen Abschnitten: In seinem Zentrum, das als **Zion Canyon** bezeichnet wird, befinden sich die meisten Wanderwege und Ausblicke sowie das Visitor Center. Von März bis November kann dieser Teil des Parks nur mit einem **Shuttle-Bus** besucht werden, der in recht knappen Zeitabständen (in der Regel etwa 10-15 Minuten) von mehreren Haltestellen von der vor dem Parkeingang gelegenen Kleinstadt **Springdale** zum Visitor Center fährt, wo man in einen zweiten Shuttle-Bus umsteigen kann, der die Aussichtspunkte und Trailheads ansteuert. Die gesamte Fahrzeit von Springdale bis zu den Narrows, der Endstation, nimmt ca. 45 Minuten in Anspruch.

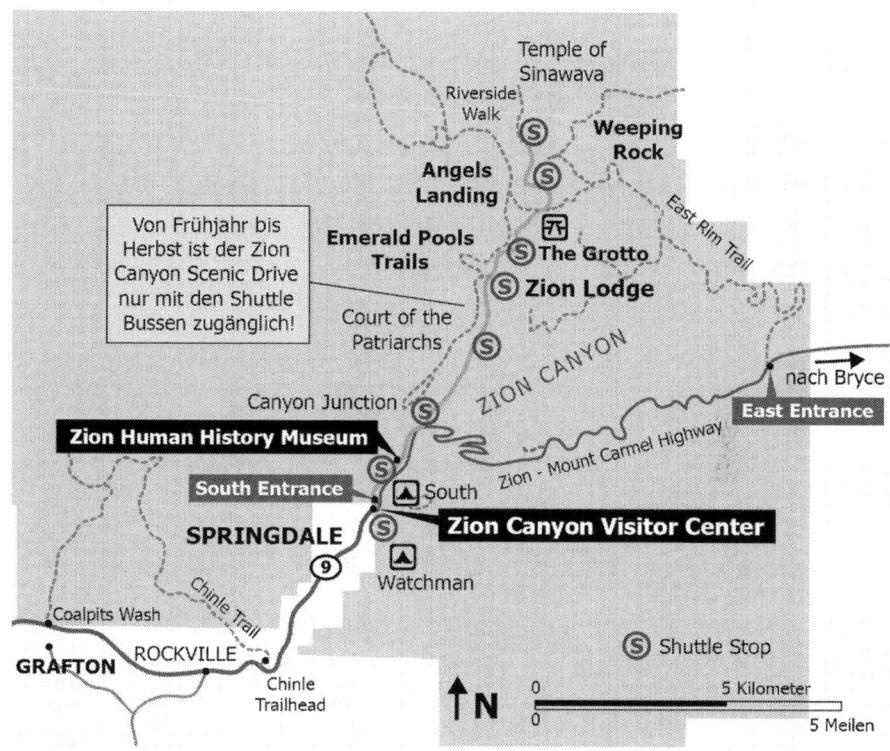

Der Ostteil des Parks hingegen darf mit dem Auto befahren werden, hier schlängelt sich die Straße zunächst durchs Gebirge, bevor sie in einen langen und dunklen Tunnel übergeht, der schließlich zum Osteingang führt, von dem aus man unter anderem Bryce Canyon ansteuern kann.

Zion ist einer der besten Parks, **um Wanderungen zu unternehmen**, weil sich die Hitze hier aufgrund der Höhe auch in den Sommermonaten einigermaßen in Grenzen hält und genügend schattige Plätze zur Verfügung stehen, um sich zu erholen. Vor allem aber bietet der Park Wege für beinahe jeden Geschmack und alle Ansprüche: Von einem gemütlichen Spaziergang an einem Fluss bis hin zu einer abenteuerlichen Wanderung durch die Berge ist alles möglich.

Die Trails sind überwiegend noch sehr naturbelassen, zudem ist es hier auch in der Hauptsaison meistens einen Tick ruhiger als in der Umgebung, sodass man gerade im Ostteil des Parks häufig mal eine Weile die Natur für sich allein genießen kann.

Zu beachten ist, dass in Zion nicht die potentielle Hitze die größte Gefahr für seine Besucher darstellt, sondern der Regen: So genannte Flash Floods, also regenbedingte Sturzfluten, sind in den Canyons keine Seltenheit und können tatsächlich zu einer tödlichen Gefahr werden.

Die Ranger vor Ort sind natürlich über die Wetterbedingungen vorab informiert und sperren bei Bedarf auch mal Wege, aber letzten Endes heißt es ja nicht umsonst auf jedem Schild: „You are responsible for your own safety!"

Dunkle Schatten am Canyon Overlook: Anstrengender, aber lohnenswerter Weg.

Trails & Viewpoints

*** **Canyon Overlook Trail (1,6 km):** Unmittelbar hinter der Ausfahrt des Tunnels im Ostteil des Parks beginnt der Canyon Overlook Trail, der hinauf zu einem großartigen Ausblick auf Zion Canyon und Pine Creek Canyon führt. Die 1,6 km täuschen allerdings ein wenig, denn es geht recht steil bergauf, der Weg ist überwiegend nicht befestigt und zum Teil muss man sich förmlich an die Felsen klammern, um von den schmalen

Steinen, die diesen Weg markieren, nicht abzurutschen. Aber: Der Aufwand – etwa 1,5 Stunden sind notwendig – lohnt sich für den Ausblick!

*** The Narrows (bis zu 15 km): Noch wesentlich anspruchsvoller sind die sehr populären Narrows, die vielleicht am stärksten mit dem Zion National Park verbunden werden. Der Wanderweg beginnt ganz am Nordende der Hauptstraße, im Grunde geht der Riverside Walk unmittelbar in die Narrows über. Wie der Name schon erahnen lässt, führt der unbefestigte Trail in enge („narrow") Canyons mit enorm hohen Felswänden, die leicht beklemmend wirken können.

Allerdings ist es häufig ohnehin nicht möglich, den kompletten Weg zu gehen, da er im Grunde durch einen Fluss führt, der mal nur ein paar Zentimeter hoch steht, zum Teil aber auch zu einem reißenden Strom werden kann – dann sind die Narrows komplett geschlossen.

** Emerald Pools Trail (2 bis 5 km): Von der Zion Lodge aus führt ein Trail zu den Lower und Upper Emerald Pools, insgesamt vier kleine, jedoch sehr sehenswerte „Tümpel" in den Bergen. Der Weg zu den Lower Emerald Pools ist leicht und inzwischen durchweg asphaltiert, etwas steiler wird es, wenn man zu den Upper Pools weitergeht.

** Weeping Rock Trail (0,6 km): Ein „weinender" Berg – und das ist keine Übertreibung. Nach einem kurzen Weg vom Trailhead am gleichnamigen Shuttle-Stopp erreicht man eine Ausbuchtung in einem Felsen, die einen tollen Ausblick auf den Park erlaubt und zudem den Eindruck vermittelt, als würde der Berg weinen, weil Wasser vor den Augen der Besucher am Felsen heruntertropft.

Wie stark der Berg weint, hängt vom Wetter ab – im Mai und Juni ist es aufgrund stärkerer Niederschläge in der Regel mehr als im Sommer, in dem nur leichte „Tränchen" zu erkennen sind.

** Court of the Patriarchs (Viewpoint): Ohne Aufwand gestaltet sich der Ausblick am Court of the Patriarchs, eine vor allem bei blauem Himmel beeindruckende Felsgruppe, die sich quasi direkt am gleichnamigen Shuttle-Stopp befindet.

Checkerboard Mesa: Einer von der abwechslungsreichen Felsen.

** Checkerboard Mesa (Viewpoint): Auch Checkerboard Mesa, ein heller Berg mit einem Schachbrett-ähnlichen Muster, lässt sich direkt von der Straße aus bestaunen, er befindet sich kurz vor der Ostausfahrt des Parks. Eine kleine Wanderung ist möglich, aber sehr anstrengend – ein Foto dürfte den meisten reichen.

* Riverside Walk (bis zu 4 km): Fast automatisch absolviert man in Zion Canyon einen Teil des einfachen Riverside Walks, mehr Spaziergang als eine echte Wanderung, am North Fork Virgin River entlang. Gut, um ohne Anstrengung erste Eindrücke von der Natur zu sammeln.

** Kolob Canyon (Abstecher): Im Nordwesten des Zion National Parks findet man darüber hinaus noch Kolob Canyon, nur über die Interstate 15 zu erreichen, die bei der üblichen Weiterfahrt nach Las Vegas oder Bryce Canyon nicht genutzt wird. Von Springdale aus sind es jedoch nur 60 km, weshalb sich der Abstecher in diesen meistens etwas ruhigeren Teil des Parks durchaus lohnen kann. Seine recht bunte, im Frühling stark blühende Landschaft zählt zum Colorado Plateau und bietet einige schöne Panoramen, teilweise ein wenig an das Capitol Reef erinnernd.

Taylor Creek Trail in Kolob Canyon: Lohnenswerter Abstecher.

Hinter dem Visitor Center am Eingang folgt man einer kurzen Straße zu Viewpoints und Picknickplätzen, für einen kleinen Eindruck genügt der schnelle Timber Creek Overlook Trail. Hat man viel Zeit, kann man den **Taylor Creek Trail** (8 km) in Erwägung ziehen: Er führt zum sehenswerten Double Arch Alcove, einem höhlenartigen Felsüberhang.

Nur für Profis

Hidden Canyon (4 km): Vom Weeping Rock Shuttle-Stopp aus führt der Trail zu großartigen Ausblicken und in einen engen, grün bewachsenen Canyon hinein. Der große Haken: Der Weg ist weitgehend unbefestigt, enorm steil und zum Abgrund sind es häufig nur wenige Zentimeter, eine Art Geländer gibt es lediglich auf kurzen Abschnitten.

Angels Landing (9 km): Eine noch größere Herausforderung stellt Angel's Landing dar, äußerst beliebt bei erfahrenen Wanderern, aber für normale Besucher nicht zu empfehlen, denn hier geht es zum Teil hunderte Meter steil in die Tiefe! Wer auf den Ausblick auf den Park nicht gänzlich verzichten will, kann den Trail bis Scouts Overlook gehen und von dort aus erahnen, was sich am Ende des Weges wohl auftun mag.

Übernachtungen

Camper finden in der Nähe des Visitor Centers zwei Campingplätze: **South Campground** und **Watchman Campground**, die sich allerdings beide im weniger schönen, von der Wüste geprägten Teil des Parks befinden und dementsprechend karg daherkommen.

Für Camper dennoch die beste Wahl, auch da insgesamt sehr viel Platz zur Verfügung steht – Reservierungen sind im Watchman in den Sommermonaten trotzdem Pflicht und bereits sechs Monate im Voraus online möglich, im South Campground gilt hingegen „First-Come, First-Served" für 20$ die Nacht. Erstaunlicherweise verfügt der Watchman Campground auch über Electric Campsites, die 30$ die Nacht kosten. Full Hookup gibt es nicht, aber eine Dump Station steht zur Verfügung, auch WCs, Picknickbänke und Frischwasser sind vorhanden.

Wer mit dem Mietwagen unterwegs ist, hat zwei Möglichkeiten: Zum einen die **Zion Lodge** im Park, die 40 Cabins und 80 Motelzimmer bietet, allerdings oft weit über ein halbes Jahr im Voraus ausgebucht ist und außerdem enorm sportliche Preise ab etwa 200$ für ein Zimmer oder eine Cabin verlangt. Zum anderen, und das ist meistens die bessere Option, stehen in **Springdale**, direkt vor der Parkeinfahrt, etliche Hotels und Motels zur Auswahl, fast alle brauchbar, etwa das **Bumbleberry Inn**, das **Holiday Inn Express** und das **Hampton Inn** mit Zimmern ab ca. 150$ die Nacht. Der in den Sommermonaten ohnehin obligatorische Shuttle-Bus hält bei fast allen Unterkünften quasi direkt vor der Tür, was natürlich enorm komfortabel ist.

Eine Überlegung wert kann es darüber hinaus sein, nicht direkt vor den Türen Zions zu übernachten, wenn einem ein Tag im Park ausreicht. Dann könnte man, bei der Weiterfahrt gen Südwesten, entweder Hurricane oder das etwa 70 km entfernte St. George ansteuern, das deutlich mehr Hotels zu wesentlich faireren Preisen bereithält. Im guten **Abbey Inn** oder auch im **Inn on the Cliff** kommt man oft für 100 bis 125$ die Nacht unter. Sofern Zion am nächsten Tag kein zweites Mal ansteht, ist die Weiterfahrt daher durchaus sinnvoll.

Zion National Park – und dann?

Von Zion aus besteht die Möglichkeit, Richtung Page zu fahren, um den

North Rim des Grand Canyons oder The Wave zu sehen. Die übliche Route führt nach Las Vegas oder Bryce Canyon.

Geisterstadt Grafton

Von Zion aus wäre ein kurzer Abstecher in die (sehr) kleine Geisterstadt Grafton denkbar, die es von ihrer Gründung im Jahre 1859 bis zu ihrer Aufgabe im Jahre 1921 zwar nie auf deutlich mehr als 100 Einwohner brachte, von der aber dennoch ein paar nette, kleine, restaurierte Gebäude erhalten sind; vor allem das Schulhaus ist neben dem Friedhof einen Blick wert. Man erreicht Grafton von der Kleinstadt Rockville aus, nicht weit vom südlichen Parkeingang in Springdale entfernt, über die Grafton Road, die von Rockvilles Main Street aus nahe des Postamts gen Süden über den Virgin River führt. Weiter geht es über eine bei Trockenheit gute Dirt Road. Lediglich ein Gitter mit Überwachungskamera weist darauf hin, dass man hier nicht gänzlich allein ist.

Zwischen Zion und Las Vegas

Vom Zion National Park aus fährt man über den Highway 9 gen Westen, bis man kurz vor dem erwähnten **St. George** wieder auf die Interstate 15 stößt, die einen nach Süden führt. Noch in St. George befindet sich der kleine **Snow Canyon State Park**, der den drei- bis vierstündigen Umweg, inklusive Aufenthalt, durchaus wert sein kann. Seine Gesteinsformationen erinnern an eine Kombination aus Bryce Canyon und Capitol Reef, dazu gibt es einige schöne Ausblicke sowie teils frische, teils versteinerte Sanddünen. Lohnenswert sind beispielsweise der **Petrified Dunes Trail** (2 km) sowie ein Teil des einfachen **Whiptail Trails** (bis zu 10 km). Wer es anspruchsvoller mag, wählt den 6 km langen **White Rocks Trail**.

Täglich von 6 bis 22 Uhr geöffnet, Eintritt nur 6$ pro Fahrzeug. Auch Camper kommen hier gut unter, sogar mit Wasser & Strom für 25$ die Nacht, ohne Hookup für 20$.

Im weiteren Verlauf gestaltet sich die Interstate 15 allerdings wenig aufregend, sie führt durch weitgehend karge Wüstengebiete, bis man schließlich auf Highway 169 stößt, der über den Valley of Fire Highway direkt in eben jenen State Park hinein führt – womit wir am Ende dieser Route und auch dieses Reiseführers angekommen wären.

Nachwort

Wie bereits im Vorwort angesprochen, legt dieser Reiseführer großen Wert auf Aktualität und Praxisnähe. Sollten nach den vorigen knapp 390 Seiten mit ihren 100.000 Wörtern noch Fragen offen sein – und das ist angesichts des Umfangs einer USA-Reise gut möglich –, will ich Sie an dieser Stelle daher nicht im Stich lassen, sondern Ihnen meine E-Mail-Adresse anbieten: **f-walden@gmx.net**

Bei konkreten Fragen zur Reiseplanung, zu Sehenswürdigkeiten oder zu National Parks, die in diesem Reiseführer nicht beantwortet wurden, helfe ich gerne und, wenn möglich, innerhalb weniger Tage.

Bitte werfen Sie außerdem einen Blick auf:
https://usareisetipps.com/westen/

Dort finden Sie neben vielen wichtigen Links auch etliche Karten in höherer Auflösung, Check- und Packlisten, vorgefertigte Routen sowie im Laufe der Zeit etwaige Ergänzungen und Aktualisierungen.

Schließlich, nochmal der Tipp: Vergessen Sie nicht, das Internet **auch während Ihrer Reise** – Abenteuer hin oder her – ausgiebig zu nutzen!

Vor allem Google Maps und die Websites der National Parks sind äußerst hilfreich, um sich schnell über Staus, Baustellen und Straßensperrungen zu informieren, aber auch die Öffnungszeiten der Sehenswürdigkeiten in den Städten lassen sich in Sekunden online nachschlagen, um tagesaktuell auf dem Laufenden zu sein.

Ich wünsche Ihnen viel Spaß auf Ihrer Reise!

Stichwortverzeichnis

30965569R00222

Printed in Poland
by Amazon Fulfillment
Poland Sp. z o.o., Wrocław